新世纪高等学校教材

特殊教育学系列教材

Mangxiao Kecheng
Yu Jiaoxue

盲校课程与教学

钱志亮/主　编

北京师范大学出版集团
BEIJING NORMAL UNIVERSITY PUBLISHING GROUP
北京师范大学出版社

图书在版编目（CIP）数据

盲校课程与教学/钱志亮主编. —北京：北京师范大学出版
社，2013.1（2022.9重印）
（新世纪高等学校教材：特殊教育学系列教材）
ISBN 978-7-303-15508-8

Ⅰ．①盲…　Ⅱ．①钱…　Ⅲ．①盲人学校－课程设置－高
等学校－教材 ②盲人学校－教学研究－高等学校－教材
Ⅳ．①G761.2

中国版本图书馆 CIP 数据核字（2012）第 233491 号

图书意见反馈：gaozhifk@bnupg.com　010-58805079
营销中心电话：010-58802755　58800035
北师大出版社教师教育分社微信公众号　京师教师教育

出版发行：北京师范大学出版社　www.bnupg.com
　　　　　北京市西城区新街口外大街 12-3 号
　　　　　邮政编码：100088
印　　刷：北京天泽润科贸有限公司
经　　销：全国新华书店
开　　本：730 mm×980 mm　1/16
印　　张：27.75
字　　数：450 千字
版　　次：2013 年 1 月第 1 版
印　　次：2022 年 9 月第 4 次印刷
定　　价：45.00 元

策划编辑：郭兴举　　　　　　责任编辑：齐　琳
美术编辑：焦　丽　　　　　　装帧设计：焦　丽
责任校对：陈　民　　　　　　责任印制：马　洁

前　言

　　编写《盲校课程与教学》教学用书是"教育部高等学校特色专业建设"暨"北京师范大学教师教育创新平台建设项目"中的一个子项目。本书可用于高等特殊教育示范院校特殊教育专业的专业课教学，也可作为特殊教育学校教师的继续教育用书。

　　1990年，我作为中国大陆第一批特殊教育专业大学生毕业留校工作，开始了我在视力残疾教育领域的人生之旅。1991年至1992年一直跟着朴永馨教授研制《全日制盲校课程方案》；1993年至1994年到美国波士顿学院进修，并在柏金斯盲校工作，回国后硕士师从朴永馨教授，专攻盲校的特殊课程；2000年我出版了《盲人定向行走的科学与艺术》一书；2002年又出版了《视力残疾儿童心理与教育》一书；2005年在香港地区出版了《视力残疾的康复》一书；2008年借奥运会的春风，我出版了《如何帮助视障人》一书；从2002年受命担任"国家盲校课程方案研制组"的组长，先致力于《全日制盲校课程设置实验方案》的研究（2007年2月被教育部正式颁行），之后至今一直忙于盲校20门课程标准的研究。2016年其中的18科通过国家审定颁行实施。

　　在大学除了做研究还先后开设了一些视障教育的课程，先后主持"盲文""视力残疾儿童心理学""视力残疾儿童教育学""儿童低视力学""盲人定向行走"等课程。2006年北京师范大学特殊教育专业入选"国家高校第一批特色专业建设项目"和"北京市高校第一批特色专业建设项目"。2007年，北京师范大学特殊教育专业最早招收了国家免费师范生，为加强专业教学技能，培养方案增设了盲校课程与教学专业必修课。

本教材的编写全面贯彻党的教育方针，落实立德树人根本任务，践行社会主义核心价值观，促进视力残疾儿童少年德智体美劳全面发展，遵循《国家中长期教育改革和发展规划纲要（2010—2020 年）》和第一～三期特殊教育提升计划的基本要求和精神，力求反应时代需求，着眼于我国盲校义务教育的性质、任务和要求，贴近盲校教学实际，促进每个学科都全员、全程与思想政治理论同向同行，实现全方位育人，培养担当民族复兴大任的时代新人。

本教材是全国视障教育工作者集体智慧的结晶，由高校特殊教育系的教师和盲校校长与 线教师共同编写。参加编写的高校有：北京师范人学、北京联合大学特殊教育学院、南京特殊教育职业技术学院、河北唐山师范学院特殊教育系、济南大学教科院特教系、长沙职业技术学院特殊教育学院、华南师范大学特殊教育系、西北师范大学特殊教育系等；参加编写的盲校有：北京市盲人学校、天津市盲人学校、上海市盲人学校、青岛市盲人学校、沈阳市盲人学校、广州市盲人学校、重庆市盲人学校、南京市盲人学校、泰安盲人学校、潍坊盲人学校、昆明盲聋学校、浙江省盲人学校、济南盲人学校、宁波盲人学校、淄博盲人学校、成都特殊教育学校、乌鲁木齐市盲人学校；北京师范大学特殊教育系视障教育方向的硕士研究生张红云（现已在华夏出版社工作）、谌小猛（后在华东师范大学攻读特殊教育专业博士、现任华南师范大学特殊教育系系主任）、齐保莉（现就职于济南大学教科院特殊教育系）、刘潇女（现就职于长沙职业技术学院特殊教育学院）、吴扬（现就职于中央教育科学研究院特殊教育研究室）参与了编写；北京师范大学特殊教育系 2007 级和 2008 级全体学生参与了书稿整理工作。适逢 2011 版普校课程标准施行，北京师范大学特殊教育系 2009 级同学又根据新版课标协助调整了许多教学内容。全书最后由钱志亮统稿。

非常感谢北京市盲人学校副校长李平毅、教务主任谌静最初的鼎力支持，才有了本书的开拓性工作。感谢北京师范大学出版集团郭兴举博士、齐琳老师为本书出版付出的辛勤劳动！

由于能力和资料有限，本书的诸多不足恳请读者赐教，愿闻教诲！（100875，北京新街口外大街 19 号，北京师范大学教育学部特殊教育学院，qianzhl@bnu.edu.cn，010－58807927 转 801）

钱志亮

2022 年 9 月

目　录

1

第一章　盲校的教学

教学是指教师教和学生学的相结合或相统一的活动过程，即教师指导学生进行学习的活动过程。在这个过程中，引导学生掌握系统文化科学基础知识和基本技能，发展学生的智力和体力，培养学生的思想道德品质、情感、态度，奠定学生科学世界观、价值观的基础。

一、盲校的教学过程

教学过程是由三个最基本的要素构成的，即教师、学生和教学内容，但同时，教学过程又存在着其他诸多的影响因素，如教学目的、教学方法（包括教学手段和教学评价）、教学环境等。构成要素是骨架，影响因素是血肉，其基本关系构成如图1-1：

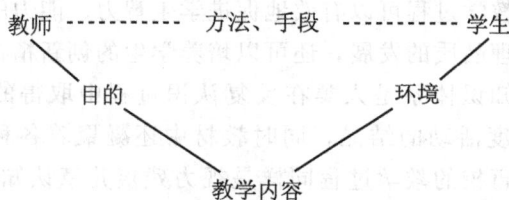

教师 ---------- 方法、手段 ---------- 学生

目的　　　　　　　　　　环境

教学内容

图 1-1　教学过程

盲校教学过程也同样由这些基本的构成要素和影响因素组成。这些因素本质上与普通教育的各个因素是相同的。

（一）盲校教学与普通教育的共性

视力残疾儿童学习学校的教学内容与普通儿童基本一致，视力残疾儿童掌握知识也要经过：感知教材、理解教材、形成概念、巩固知识和应用知识等几个阶段。因此，盲校的教学与普通中小学的教学具有共同的特点。

第一，学生是主体。学生是学习活动的主人，教学过程中，教师的教只有以促进学生的主动学习为基础，才能取得预期的效果。学生的学习主动性越大，求知欲、自信心、探索性和创造性越大，学习效果也越好。当然，学生的

1

主体性的形成和发展，离不开教师正确引导。在盲校教学过程中，盲生同样是学习的主体。这些学习过程中存在着巨大障碍的孩子，其实蕴涵了无穷的发展潜力，他们有着与常人同样的智慧和自主性。教师应该不失时机地发展视力残疾儿童的主体性，使之成为学习的主人，让视力残疾学生提高对学习的认识，明确学习目的，端正学习态度，使学生具有良好的学习动机，培养其浓厚的学习兴趣，并具备一定的学习能力；指导视力残疾学生掌握良好的学习方法，养成良好的学习习惯。

第二，教师是主导。在教与学的矛盾关系中，教师的教是矛盾的主要方面，支配着学生的学。教师的主导作用有其必然性，这是因为教师的职责就在于要根据国家的教育目的、课程方案、课程标准，有目的、有计划地将学生培养成全面发展的有用人才。教师有着丰富广博的知识经验，在此基础上又掌握了教育教学规律。所以说，教师有责任，也有能力在教学中起主导作用。盲校教师对视力残疾有明确的认识；也懂得视力残疾教育教学的一般规律和特殊规律；有专门的知识和技能。因此，必然在教学中发挥主导作用。加上视力残疾对儿童的学习、生活造成的诸多不便，就更加需要教师的指导和帮助。

第三，教学过程是学生认知发展的过程。教学过程的本质是教师指导学生进行学习的过程，是一种特殊的认识过程，它既遵循人类认识的一般规律，又有其特殊性。通过教学过程可以有效地促进学生智力、能力的发展，情感、意志等个性特点和心理品质的发展，还可以培养学生的创新精神、认识兴趣和探究能力。教材中的知识体系是人类在反复认识过程中取得的最基本的认识成果，是人类智能高度活动的结晶，同时教材中还凝聚着各种优秀的情感、意志、性格等因素。盲校的教学过程同样是视力残疾儿童认知得以发展的过程。通过各科教学，盲生的触摸觉、语言能力、思维能力以及空间观念、时间观念、运动觉等各种感知能力都得到迅速发展；同时，在教学过程中，盲生的个性品质、审美情趣等非智力因素也得到了迅速的发展。

但盲校的教育对象是视力残疾儿童这一根本特点决定了构成盲校教育教学的各要素有着与普通教育不同的特点。以下将对其主要因素逐一分析。

(二)盲校教学过程中的教育对象

一般说，视力残疾儿童与普通儿童相比，两者并不存在本质上的不同。他们与普通儿童一样，都是儿童，而且他们遵循着与普通儿童相同的身心发展规律。生理上，视力残疾儿童身高、体重等的增长速度以及骨骼肌肉的发展与同龄普通儿童基本相同；心理上，视力残疾儿童与普通儿童也有着相同的基本规律。

但是，在我们承认视力残疾儿童与普通儿童确有相同的基本规律的同时，也应该看到二者的差异。由于视力残疾的存在，视力残疾儿童有其发展的特殊性。

一般来说，视力残疾意味着个体的最佳矫正视力小于 0.3；意味着个体的占正常儿童获得信息 80％以上的最重要的感觉器官将几乎失灵；意味着个体的最佳优势感觉的范围广大、转移灵活、速度快、距离远、直接性、可连续性、细致性、全面性、安全性等优越性荡然无存，取而代之的将是由其他感觉通道较为缓慢地、适宜地代偿；意味着个体统整其他感知觉信息的基本角色失灵，以致大脑很难将各种感知途径所获得的信息综合成一个完整的概念；意味着个体将有失去操作行为视觉模仿的可能；意味着个体对环境控制的丧失；意味着个体顺利行走能力的丧失；意味着个体一定活动范围和各种不同概念的丧失；意味着个体社会活动范围的受限以及一定伙伴作用的缺乏；意味着个体语言、个性、行为等方面有异常发展的可能性……①

在一般心理发展方面，视力残疾儿童的概念的学习、能力、学业成就及个性心理发展都可能比普通儿童要落后；在个性特征上，视力残疾儿童也有其较一般儿童不同的特点；在社会心理方面，视力残疾儿童倾向于一种不成熟性，以自我为中心的时间要明显长于同年龄的普通儿童。

教育对象的这些特点决定了盲校教学过程的特殊性。

（三）盲校教学过程中的教育内容

教学内容是教与学的中介。教学内容在教学过程中，由相应的教学任务决定，同时又反映了教学任务的要求。2007 年教育部颁行的《盲校义务教育课程设置实验方案》指出盲校的具体教育任务为"使学生具有爱国主义、集体主义精神和民族精神，热爱社会主义，继承和发扬中华民族的优秀传统和革命传统；具有社会主义民主法制意识，遵守国家法律和社会公德，依法维权；逐步形成正确的世界观、人生观、价值观；正确地认识和对待残疾，具有乐观进取、自尊、自信、自强、自立、立志成才的精神、顽强的意志以及平等参与的公民意识；具有社会责任感，努力为人民服务；具有初步的创新精神、实践能力、科学和人文素养以及环境意识；具有适应终身学习的基础知识、基本技能和方法；身体健康，具有良好的心理素质，养成健康的审美情趣和生活方式，学会交流与合作，初步具有独立生活能力、社会适应能力和人生规划意识，成为有理想、有道德、有文化、有纪律的一代新人"。通过这部分内容，我们可以明

---

① 钱志亮：《谈视力残疾儿童的特殊需要与盲校相应特殊课程的设置》，载《课程·教材·教法》，1995(1)

确盲校的教学任务是从盲生的身心发展规律出发，在实行科学文化教学的同时，重视对学生的缺陷补偿教学和各种综合能力的培养。它包括两个任务，一是一般的教学任务，即普通中小学都要完成的德、智、体、美全面发展的任务；另一个是特殊学校的缺陷补偿任务。没有特殊的补偿，一般任务很难完成；没有一般任务，特殊任务也失去了意义。

在这两个任务的指导下，视力残疾儿童教育教学的内容可具体体现在两个方面：首先体现在与普通儿童一致的全面发展的内容，盲校开设了普通学校开设的所有课程，如语文、数学、外语、物理、化学、生物等；其次表现在盲生特殊的缺陷补偿的教学内容方面，从课程方案中具体开设的课程来看，盲校还开设了盲校的特有课程，如综合康复、定向行走、社会适应、信息技术应用（普校是将其放在综合实践课程内，盲校将其独立成课程）。

盲校的具体教学内容将在下一章《盲校的课程》中详细讨论。

(四) 盲校教学过程中的教学方法与手段

教学方法是为完成教学任务，教师采取的教法和指导学生的学法。普通教育中的讲述法、演示法、练习法、实验法、参观法等，都可以根据盲生的需要加以灵活运用。但是，我们都知道，盲生的学习是"以手代目""以耳代目"进行的，这就决定了视力残疾儿童教育的特殊性，这种特殊性表现在把普通中小学教学方法中的讲授与演示结合，增大盲生触觉和听觉感受性的敏锐度，把触觉运动器官的手的动作——触、摸与耳的听觉分析器结合运用，借以作为盲生学习认识的重要工具，扫除他们学习上的障碍。据此，视力残疾儿童教育教学的方法有：动作演示法、类比推理法、声像教学法、象征替代法、凸线图和触觉教具辅助教学法、综合教学法等，这些方法中都贯穿了直观教学的原则。

教学手段指的是由于视力残疾儿童以感性认识为基础，对事物的认识缺乏相应的视觉形象的支持，教学手段也应从弥补视力残疾儿童的生理缺陷出发，体现出相应的特点。直观教学手段能较准确地反映出这一特点，直观手段的运用能够增加视力残疾儿童知识范围，扩充其眼界，还能发展其形象思维，正确掌握概念。直观手段作为一种教学手段，在形式上就表现为各种直观教具的运用：自然、数学、生物、生理卫生、国防、运输等教具。这些教具或者由市场供应，或由教师自己动手制作，结合相应的教材内容使用。

随着现代科技的发展，越来越多的现代化仪器教具制造出来，大大地丰富了视力残疾教育教学手段，如盲人阅读器的运用。盲人阅读器是将文字这一信号转换成盲人能够感知的视觉信号的一种盲人阅读的辅助设备，它能够克服盲文的有限性、阅读速度慢等不足。

（五）盲校教学过程中的教师

盲校教学的特殊性不仅仅体现于教学的对象、教学的内容和方法手段上，还体现于从事盲校教育的教师上。无论是专业的知识技能，还是专业以外的素质要求，都对盲校教师都有着特殊的要求，有的方面还要高于普通教师。

从教师的专业素质上来看，首先体现于教师的知识结构上，一名合格的盲校教师必须了解或掌握普通教育的知识体系，同时还包括掌握特殊教育的基本知识，如特殊教育的基本观点、特殊教育的理论基础等；更重要的是掌握专业基础知识与技能，这是盲校教师了解教育对象的生理和心理特点的前提，包括视觉生理学、视觉病理学、儿童低视力学、视力残疾儿童心理学基础、点字符号系统（盲文）、视力残疾儿童教育学、盲校课程与教学论等。

除了专业知识以外，盲校教师在教学中还需要专门的技能。"美国特殊儿童委员会对盲教教师知识与技能的要求"中提到视力残疾儿童教师在教学过程中的技能要求包括制订视力残疾学生教学计划时能够消化并应用评估数据；选择和使用适当的技巧完成视力残疾学生的教学任务，并且能够将这些技巧正确融合到教学过程中去；为视力残疾学生制定一系列与个体残疾相关的教学目标及这些目标的实施和评价；使用一些策略帮助学生在跨越学习环境下保持其与残疾有关的技能并且使之一般化；教授视力残疾学生使用问题解决认知策略以满足自身的学习要求；对教与学环境设计和管理的技能……

视力残疾儿童的学业成就低下与其第一性障碍——视力残疾并无多大的相关，而与其由视力残疾而导致的第二性障碍——不良的个性心理密切相关。许多视力残疾儿童表现出自我意识较强，与教师的抵触情绪较大，而这些不良心理的形成又与不当的外部教育和影响有关。视力残疾儿童的这些特点又对教师提出了新的要求。教学中，教师不能只是科学文化技能传播和培养的"实用性"工具，还应顾及视力残疾儿童的心理需求、情感满足和个性关照。教学不再是抽象的"物—物"关系，师生间应有情感的交流，教师应具备爱心和童心，教师对学生的爱是一股巨大的精神力量。只有教师爱学生，学生才会愿意接受教师的教诲，学生才会进入情感角色，从而增强自尊、自信、自强的个性品质。

除此之外，教师还应具备较强的团队精神和合作能力，能够及时地帮助视力残疾儿童的父母及其他行政人员了解视力残疾对儿童的影响，及时地反映视力残疾儿童的课堂表现和学业状况等。

(六)盲校教学过程的特点

1. 方法、教具的使用受到一定的限制

普通中小学的教学中常常运用到板书、图示、幻灯、挂图等教具，但这些在视力残疾儿童教育的课堂中却无法运用。盲校课堂中，教师一般采取讲述法，通过语言表述传授知识，教师无法运用手势、身体姿势、表情来与学生沟通，只能用声音语调感召学生。教具上，难以实现一般意义的"多媒体教学"，只能借助实物、模型等直观教具来帮助学生掌握和理解知识。

2. 盲生个体间差异较大

个体差异表现在诸多方面，主要体现于年龄、智能和剩余视力上。同一个班级中，学生年龄相差五六岁并不罕见；学生的智力水平也相差较大；另外，在剩余视力上也有较大差异。不同的学生对教学有不同的要求，这对教师提出了很高的要求，教师应注重因材施教，在教学中加强分类教学、个别化教学的实施。

3. 学生主要依靠听觉、触觉、剩余视力、嗅觉等感知通道感知信息

视力残疾儿童受视觉缺陷的影响，其感知通道主要依靠听觉、触觉、剩余视力、嗅觉等，因此教学中，传授知识与缺陷补偿是结合在一起的。教师在传授科学文化知识的同时，必须重视学生各种感知觉的训练，使学生在掌握知识的过程中，通过非视觉感官功能的加强以代偿其视觉功能的缺陷。

二、盲校教学的组织形式

教学组织形式是指课堂教学各种因素联系的方式，具体说，是关于教学活动应该如何组织、教学的时间和空间应怎样加以控制和利用的问题。

(一)班级授课制

班级授课制是按照一定数量将年龄、文化程度相近的学生编成班组，由教师按教学计划规定的课程内容、教学时数和教学进度表(课表)，进行分科式集体教学的一种教学形式。它具有"班""课""时"三大特征。

班级授课制自夸美纽斯提出以来，经历了三个阶段的发展。第一阶段以夸美纽斯为代表的教育家从理论上加以总结和论证，使它基本确立下来；第二阶段以赫尔巴特为代表，提出教学过程的形式阶段的理论，给夸美纽斯的理论以重要补充和发展；第三阶段以苏联教育学为代表，提出课的类型和结构，使班级授课制更趋成熟。

班级授课制从理论到实践基本形成了完整的体系，一直是基本教学组织形式之一。第一，它有利于经济有效地、大面积地培养学生，加快教学速度，提高教学效率；第二，它有利于教师发挥主导作用，保证学生学习活动循序渐进，获得比较完整的知识结构；第三，有利于发挥班集体的教育作用，促进学生相互帮助，相互作用，养成良好的集体观念。

但是，班级授课制也有其不足之处，而其中最大的不利就是它不能满足全体学生的特殊学习需要。视力残疾学生由于失明时间、失明病因、失明程度、早期生活经历、智力发育水平等的不同，对教育的需求也存在较大的差异，但是在班级授课制中，教师只是面向全体学生进行授课，因此难以照顾到学生的个别需求，更难以发挥学生的主动性和创造性。同时，它的教学形式比较固定，不利于多种教学内容的学习和多种教学方法的运用。

由于班级授课制的这些局限性，它遭到了很多的怀疑和抨击。为了适应视力残疾学生的教学需求，人们把视力残疾学生进行了进一步的分类，分成全盲学生班、低视力班以及混合班等分别进行教学，并根据不同班级教育对象的特点和所授课的类型，选择相适应的教学内容和教学方法。但有时由于同年入学视力残疾学生人数的限制，盲校的分类教学实施起来有一定的难度。

(二)分组教学

分组教学根据学生的年龄和学科水平或视力水平等编成小组进行教学，是班级授课制的一种改组形式。也是20世纪60年代以后欧美发达国家学校教学的基本活动形式。与班级授课制相比，分组教学具有有利于民主教学、可以更好地照顾学生的身心发展水平、有利于学生之间的交流、有利于建立良好的师生关系、有利于调动学生的学习积极性和主动性等优点。

但是，分组教学只是针对班级授课制的弊端提出的一种理想化模式，它在实践过程中显现出了很多不足。首先，分组的标准并不严格，有时会出现多维度、多标准甚至无法分组的尴尬局面；其次，在现有教学条件下，教师教学任务增重，无法兼顾各个小组不同的学习状况和学习进度；最后，教师备课难，面对不同需要的学生，教师必须准备好几份教案，增加了工作量。

在现阶段，许多盲校都在进行分组教学实验，这种形式一般在盲校的自然、音乐、美术、劳动、定向行走、综合康复、社会适应、物理、化学、生物、综合实践、信息技术应用等课程中应用较多，通过小组讨论、小组游戏、小组读背、小组评改、小组作业、小组尝试、小组合学、小组竞赛等方式开展。

(三)个别指导

个别指导是为了适应学生的个别差异，在课堂教学的基础上对个别学生或小组辅以个别指导的教学模式，是盲校课堂教学的重要组成部分。

个别教学的历史悠久，教育的最早形式就是个别教育。虽然17世纪以后，学校教育兴起，取代了个别教学作为教育的主要组织形式，但是个别教学并没有就此退出历史舞台，相反，它依然在教学组织形式中扮演了重要的角色。美国威斯康星大学"个别化研究发展中心"开发的个别指导教育模式（Individual-Guided Education，IGE）普及较为广泛，其要点为：①确立适当而明确的教学目标。教学目标既有固定的，又有变化的，由学生、家长、学校管理人员、教师共同商定，并因不同社区、学校、学生而异。②教学评价视需要而定，并非每周固定。③根据学生的个性与需要灵活调整学习内容、形式、途径等。④学生自己实施学习方案。⑤在进行班级教学时，开展"充实性"与"补救性"的教学活动，前者为提前达标者学得更多而设，后者为滞后达标者补课而备。⑥及时反馈信息。从总体来看，个别指导教学的主要特征在于其教学目标、内容评价等都是灵活机动的，它要求学校、家庭、社区协调一致，同时比较充分地发挥了学生的自主性。

个别教学一般采取一对一的形式，针对个体间的差异对学生施行因材施教。主要包括课内辅导和课外辅导，通常在授新课之后巩固练习阶段进行。如在混合班中教完盲文后对个别低视力学生进行汉字教学辅导、随班就读中对视力残疾学生的个别辅导、盲校定向行走课程以及生活指导课程等中的个别辅导等。

对视力残疾学生而言，个别教学形式尤为适合。但是，由于这种形式教学比较费事，面对的学生人数少，不利于扩大教学规模，因此，在目前的视力残疾儿童教育形式中，只是作为辅助形式存在。比如，在视力残疾儿童班教低视力学生学汉字时，在随班就读进行盲文教学时，以及在盲校进行个别矫治时，就可采取个别教学的形式。

当然，需要澄清的是，个别教学与个别化教学是不同的两个概念。严格来讲，个别化教学是一种以适应并发展学生的差异性和个别性为主导的教学策略与设计，是一种教学理念，它实质上是为了适应每个学生的不同需要、兴趣、能力和学习进度而设计不同的教学方案，从而使班级中的每一个学生都能得到合适的教育。因此，在个别化教学过程中，教师可以根据学生的不同教学需求采取不同的教学组织形式，这也包括个别教学形式。

（四）现场教学

现场教学是教师结合一定的生产现场和社会生活现场条件，同现场有关人员共同组织的教学。或因学习某门学科知识和技能的需要，或因学生为了从事某种实践活动的需要，它给学生提供直接知识和技能，丰富他们的感性认识，对于理论联系实际有着重要的作用。

盲校的定向行走、社会适应、综合康复等课程经常采用这种辅助教学形式。

(五)复式教学

复式教学是指把两个年级以上不同程度的学生编在一个班里，由一个教师在同一个教室、同一课时里分别用两种以上的教材交叉地对学生进行教学的组织形式。它是课堂教学的一种特殊组织形式。

复式教学保持了课堂教学的一切本质特征，如班级、课堂和统一时间等。不同的是教师在一节课内要巧妙地同时安排几个年级和多种教学活动。它主要适合于视障生源少、视力残疾教育刚起步的地区，对于普及视障教育有重要的意义。我国幅员辽阔、地广人稀、经济水平与交通落后，有些地区只有采取在普通学校附设盲班的形式，通过复式教学普及视力残疾教育，在我国目前农村经济、文化相对来说比较落后，特殊教育还不发达而又亟须普及视障教育、提高人口素质的情况下，这种教学组织形式还会在一定时期内作为一种必不可少的特殊教学组织形式而得到重视。

三、盲校的教学原则

教学原则是完成教学任务，达到教育目标所必须遵循的基本原则。本节先从普通教育教学原则在视力残疾儿童教育中的变通应用开始，结合视力残疾儿童一些心理发展的特点，讨论了具有普遍意义的视力残疾特殊教学原则。

(一)普通教育教学原则在视力残疾儿童教育中的应用

视力残疾儿童与普通儿童身心发展规律的一致性，决定了盲校教学与普通学校教学具有相同的规律，都是通过教师的传授，使学生掌握知识体系、形成技能并促进身心发展的过程。同时，视力残疾学生掌握知识也要经过感知教材、理解教材、形成概念、巩固知识和运用知识几个基本阶段；普校开设的课程盲校也同样开设，因此，普校的教学原则在盲校的教学中也同样适用。

1. 全面发展的方向性原则

在社会要求教育培养全面发展的人才时，学校的教学就必须要以全面发展为总的指导思想和始终坚持的方向。全面发展的方向性原则包括三个"统一"，即科学性与思想性的统一、传授知识与发展能力的统一、身心发展的统一。三个"统一"相辅相成，互相依托，互相促进。

（1）教学过程中的科学性与思想性的统一

教学过程中的科学性与思想性在盲校教学工作中至关重要，二者关系紧密。思想性以科学性为前提，科学性中必须渗透思想性。在教学中，要求教师既要使学生掌握正确的、系统的科学知识，同时又要注意培养学生的思想道德品质。有的盲生可能缺乏进取心和克服困难的信心，容易产生自卑感和悲观消极的情绪，因此对他们进行自信、自强的教育就显得格外重要。教师在教学过程中可以通过组织学习盲人成材的先例和阐述盲人成材的可能性来激励学生树立战胜伤残的信心、自强不息。同时，教学过程中还应加强破除迷信的科学教育和思想教育内容的渗透。

（2）传授知识与发展能力的统一

要求教师传授教材理论知识时，不能脱离客观现实，要尽可能地联系实际来阐明概念，并通过一定的实践活动，使学生学会灵活应用各种知识，发展能力。受视觉表象缺失或模糊不清的影响，有时盲生只靠书本知识得来的经验往往是知其然而不知其所以然的。比如，有些盲生知道"我们的国旗是五星红旗"，但如果再细问"五星中几大几小""五星的位置结构大概如何"等普通儿童平时通过视觉就可以观察学习来的视觉表象信息时，视力残疾儿童或许就不甚了解了，这就需要教师针对具体情况进行深入教学引导。

（3）身心发展的统一

教学过程中在传授知识、促进盲生心理水平发展的同时也要注意促进盲生身体的发展。身体发展是心智发展的基础，在教育活动中，教师要注意使视力残疾儿童科学用脑、用眼。例如，保护低视学生的视力，指导盲生通过适当的方式锻炼身体，长久地从事学习活动之后要组织参观、踏青等户外活动以松弛神经。而在对学生进行体育锻炼指导时，也必须注意不仅要让盲生知道怎么做，而且还要向他们解释为什么这么做以及不这么做的危害等，以拓宽盲生的知识面。

2. 教师主导作用和学生自觉性、积极性相结合的原则

积极地贯彻教学任务、传授科学知识、启发诱导学生的积极思维以及解决他们学习上的困难是教师的职责，而虚心地接受教师的教导、自觉主动积极地学习则是学生应该努力做好的。教师的主导作用和学生的自觉积极学习，两者是统一的，在教学活动中必须相结合，才能完成"传道授业"和"闻道受业"的教学任务。

首先，教师必须要善于激发学生的求知欲和学习兴趣，形成正确的学习动机。启发学生自觉学习的积极性是教学过程中的重要条件，教师必须对学生进行学习目的性的教育，激发学习动机、培养学习兴趣、端正学习态度、调动学生的主观能动性，这样才能形成学习的自觉性。视力缺陷会导致有的盲生有畏惧、退缩的人格特征：怕新东西、怕改变、怕尝试，这就要求教师发挥主导作用，巧妙设计教学，采用多种补偿途径，发挥感官协同作用的优势，使他们逐步接受新事物并对其产生浓厚的学习兴趣。同时，教师应充分估计到视力残疾对个体在学习上造成的困难，通过课内外的教学、耐心辅导，帮助他们克服困难。只有在教师的主导作用下，根据不同学生的不同情况对症下药，在学习中不断为他们扫清障碍，使他们对学习感兴趣、有旺盛的求知欲，这样，盲生的精神负担就会消失。学生求知欲和学习兴趣还必须配合学习动机指导工作。有的视力残疾儿童认为读书是为父母，有的说学习是为了找到合适的工作，更有少数盲生认为"来校学习有人陪着玩"，这些思想当然就影响了他们的学习态度和学习的积极性。因此，在教学过程中，教师要充分发挥主导作用，加强对学生进行思想教育，排除一些不良思想的干扰，努力培养学生学习的自觉性。

其次，教师必须注重培养学生独立探究的能力。由于视力缺陷在很大程度上限制了视力残疾学生主动探究周围世界，使得有的盲生的依赖性很强。要改变这一状况，教师必须认真钻研教材，联系盲生的实际，不断改进教学方法，采用启发式教学，在教学的多个环节上都要发挥主导作用。要善于提出问题，启发学生积极思维。布置作业，使他们在熟练的基础上加深对知识的理解。凡盲生自己能做的工作，尽量让他们去做，教师不能包办代替，培养他们独立思考、独立工作的能力，鼓励他们自己尽量做自己能做的工作。只要他们尝到了独立的成就感，继续学习的信心就会更强，积极性就会更高，这在无形中又将提高他们独立的能力，这种良性循环无疑对他们意义重大。同时，为形成学生的自律意识，教师应要求学生明确学习的每一项具体任务，对他们提出严格的要求；经常开展各种学科的比赛，检查和评定他们的知识，通过表扬和批评，运用集体舆论来激发他们学习的自觉性和积极性。

最后，教师要及时检查学生学习效果，不断改进教学。教师的教学效果与学生的学习效果是紧密相关的。通过检查学生的学习效果，教师可以得到反馈信息，以便及时调整教学形式和教学方法。

3. 教学内容与学生认知结构相统一的原则

教学过程本质而言是一种简约而有效的认识过程，目的在于提高学生的知识水平。要达此目的，必须先了解学生的基础和认知结构。在心理上，认知结构被普遍认为是个体在掌握知识、认识客观事物时在头脑中形成的经验系统或智力活动模式。要使教学内容与这种智力活动模式相匹配，作为教学组织者的

11

教师必须做到以下两点。

(1)按科学知识体系的内在规律和顺序进行系统教学

这就要求教师深入钻研大纲,掌握学科内在的规律和知识体系。盲生学习的每一门课程都是系列的基本概念和基础知识的体系。只有当新概念和已有的概念联系起来,并且使他们掌握的新概念进入一定的概念体系,才能对新概念有深刻的理解。因此,要求教师在授课时,必须注意新旧知识的联系,而且要使知识系统化。盲生在系统学习的前提下,教师要对教材中最重要、最基本的、具有关键性意义的以及盲生学习时有困难的部分,都要讲清楚、讲透彻,使他们切实掌握,这样才能帮助他们顺利地内化知识。

(2)教学内容应基于学生现有水平,循序渐进

"循序"是说要按照一定的次序,按照认识发展的规律办事。因为一个正确的认识,往往要经过由实践到认识,由认识到实践这样多次的反复,才能够完成。任何质的飞跃都需要通过量的逐步积累来实现。教学也是如此,也要经过一个由无知到知,由知之不多到知之甚多,逐步弄通的过程。

我们知道,科学知识具有严密的逻辑系统性,教材也有一定的连贯顺序。学生学习基础知识必然是新知继旧知,循序渐进的。因此,要求教师在教学过程中要符合教学对象的认识规律,依据从已知到未知、从易到难、从简单到复杂、由近及远等规则进行教学,这样教材才能为学生所接受和掌握。循序渐进的教学原则,也必须在教学上联系学生的实际。反之,不了解学生的旧知识是否掌握牢固而去匆忙赶教学进度,就会脱离实际情况,循序渐进也会落空。必须注意的一点是,盲生受制于视力缺陷,对客观世界的认知不如正常儿童充分,有些概念是缺失的甚至完全错误的,教学时应扬长补短,注意及时弥补缺失。例如,初入学的盲生学习汉语拼音 a、o、e 时,由于看不见教师的口型而发不准,教师可充分利用他们的听觉经验将三个字母的发音编成儿歌:张大嘴巴 a、a、a,公鸡叫 o、o、o,小鹅、小鹅,e、e、e。

4. 因材施教的原则

因材施教是中国文化教育传统保留下来的优秀施教方法和原则之一。由于成长环境、早期教育、病因、致残年龄、残疾程度等因素的差异,盲生之间存在着巨大的个别差异,这种个别差异决定了因材施教教学原则的必然性。盲校学生分全盲生和低视生,因而针对学生的实际情况,教师在实施教学时,在教学要求、教学内容、教学进度和教学方法等方面都要因人而异,注意个别对待,个别辅导。例如,低视生与全盲生混班学习古诗《咏鹅》时,两类学生遇到的困难不一样,教师的教法也应有所区别。低视生有视觉经验的帮助,理解与

视觉有关的事物及情态较全盲生容易，如他们通过观察教材上的背景图、结合自己已有经验，就可以理解文章中每个字词的含义；而全盲生对"鹅""波"等名词概念，"浮""拨"等动词概念，"白""绿""红""青"等颜色的概念就需要教师采取特殊的教学方法。

目前国际上通行的个别化教学是适应视力残疾儿童教育的重要教学形式和原则。只有采用个别化教学才能把着眼点转移到学生身上，更多地从学生出发来考虑教学的各个环节，保证因材施教原则的贯彻。

个别化教学并非一定是一对一的，它的形式可以是多种多样的。既可以是个别的、小组的或个别与小组一并实施的教学，也可以是个别、小组、集体形式的灵活运用。它既可以适应视力残疾儿童的个体差异，又可以通过学生间的相互作用促进群体的发展。

(二)盲校教学的特殊原则

前人对盲校的特殊教学原则做了大量的探索研究，如美国人[①]认为，对盲生进行教学时必须注意：具体化（给视力残疾学生提供能够触摸和操作的直观形象的具体物体）、使经验整体化（视觉在统整其他感知觉经验的过程中起决定作用，失去视觉的人必须在他人的提示下才可能将经验整合起来。如盲生在自选商场里到处转，只知道具体商品，而不能形成商场的概念，需教师的指导。要扩大盲生的眼界，给予系统的刺激以发展他们的想象力，教师应运用语言指导）、在做中学（通过亲手去做，体会经验，从而形成经验；通过尝试错误学习；通过不断作用于环境，获得信息刺激，使大脑发展，激发去做，再作用于世界的动机，使心理不断发展）等原则。

我国台湾学者[②]则提出，在盲校教学过程中，要注意给予盲生更多的机会接触各种不同刺激，以扩大经验范围；要尽量利用其他感官代偿视功能，以使盲生充分感知周围信息；要尽量减少利用视觉来接收信息的学习方式；要安排好休闲时间，积极向其提供社交机会，培养良好的生活习惯。

有人认为[③]对视力残疾儿童的教学必须注意：因材施教（比较强调分类教学）；集体教学与个别化教学相结合（将某领域水平相近的学生集中进行教学，

---

① 柯克、加拉赫著，汤盛钦、银春铭译：《特殊儿童心理与教育》，天津，天津教育出版社，1987

② 李德高著：《特殊儿童教育》，台北，五南图书出版公司，1992

③ 曹正礼：《视力残疾儿童的教学原则》，见沈家英等编著：《视力障碍儿童的心理与教育》，北京，华夏出版社，1993

打破年级、年龄编班的概念，按能力水平编班，不排斥小组教学；对有特殊需要者提供个别化的特殊辅导，通常制订个别教育计划），感知与语言指导相结合；鼓励参加实践活动。

还有人①提出：尊重、热爱学生而耐心教学的原则；全体教学与个别辅导相结合的原则；缺陷补偿的原则；具体直观趣味的原则；概念完整化的原则；学和做的原则。

综合起来，我们认为视力残疾儿童教学过程中应注意以下特殊原则。

1. 教学过程与补偿缺陷相结合的原则

视力残疾只是一种机体的局部缺陷，并非中枢神经系统及躯体的整体残疾。当个体的某一组织或器官受损导致功能失常时，通过各种途径可以替代、改善受损器官、组织的功能，即当视觉受损时，可以通过对听觉、触觉的功能部分代偿视觉，从而使个体器官组织的功能得到补偿。

视力残疾人以手代目、以耳代目，低视儿童通过专业训练，可以逐渐学会利用剩余视力，这正是机体缺陷补偿机理的作用使然，这同时也给盲校教学提供了依据和条件。盲校教学中必须注意训练发挥他们多种感官的功能和潜力，在最大程度上达到补偿缺陷的目的。感官的补偿作用是在实践中得到训练和提高的，因此要给他们提供利用各种感官，包括剩余视力的机会。

切实有效地补偿盲生视觉缺陷是一个系统工程，需要满足几个条件。首先，补偿缺陷越早训练效果越好，创造条件使视力残疾儿童及早接受教育和训练，可以使他们的缺陷较好地得到补偿。其次，缺陷补偿必须充分发挥儿童的主观能动性：外因通过内因才能发挥作用，教师和家长的施教只有被盲生内化为自身的信念后才能对补偿缺陷的计划起到巨大的推动作用。只有充分发挥盲生的主观能动性，变被动接受为主动需要，才能加快缺陷补偿的过程，收到更好的效果。最后，现代科学技术为缺陷补偿提供了众多先进的设备辅助，电子学、光学、声学等领域的发明创造为盲校所用，有效改善了盲生的学习和生活条件，为发挥他们的潜在能力提供了更多的机会。

2. 重视言语指导的原则

在所有的感觉通道中，视觉是唯一能够在瞬间获得事物最完整信息的，而通过触摸觉或听觉虽然也能了解到物体的性质和状态，但不能像视觉那样一目了然，所以视力残疾儿童的感知经验常常是零散的、不完整的和不全面的，有

---

① 周苗德：《视力残疾儿童教学原则》，见徐白仑主编：《视障儿童随班就读教学指导》，北京，华夏出版社，1992

时甚至是错误的。必须借助他人的眼—口"翻译"介绍，通过语言加以组织，才能对事物形成完整的形象及特征的认识，进而形成概念。因此，教师在教学过程中的语言指导十分关键，在盲生理解教材、感知具体形象、各种技能训练时都不可或缺。比如，学习课文《强渡大渡河》，盲生对波涛汹涌的情态，红军浴血奋战的场面难以理解，教师就应该发挥语言指导的作用加以描绘；在感知具体事物如暖气时，要将暖气的原理讲解得生动具体；在训练各种技能如切菜、做饭时要将步骤详述。总之，在这些过程中，要求教师的语言科学准确、形象丰富；同时要求盲生用语言表达自己的学习过程和学习记忆的内容。

3. 多重感官综合利用的原则

多重感官法（multi-sensory approaches）又称"感官并用法"。事物都有多种属性，从不同方面反映着事物的本质或内涵，而人的各种感官也各有独特的功能，从不同方面感受这些属性而达到这些目的。盲生可以充分发展听、触、嗅、味等感官的功能，达到感知的目的。如盲生不能依靠视觉辨认自己的许多件衣服，但他们可以通过触摸感知每件衣服的质地、长短、厚薄，甚至可以通过嗅觉来辨认每件衣服味道的细微差别。

盲生多重感官综合利用是让他们的多种感官功能参与到其学习的整个过程中来，从而丰富他们的具体直接的经验和表象。这种建立在多种感知基础上的认识才是对事物和现象比较全面的认识。在教学中，应尽可能让盲生用其他感官认识事物，让他们直接用耳朵听，用手触摸，用鼻子嗅，有的甚至用口品尝等，形成对事物的听觉表象、触觉表象、嗅觉表象、味觉表象等，以弥补视觉表象的不足。这就要求教学涉及的内容具体、形象，使他们对事物的认识建立在尽可能丰富的感性认识基础上，从而弥补视觉形象的贫乏。比如，认识芹菜时，可以让学生用手摸芹菜的外形，用鼻子闻闻它的味道，最后还可以把芹菜做成一道可口的菜让学生品尝。这种充分调动多感官的原则无疑能既调动积极性，又能达到良好的教学效果，更有利于学生的感知发展。

四、盲校的教学方法

教学是由教师的教和盲生的学所构成的师生双边活动。教学方法是教师在教学过程中为了完成教学任务所采用的工作方法和在教师指导下盲生的学习方法。它是为了达到教学目的而进行的一种有秩序的活动方式，是教师与盲生实现教学目的、完成教学任务的途径和手段。在盲校教学中既要注意发挥教师的主导作用，又要注意调动盲生学习的积极性和主动性，这就要求盲校教师在教学过程中必须采用恰当的教学方法，才能收到良好的教学效果。

(一)与盲生接触的注意事项

教师在与盲生接触和交往时有许多需要注意的地方。

①避讳"瞎说""瞎猜""瞎想""瞎……"等字眼，免得刺伤他们。

②第一次见面可以尽量多地告知对方关于你的信息，让他(她)有信任感和安全感。

③和他(她)说话时先拉拉他(她)的手、拍拍他(她)的肩等，使其有亲近感。

④保持正常的语调和语音与他们讲话：他们的耳朵没问题。

⑤来到他们的身边和离开他们的身边一定要有声音或动作示意。

⑥对他(她)讲话时先用他(她)的名字，提示正在对他(她)说。

⑦和别人说话时，时间别太长，免得把他(她)"晾"在一边让他(她)无所事事(普通人可以东张西望自己分散注意力)。

⑧指挥方位要清楚准确。如"把水杯放在你自己的前面"而不是"把水杯放在那儿"；"在你左前方一米左右"而不是"在这里……"

⑨别以为他们看不见而有时做些"小动作"——其实他们有可能"看到"，有可能听到，有可能猜到。

⑩不断向他(她)解释你所看到的一切。

⑪不厌其烦地向他(她)介绍某件新鲜物品。

⑫不断告诉他(她)周围环境(人和物)所发生的变化。

⑬见到好几个视力残疾孩子时，要么都喊一遍名字都打招呼，要么谁也别打招呼，免得他们猜忌。

⑭让他(她)等待的时候一定要让他(她)有所倚靠，而不是让他(她)觉得"孤苦伶仃"。

⑮遇到熟人时顺便向他(她)介绍一下。

⑯鼓励使用仅存视力。

⑰在日常生活中教授一些基本的概念。

⑱鼓励他(她)和伙伴进行交往。

⑲让他(她)跟着你走，不要拽着他(她)走。

⑳做他(她)的眼睛，而不要做他(她)的手——需要的是"借"你的眼并通过嘴翻译给他(她)，而不是替他(她)做了！

(二)盲校常用的教学方法

盲校常用的教学方法一般有讲授法、直观教学法、谈话法、摸读法和练习法等。

1. 讲授法

讲授法是教师通过语言系统地向视力残疾儿童传授知识的方法，它是讲述法、讲解法、讲读法和讲演法的总称。这些方法主要用于传授新知识，有时在巩固旧知识时也运用。它是盲校课堂教学中最常用的基本教学方法。

运用讲授法，教师可以将文化知识连贯系统地传授给盲生，使盲生在较短的时间内获得较多的知识。教师在传授知识的同时，要有目的、有计划地向盲生进行思想品德教育，提高盲生的品德修养。

（1）讲述法

教师向盲生叙述事实材料，或描绘所讲的对象时所使用的教学方法。讲述法在盲校各科教学中都可以运用，特别是语文、历史等文科的教学中运用得更为广泛。教师在运用这种方法时，为了使自己的讲述更富于吸引力，可以穿插一些关于所讲述的事件的人物对话，或朗读一些描绘与所述内容有关的文艺作品的原文。

（2）讲解法

教师向盲生说明、解释或论证原理、概念、公式时所使用的教学方法。讲述法和讲解法的不同之处在于：讲述重在叙述，描绘事实；讲解重在说明、解释事实和论证原理。讲解法在盲校各科教学中也广泛采用，尤其在数学、物理等学科的教学中应用最广。

需注意的是，讲解法和讲述法在教育教学中并不是孤立的运用，而往往是交互运用、互相结合的。

（3）讲读法

这种方法主要在盲校的语文和外语教学中运用。讲读法包括词汇解说、课文讲解朗读和默读训练、复述背诵等，是讲、读、练三种活动的综合。教师运用讲读法时，要根据盲校的具体教材和视力残疾儿童的实际情况，按照盲校教学原则的要求，将读、讲、练三种活动灵活恰当地组织起来。

（4）讲演法

是教师不仅描述事实，而且深入分析和论述事实，并在这个基础上做出科学的结论的教学方法。讲演法与以上三种方法的不同之处在于它所涉及的问题比较深广，所需要的时间比较长，适用于水平较高的视力残疾儿童。

在盲校运用讲授法首先要注意讲授的内容要具备科学性、思想性和趣味性，这是保证教学质量的首要条件。因此，教师在教学中必须以马克思主义的观点去分析教材，叙述教材。其次，教师的讲授要有系统性，应当条理清楚，重点突出。教师在讲授时，要考虑到盲生视觉缺陷的实际情况，盲生的接受能力和其已有的知识水平，注重由已知到未知，以温故而知新；要注意观点和材料的统一，做到逻辑严密，层次分明；并突出重点和难点，使盲生能透彻理解讲授的内容，并将其融会贯通。再次，教师在讲授时，语言要清晰简练、生动准确，使盲生得到直观的具体的感受，增强记忆。最后，教师应注意坚持用普通话教学，说话要通俗、快慢适度，语言要合乎语法规则，不用含糊、不确切的语句，不说半句话。

2. 直观教学法

又称具体形象教学法，"直观"教学法是教师指导盲生充分利用其听觉、触觉等感觉器官，并作为其认识事物的手段，通过各种形式的感知，在一定程度上，补偿盲生因视觉缺陷而引起的不足，达到完成教学任务的目的的方法。

直观教学可以丰富和扩大盲生的认识范围，使盲生在感知的基础上更好地理解教师所讲授的内容，同时还可以训练和发展盲生多方面感官的功能。教师应有意识地教给盲生观察的方法，培养和发展其认识能力。

直观教学法是教具直观、语言直观和动作直观教学法的总称。这三种直观教学法各有特点，在教学中可以互相补充。

(1) 教具"直观"教学法

指在盲校教学中教师为了能让盲生更好地理解所教授的内容而使用实物、标本、模型等作为教具，让盲生亲手触摸，以增加其对事物的直接感知的教学方法。

在盲校备制的和应用的直观教具很多，文、史、地方面的教具，如科学家人像、平面凸起的地图、古建筑物模型等；自然、物理等方面的教具，如星座图模、机械传动装置等；生物方面的教具，如家畜、野生动物、海洋生物、鱼类、鸟类的模型或实物。教学中最好使用实物，因为实物可以增加盲生的感性经验。但由于有些实物过大、过小，或有毒，或易对盲生构成伤害，因此，盲校教学中更多使用的是标本或模型。实物、标本和模型教具要反映实物的轮廓和特征，盲生借助于手的触觉和其他分析器的感知来认识物体的形态及其最本质的特征，从而获得有关事物更为准确的表象。

在使用直观教具时，教师要先向盲生介绍被观察的事物的名称、形状、大小，以及各部分的特征，要求盲生感知事物的整体及其本质特点和实际用途，并善于识别该事物与同类事物的不同特征，学会识别事物的不同状态。

教学中盲生使用直观教具应该在老师的指导下进行。教师首先要消除盲生的一些顾虑，使盲生放心大胆地去触摸实物或标本、模型。在盲生进行"观察"时，教师要提出一系列有连贯性的具体问题，引导他们对当前事物和现象的认识，使其在感知的基础上通过积极的思考来回答教师的问题。通过问答，教师也可以检查盲生所获得的触觉表象是否正确。

（2）语言直观教学法

是指在盲校教学中教师结合具体事物运用生动形象的语言描述来加深盲生对事物的认识和了解的教学方法。

视力残疾儿童的认识过程是对外界事物的基本属性的感知和概括的过程，仅有实物不用语言进行解释，视力残疾儿童对事物的感知往往是零碎和片面的。为了克服这一弱点，在盲校教学中使用直观教具时结合教师生动形象的语言讲解，就显得十分必要；尤其是盲生在触摸内容结构较为复杂的物体时，教师语言讲解的作用更为突出。

语言有助于促使物体与视力残疾儿童的大脑皮层形成暂时性神经联系，并使原有的经验复活。如教师描述汽车的外形，盲生在头脑中就会浮想起汽车的四个轮子、汽车的车头和车身。

教师的直观语言是盲生获得直接知觉的有力手段之一。尤其在盲校的语文教学中，对教材中的人和事、情与景的叙述和描绘，要求教师做到言词精练、生动形象。盲生借助教师的言词，能够像有视觉的普通儿童那样，以直观形式感知人和事、情与景等复杂的现象。盲生从教师委婉细腻的直观性讲述中，深入意境、活跃思维、寓知识于情感之中，更好地理解教材。

视力残疾儿童对于人的面部表情无法体会，但他们能够借助听觉注意教师的语调变化来分辨对方的情感和态度，并利用听觉感受对方讲述的内容。对于盲生无法理解的许多抽象的词汇，教师在语言讲解中，除运用类比的方法外，还要采用以词定义的方法，如"红色"，说明色彩鲜艳、热烈，象征着光明和胜利，使盲生通过联想来理解相对于他们来说无法理解或难以理解的词汇。

总之，语言直观扩大了盲生的知识范围，是盲校教学中必不可少的缺陷补偿的手段之一。

（3）动作"直观"教学法

是指在盲校教学中教师通过让盲生触摸一些示范动作而掌握其所教授的内容的一种教学方法。

视力残疾儿童由于视觉缺陷而失去了许多视觉模仿的机会，因此，教师在教学过程中就应该对触摸动作进行指导。如体育课，教师可以让盲生触摸自己的示范动作，然后自己来模仿教师的动作，教师根据盲生的动作来判断正误并纠正其错误的动作。再比如音乐课，盲生学拉二胡等乐器，教师可以让学生来触摸他拿乐器的姿势，然后让学生模仿。

19

动作直观是视力残疾儿童与普通人沟通的重要手段之一。许多普通儿童惯常的行为，如挥手再见、点头敬礼等对视力残疾儿童来说都是十分陌生的。教会盲生类似的行为，有助于他们与普通人的交往和更好地参与社会生活，而这些行为的教学运用动作直观法是很有效的。

3. 谈话法

谈话法是教师根据盲生已有的知识和经验提问盲生，并引导盲生对所提问题得出结论，从而获得知识的一种教学方法。它是盲校课堂教学中常用的教学方法之一。

使用谈话法教学，有利于教师充分地激发盲生的思维活动，使盲生通过独立思考来获取知识；同时，对发展盲生的语言表达能力也有重要作用。教师可通过以探究为目的的询问性谈话，了解和掌握盲生基础知识的掌握情况；通过以教授知识为目的的启发性谈话，引导盲生的思考，集中其听课的精力，兴奋情绪，活跃气氛；通过以巩固知识为目的的总结性谈话，来加深盲生对知识的理解，增强其记忆，以达到使盲生能系统地、全面地掌握知识的目的。

运用谈话法时，教师要有充分准备。提出的问题要明确，要有启发性，且难易适当，符合盲生的接受水平；提问的对象要普遍；对不同性质、不同程度的问题，要让不同的盲生来回答；要全面安排谈话内容，拟出谈话提纲；谈话所需要的时间要根据问题的多少、难易和提问的对象的程度来确定。

教师要有计划地进行谈话。谈话时要围绕谈话的题目、线索和关键问题进行；教师要启发盲生积极地参加谈话，引导他们积极思考教师提出的问题，自觉地回答问题，并注意听其他同学的发言，对回答得特别好的盲生要鼓励。谈话结束时，教师应当结合盲生的优缺点进行点评。

4. 摸读法和听读法

摸读法是指在盲校教学过程中，教师有计划地指导盲生摸读课文、作业、参考资料等材料的方法。它是盲校常用的教学方法之一。摸读法可以发展盲生的触觉能力，加快摸读盲文的速度；发展盲生的阅读能力，培养良好的读书习惯；使盲生自觉主动地从书本上获得知识。在摸读教学中，教师要注意指导和纠正盲生的摸读方法和姿势，要让盲生养成左手食指和中指找行，并摸读前半行，右手食指和中指接左手食指和中指摸完后半行的快速阅读习惯；同时，要注意培养盲生单手摸读的能力，以利于盲生抄写和做作业。教师要注意指导盲生朗读，要求盲生朗读时声音洪亮，发音准确，并富有感情；也要注意指导盲生的课外阅读，向盲生介绍一些思想性、科学性和有趣味性的作品让盲生阅读，以培养他们良好的读书习惯。

听读法既是一种教学方法，也是一种阅读方式。它利用录音带、光盘、计算机软件等现代技术将部分教材、课外读物制成有声材料，以代替电子书籍和大字课本供盲生学习和阅读。它既适合低视力儿童也适合盲童，能够在一定程度上克服盲文书籍和大字体书本缺乏的困难。

5. 多重感官和类比推理法

任何事物都具有多种属性，从不同方面反映着事物的本质或内涵。而人也具有多种感觉器官，能够从不同角度感受这些属性而达到认识事物的目的。盲生自身存在的视力缺陷要求他们认识事物时多重感官并用，通过听、触、嗅、味等通道来补偿视觉缺陷，达到感知的目的。比如，盲生并不能直接看到汽车载重量，但是可以通过触摸车厢感知其大小来估计整车的载重，也可以通过汽车空车和载重时发出的不同声音来估计载重量。

类比推理法与多重感官法有一定共通之处，它是指运用盲生已熟悉的或用其他感官能够感受的类似事物进行比较推理而认识新事物的方法。比如，盲生无法直接用手指触摸感知蚊子的形状，除了借助模型让学生认知以外，还可以通过指导盲生先行触摸和蚊子类似的蜻蜓，同时对两者的大小、形状、结构、颜色等方面的异同进行比较而使盲生得到较为具体、形象的感受。

6. 练习法

练习法是盲生在教师的指导下，巩固知识和形成技能、技巧的教学方法。这种方法，在各科教学中都可采用，它能使盲生牢固地掌握知识，把知识变成技能、技巧，能培养盲生克服困难，始终如一地认真学习的优良品质。

练习法的种类很多，有说话的练习，如语文和外语教学中的口述和回答问题等；有解答问题的练习，如数学、物理等学科中的作业等；作文和创作的练习，如语文和外语课中的作文等；有运动和文娱技能、技巧的练习，如体育课中各种技能的练习、音乐课听弹唱练习等。

运用练习法时，首先，要使盲生明确练习的目的，掌握有关练习的基本知识。只有这样盲生才可能有较高的自觉性和积极性，才可能避免机械盲目的练习。

其次，让盲生掌握正确的练习方法，教师要先作必要的示范让盲生获得关于练习方法和实际动作的清晰表象之后再让盲生独立练习，这时教师要进行个别指导；其后，教师在检查盲生练习的基础上，进行分析小结，指出优缺点，并纠正错误，提出改进的要求，并培养盲生自我检查的能力以及养成自我检查的习惯。教师在选择练习内容、布置多种作业时，要有适当的计划，遵守循序渐进的原则。

最后，教师要正确把握对练习速度和练习质量的要求，使练习在时间的分配上适当；同时，练习的方式要多样化：如口头的和书面的，问答的和实际操作的，课内的和课外的等。

7. 尝试错误法

尝试错误法主要是让学生自己去尝试做各种事情，去说、写、做、读，正确者加以肯定，错误者加以纠正，在自我经验中进行学习。这种方法对盲生有特殊意义，因为有些家长或教师对盲生过分保护，不让其独立活动，担心孩子受伤，因而往往限制盲生独立能力的发展。有老师曾经遇到这样一件事：一个9岁的盲生，是被父母抱到老师面前的，其父母说他不会走路。但是，经医生检查证明他一切正常。他之所以连走路都不会，就是因为他是先天盲，其父母从来不让他做任何事，吃饭穿衣都是父母包办，他从没有学过爬，也没有独立站过。正因为这种过分的保护，使他没有经历过通过尝试错误认识周围世界的过程。也正是因为如此，这个盲生的智力发展也较差。

调查表明，一个能有许多机会尝试错误的盲生，其独立性相对就较强，等到他成人以后，社会适应能力也比较好。因此，教师在教学中应适当给予盲生自我尝试的机会。

8. 其他方法

（1）模仿法

模仿法是盲校经常采用的教学方法之一，如朗读、日常生活技能、唱歌的学习等，都由教师先提供示范，学生再加以模仿，这是视力残疾学生独立发展的基础。

（2）机械学习法

机械学习法又叫机械记忆，是指个体不管记忆内容的内部联系，机械地记下来，如盲字点位、色彩搭配、道路特点等。虽然此种方法比较机械，但是在正常儿童与盲校教学中都有使用。尽管它不是巧妙的方法，但任何良好的学与教都包含机械学习的成分。

总而言之，在盲校教学中能使用的方法很多，除上许这些方法之外还有实验法、参观法、演示法等。需要注意的是：任何教学方法都不是万能的，在盲校的实际教学中，应注意以一种教学方法为主，多种教学方法并用。为提高盲校的教学质量，教师应从实际出发，将各种教学方法配合起来，灵活运用，并力求创造出适合盲生接受特点和实际水平的教学方法来。

五、盲校教学的辅助设备

(一)盲文书写工具

1. 盲文笔和盲文板

(1)盲文笔

盲文笔：为视障者的点字书写工具。上半部为木制或塑料制的笔杆；下半部为笔尖，尖稍圆而光滑，书写时用大拇指与中指夹住笔杆，食指第二节顶住笔杆顶端，第一、第二节扶在笔杆上，无名指与小指呈弯曲状。

图 1-2 盲文写字笔   图 1-3 盲文修正笔

(2)盲文修正笔

书写盲文发现错误之后，可以用笔杆将凸出的点字压平，但面积会相对大些，有时不好把握，所以用盲文修正笔就显得相对比较方便了。

(3)盲文写字板

又名"点字板"，是视障者的点字书写工具之一。一般的盲文写字板为长方形，分为上下两片，由铰链连接。上片叫盖板，有许多边缘呈齿形的长方形孔洞；下片叫底板，有与盖板上孔洞相对应的六点字模凹点，四角各有一个细小的挂纸钉，用以固定纸张。

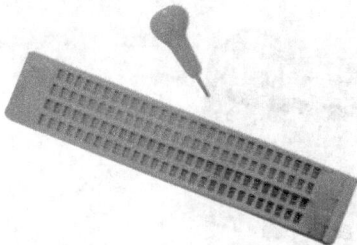

图 1-4 盲文写字板   图 1-5 便携式字板

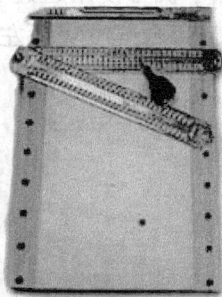

还有一种便携式字板，使用时将纸张夹在铜尺之间，以点字笔透过铜尺的6个洞孔来点字。当点字板两行都点完时，可往下移动点字板继续书写。

盲文书写工具还有一种叫做卷筒式点字记录座：有一格一格的小方格，方便做点字记录，并有卷筒可放纸张，方便随时使用，纸张也不易折损。

图 1-6　卷筒式点字记录座

2. 盲文打字机

盲文打字机是一种书写点字便利的机械设备，是为了提高盲文书写的速度、便于修改错误、满足出版需要而设计的。根据盲人使用的需要，要求盲文打字机具有结实、稳固、使用持久、携带方便、安静、装纸快、出纸快、空行快、可修改补充等特点。世界上第一台盲文打字机是 1930 年由美国柏金斯盲校木工车间教师亚布拉罕（David Abraham，1896—1978）设计制造的。目前该打字机是世界盲文打字机的主要产品——柏金斯点字机（Perkins Brailler）。

（1）柏金斯点字机

柏金斯点字机包含 6 个点位键，空白键、倒退键、换行键各 1 个。警铃装置、防尘罩、消退器等 354 种共 756 个零部件。其优点是快速：每次可以点出6 点；便利：正面显示点字，容易辨认错误；稳固：纸张不会自动脱离机器；耐用：该点字机可使用超过 25 年，其使用情形还相当良好。其缺点是：噪声大、价格贵（每台 650 美元左右）。

图 1-7　柏金斯点字机

（2）德国 EHG 点字机

由德国马尔堡视障教育集团设计制造，与柏金斯点字机相比具有轻便、便宜等特点，但性能、持久性方面不如柏金斯点字机稳固。

（3）电动点字刻印机

由电力驱动，与电脑相连接，双面打印盲文，应用于大量且快速的点字打印与点字印刷、盲文出版等，在刻印机的前板上印有普通文字和盲文标签，可以方便地在 Windows 下进行操作打印文件并有相应的语音提示，双面打印300 页/小时，使用信息纸，一次完成。较为省时省力，但价格昂贵（每台 3500美元左右）。

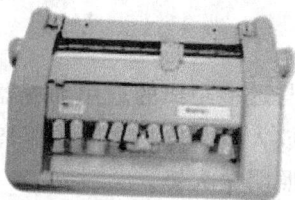

图 1-8　德国 EHG 点字机

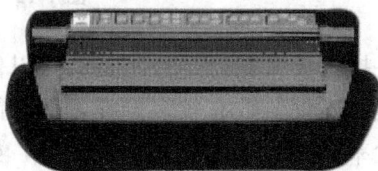

图 1-9　电动点字刻印机

（4）盲文复印机和盲文压点钳

盲文复印机：可复印盲文文字和图形，复印纸可反复使用 2～4 次。

盲文压点钳：配以专用的速写带，可直接压出所需要的盲文点，适用于粘贴在公共场所起到导向作用，如楼房间的电梯按键、扶手、房间号等所需位置上，操作简便，易于携带。

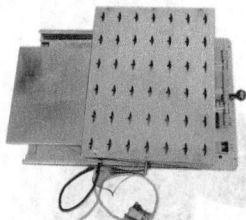

图 1-10　盲文复印机

图 1-11　盲文压点钳

（二）低视力助视器械

助视器是对改善低视力患者视功能、提高其活动能力的所有装置或设备的总称。其功能及使用方法等将在第十七章"低视力儿童的教育"里详细讨论。这里仅作一些展示和简单介绍。

1. 光学助视器

低视力患者常使用的光学助视器包括眼镜助视器、手持式放大镜、立式放大镜、望远镜等。

眼镜助视器：一种形似普通眼镜但屈光度数较大的助视器，主要是帮助低视力患者阅读，还可矫正屈光不正，但使用时必须近看东西。

图 1-12　眼镜助视器

手持式放大镜：一种手持的可以任意改变眼与透镜距离的近用助视器，携带方便，不仅倍数有较多选择，而且能通过改变放大镜与读物之间的距离以改变放大率，有的放大镜还内置光源，如手电筒式照明放大镜。

图 1-13　手电筒式照明放大镜　　　图 1-14　普通手持式放大镜

立式放大镜：一种将凸透镜固定于支架上的助视器，免得使用者不断地调节焦距，这样可以方便那些手部不是很灵活的人，倍数也有较多选择，可内置光源，但因有支架而不便随身携带。

图 1-15　立式放大镜　　　　　　图 1-16　可调放大倍数式放大镜

可调放大倍数式放大镜：利用凸透镜将字体放大。此种放大镜的特色是不需手持，可直接放在欲扩大的字体上，再逐字移动，较为方便，放大倍数有 6 倍、8 倍、10 倍、12 倍、15 倍、20 倍。

盘状照明放大镜：利用凸透镜将字体放大。此种放大镜的特色为一次性放大内容多；不需手持，可直接放在欲扩大的字体上，再逐字移动，较为方便。有加装灯泡的装置，可加强字体的光线，放大倍数有 6 倍、8 倍、10 倍、12 倍。

照明放大镜：照明灯与放大镜的完美组合，可随时调节灯的角度来获得最佳的视觉，提供 3 种不同的折光角度，在狭小的区域内可以提供最大的视野，且内置一自然光的照明灯，让低视力患者享受轻松阅读的乐趣。

图 1-17 盘状照明放大镜

图 1-18 照明放大镜

望远镜：望远镜分为看近用的和看远用的，比同样放大倍数的眼镜式助视器增加了阅读距离，但缺点是视野狭小、景深短。例如，单筒望远镜和装于眼镜上的望远镜。

图 1-19 单筒望远镜

图 1-20 装于眼镜上的望远镜

2. 非光学助视器

低视力患者常使用的非光学助视器有特殊照明装置、阅读架、加强对比度装置等。

照明台灯：有一长约 50 厘米的灯臂，可通过调节灯臂来自由转换角度。

照明笔：与普通笔的不同之处在于笔的尖端有一小灯，这样可以照亮手在纸上投下的阴影。

阅读架：可将欲读的书置于架上，并根据使用者的自身视觉特点及照明情况来调整倾斜度，使自己得到最适合的阅读角度。

强化框：可以通过与白纸的对比度差距来使视觉对象更加鲜明，减少视疲劳。

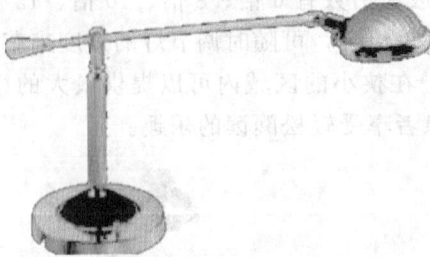

图 1-21　照明台灯

图 1-22　照明笔

图 1-23　阅读架

图 1-24　强化框

3. 闭路电视助视器

闭路电视助视器（Closed Circle Television），又名"扩视机"，一种帮助低视力患者识字、写字、阅读的工具。其基本结构包括电视摄像机、电视接收机、光源及可上下左右推拉的文件台，而电视接收机有黑白和彩色两种，屏幕大小不一，有台式与便携式之分。其优点是放大倍数高、视野大、可调整对比度与亮度，缺点是价格昂贵且多数不便携带。

台式扩视机：将欲看之物品置于镜头下，荧幕上即会出现放大的字体，此外颜色和焦距都可因使用者的需要而调整。

携带型扩视机：此装置是一个照相镜头，可将拍摄的影像输出至显示器。具有自动对焦、近距离放大等功能，能做动态影像截取亦可将影像定格，体积小且携带方便，使用时可固定在脚架上。

彩色 CCTV 系统：为低视力患者提供了可靠、清晰的彩色影像，它不仅能显示黑白对比字体，还能显示真实、舒适的阅读或书写材料，因此人们特别是儿童都愿意接受它。一般的彩色 CCTV 系统能提供 4～60 倍的放大倍数。

图 1-25 台式扩视机　　图 1-26 携带型扩视机　　图 1-27 彩色 CCTV 系统

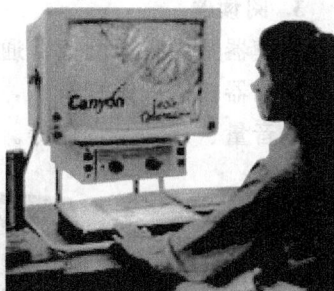

(三)电脑在盲校的应用

1. 明—盲转换系统

视触转换仪：将原本以视觉接收的信息，经由此机器，为视障者提供以触觉方式接收的信息。

盲用文字处理机：携带方便，机身有一个六点输入系统，可以随时以点字方式输入，只要外接荧幕，即可显示所输入的东西。内建语音识别系统、电话簿、文字处理转换系统和数字计算器。

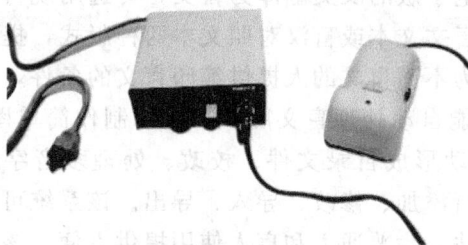

图 1-28 视触转换仪　　　　　　　图 1-29 盲用文字处理机

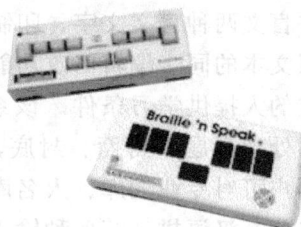

2. 点显器

点显器是盲用电脑的一种配件，上有排状针孔设计，能把显示屏上所显示的资料转译为六点点字，供盲人"阅读"，但由于组成点字的零件是用一种对电流极为敏感的特殊材料制成，所以价格较贵。

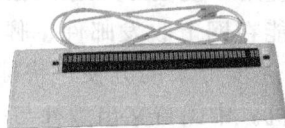

图 1-30 点显器

3. 阅读器

阅读器是供盲人阅读普通文字的一种转换设备。原理是将普通文字通过一小型扫描器扫描后进行辨认，然后以语音的方式输出。其输出的语音可以调整速度、音量、音频、音色等。每台价格在 3000 美元左右。

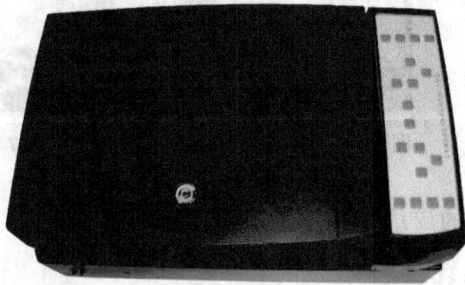

图 1-31　国产一键式智能阅读机

4. 阳光计算机语音系统和听书郎

（1）阳光专业版

阳光专业版系统适应当今计算机主流操作系统，能将汉字文章直接翻译为盲文，将盲文直接翻译为汉文。将电子版的汉文翻译为盲文，可选用现行盲文和双拼盲文两种盲文文字、印制纯盲文文本或盲汉对照文本两种版式，提供盲汉对照文本的同步编辑修改功能，为不懂盲文的人提供编印盲文的条件，为学习盲文的人提供学习条件。该系统能自动处理盲文版式，具有制作简单图形、制表、处理标题、封面、封底，自动形成目录文件、校改、处理多音字等功能。用户可对专业词库、人名库进行添加、修改、导入、导出。该系统可选择键入点位、汉语拼音等各种输入方法，为普通人和盲人使用提供方便。该系统提供盲文点显器和盲文刻印机输出接口。点显器能够将计算机上的信息用盲文同步显示，便于盲人摸读。刻印机能够将计算机上的文件在纸上刻印成凸起的盲文文件。该系统能与早期研制的磁盘操作系统（DOS）盲文操作系统制作的盲文文件和 ASCII 码刻印文件兼容。

（2）阳光标准版

随着计算机技术的开发应用，使亿万人迅速进入数字信息化时代，人们只要移动鼠标、敲击键盘，就能在网上收发邮件、聊天、阅读信息、网上授课、娱乐游戏等，充分享受科技进步带来的方便、快捷与乐趣，盲人因为视力障碍，无法操作使用普通计算机。中国盲文出版社与中国科学院共同研究开发中国盲文计算机系统，阳光 V5.0 标准版，就是专门为盲人个人使用计算机设计的软件。阳光 V5.0 软件通过语音提示朗读、虚拟鼠标等功能，摆脱了电脑显示器的约束，把电脑屏幕上的信息转化为语音，引导盲人操作使用，没有基础的盲人通过一周的培训均可学会，在日后使用过程中，遇到疑点、难点还可以通过网上咨询得以解决和提高。

（3）阳光听书郎

为了帮助盲人适应时代的变化，中国盲文出版社主持研发了新式阅读终端——听书郎。阳光听书郎是一种便携式电子文本语音阅读器，通过语音朗读阳光听书郎中的文档、电子书等实现即时语音读书读报服务。听书郎支持电子书朗读、MP3/WMA 播放的多功能便携硬件终端设备；除此之外其还带有语音菜单导航、通用 U 盘、调频（FM）收音、录音、复读等多种功能。实现全系统菜单和操作方式语音导航；提供普通话、粤语和英文 3 种语音库；可设置多种语调、语速、发言人（如男声、女声）；随时播报当前位置、电量、时间和存储空间大小等信息。语音自然，接近普通人朗读效果，能流利朗读电子版小说、新闻、故事甚至学生课本；可自动识别 TXT、IBOOK（智能书）等 eBook（电子书）文本；支持文本逐段、逐句、逐字朗读；支持复读、重点朗读、书签设置；支持朗读中的快进、快退等操作；支持屏幕文字显示和朗读内容同步。可播放 MP3 及 WMA 立体声音文件；预存 30 个电台的调频（FM）立体声收音机；全数字调谐，支持手动搜台和自动搜台；超级电话本，可以存放 300 条电话和通讯信息；按姓氏对通讯录排序，方便用户查找；高压缩比数字内外录音；实现通用 U 盘功能，高速传送文字；支持微 SD 卡，可根据需要扩展容量；提供 IBOOK（智能书）格式编辑软件，可在线升级；可随时更新电子书和音乐。

图 1-32 阳光专业版软件   图 1-33 阳光听书郎

思考题：

1. 简述盲校教学过程中的特点。

2. 教育视力残疾儿童对教师有哪些特殊要求？

3. 简述在盲校教学中班级授课制的优点及局限性。

4. 简述在盲校教学中实行分组教学的优点及局限性。

5. 如何理解在盲校教学中要贯彻落实好全面发展的方向性原则？

6. 如何理解在盲校教学中要贯彻落实好教学过程与补偿缺陷相结合的原则？

7. 与盲生接触有哪些注意事项？

8. 盲校教学如何落实具体形象教学法？

（本章作者：北京师范大学特殊教育学院钱志亮、济南大学教科院齐保莉、长沙职业技术学院特殊教育学院刘潇女、中央教育科学研究院特殊教育研究室吴扬，河北唐山师范学院特殊教育系隋春玲）

第二章 盲校的课程

　　课程从狭义上理解就是"学科"，从广义上理解就是指"学生在教师指导下各科活动的总和"，本质就是教视力残疾儿童什么的问题——教育内容，是根据学生的教育需要、结合社会需要而设置的。

一、概述

(一)课程

　　课程是国家教育目标规定下的学校教学内容及其编排与进程的总和。广义上，它包括学生在教师指导下各种活动的总和，狭义上仅指学科课程。

　　盲校的课程与普通教育相比，可以分为与普通教育一致的共性内容和与普通教育部分一致的特性内容两个部分。共性内容部分中有一部分还根据视力残疾儿童身心发展的特点作了特殊的调整，这正反映了视力残疾儿童教育与普通教育既有共性的一面，又有特殊性的另一面。[①]

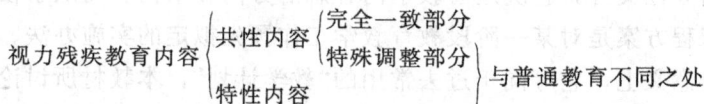

$$
视力残疾教育内容\begin{cases}共性内容\begin{cases}完全一致部分\\特殊调整部分\end{cases}\\特性内容\end{cases}\Bigg\}与普通教育不同之处
$$

图 2-1　盲校课程的内容与普通教育课程内容的比较

　　对视力残疾儿童教学内容共性部分的调整是由视力残疾儿童身心发展的特点决定的。

　　首先，普通教育的许多教学内容是以社会视觉经验为本位的，其中有许多内容是属于非由视觉感知不可的内容，如果完全照搬到视力残疾教育中来，有的内容视力残疾儿童要经过非常复杂的过程才能理解；有的内容视力残疾儿童再努力也只是一知半解，学习难度太大。为了充分利用视力残疾儿童有限的受教育时间，不得不将有些内容作特殊处理，如降低要求、选学、不作要求、删减等。如《语文》教材中学习《咏鹅》一文时，文中"白""浮""绿""红""拨""青"

---

　　① 详细内容可以参见钱志亮编著：《视力残疾儿童的教育内容》，见《视力残疾儿童心理与教育》，154～158 页，大连，辽宁师范大学出版社，2003

"波"等，对先天性全盲儿童而言，试图理解这些内容是极其困难的，所以教学要求是能背诵、说出大概意思即可。小学高年级的"繁分式化简"等本来二维一目了然的信息，转换成盲文表达的话，只能通过线性化的方式表达，从而失去了原本的意境，因此此部分内容对盲生就不作要求了。而高中的立体几何部分，有些只有通过视觉才能准确感知，所以只得删减了。

其次，由于视力残疾儿童教育目标中除了要完成与普通儿童近乎一致的全面发展的共性任务外，还要完成补偿缺陷、适应社会、发展劳技等特殊任务，而要想达成这些特殊任务，有且只有通过教学内容才能得以实现，所以在其教育教学内容中必须要有所体现。

根据视力残疾儿童教育目标及其身心特点，结合普通学校的教育内容，国家设计了视力残疾儿童教育的《全日制盲校课程方案》，在该课程方案中集中体现了共性内容作特殊调整的策略：既开设普校开设的一般性课程（作了特殊调整），又设置必要的特殊性课程。

(二)课程方案

课程方案最早称作"教学计划"，后来称为"课程计划"，21世纪课程改革后改称为课程方案。我们一般所说的课程方案，是取课程的广义，也是从教学计划的概念上演变过来的，即根据一定的教育目的和培养目标制定的教育和教学工作的指导性文件，它决定着教学内容总的方向和结构。而从学校这个微观环境看，课程方案是对某一阶段教育教学工作预先拟定的实施办法、步骤和安排。在这个意义上，它等同于过去常用的"教学计划"，本教材所讨论的视力残疾儿童教育的课程方案也是在这个意义上进行论述的。

根据教育教学对象规模的不同，课程方案可以分为群体课程方案和个别教育计划(IEP)。群体课程方案以苏联教育模式为代表，强调一个国家和社会共同的培养目的和要求，一般一个方案规划好多年，时限较长；个别教育计划是对传统课程计划的新发展，以1975年后的美国特殊教育模式为代表，强调个体需要而制订的个别教育计划。一般每年制订一次。

(三)制定课程方案的意义

课程方案就是指根据一定的教育目的和培养目标制定的教学和教育工作的指导文件。它决定着教学内容的总的方向和结构。从学校的角度看，它是某一阶段教育教学工作预先拟定的实施办法、步骤和安排。课程方案是学校教育教学活动的指导性、纲领性的文件，它在本质上决定教给学生什么、先教什么、再教什么、教学内容如何组织等。课程方案质量的好坏会直接影响教学效果。

视力残疾儿童教育的课程方案根本上从视力残疾儿童的身心特点和教育需要出发，但不同国家、不同历史时期所制订的计划也会呈现出不同的特点。

课程方案固然是学校教育和教学活动的指导文件，规定了课程的总体结构以及课程的发展方向，但这些不足以说明课程方案的重要性。我们要探讨制定课程方案的意义就是要了解课程方案为什么会成为学校教学活动的纲领性的文件。

首先，课程方案可以确保教育质量。任何一个课程方案，不论是群体的还是个别的，都包括了以下内容：明确的理论与实际依据、培养目标、达到目标的手段、具体操作方法、评估方法等。这样就使视力残疾教育沿着一定的轨道有序前进，否则教育将漫无目的。而且，作为一个指导性的文件，课程方案的制订必须借助众多专家学者的集体智慧，汇集各个领域的知识，保证无论从理论上还是从实践上，都立足于视力残疾儿童的特点和特殊需要，从而规定视力残疾儿童所学的内容。课程方案的体系化、科学化，确保视力残疾儿童能受到系统的学校教育，在补偿缺陷的同时获得全面发展，以达到适应社会生活的目的。

其次，课程方案有利于促进教师教学水平的提高和学校管理水平的提高。课程方案为教学活动提供了总的框架，使教师对于教学内容的选择、教学步骤的安排、教学进程与深度的把握都有据可依。课程方案的制订客观上减少了教师教什么及在某些知识点要不要教的困惑，使教师更多关注教学方法的改进，提高教学水平。

再次，课程方案还是一个学校管理或办学的依据。课程方案所规定的内容就是学校办学所要达到的目标，在学校教育教学活动中，课程方案起到了督促作用。学校办学是否成功也要以课程方案既定的要求来进行衡量和评估。

最后，课程方案是一个国家或一个决策团体对视力残疾教育规律认识水平和教育水平的体现。由于课程方案中每一项内容的阐述都建立在对视力残疾儿童身心发展规律和特点的认识基础之上，因此，一个国家和社会对视力残疾儿童特点的认识水平的高低在一定程度上影响了课程方案质量的优劣。而且每一个课程方案的制订，都借鉴了以往的成果，是对过去优秀经验的保持和再丰富，是在原有基础上谋得新的发展，同时也不断吸收各国经验，因此有利于一个国家教育水平的不断提高。

（四）盲校课程方案的内容

一般来说，盲校课程方案的内容包括：为什么要制订这个课程方案；依据什么原则来制订；制订这个课程方案对于视力残疾儿童教育要达到什么目的；

通过教育教学的什么手段来达到既定目的；如何执行，如什么年级开设什么课程、哪门课程每周上几节课等；如何评估、检查与督导等。每一方面的内容都是不可或缺的，它是确保盲校教育教学质量的重要依据。

二、盲校课程方案的理论基础、制订原则与依据

(一)制订盲校课程方案的理论基础

因为课程设置是课程方案的主体以及灵魂，因此我们主要通过探讨盲校课程设置的理论基础，来看盲校课程方案的理论基础。课程设置的理论基础是指影响课程目标、课程内容、课程实施、课程评价的一些基本源泉或决定因素。考察课程的理论基础，实际上是要确定知识领域的外部界限，确定与课程最相关的和最有效的信息来源，了解它们与课程的种种关系以及对课程的实际含义。

1. 马克思主义关于人的全面发展学说

这是盲校课程设置的理论基础中的哲学基础部分。马克思、恩格斯所说的全面发展，指的是人的劳动能力的发展。而构成人的劳动能力的主要方面是体力和智力，二者必须在充分发展的基础上结合起来，统一起来，才是真正的全面发展。盲校必须在与普通学校一致的普通课程中增加补偿缺陷的特殊内容，或专门设置一些特殊课程，才能使视力残疾儿童像普通儿童那样得到全面发展。

2. 残疾儿童心理学研究理论

这是盲校课程设置理论基础中的心理学基础部分。近年来人们对视力残疾儿童心理发展的需要了解得越来越细致，盲校设置哪些课程也奠定了科学的理论基础。心理学的研究成果表明，视力残疾对儿童的发展的确有很大的影响，但影响的只是某一阶段心理发展的水平和速度，而不是使整个身心发展停止，其身心发展的规律基本还是与普通儿童相一致的。这就决定了视力残疾儿童教育的课程设置大致与普通儿童教育一致；发展心理学的研究成果提示了视力残疾儿童教育工作者，视力残疾儿童发展和普通儿童相比具有特殊性，在教育安置、教学内容等方面不可照搬普通教育的做法，需要通过一些特殊课程将视力残疾儿童缺少的那部分补齐，使他们能像普通儿童那样正常发展，达到教育总培养目标；认知心理学的研究结果，启发视力残疾儿童教育工作者要想方设法在改变教学途径、手段以及教学媒体方面补偿视力残疾儿童的视觉缺陷。

3. 个体的社会化理论

这是盲校课程设置理论基础的社会学基础部分。人的发展总是以特定的社

会条件为背景的，即社会需要和社会环境①。社会主义社会的环境，为视力残疾儿童的发展提供了条件，同时也提出了要求。如果盲人的形象得到改善，社会对盲人的态度和行为就会向良好的方向发展，盲人就会在良好的社会环境中得到更好的发展，直至全面发展。这要求视力残疾儿童要有良好的自我评价、积极向上的生活态度和社会化的举止行为。达到这些要求的重要途径之一，就是盲校合理地开设课程，以适应社会环境的要求。

4. 缺陷补偿的理论

这是盲校课程设置理论基础的康复学基础部分。缺陷补偿理论一方面告诉我们，发展视力残疾儿童的听觉、触觉、剩余视力以及其他感知觉对视力残疾儿童的个体发展非常重要；另一方面又启发人们，使视力残疾儿童像普通儿童那样全面发展是有可能的——许多过去被人们认为盲人几乎做不到或者做起来很有危险的事情，盲人可以通过一些特别的方式尝试，而这种所谓的"特别方式"是解决问题的关键。因此，盲校的课程设置，必须考虑到其教育对象的特殊性，必须在普通课程中加入补偿缺陷的内容，设置一些特殊的课程，对视力残疾儿童进行更加系统的、科学的训练。

5. 满足儿童特殊需要理论

这是盲校课程设置理论基础中的教育学基础部分。我们都知道，特殊教育的目的，就是要满足特殊儿童的普通需要和特殊需要，达到一般和特殊的培养目标。满足特殊儿童的特殊需要也是为更好地满足其普通需要奠定基础，创造条件。如果低视力儿童能够用上合适的大字课本或者放大镜，那么他们就有可能像正常孩子一样学习书本里的内容，就有可能提高学习效率。总之，特殊儿童的特殊需要被满足得越多，他们的缺陷被补偿得就越好，他们与正常孩子的距离就会越小，就越有可能像正常孩子一样生活学习。

(二)制订盲校课程方案的依据

课程设置是编制课程方案的最大的难题。开什么课、怎么开、为什么开、所设课程内容的界定都必须要有一定的依据。

盲校课程方案的研制必须始终牢固把握方案制订的指导思想，即根据《中华人民共和国义务教育法》和《中华人民共和国残疾人保障法》，遵循《国务院关于基础教育改革与发展的决定》《基础教育课程改革纲要（试行）》和十六大报告中提出的"提高全民族的思想道德素质、科学文化素质和健康素质""构建符合素质教育要求的新的特殊教育课程体系"的要求，参照普通学校《义务教育课程

---

① 成有信主编：《教育学原理》，82～86 页，郑州，河南教育出版社，1993

设置实验方案》，并结合视力残疾儿童身心发展特点来制定。

从理性化的角度来看，盲校课程设置的依据应包括以下几个方面。①

1. 参照普通教育的课程设置

特殊教育是一个国家国民教育的重要组成部分，任何一类特殊教育学校都离不开教育事业这个整体。视力残疾儿童是全体儿童中的一部分，他们与普通儿童相比，共性远远多于个性。在义务教育阶段，盲校和普校拥有一致的教育目标、一致的理论基础、一致的设置原则，这些一致性要求盲校必须根据国家对义务教育的总要求设置课程，特别是参照普通教育课程设置的经验，采纳和吸收其课程设置成功的因素。视力残疾儿童只要受到科学的、良好的特殊教育，他们与普通儿童一样可以得到全面的发展，所以课程设置要尽可能向普通儿童教育课程靠拢。

2. 结合盲校教育对象及其教学的特点

在强调共性的时候也不能忽视其个性。盲童学校必须开设符合视力残疾儿童身心特点的，缩小与普通儿童差距的，补偿缺陷、开发潜能的特殊教育课程。盲校的教育对象是视力残疾儿童、少年，视力残疾对个体而言意味着其双眼的最佳矫正视力低于 0.3；意味着教育对象的特殊性在客观上对教师与教学提出了更高的要求。教师必须在传递信息的方式和途径即教学手段上作一定的调适；教师必须对教学信息的载体即教学内容作相应的调整；教师当然也必须经过特殊的培训以获得相关的专业知识和技能……这自然就要求我们在把视力残疾儿童与普通儿童的共性作为前提的同时，必须坚持从视力残疾儿童的特殊性出发，也就是说，盲校课程设置不能忽视教育对象存在视力残疾的实际。因此，教学课程、教学内容、教学时间、教学设施、教学方法等要作相应的、适当的调整。

3. 学习国外先进经验

国际视力残疾儿童教育的成功经验是人类的共同财富，我们要学会借鉴利用它并使之为我国视力残疾儿童教育服务。用他山之石，可以攻我之玉。我们认真分析了当前国外盲校课程设置的强调学科能力发展流派和强调非学科能力发展流派实质及其值得借鉴之处，看到"唯学科能力"和"唯非学科能力"各从不同的侧面反映了视力残疾儿童教育的需求，是视力残疾儿童教育课程设置不可回避的话题，其最终目的都在于使视障儿童回归主流社会生活。国外视力残疾

---

① 周苗德、丁攀攀、盛永进：《盲校义务教育课程设置实验方案制定依据的解读》，载《现代特殊教育》，2007(4)

儿童的课程设置是在一定的哲学思想指导下，在相应的教育目的和教育价值观影响下，在特定的社会背景中结合本国国情的产物。辩证唯物主义告诉我们，学习国外的经验不能全盘照搬，要结合本国的国情学习国外的先进经验，要了解其实质，汲取其精华，再在中国的特教实践中去验证、运用、发展和创造。

4. 处理好继承和发展的关系

所谓继承和发展就是要扬弃过去课程设置中已经没有多大价值的课程与内容，根据时代的发展要求和最新研究成果，将科学的教育理念和有价值的课程与内容渗透、充实到新的课程之中。新的课程方案代替旧课程计划，不是全盘否定，而是应该把旧课程计划中一切积极因素保留下来，并改造、吸收、发展，使之成为新课程计划中的有机组成部分。总之，目的是建立最合理、最科学、最优化的盲校课程体系，最大限度地满足视力残疾儿童的各种需要，使他们在成长的路上走得更好、更远。

方案的制订，要重视从视力残疾儿童的身心发展规律出发，以人为本，以促进视力残疾儿童的发展为要务，努力建构科学的、有中国特色的、充满活力的视力残疾儿童义务教育课程体系。

(三)盲校课程方案制订的原则

课程方案中的课程设置的原则部分是方案的灵魂，虽然只有短短的几百字，却是制订和具体实施课程方案的指向标。

无论哪个课程设计工作者在设置课程时都必须遵循"最优化"的原则，即根据本国、本地的实际情况、科学文化发展的趋势和教育对象身心发展的特点与现状进行课程设计，根据教育对象的需要向学生提供最有价值的知识以探求课程设置的最大价值，促进学生最大限度地发展。我国现行盲校课程方案除遵循符合国情、推陈纳新、面向学生、整体优化、模式多样等普通义务教育课程设置的一般的、共同的原则外，也提出了一些特殊的原则。[①]

1. 普遍性与特殊性相结合的原则

首先，要认识到视力残疾儿童作为个体在成长与发展的阶段特点上与普通儿童有着众多的基本共性。因此，我国现行盲校课程方案依据《国务院关于基础教育改革与发展的决定》《基础教育课程改革纲要（试行）》等政策并参照普通学校《义务教育课程设置实验方案》，结合视力残疾儿童的特点设计了盲校的课程。这也就要求盲校教师在实施新方案的过程中把握这一原则，认识到视力残

---

① 贺世民、朴永馨：《〈盲校义务教育课程设置实验方案〉制定原则的解读》，载《现代特殊教育》，2007(4)

疾儿童与普通儿童的共性，结合并借鉴普通儿童的教育方法。

其次，还要看到视力残疾儿童由于其生理特点在心理、教育等方面的特殊性。由于视力残疾一般会给儿童带来信息感知通道的变化、在身心发展某些方面受局限等，入学后也存在着教育手段、教学方法、教学内容等诸多特殊性，因而必然将通过教育内容的调整（课程数目的增加）、课时的适当调整、周活动总量的适当变动等方式，注重学生的潜能开发和缺陷补偿，提高学生的学习和社会适应能力，促进视力残疾儿童全面发展。两方面的恰当、有机结合与统一，教学就可以符合学生的实际，取得好的效果。

2. 继承、借鉴与发展相结合的原则

实践需要理论的指导，而理论又来源于实践。我国盲校教师在长期的教学过程中积累的成功经验是一笔宝贵的理论财富，必须加以总结并继承。课题组结合国情、总结并继承我国各地视力残疾儿童教育的成功经验，立足全面发展、注重潜能开发和补偿缺陷、加强劳动教育、强调适应社会。

我国现行盲校课程方案借鉴与吸收了国外视障教育成功的理论和实践经验，并洋为中用，解放思想、实事求是，吸收其有益成分，在探索中力求找到教育与医疗、教育与康复、教育与训练、教育与心理辅导等相结合的途径，让学生学会学习、学会做事、学会共处、学会做人。

3. 面向全体与照顾差异相结合的原则

视力残疾儿童个体之间有着基本的共同点，可以在一个学校、一个班级上课，但他们之间存在个体差异：智力因素和非智力因素方面的差异、成长环境的差异（家庭环境、社区环境）、早期教育的差异、致残时间和致残原因的差异、主观能动性方面的差异等。这些差异导致了视力残疾学生个体之间心理发展水平、心理状态等千差万别，使得视力残疾教育教学更为复杂。我国现行盲校课程方案力求从多数视力残疾儿童的教育需要出发合理均衡地设置课程，同时遵循因材施教、集体教学与小组分类教学和个别教学相结合的原则，适当照顾视力残疾儿童个体间差异，使每个学生得到最佳的发展和最大的收获。

国家通过设置供选择的分科或综合课程，提供各门课程课时的弹性比例和地方、学校自主开发或选用课程的空间，增强课程对地方、学校、学生的适应性，鼓励各地发挥创造性，办出有特色的学校。

4. 综合课程与分科课程相结合的原则

这一原则是对课程结构设置的具体指导。结合视力残疾儿童的身心发展特点和教育需求，并参照学科知识的内在逻辑，我国现行盲校课程方案采用了九年一贯的课程设置，即由低年级的一年级逐渐升入高年级的九年级。在课程构成方面，一方面是国家规定的统一课程，另一方面是各地方可开设的校本课程。在课程结构方面，低年级注重学科知识、社会生活和学生经验的整合，以综合课程为主，不强调分科教学；随着年级的升高，高年级教学科目越来越细化，学科增多，以分科课程为主。综合课程到分科课程的转变需要循序渐进地进行，使学生能够把握学科之间的内在关联，对所学的知识有一个连续的、联系的感知。

综上所述，盲校课程方案制订的原则有着其内在的科学性与合理性，为方案的具体实施奠定了坚实的基础，指明了前进的方向。

三、视力残疾儿童的教育需要

制定盲校课程方案的主要依据之一是视力残疾儿童教育与普通教育的共性及其特殊性，其共性和特殊性都是由其教育需要而决定的，所以在此着重探讨视力残疾儿童的教育需要问题。根据辩证唯物主义的方法论，我们将视力残疾儿童的教育需要分为与普通儿童一致的共性教育需要和其特有的特殊需要两个方面进行探讨。[①]

(一)视力残疾儿童的共性教育需要

1. 视力残疾儿童全面发展的需要

(1)德育需要

德育是社会主义教育的重要组成部分，包括道德认识、道德情感、道德意志和道德行为。客观上讲，视力残疾与道德的形成并没有直接的关系。道德的形成主要靠社会环境和教育的熏陶。在盲校中，德育对坚持社会主义方向，促进学生德、智、体、美、劳诸方面全面发展具有重要意义。

在盲校中视力残疾儿童的道德教育内容主要应包括以下几个方面。

①共产主义思想教育。

②五爱教育：爱祖国、爱人民、爱劳动、爱科学、爱社会主义。教育应该从身边找例子，切忌假、大、空的说教。

③四自教育：自尊、自信、自强、自立。这四自对视力残疾儿童正确认识自己的残疾，积极健康地成长很有作用，需要重点强调。应该联系实际，举出海伦·凯勒及身边同学的例子，激励视力残疾儿童。组织一些服务性的劳动，使他(她)们懂得盲人也是一样有用的。

---

① 钱志亮：《谈视力残疾儿童的特殊需要与盲校相应特殊课程的设置》，载《课程·教材·教法》，1995(1)

④社会道德教育：科学的人生观、世界观，理想、纪律和文明习惯。重视纠正学生心理品质方面的缺陷，重视学生中的早恋问题。在日常学习和生活中培养他（她）们科学的人生观和世界观，使他（她）们具有远大的理想，形成讲文明、守纪律的好习惯。

（2）智育需要

智育是向学生传授系统的文化科学知识和技能，发展学生智力的教育。智育是通过其他各科教学进行的，同时也能推动整个教学水平的提高，是全面发展教育的组成部分，与德育、体育等有着密切的关系。许多科学家都发现：视力残疾并不会直接影响智力，但由于视觉经验的缺损，视力残疾儿童在幼年时智力发展比同龄正常儿童差，后来有个快速赶上期，到成年后和正常人智力水平基本持平。合适的教育可以使快速赶上期提前。视力残疾儿童智育的内容包括：

①有目的、有计划、有组织地传授文化科学知识，提高他（她）们认识世界的能力。

②积极创造条件组织学生通过各种实践活动，培养基本技能。

③根据学生的身心特点，积极开展各种学习活动，循序渐进地发展学生智力。

（3）体育需要

身体是知识之本，道德之车，为全面发展提供保证。视力残疾儿童和正常儿童相比，在体育方面具有以下特点：①体质虚弱。视力残疾儿童的身高、体重都比正常儿童差。比如，大肌肉不发达，耐力小；心肺容量小；个子高但不壮实，体重大但不结实等。②运动技能差。最明显的是运动不协调，幅度小，平衡困难，反应不灵敏。③主动性差。少有或没有参加体育锻炼的愿望，无自主性和自觉性，需要别人督促和监督。

针对以上情况，盲校体育的任务是：①增强体质。中小学阶段是学生长身体的旺盛时期，学校应选择教学内容开展体育活动、指导锻炼技巧，全面促进盲生的神经、运动、呼吸、循环、消化等生理系统的健康发育和成长，增强体质，提高健康水平。②提高运动技能。低年级应寓教于乐，组织大量的体育游戏，培养浓厚的体育兴趣。高年级注重培养运动的基本技能和技巧。通过田径、体操和部分球类活动，使学生的反应速度和灵敏度、耐力与爆发力等多方面的素质和能力得到提高。③培养精神和道德品质。在体育中培养视力残疾儿童勇敢坚强、坚忍不拔、刻苦耐劳、灵活机智、不甘落后、努力进取的精神和良好的道德品质。

(4)美育需要

美育是培养学生认识美、爱好美和创造美的能力的教育，包括审美感、审美观点、审美能力和艺术方面的创造才能。美育对于丰富学校的文化精神生活，激起学生的情绪体验有重要作用，有助于培养学生的高尚情操，鼓舞学生奋发向上。

视力残疾儿童的美育内容有：①让视力残疾儿童懂得什么是真善美；②讲究仪表美、语言美、行为美和环境美；③陶冶情操、塑造个性，在欣赏音乐、文学作品和雕刻艺术中让学生爱美、感受美、理解美、追求美、创造美，并且陶冶情操、塑造个性；④选择生活态度、生活方式，通过美育使学生端正生活态度、培养良好的生活方式；⑤人际关系方面使学生学会正确处理人际关系，建立健康、互助、文明、良好的人际关系；⑥行为作风方面培养学生整齐、朴素、美观、大方、清洁有序的作风。

(5)发展劳动技能需要

劳动技能发展包括动手能力、劳动态度、劳动观点、劳动习惯等。劳技教育是全面发展教育的重要组成部分，为视力残疾儿童进一步学习和生活打下基础。

视力残疾儿童劳育的主要内容有：①自我服务性劳动。自我服务性劳动是指学生自己照料生活、保持个人和环境整齐清洁的劳动，如穿脱衣物、盥洗梳漱、用厕解便、整理床铺、清扫居室和环境卫生等。②家务劳动。家务劳动是指学生帮助家长承担家庭中力所能及的劳动，如收拾居室、清洁庭院、洗晒衣服、买油买盐、洗碗洗锅等。③公益劳动。公益劳动是指直接服务于社会公共事业的不计报酬的义务劳动，如视力残疾学生力所能及的栽花植树、美化环境、打扫公共卫生等。④手工劳动。通过纸工、泥工、缝工、木工、编织等劳动训练，使学生学会使用简单的刀、剪、锤、针等手工工具和敲、打、剪、缝等操作技能，如会制作或修理日用品和生活用具。⑤职业技术训练。职业技术训练以将来所从事的社会劳动为目标，对学生进行技术指导和劳动训练，包括综合技术教育和专业技术教育。

全面发展是马克思主义教育的重要内容，视力残疾儿童首先是儿童，也必须全面发展。对视力残疾儿童来说，全面发展既有主观需要又有客观需要。主观需要指的是视力残疾儿童个体要求全面发展的心理动力。客观需要指的是社会对视力残疾儿童提出的要求，有时即使主观上个体不愿意，表现出不需要，但客观上作为社会的一员，他(她)必须习得这些方面的知识和技能。所以，教育必须满足视力残疾儿童全面发展这一需要，使他们在德、智、体、美、劳等诸方面得到全面、和谐的发展。

2. 视力残疾儿童适应社会的需要

每个人都是社会的一分子，是属于社会的，同时他也必须走进社会，在社会中求生存和发展。视力残疾儿童也不例外，因而我们必须对他们进行社会能力的培养，满足他们适应社会的需要。社会能力的培养包括两个方面：适应社会生活，即能在社会中生存、发展；向社会推销自己，让社会接受自己，真正融入社会。适应社会的需要可以说是视力残疾儿童的最高教育需要，满足这一需要也就成为视力残疾儿童教育的终极目标。这同现在提倡的终身教育的理念也是相符合的。

视力残疾儿童由于视觉受损，视力或视野受限制，视觉学习的机率很少甚至为零，因而视觉经验缺乏。现实生活中，诸多社会能力的形成都借助"目前染"即通过后天不断观察、学习，积累经验，在与社会接触中不断尝试错误，使社会能力从无到有，从低到高发展。视觉损伤这一生物学损失可以说是影响视力残疾儿童社会能力发展的罪魁祸首。

视觉损伤还会影响视力残疾儿童心理过程、个性的发展。人的能力体现于人的心理过程中，而能力形成也非单一的模仿，需要以能力、感知、记忆、思维、想象、注意等认知活动为基础，情绪、情感、意志的维系，社会交往动机需要的促动。视力残疾儿童在这些因素方面发展不够完善，未达到一般水平，那么所形成的合力作用——社会能力发展也就有不足之处。因而，视力残疾儿童的心理过程，个性现状与特点是影响其社会能力发展的直接因素。

据皮格马利翁效应，社会要求与父母、教师期望对儿童能力的发展水平有巨大影响。视力残疾儿童，由于视觉受损，我们或从怜爱或从对其能力低估的角度降低对他们的要求，这样势必导致对视力残疾儿童教育训练措施的放松，强度的降低，给孩子提供的锻炼机会减少，孩子自己也会随着外界压力的减少，形成与外界要求同一的自我概念，从而对自己"降格以求"。这些对视力残疾儿童社会能力的发展会有负面效应。

视力残疾儿童生活的环境除了社会、学校外，很多时候只在家庭中及与同伴度过，这些空间离有利的学习环境是很远的。由于他们看不见，通过视觉学习家庭成员的交往方式、社会情绪等很困难，而许多家庭又不会有意识地通过适当途径去施加影响，对视力残疾儿童进行正确引导。视力残疾儿童的同伴缺乏更确切地说是同伴范围局限，固定于盲人的圈子内。若社会对其要求是适应普通人社会，尽量具备普通人所基本达到的社会能力，那么同伴环境也就应以普通人多的环境为宜。否则种瓜又岂能要求得豆，并且还不怪罪自己这一种瓜人，却数落瓜子的不是。普通人在如何与盲人打交道，帮助他们发展等方面所做准备还不够。普通人的社会能力是在与许多人的接触、互助中有意、无意间发展起来的，而视力残疾儿童这方面的营养不充足，社会能力之树肯定长得不够粗壮。

学校教育有把视力残疾儿童培养成为一个独立人、健康人的使命，而且在发展学生能力，训练学生方面有师资、设备优势，因而学校教育应肩负起发展儿童社会能力的重任。

自从 20 世纪 70 年代初，西方国家的特殊教育工作者在"回归主流"的实践中发现视力残疾儿童社会能力发展的差距，开始对其社会能力的发展进行教学工作以来，许多国家和地区的盲校，如柏金斯盲校，得克萨斯盲校等美国知名盲校和澳大利亚、西欧、南非等地区的盲校都将社会能力发展列为学校的重点特殊课程进行教学，以补偿盲生这方面的缺陷。中国最近也有学者开始研究视力残疾儿童社会能力发展的课程教学等问题，并已逐步开始实验。

现在国内有学者提出了关于在盲校小学各年级开设"社会能力发展"课程，内容主要有自我认知、常规习俗、人际关系、语言交往、视觉语言、服装打扮、权利与义务、自我保护等，还涉及与异性正当的接触与相处、参与外界生活、行路、乘车、邮信购物、文化娱乐、价值取向、时事体育、理想人生观、沉着冷静、忍耐寂寞与嘲笑、正视人生等内容等。

视力残疾儿童的适应社会需要具体包括以下几方面。

①自我意识与自我控制方面：自我认识与自我形象、自我体验与自我评价、自我归因、自我独立性、自尊心与自信心、认识与对待视力残疾；自觉性、坚持性、自制力、果断性、独立性、情绪控制（特殊情况下及与同伴交往时）等。

②意志品质与道德品质方面：家庭生活中的自控能力、学校生活中的自控能力、面临两难情境的果断性、顽强战胜残疾与克服困难、对癖性行为及盲态的控制、自强不息精神；同情与爱戴父母、移情（设身处地为他人着想）、助人与利他心、同情与怜悯、互惠与分享、遵守社会公德、回报与奉献社会等。

③生活自理及与人交往方面：自理能力、家政能力、理财能力、休闲与娱乐；口头言语技能、视觉语言的运用、非视觉语言的应用、服饰与打扮；认识危险环境、紧急避险、保管自己钥匙证件与钱物、防止中毒、防病、防电、防盗、防水、防火、处理被人欺负、处理被人捉弄、处理被人无理拒绝；对同伴的接纳与适应、对老师的适应、对陌生人的适应、对对自己有偏见的人的适应、对新环境的适应等。

④社会认知与社会适应方面：对行为动机与后果的分辨能力、对同伴意见的理解与采纳能力、角色承担与能力、对成人要求的理解与采纳、对社会和道德规则的理解；遵守群体规则、遵守生活常规、竞争与合作、诚实与虚伪、安慰与遵从、接受与拒绝、交换与赠送、宽容与反抗、嫉妒与钦佩、防备与多疑；正确认识职业、职业道德与职业规范、工作环境的适应、上司与同事的相处与沟通、争取工作突出等。

⑤权利与义务意识的培养方面：平等意识的培养、优待意识的克服、生存权、受教育权、发展权、发言权、自由活动权、自我支配权、肖像权、隐私权、尊重与被尊重权、爱与被爱权、选举与被选举权、参与社区生活权、参加社会保险、分享社会福利、婚姻自由等；家庭义务(家长助手、协助日常家务、保管好自己物品、收拾好自己的房间、遵守家庭常规、长大后挣钱养家、独立生活、赡养老人、养育子女)、人际间的义务(借东西要还、损坏东西要赔、诺言要兑现、信用需恪守、礼尚往来、知恩必报等)、学校义务(虚心接受教育、遵守各项规章制度、履行少先队员和团员义务)、社会义务(遵守社会公德、奉行社会准则、遵纪守法、服从组织、保守国家秘密、维护国家财产安全、敬岗敬业、为残疾人群体增光等)。

(二)视力残疾儿童的特性教育需要

1. 感觉训练的需要

感觉是一种最简单的心理现象，它是人脑对直接作用于感官的刺激物的个别属性的反映，是各种心理活动的基础。感觉既包括外部感觉如视觉、听觉、嗅觉、味觉，又包括内部感觉如运动觉、平衡觉等。人们对客观世界的认识、情感、意志都是从感觉开始的。

视力残疾儿童由于部分或全部地失去视力，失去感知外部信息的主要通道，对事物的认识常常难以达到正常人的水平，因而改换信息通道，训练发展其他感官功能显得尤为重要。

(1)剩余视力训练的需要

全盲的视力残疾儿童只占一小部分，大部分视力残疾儿童具有一定的剩余视力。过去人们都认为，有剩余视力的儿童应该避免用眼睛，以防眼睛疲劳，使仅存的视力衰减而导致全盲。后来有许多专家指出，低视力儿童应该多用眼睛，眼睛用得越多越好。其实，不用眼或者过多用眼都是不利于低视力儿童视觉发展的。现在许多专家都提倡指导低视力儿童合理用眼，进行视功能训练。

发展剩余视力对于低视力儿童全面地、深刻地认识事物及进一步学习知识、提高社会适应能力有相当大的作用。低视力专家指出：视觉技能包括固定、注视、追踪及调节辐凑等。正常儿童在看的过程中自然获得，而低视力儿童很难控制眼肌聚焦于某个物体之上，也很难从获得的模糊不清的或歪曲了的信息中形成有意义的视觉定向。所以他们不能光靠自己看，还要靠别人的帮助。他们必须通过有计划的训练，加大刺激量，接受更多的刺激，才能形成并逐步完善这些视觉技巧。

（2）听觉训练的需要

听是视力残疾儿童认识世界的重要途径，但是只有把各种声音刺激转化成有意义的信息，他们才能更好地运用听觉去发展认知能力。听觉的选择性贯穿于整个听觉过程，最初是无意识的，逐渐发展到对无意义的声音不去听。虽然视力残疾儿童的听觉感受性比普通儿童高，但如果和视觉相比，听觉仍有三方面的局限性：①对声音感受所产生的空间直觉不如视觉感受到的准确，特别是对方位和距离的辨别；②听觉感知的声响在多数情况下没有延续性，一过即逝，不再重现，不如视觉对物体的形象可以反复观看；③无法了解事物的形状、大小、颜色及动态形象，如闪电、云涌等。因此，单凭听觉代替视觉，视力残疾儿童不能形成完整、准确的概念。普通儿童用眼睛来观看的许多东西，视力残疾儿童都要依靠听觉来认识、区别和判断。在日常生活、学习和劳动过程中，视力残疾儿童都需利用听觉，所以对视力残疾儿童进行听觉训练是非常必要的。

（3）触觉训练的需要

触觉是肤觉的一种，其感受器呈点状分布于全身，最敏感的部分是嘴唇、指尖、舌尖、手掌和脚掌。视力残疾儿童"以手代目"，触觉成了视力残疾儿童重要的近距离感觉。通过触摸，视力残疾儿童可以认识、区别和判断事物。在学习中，以手代目进行阅读；在日常生活中，凭触觉寻找所需的物品；在一定的环境中，还可利用触觉定向；在工作中，利用触觉进行各种劳动。和视觉相比触觉也有多方面的局限性，如触觉感受空间的限制很大；触觉感知不完整；触摸速度慢；触摸需要主动性等。所以训练视力残疾儿童的触觉功能必须结合其他的感官训练，不能单独进行。

（4）其他感觉训练的需要

嗅觉和味觉在视力残疾儿童认知活动中也有不可忽视的作用。运用嗅觉和味觉，儿童可以辨认出许多不同的物质。特别是嗅觉，能感知一定距离的事物，在他们的学习、生活和行走等方面都具有重大的意义。嗅觉和味觉都发生得比较早，这对先天失明的盲儿的早期生活中有利，如盲婴儿依嗅觉寻找母乳。盲人能根据物体的不同气味判断不同的物体。不大为人重视的嗅觉，在一定程度上替代了视觉的功能，丰富着视力残疾儿童的感知经验，但作用是有限的。

视力残疾儿童特别是全盲者，由于视力的全部或部分丧失，在对事物的感知过程中，尽管得到了听觉、触觉、嗅觉等感觉器官的代偿，但其代偿作用是有限的。重要表现如缺乏感性知识，缺乏空间概念，缺乏对事物的整体认识。因此，我们必须采取有效措施，对视力残疾儿童进行缺陷补偿，有计划地进行听觉、触觉、嗅觉等器官的功能训练，拓宽延展感觉功能，提高感受的敏锐性等。让视力残疾儿童多参加生活实践和社会实践，在实践中加强对事物的感触和感知。

2. 概念发展的需要[①]

认识事物的过程就是对事物的一般属性和本质属性的了解过程，它必须通过人的感觉器官活动这一实践才能实现，如果离开了感觉器官的实践活动，认识便成了"无源之水"，因此感觉器官的效率对个体的认识至关重要。普通儿童各种感觉器官健全，在认识事物的过程中能协同感知事物的一般属性和本质属性，一般包括以下步骤。

①通过视觉确认物体的实际存在，即知道物体的客观存在性。如妈妈将奶瓶从孩子嘴里摘走后，奶瓶不是无影无踪地消失了，而是孩子看见妈妈把它放在了桌子上了。

②通过视觉和触觉知道物体的相对稳定性，即物体在一定的时间空间内具有一定的形状、大小、重量、温度、质地等，而不是变幻莫测的。

③主要通过视觉、触觉区别物体与其他物体的不同。

④主要通过视觉、触觉辨认出物体并通过听觉言语链学习物体的名称。

⑤主要通过视觉、触觉配合以其他感觉逐渐认识物体的各种本质特征并加以鉴定。

⑥从各种感觉经验中抽象出一些共同的因素形成概念。

普通儿童从出生之日始就开始接触大量的视觉刺激，"阅读"周围的人和物，"观察"身边的事物，通过大量的视觉表象建立形象的感性认识，后来随着听觉言语链的参与以及触觉直接的感知，个体认识水平越来越高。由此可见，视觉在普通儿童认识发展的过程中起着极其关键的作用。

视力残疾儿童由于丧失了视觉这一远距离感知觉，从上述普通儿童认识物体的发展过程来看，每一步骤都受到了极大的，甚至是致命性的影响：没有视觉的参与，个体无法观察物体的来龙去脉，物体总是"神秘而来"，又"神秘而

---

① 钱志亮：《谈盲校认识初步课程的教学》，载《特殊教育研究》，1994(2)

去","来无踪，去无影"——物体客观存在性意识的发展受到影响；没有视觉的参与，听到的声音千变万化，所摸到的东西形状、大小、重量、温度、质地等变幻莫测——物体稳定性意识的发展受到影响；没有视觉的参与，受触觉感知信息量和水平的限制，个体很难分辨物体和物体之间的差异；没有视觉的参与，第一信号系统与第二信号系统之间常常脱节，个体语言和言语的发展受到影响；没有视觉的参与，个体有时很难把握事物的许多本质特征。

如果没有专门指导，失去视觉的视力残疾儿童可以通过触觉的代偿视知觉较为缓慢地、零星地感知有限范围内的物体的部分属性，对物体的一些其他属性尤其是本质属性以及触觉范围以外的物体很难感知。

如果没有专门指导，声音对于视力残疾儿童来说，除非它被赋予某特殊的意义，否则一直会处于不可理解或毫无意义之中；再则在触觉范围以外的响声和不可延续的响声对视力残疾儿童来说常常是不可理解和莫名其妙地消失，在响声与具体事物建立联系之前，声音对视力残疾儿童来说永远也都不可理解，也永远都无助于个体认识的发展。

由于客观世界中带气味的物体的数量是屈指可数的，通过嗅觉认识事物的数量毕竟有限；由于客观世界中可以通过味觉辨认的物体的数量微乎其微，通过味觉认识事物的可能性就更小。

对事物的认识发展通常表现为三个水平：了解掌握物体具体特有特性的水平、知道某物体是干什么用的或用它干什么的功用水平和对物体所有的主要特性进行概括归纳的抽象水平。在具体水平阶段由于视觉缺陷对物体的属性了解常常是不完全的，因此需要很长的时间；即便到了功用水平阶段，也常常因为表象经验的不全面而受到种种限制；抽象水平阶段则需要更长的过渡时间。

因此，与普通儿童相比，视力残疾儿童对事物认识的发展常常表现为：途径不同、信息量有限、起点差、进度缓慢、水平低、部分概念丧失等特点——需要特别的帮助。

3. 发展生活技能的需要[①]

普通个体在其生活和成长的过程中通过观察、模仿与不断的巩固，很自然地获得了一些日常生活基本技能，他们一般不需要专门地手把手地去进行生活技能的教学。

对于视力残疾儿童而言，由于不能直接、有效地确定物体的准确位置，并且看不见或看不清他人的行为，因而缺乏视觉主动模仿而获得日常生活技能，

---

① 钱志亮：《谈为什么要在盲校开设日常生活技能课程》，载《特殊教育》，1994(2)

使得他们极有可能由于视力残疾的第一性缺陷导致日常生活技能丧失或薄弱的第二性缺陷，因此需要设课予以特殊的干预。

4. 定向行走的需要[①]

普通人正常情况下都以视觉为主进行定向定位，物体在视野中位置不同，相应地在个体视网膜上视像的位置也不相同，个体就能很快地判断物体的上、下、左、右等方向了，加上双眼视差所产生的立体知觉，个体很快就能对自己在环境中各种物体所处的位置进行定向。个体在视觉定向时，通常转眼、转头、转身把视线对准物体，以便在视网膜上形成更清晰的图像，这种视觉、动觉、平衡觉的协同活动，使个体能够准确地判断自己在所处的环境中的位置。视觉在区分形状、大小、高低、远近、宽窄、长短、明暗及色彩等方面与其他感觉相比具有绝对的优势，普通儿童都不自觉地通过眼球眼肌的运动形成形状知觉，通过视像和中间物重叠、空气透视、线条透视、明暗和阴影、运动视差、晶体调节、视轴复合等形成大小和距离知觉，通过双眼视差的立体知觉和视像位置的不同所形成的方位知觉等进行定向与定位。由于视觉经验具有真实性、可靠性、便捷性，因此正常儿童都是通过视觉途径来学习定向的。[②]

个体在母体时总是头向下屈身弓背，即使出生后颈部肌肉也不足以支撑起头的重量，个体在没有视觉刺激时头部最节能、最舒服姿势是低头——胎姿之一，直至成年人闭目养神、打盹时都是如此。视觉在促使婴儿个体动头、抬头、抬胸等动作的发展过程中起了决定性的作用：婴儿出于好奇与探究试图看得更多、使视野更广阔从而本能地抬头、抬胸，进而促进个体全身肌肉的发展，学会翻身、坐、爬行、站立、行走。在婴儿学习爬行的过程中，视觉的诱导作用也是不可低估的，家长总是在孩子的前面或以色彩鲜艳的玩具或以鼓励性动作，如张开双臂欲抱之势或以鼓励性语言加动作诱导儿童向前爬；在爬行的过程中视觉的反馈作用也不可忽视，婴儿通过视觉学习、判断身体与物体之间的空间关系，通过获得的空间信息调控手脚的力度、体验空间位置的变化等，为行走奠定了基础[③]，因此视觉对个体行走能力的获得具有十分重要的意义[④]。正因如此，加上视力残疾儿童定向能力的影响，视力残疾儿童与普通儿童相比不仅获得行走能力的时间要晚（普通儿童学会独立行走平均约为 14 个

---

① 钱志亮：《盲校定向行走课程教学》，载《特殊教育研究》，1994(1)

② 钱志亮：《谈定向》，载《特殊教育研究》，1997(3)

③ Rona L. Poground, Diane L. Fazzi, Jessica S. Lampert, Early Focus——Working with Young Blind and Visually Impaired Children and Their Families, AFB, 1992：80～110

④ 钱志亮：《谈行走》，载《特殊教育研究》，1998(1)

月，而视力残疾儿童平均约为 25 个月），而且顺利行走的能力与水平也要差得多。

由此可见，一个视力残疾的个体由于视力残疾，严重影响个体获得环境空间的触觉以外的信息，个体无法了解环境，无法迅速地将自己与所处的环境建立暂时神经联系，从而构成个体的定向障碍，使个体丧失了行走的最基本的条件。

5. 个别矫正的需要①

幼年的视力残疾儿童因失去占个体感知信息量 80％的视觉感知优势而显得外界刺激匮乏，由于宣传和社会教育不够，许多父母此时还不知道要采取措施或对要采取什么措施束手无策。在听觉还没有被完全赋予意义时，个体发展需要从外界因素来说并未得到充分的满足，这时个体常常因为某一次的偶然发现而转而在自己身体上通过刺激得到满足，有的视力残疾儿童慢慢地形成了自我刺激性行为（self-stimulation behavior）。这种行为一旦成为习惯性癖性行为，个体就有行为障碍，个体常常沉迷于此，很少再积极探索外界环境，害怕并拒绝接受新事物。

幼年的视力残疾儿童常因看不到父母的微笑而不能回报以微笑，父母常因此而失望致使孩子缺乏儿童发展所必需的抱、亲、宠、逗等情感刺激，甚至导致不良的亲子关系；或者父母因为孩子的视力残疾而过分溺爱，这些不正常的亲子关系常常是视力残疾儿童情绪情感障碍的诱发原因之一；再加上一些不良社会因素的影响，在经受若干次挫折之后，有的视力残疾儿童经受不了打击，不能正确处理好有关事情，于是在情绪情感发展方面通常出现异常。

有的视力残疾儿童如果早期教育不力，常常因活动范围有限、活动欠量或家庭环境过于保护等因素导致运动能力特别是手指协调能力（精细肌肉运动）出现问题。

因缺乏视觉的整合作用，一些视力残疾儿童常常很难将一些零乱、纷杂的信息进行系统归类，有的甚至归类错误或造成信息流失，盲文的反写正摸、由右向左书写等使有的视力残疾儿童潜伏着学习障碍的危机。

因视力残疾儿童从小活动范围受限，特别是一些家长害怕自己有残疾的孩子被别人欺负，更加限制了视力残疾儿童与外界接触的机会，导致有的视力残疾儿童存在交往障碍。

有的视力残疾儿童因未得到科学的护养或缺乏早期干预，心理发展受到严

---

① 钱志亮：《谈盲校个别矫正课程的教学》，载《特殊教育研究》，1995(1)

重的影响，所以有的视力残疾儿童常表现为智力发展障碍。

……

据1983—1984年美国国家教育部的调查统计[①]，约1/3的学龄视力残疾儿童伴有至少一项其他残疾，如视力残疾兼有听力问题、视力残疾兼有运动问题、视力残疾兼有智力发展问题、视力残疾兼有情绪情感问题、视力残疾兼有学习障碍、视力残疾兼有交往问题、视力残疾兼有更多问题……这说明盲校把教学仅仅立足于补偿学生的视觉缺陷还不够，随着义务教育的普及，会有越来越多的视力残疾兼有其他残疾的儿童进入盲校中来，学校应该考虑到满足学生的各种特殊需要，针对个别学生的特殊问题及时补偿其缺陷，以达到使每个视力残疾儿童都能全面发展的目标。

6. 游戏、娱乐与休闲的需要

游戏活动是发挥儿童创造力、想象力的过程，个体通过各种角色的扮演、与同伴频繁的接触与相处、大量的身体运动、探索环境等，获得了大量的早期经验，促进个体的发展，游戏与娱乐活动一般被认为是学前儿童的主要课程。

由于视力残疾造成个体探索事物与环境能力的发展迟滞及早期活动范围的限制等，导致他们与同伴交往不足，加之家人提供了过多的保护性环境、个体自身不必要的恐惧、担心碰了别人等原因，大多数视力残疾儿童游戏与娱乐活动能力发展迟滞。

客观上游戏与娱乐活动为个体发挥、施展、显示自己的各种才能提供了机遇，通过游戏与娱乐活动，使个体学会了如何与他人相处、为他人所接纳、得到奖励、被肯定等，同时，游戏与娱乐活动会使个体精神放松、变得活泼、充满朝气和活力等，创造了自己愉悦与陶醉的生活。年龄稍大些的儿童可以通过游戏与娱乐活动学会发展友谊、更多地接触和了解社会、探索和思考一些问题、参与更多的兴趣活动、发展自己的专长等，同时，游戏与娱乐活动的过程也是将所学知识与技能应用于实际生活、练习、巩固、检验的过程。所以视力残疾儿童需要更多游戏、活动及文化娱乐以补偿缺陷、愉悦身心和与社会接轨。

7. 学习特殊学习媒介的需要

供普通人使用的普通文字是平面二维的，无声、无味、有且只有通过视觉方可感知的文字，视力残疾导致了个体不能感知这种普通的文字。由于正常文

---

① Geraldine T. School, Visual Impairments and other Exceptionalities，选自 Geraldine School，Foundations of Education for Blind and Visually Handicapped Children and Youth : Theory and Practice，AFB，1986：137

字的学习和交流障碍，迫使视力残疾儿童必须学习盲文或大字体，学习使用录音机等。有且只有通过这些特殊的媒体，视力残疾儿童方有可能阅读信息以及学习、表达与交往书面语言等。

四、国外盲校课程方案介绍

(一)日本盲校课程方案介绍

日本特殊教育的体系与美国的不同，体现在课程方案上。我们可以发现日本视力残疾儿童教育的课程方案是一种群体性的计划，强调对每个儿童的统一要求。以日本东京都立文京盲校为例，我们可以对日本盲校的课程作一个概览。

首先，盲校的培养目标对盲生的发展提出了总的要求。①提高文化修养，努力掌握职业教育的专业知识和技能。②正确认识自己的缺陷，选定适合自己个性的去向。③在日常生活中，能随时注意自己的健康和安全，并以坚强的意志采取积极的行动。④培养热爱家乡的思想感情和待人接物彬彬有礼而认真负责的态度。这些要求也是东京都立文京盲校课程设计的总方向。

其次，东京都立文京盲校将课程分为几大部分。第一部分包括各个学科、道德、特别活动、养护与训练。其中特别活动是指为了培养学生独立生活以及社会交往的能力而举行的一些俱乐部和学生会活动，以及与普通学校之间的交往活动。第二部分称为其他活动，强调对学生不同的残疾状况和发展情况进行个别指导。另外还有生活指导、出路指导(类似于我们所说的就业指导)、保健和伙食等。

可见，日本盲校的课程方案是对盲生教育作了一个整体的规划，对每一个盲生都适用，对每个学生的不同需要只是予以个别化的指导，而并没有把个别教学作为主要的教学组织形式。

表 2-1 和表 2-2 是日本其他盲校的中小学课程安排表，我们借助它们对日本盲校的课程设置作简要分析。

表 2-1　日本盲校小学部课程安排表(学年课时)

课　程	年　级					
	一	二	三	四	五	六
国语	315	360	360	360	270	270
社会	135	135	180	225	225	180

续表

课 程	年　级					
	一	二	三	四	五	六
算术	270	270	270	270	225	270
理科	90	90	135	135	180	180
音乐	135	135	135	90	90	90
图画	90	90	90	90	90	90
家庭					90	90
体育	135	135	135	135	135	135
道德	45	45	45	90	45	45
养护训练	270	225	135	45	90	90
合计	1485	1485	1485	1440	1440	1440

表 2-2　日本盲校初中部课程安排表(周课时)

课　程	年　级		
	一	二	三
国　语	5	5	5
社　会	4	4	4
数　学	4	4	5
理　科	4	4	5
音　乐	1	1	
美　术	2	2	1
保健体育	3	3	3
技术、家庭	3	3	3
英　语	5	5	5
道　德	1	1	1
养护训练	1	1	1
特别活动	2	2	2

从表 2-1 和表 2-2 中可以看出,日本盲校的课程方案具备一定的体系。课程方案体现出视力残疾儿童身心发展的规律。比如,小学部的养护训练课的课

时随着儿童生活能力的提高，在高年级时有所减少；初中时数学课、英语课等课程的开设也遵循了视力残疾儿童思维发展的基本程序，适应了其抽象逻辑推理能力的提高。

学科课程的学习占有很重要的地位，无论是小学还是初中，语、数等科目的基础地位非常显著，课时所占比例也很大。相对而言，活动课程就显得比较单薄。

与美国的课程方案相比，日本的视力残疾教育更注重儿童学术技能的发展，强调知识结构的系统性和体系化。但是，对于视力残疾儿童社会性能力的发展、情感的发展在课程方案中没有专门的体现，这部分内容只是包含在音乐、美术等课程之中。

日本的课程方案服从于统一的教学目的，是对视力残疾儿童这个整体提出发展要求，设计发展计划。因此，它主要立足于全体视力残疾儿童共同的区别于正常儿童的特殊教育需要，因此，对于个体的针对性就不是很强，课程的综合性也不是很强。但是，日本课程方案的这种设计有助于视力残疾儿童一般基础性技能的获得，为其身心的健康发展提供系统的、有计划的训练。

(二)美国"视障教育国家课程标准"介绍

由于特殊儿童的学校教育在欧美兴起的较早，使得他们对特殊教育课程的研究也开始的较早。随着经济的发展和普通教育的发达，特殊教育课程的发展在内容上非常丰富，方法上日趋完善。美国没有全国统一的盲校课程方案，只有总的课程标准，各州可以根据课程标准制定本州的视力残疾儿童课程标准。

以加利福尼亚州教育委员会制定的"视觉障碍儿童课程标准"为例，我们可以总览一下美国视力残疾教育课程设置的标准和内容。教师基于视力残疾儿童的整体需要、根据不同学生的特点实施课程标准，其课程一般都包含以下内容。

①概念发展和学业发展。对于大多数视力残疾儿童来说，课堂教学活动的其中一部分就是从核心课程中获取各种信息。普通班级的教师要与视力残疾儿童以及视障教育教师密切合作，使那些儿童不熟悉的概念或是以视觉信号呈现的信息不至于阻碍视力残疾儿童的进步，并能使他们跟上班级中其他同学的进度。视力残疾儿童在学业上需要特殊指导的领域主要有三个方面：概念的形成和发展，听的技能获得和学习技能的培养。

②交际技能的训练。没有交际能力，个体将不能获得完全的独立，因此个体在家庭、学校、社会中都必须与他人发生联系。对于视力残疾儿童来说，书面交流尤其困难。无论是对书面材料的接收，还是把自己的思想转化成书面文

字，视力残疾儿童都需要接受特殊的训练。其中包括盲文、大字课本和一般读物的阅读技巧，而书写技巧方面则要教会儿童如何书写盲文、如何使用打字机等。

③社会性或情感训练。视功能的丧失影响了儿童自我概念的形成、对社会地位的适应、参与娱乐活动以及性别概念的发展和对自身视力残疾的理解与认识。这些社会性情感技能的获得将有助于视力残疾儿童在家庭和学校中的独立生活，更好地适应成人后的职业生活以及处理好人际关系和家庭关系。这方面的训练内容包括：社会化、情感教育、休闲娱乐、性教育、心理暗示等。所谓心理暗示或者说是一种心理咨询，它帮助视力残疾儿童正确对待自身的残疾，调整心态以形成健康的意识，从而正确看待社会上一些偏见的存在。

④感觉运动训练。普通儿童早期就可以运用视觉、通过模仿对世界进行探索从而发展各种能力，包括各种运动技能的协调、肌肉的张弛、力量、耐力、灵活度、平衡能力等，同时也发展了他们的触觉、听觉、前概念以及动觉的整合。丧失了视觉，限制了模仿的机会和正常活动的机会，从而阻碍上述技能的形成。

⑤定向行走训练。对自身及空间环境的理解、与空间环境的接触以及在环境中移动是一项基本的发展性技能，无论是对普通儿童还是对视力残疾儿童的成熟都具有里程碑的意义。对视力残疾儿童定向行走的训练包括：空间概念、身体印象、自我控制和有意识的运动技能；定向技能；适应性视觉或非视觉运动技能；利用剩余视力进行定向或运动的技能；与行动和独立有关的日常生活技能。

⑥日常生活技能训练。一般来说，普通儿童能独立穿衣、吃饭、做一些家务就可以看作其发展的一个标志。在这些领域人们对视力残疾儿童的期望明显低于普通儿童。而事实上，在家庭中通过抚养者的参与，提供一些日常生活技能训练是非常重要的。普通儿童生活技能的获得可能是偶然的，是通过视觉模仿自然形成的。而视力残疾儿童则需要进行专门的、系统的教育和训练。教学计划和课程应注意满足视力残疾儿童自我服务的需要，包括以下日常生活技能的获得：个人卫生、穿衣、服饰搭配、家务、烹饪、吃饭、理财、社会交际、书面交流、电话的使用、时间的认识等。

⑦生计和职业训练。职业教育是视力残疾教育课程方案中非常重要的一部分。尽管由于科技的发展、立法的完善，减少了对残疾人的歧视，并为残疾人提供了更多的就业机会，但是视力残疾儿童在认识其职业潜能上仍困难重重。生计教育一般包括四个阶段：一是培养职业意识，包括职业态度的树立和一般

的职业技能训练，同时要求视力残疾儿童了解自己的能力和局限；二是职业角色的探索，基于对自身兴趣、能力的考虑，选择合适自己的工作岗位；三是职业准备，主要是获取专门领域的具体的技能；四是参与实践，同时，诸如公民权利等相关法律知识也应纳入职业教育体系。

综上所述，美国视力残疾儿童教育的课程涵盖面很广，与儿童生活实际密切联系。它只是确定了教学内容的几个方面，而并未规定它具体的课程名称，而且它以个别教育计划的形式来呈现课程的内容，反映了一定灵活性。课程的总体设计根据视力残疾儿童的整体特点而定，具体实施则可因材施教，根据每个学生的不同需要和教育起点，确定课程间的比重、学时和教育所要达到的目标。也就是说，每个学生所学的内容虽然都包含了相同的类别，但是各项内容的比重、教学方法、先后顺序等都因人而异。

(三)其他国家盲校课程方案介绍

1. 印度尼西亚的盲校课程方案

根据 1977 年制定的盲校课程标准和 1985 年的修订意见，印度尼西亚对不同教育程度的盲校课程内容和目标作了以下规定。

预备程度：预备期为两年，其目标是①增强学生接受初等教育的基本能力；②根据早期教育和终身教育的原则，使儿童具有培养和发展自己的可能；③使学生适应群体和社会生活并发展他们的环境意识。课程设置包括庞卡西拉品德教育、国民奋斗史的教育、语言、社会与环境意识、科学、创造力、体育与卫生教育、定向与行动。宗教是预备程度各门学科的基础。

初等教育计划：为期 6 年，其目标是①使学生为接受中等教育做好准备；②使学生为接受职前培训做好准备。学科更为丰富，包括庞卡西拉品德教育、国民奋斗史的教育、印度尼西亚语言、社会科学、数学、自然科学、体育和卫生教育、艺术、技能、定向与行动以及民族(地方)语言。

中等教育计划的课程分为三种：第一种为普通教育计划，课程有宗教、庞卡西拉品德教育、国民奋斗史的教育、体育和卫生教育、艺术、定向与行动；第二种为文理学科教育计划，包括印度尼西亚语言、民族(地方)语言、英语、社会科学、数学、自然科学；第三种为工艺教育计划，主要教给学生各种工艺技能。

中等职业教育也分为三种：普通教育计划包括宗教、庞卡西拉品德教育、国民历史、运动与卫生、艺术、定向与行动；副课程方案包括印度尼西亚语言、英语、合作就业教育；就业计划分为必修课程和选修课程。

印度尼西亚的盲校课程方案自 1987 年以来提倡采用乡土教材与课程，在课程内容的安排上体现了地方文化特色。

2. 韩国的盲校课程方案

1983 年以来，视力残疾学校按修订后的国家课程标准开设课程，课程标准包括教育目的、组织、学科活动、日常生活和内容、课外活动和内容，以及各科教材。

小学课程类共包括 9 门学科：道德教育、韩国语文、社会科学、数学、自然科学、体育、音乐、观赏艺术、实习教育。日常生活适应活动包括日常生活技能和环境适应训练。课外活动包括学生集会、俱乐部活动和学校要事。

课程的时间安排取决于学生的发育与发展程度以及学科内容的相互关系。

在初中有 11 门课程，在小学的基础上增设了韩国历史、外国语、职业技能和家庭经济。

高中有普通学科和专业学科。普通学科与初中的课程设置相同，增设的专业学科，其名称及内容必须经教育部批准。按学生对课程的选择，分为文理课程和职业课程。选修文理课程者必须学习全部普通学科；而选修职业课程者只学习指定的普通学科和与其所选职业有关的专业学科。

在高中毕业后就要就业的学生，仅凭借专业学科上学习的技能还不足以适应职业生活，因此，还要继续接受充分的职业训练。

五、我国盲校课程方案的历史分析

(一)"文化大革命"前的盲校教学计划

1949 年以前，全国的盲校尚未有一个统一的课程的指导文件，各地区根据自身的现实情况，拟定各自的课程方案，地方特色很浓，但却不利于全国视力残疾教育的管理和组织，课程方案的科学性和体系化也有所欠缺。

新中国成立以来，我国盲校的教学计划长期不健全。1951 年，政务院颁布了《关于改革学制的决定》，从学制的角度将视力残疾儿童教育纳入了与普通学校一致的体系。1955 年 9 月，教育部根据《小学教学计划》和《关于小学课外活动的规定》，发出了《1955 年小学教学计划在盲童学校中如何变通执行的指示》，并由此拟定了《盲童学校教学计划（草案）》。这个计划首先在上海盲童学校试行。1957 年 4 月 25 日，教育部又发出《中华人民共和国教育部关于办好盲童学校、聋哑学校的几点指示》，对盲校的基本任务、教学应注意的特点、学制、入学年龄、人员编制等一系列问题作出规定。它指出："现有盲童学校的修业年限，暂规定在六年内学完普通小学的基本课程。修完小学的基本课程后，有些学生可以考入中学，其他学生继续进行大约两年的职业劳动训练，以培养其掌握一定的生产技术和技巧，为将来参加劳动准备条件……"《指示》成为 20 世纪 50 年代后期至 60 年代中期盲校教学所遵循的指导文件。1962 年又推出了《全日制盲童学校小学教学计划（草案）》，是我国第一部相对较为完整的盲教课程方案。

之后，"文化大革命"使得盲校工作陷入无章可循的境地，直至 1986 年 4 月《义务教育法》的颁布，要求盲校的教学工作要适应普及义务教育的要求。为此，1987 年 1 月，国家教委印发《全日制盲校小学计划（初稿）》，标志着我国盲校的课程方案向科学化迈进了重要的一步。

(二)1987 年的盲校教学计划

1987 年 1 月国家教委印发的《全日制盲校小学教学计划（初稿）》是我国对盲校课程的研究逐渐科学化的一个成果，盲校课程方案形成了较为完备的体系。

盲校五年制、六年制小学教学计划是 1987 年国家教委参照义务教育全日制盲校五年制、六年制小学计划的基本要求，结合盲校具体情况制定的，是全日制盲校五年制、六年制小学实施教学的指导性文件。它包括培养目标、学制、时间安排、课程设置等方面的内容。

①培养目标：全日制盲童小学的任务是针对盲童生理缺陷，通过教育教学活动，采取各种补偿措施，使学生德、智、体、美、劳诸方面全面发展，为把他们培养成为有理想、有道德、有文化、有纪律的社会主义公民打下初步基础。

《计划》在总的培养目标下同时规定了学生在德、智、体、美、劳各方面的具体要求。目标的阐述具体明确，能根据盲童身心发展的实际注意到对盲生能力的要求适当降低程度，表述上注意措辞。但是在总的培养目标的提法上，政治要求有些脱离盲童生活的实际，不易理解和把握。

②学制：分五年制、六年制两种计划，供给各地结合实际情况选用。

③时间安排：全年上课 34 周，复习考试 3 周，集体活动和机动时间两周，放假 13 周(包括寒暑假、节假日)，每节课时间为 45 分钟。

④课程设置：盲文教学、思想品德课、语文课、数学课、认识初步课、自然课、社会课、体育课、音乐课、手工课、生活指导课、识汉字教学。另外，也安排了适量的活动时间，如班队会、体育活动、兴趣活动等。

《计划》确立了正确的学科顺序，规定学科顺序的排列要反映学科本身的体系，使知识具有连续性，同时要结合盲生的身心特点考虑学科间的衔接及其逻辑联系和盲生身心发展水平。学科编制与学周安排体现了教学为主的原则，同时也考虑了盲生的年龄特点，兼顾盲生的学习、工作和休息、娱乐、体育等方面，给盲生留必要的自由支配时间，不使盲生负担过重。

1987年的《全日制盲校小学计划（初稿）》是对以往我国盲校课程方案的一个重大发展，理论与实践依据的科学性体现了我国对视力残疾儿童发展规律认识水平的提高。但是，该计划仍有不完善之处，如培养目标的提法不够切合实际，课程设置未充分体现出盲生的特殊需要；学科课程和活动课程的比例不够恰当等，这些问题与不足在以后的课程方案中有待进一步解决。可见，1987年的教学计划是一个过渡性的计划，既是对以往盲校教育课程研究的经验总结，又为更完备的新计划的出台打好了基础。

（三）1993年的盲校课程计划

1987年实施的《全日制盲校小学教学计划》虽然只是初稿，但在执行过程中起到了意想不到的效果，不过，各地也提出了不少修订意见。随着我国社会的不断发展和特殊教育实践的深入，尤其是学习和借鉴了国外盲校教育的各种经验，课程方面的改进提上了议事日程。再加上1987年残疾人抽样调查的完成，1990年《中华人民共和国残疾人保障法》的通过以及《关于发展特殊教育的若干意见》等一系列法规和文件的颁发，都使盲校教育课程计划的修订成为必然的要求。在1993年3月试行了《全日制盲校课程计划》。

1993年的《全日制盲校课程计划》以马克思关于人的全面发展的学说为指导思想，强调促进人的全面发展，因此在培养目标方面有了一些新突破："盲校小学和初中要按照国家对义务教育的要求，对视力残疾儿童、少年实施全面的基础教育，补偿视觉缺陷，使他们在德、智、体诸方面生动、活泼、主动地得到发展，具有良好的思想道德品质、基本的文化知识、健康的体质和一定的生活能力、社会交往能力及初步的劳动技能。为学生适应社会生活、继续获取知识、成为社会主义的建设者和接班人奠定基础。"不仅从视力残疾儿童发展的量上作了规定，并且对其发展的质上也提出了明确的要求。

在全面发展理论指导下的课程设置也呈现出丰富性和多样性。首先，体育课及一些活动为视力残疾儿童的全面发展提供了身体素质上的保证；思想品德、思想政治以及社会、历史等课程中渗透了爱国主义等传统道德教育；语文、数学、理化等学科课程保证了视力残疾儿童的文化素质；劳技课教给学生必要的生存和生活技能。另外，审美教育也渗透在音乐、美术等课程当中。在课程的组织形式上也为实施全面发展的教育开辟了新的途径。新的课程计划正式将"活动"列入课程，与学科课程并列，使课程的定义扩大化并将"活动"在学校教育中的地位提高到了不可忽视的程度。其中明确指出"活动是课程计划的有机组成部分，与学科课程相辅相成，都是实施全面发展教育的重要途径"，并要求"各项活动都要结合内容特点对学生进行思想品德教育，发挥学生的主动性、独立性和创造性，丰富精神生活、补偿学生的身心缺陷……，促进学生健康成长"。

相应的，在考试考查中也更注重对视力残疾儿童能力的评估。如小学毕业时，只对语、数两门基础课进行考试，其他科目均以考查形式，并强调品德与健康的合格程度。这说明新的课程计划逐渐摆脱了传统学科课程"一统天下"的局面，开始注重视力残疾儿童生活能力的培养和个性的全面发展。

视力残疾儿童的视觉通道被阻塞后，反而促进了个体听觉、触觉等感觉器官机能的进一步发展，这些健康器官的代偿功能同样弥补了儿童视觉发展的缺陷，而帮助他们感知外界信息。因此，缺陷补偿是视力残疾儿童感知觉发展的重要前提，也就成了视力残疾教育中的重要任务之一。1993年的课程计划为适应视力残疾儿童缺陷补偿的需要，增设了定向行走、个别矫正作业等课程。另外，传统的课程如盲文、音乐以及强调盲生手工技巧的训练等，都是对视力残疾儿童听觉、触觉等器官功能的极大锻炼，以达到补偿缺陷的目的。

为适应各地经济及教育教学的不平衡状况，1993年的课程计划适当扩大了地方和学校教育教学的自主权。一方面强调课程计划为指导性文件，另一方面允许各省、自治区、直辖市结合当地实际作必要的调整。除国家设置课程外，开设了地方课程，各地可结合本地实际情况，因地制宜地安排一些课程。

1993年的课程计划在"说明"部分和"实施要求"中都具有结合地方、学校实际情况，提出可供选择的实施措施。如"说明"中规定，"有师资条件的盲校小学，可以在高年级开设外语课""暂不具备师资条件的盲校，经省级教育行政部门批准，初中可以缓设外语课……""实施要求"中也对学制、入学年龄、班额、课程设置提出了灵活机动的要求，体现出一定的变通性。例如，在对学制的规定上，多数学校主张"五四制"，认为盲校语文课没有识字与书写的任务，教学负担相对较轻，以盲生认知能力的发展，用5年的时间学完普通小学6年的任务是可能的。而盲生在初中要学习的内容难度却很大，对于没有视觉形象支持的视力残疾学生来说，其抽象思维发展的局限很难适应初中教学中理科等课程的要求。因此，所花的教学时间应该更多。而且初中学时的加长，有利于实现基础教育和职业教育的统一，在第九年可适当为视力残疾学生的就业作准备。但是，由于义务教育的权责主要在于地方，国家原则上无法统一规定，因此，国家发放给地方一定的自主权，地方根据其具体情况，也可以实行"六三制"，或者以"六三制"为过渡。

教育上统一性与灵活性的结合是适应我国现有国情下发展视力残疾教育的

需要，能使各地方与学校从实际出发，寻找最适合当地情况的教学模式，使视力残疾儿童获得最好的发展。同时，其教育又处在国家统一领导之下，沿着一定的轨道前进，保证了教育的有序性和科学性。

六、我国现行盲校课程方案解读

21世纪课程改革启动后，教育部也及时启动了特殊教育的课程改革，其中盲校课程改革研究工作委托北京师范大学牵头，组建了老中青相结合的专家组、理论与实践相结合的研制组以及全国盲校协同参与的实验组，力求广泛征集意见，开展调研，实施论证。

方案研制的启动会于2002年年底召开，专家组和研制组认真学习并把握普通基础教育课程改革的动向，对方案的设计思想、原则、研究设计、方法等进行了讨论。研制组成员"非典"期间冒着危险到武汉、长沙等部分地区访谈，并通过全国范围的问卷调查，充分了解当时全国盲校课程的现状、问题、需求，2003年5月向两个组提交了《盲校义务教育课程实验方案》的讨论稿，经反复讨论并征求全体"两组会"专家意见后，发放问卷，对全国盲校进行二次调研。二次调研更加扩大了调研对象的范围和层次，拓宽了调研的途径，广泛搜集来自一线教学中的反馈意见，在向教育部特教处征求指导意见后，研制组不仅找国内盲人协会和盲人工作机构等相关单位和个人座谈、调研，走访有经验的退休盲教工作者，而且还访谈了参与上次盲校课程计划的修订者和中国香港、中国台湾及新加坡、德国、日本等海外同行，听取他们的意见。综合以上各方的意见和建议后，我们再次对实验方案进行了调整和修改。研制组后来又根据"教育部三类特殊教育学校课程方案专家预审会议"的精神对方案的部分内容再次进行了调整。2004年4月课题组在重庆召开了教育部盲校课程改革研讨大会，全国视障教育界130多人参加了会议。研制组向大会汇报整个过程、初衷，并解读了研制中的盲校课程方案，广泛征求了修改意见，同时启动了方案实验和各科课程标准的研制工作。2005年研制组还根据"教育部特殊教育课程设置方案审查专家会议"的精神和一年的实验情况对方案进行了适当调整，并转发各地盲校试行并根据实施意见微调，2007年2月由教育部正式颁布。①

---

① 张悦歆、钱志亮、吕丽：《盲校义务教育课程设置实验方案制定过程说明》，载《现代特殊教育》，2007(4)

（一）现行盲校课程方案整体解读①

指导思想上，坚持以人为本，将马克思主义关于人的发展理论与盲校教育教学实践相结合；从视力残疾儿童身心发展的规律出发，贯彻全面发展、尊重个性、开发潜能、补偿缺陷、克服困难、适应生活的总培养目标，将教育的共性与视力残疾儿童的特殊性相结合；旧为今用、洋为中用，继承、借鉴、发展、创新相结合，努力构建有中国特色的视力残疾儿童义务教育课程体系。

设计初衷上，从课程方案必须引领一个国家和地区教育发展的原则出发，力图使新方案能引领并促进我国盲校教育质量的提升，根据多数视力残疾学生身心发展与普通学生共性大于特殊性的特点，结合多数视力残疾学生高中阶段教育和高等教育逐步普及的趋势，根据方案所制定的课程设置原则，文化科学方面基本上向普通学校看齐。与 1993 年的《盲校课程计划》（以下简称 1993 年课程计划）中所提的"文科方面基本达到、理科方面基本接近普通学校水平"相比，提出了更高的要求，旨在通过课程方案促进盲校教学质量的提升。

结构上，方案沿用 2001 年教育部颁发的《义务教育课程设置实验方案》的体例，分为"培养目标""课程设置的原则""课程设置"" 课程设置的有关说明"共四个部分，其中"说明"部分包括课程的实施与课程的评价两块。由于是课程设置方案而不是课程方案，所以与 1993 年计划相比，各科内容说明部分就不宜再出现，但研制组为编制各科课程标准与专家组成员们一起，对各科内容与目标都认真地加以了界定。

课程设置上，方案参照了普通学校的课程设置、结合了视力残疾儿童身心发展特点，如普通学校开设的所有课程盲校也全开设，并增设了综合康复、定向行走、社会适应、信息技术应用等特殊课程。与 1993 年课程计划相比，将认识初步和生活指导、个别指导等合并，借鉴国际上教育康复的经验合成为综合康复，除涵盖上述过去内容外，还拟包括感觉训练、行为矫正、言语矫正、物理治疗、职业疗法、感统训练等若干领域的康复与训练，增设了社会适应、信息技术应用特殊课程。

课时总数上，考虑既要达到普通目标又要完成特殊任务，课时总数与普校的 9522 课时相比增加了 350 课时，算上 1～6 年级段每节课增加了 5 分钟，实际共多出 1149 课时，相当于视力残疾学生在校 9 年受到了 10 年的教育。

---

① 钱志亮：《盲校义务教育课程设置实验方案整体解读》，载《现代特殊教育》，2007（4）

表 2-3　盲校与普校课时比较

年级	普校(课时)	盲校(课时)	表面多出(课时)	实际多出(课时)
一	910	980	70	192
二	910	980	70	192
三	1050	1050	0	131
四	1050	1120	70	210
五	1050	1120	70	210
六	1050	1155	105	249
七	1190	1155	−35	−35
八	1190	1190	0	0
九	1122	1122	0	0
合计	9522	9872	350	1149

　　课时分配上，在特殊课程占去 7.4% 后，其他普通学科的比例根据盲校教学的特点相应作了些调整，历史与社会、科学、外语、艺术所占课时比例基本上与普校基本一致，思想品德教育、语文、体育与健康略低(语文盲生没有识字任务、体育活动时间可以根据盲校住宿的特点灵活安排，另若将定向行走的课时算作体育则也接近普校的 10%)，而数学略高(照顾盲生学习数学的艰难性)。若与 1993 年的盲校课程计划相比，科学、体育、艺术基本持平，语文略有降低，德育、历史与社会降低较大，数学略升，康复、外语显著提升。

表 2-4　2007 年课程方案与 1993 年课程计划的课程百分比比较

课　　程	1993 年课程计划(%)	2007 年课程方案(%)
德　育	10.30	6.3
语　文	21.47	18.3
数　学	16.10	16.9
外　语	2.16	7.8
历史与社会	6.11	3.5
科　学	7.87	7.8
体育与健康	6.43	6.4
艺　术	10.75	10.6
康　复	4.69	7.4
周活动总量	100	100

方案立足盲校集体教学的现状，通过提出分类教学、降低班额、高年级分流教学等为分类教学创造条件、为向未来个别化教育过渡奠定基础；方案面向视力残疾儿童的未来发展，为把他们培养成为高素质劳动者、专门人才和拔尖创新人才奠定基础。

（二）现行盲校课程方案培养目标解读①

1. 培养目标的内涵

"全面贯彻党的教育方针"是国家对各级各类教育的总体要求；"促进视力残疾学生全面发展"是马克思主义教育思想的精髓，继承和坚持了中国特殊教育的特色；"尊重个性发展"代表了 20 世纪 90 年代以来世界教育培养目标的主旋律；"开发各种潜能"立足残疾学生能做什么，是以积极的观点看残疾；"补偿视觉缺陷"立足教育康复，吸收了几十年来我国特殊教育的成功经验；"克服残疾带来的种种困难"立足心理康复和"四自"精神培养；"适应现代生活需要"体现教育的终极目标。

纵观我国历次（1962 年，1987 年，1993 年）培养目标的演变，始终贯彻了"全面发展""补偿视觉缺陷"的基本指导思想。本实验方案不仅很好地继承了这个基本指导思想，还提出了"开发各种潜能"，体现了积极的残疾观，是以科学发展观对盲校教育教学工作提出的新要求。本实验方案的培养目标博采各国之长，渗透欧洲、美国、苏联、日本等国家地区的特殊教育思想，体现了中国特色的盲校培养目标。

2. 培养目标的特点

普通目标和特殊目标相结合是本实验方案培养目标的鲜明特点之一。把义务教育所要达到的共同性培养目标与视力残疾儿童教育应承担的特殊性培养目标结合了起来。视力残疾儿童教育是我国整个教育体系中的一个重要组成部分，对整个教育体系规定的普通培养目标是盲校培养目标的首要部分；第二位才是根据视力残疾儿童身心发展特点制定的盲校特有的培养目标。

普通目标包含了 7 个层面，涵盖了政治、法律与道德、价值观、责任感、能力与素质、知识与技能、身体与心理等每一个公民成长的目标。特殊目标在本培养方案中只作为一个层次列出，要求盲校培养视力残疾学生形成正确的残疾观，培养学生的立志成才的精神，强调了"四自"精神，培养学生平等的公民意识和依法维权的能力。

---

① 钟经华、韩萍：《盲校义务教育课程设置实验方案培养目标解读》，载《现代特殊教育》，2007（4）

培养目标体现了我国总的教育目的和国家有关法令对盲校培养目标的要求。视力残疾儿童教育作为整个国民教育的一个组成部分，其培养目标要符合我国总的教育目的，这是确定培养目标必须遵循的基本精神。国家的相关法令体现了国家对视力残疾人的教育要求，保证他们享有平等的劳动、生活和受教育的权利，是我国现阶段盲校培养目标的重要依据。

培养目标体现了马克思主义教育学说。把视力残疾儿童的全面发展作为我国盲校培养目标的重要内容，在借鉴"社会本位论"和"儿童本位论"的基础上，用马克思主义的辩证唯物主义和历史唯物主义观点把社会需要与个人发展两个方面统一起来认识，把个体的发展放在一定的社会历史范围内去考察，从社会需要和个人发展两个方面确定培养目标。实际上，社会需要与个人需要是能够互相包容的，社会有使其成员更好发展的义务和需要，个人也有促进社会和谐发展的需要和义务。视力残疾人要适应社会，社会也要以积极的姿态适应视力残疾人。个人的全面发展是不能离开社会需要的纯个人自然的、无任何限制的、绝对自由的发展。

培养目标体现了在儿童的共性基础上重视视力残疾儿童特殊性。视力残疾儿童首先是正在成长发展着的儿童，他们也同样具有儿童的社会性，他们与普通儿童有着一样的基本发展规律和生理基础。视力残疾儿童的发展方向与普通儿童是一致的，最终的发展结果与普通儿童也是一致的，只是在不同阶段的发展速度可能不尽相同。视力残疾对每个儿童的影响是不一样的，有些影响是由视力损伤直接产生的影响；有些影响是由于人们对待视力残疾的态度和缺乏对视力残疾的理解、限制或者剥夺视力残疾儿童的机会造成的间接影响。间接影响与视力损失的关系是间接的、非必然的。对待不同类别的影响，教育对策和目标应当是不同的。

总之，方案的培养目标充分体现了"以视力残疾学生发展为本"，它汲取了"以人为本、以学生为本"的当代世界教育先进思想。

(三)现行盲校课程方案的实施解读①

关于如何实施盲校课程，《盲校义务教育课程设置实验方案》(以下简称《方案》)在第四部分中提出了具体的要求。

---

① 黄汝倩、田光华、王瑛：《关于〈盲校义务教育课程设置实验方案实施的几点说明〉》，载《现代特殊教育》，2007(4)

1. 地方和学校在严格执行国家课程统一要求的基础上，要充分发挥课程管理的能动性

《方案》明确指出了国家和省级教育行政部门在盲校课程管理、组织、实施过程中的权限与职责，体现出统一性和灵活性相结合的特点。

新的课程管理体系中，国家对盲校课程门类、所开课程的年级以及课时分配等做了统一要求，同时也赋予地方和学校在具体组织和安排教学活动过程中进行适当调整的权限。这不仅能提高方案本身对地区和学校差异的适应性，而且有利于充分调动省级教育厅参与课程管理的积极性，省级教育厅在严格执行国家对课程统一要求的基础上，可以发挥能动作用，根据当地实际情况，在报教育部备案的前提下，有权适当调整课程设置、课时分配。

2. 课程实施过程以"促进视力残疾学生的良好发展"为本，重视差异

《方案》规定，盲校义务教育阶段学制为"九年一贯制"。这顺应了基础教育课程改革整体发展趋势，结束了一段时期以来盲校学制划分之争。"九年一贯制"需要各盲校在具体实施过程中，根据本校的实际情况，适应新要求、合理安排人员与教学。

盲校义务教育阶段的实际授课时数，在安排上比普校略有增加。增加的时间主要用于视力残疾学生特殊课程的学习。计算下来，盲校学生相当于"用9年的时间享受到10年的教育"。这是基于对盲校教育对象处于"不平等的起点"，希望"通过不平等的过程最终实现教育结果的平等"的愿望的考虑。

《方案》对定向行走课程教学时间安排明文规定"应结合盲校寄宿制的特点，安排在学校集体教学之余进行，并注意课上与课外相结合、集中指导与个别指导相结合"。这就意味着盲校定向行走老师的上班时间将与其他老师正好颠倒，别人上班、他们休息，别人休息、他们上班。

《方案》要求盲校教学从学科特点出发，从视力残疾学生实际生活出发，实现知识、技能、过程、方法、情感、态度、价值观"多位一体"的课程与教学目标；要求盲校以新方案实施为契机，全面推进素质教育，促进视力残疾学生良好发展。在这个过程中，盲校应继续坚持"分类教学"的教学方法，同时还要针对视力残疾学生的不同情况进行"专门指导"和"个别矫正"，尤其要注意满足低视力学生的教育需求。也要重视盲校学生身体健康，在体育课、体育活动等时间上予以充分保证。

《方案》为保证个别化教学思想的落实，保证分组教学的顺利开展，也为盲校教学逐步向个别化过渡、提升教学质量积极创造条件，在班额的规定上与1993年的课程计划相比减少了两个名额。

3．"分流教学"的提出是对盲校课程改革的大胆创新

新《方案》以现阶段盲校教育对象的实际情况为出发点，为满足视力残疾学生在义务教育后的不同需求，提出在盲校义务教育阶段的高年级中实行"分流教学"。对于"不准备升学"和"准备升学"学生分别安排不同的教育教学内容。"分流教学"的是对盲校课程改革的一种大胆创新。盲校在具体操作过程中应注意结合当时当地的具体情况，组织好教学内容，分配好教学时间。

（四）现行盲校课程方案的评价解读[①]

教育评价是教育过程必不可少的一个环节。教育评价是在系统、科学地搜集、整理和分析有关信息的基础上，对教育条件、教育过程和教育效果等作出价值判断，从而为教育决策提供依据的过程。

现行盲校方案专门就课程的评价作出了详细的说明，这些说明一方面使得广大盲校教师能够更加明确新方案所制定的教育教学的目标，另一方面也能够有效地监控盲校的教育质量。所以广大盲校教师应该在实施方案的过程中，充分体会课程评价的要求，更好地对自己的学生进行评价。

现行盲校方案中对评价的要求具有以下一些特点。

1．评价方法多元化

教育评价是一个系统、科学地搜集信息的过程，单凭一两次考试简单评价的方法显然搜集的信息不全面、不系统或不准确，任何在此基础上作出的价值判断都可能有偏差。正是基于这样的思考，《方案》将普校课改中"多元评价"的成功经验引入盲校教育，提出"实行学生学业成绩与成长记录相结合的综合评价方式"。鼓励学校在目标多元、方式多样、注重过程的评价原则的指导下，综合运用观察、交流、测验、实际操作、作品展示、自评与互评等多种方式，为学生建立综合、动态的成长记录手册，全面反映学生的成长历程。

2．形成性评价与总结性评价并重

形成性评价是指为了控制和调节教育活动的方向、速度和内容等而在教育活动进行过程中而实施的评价，其特点是评价内容紧扣近期的教学内容，能够不断地提供反馈信息，及时地修改或调整教育活动计划，从而保证教育目标的实现。《方案》要求学校和教师要在教育教学的全过程中采用多样的、开放式的评价方法（如行为观察、情景测验、学生成长记录等）了解每个学生的优点、潜能、不足以及发展的需要。总结性评价则是在教育计划实施到中期或者快要结

---

① 郭谨星、钱志亮、宋春秋：《盲校义务教育课程设置实验方案的评价说明》，载《现代特殊教育》，2007（4）

束的时候，为了检验教育的效果而进行的评价，其特点是内容覆盖面广，概括化程度高，能够鉴定被评价者是否已经掌握了某个领域的知识和技能，或者是否具有某种资格。《方案》要求学校要在每学期、学年结束时对每个学生进行阶段性的总结评价。

3. 现行盲校方案还规定了考试考查的方式、范围等事宜

考试仍然是目前广大盲校进行教育评价最主要的形式之一，它帮助教师了解学生对知识的掌握情况，对学生的学习作出一定的评价，调整今后的教学计划，因此，考试实施的方式方法对于成功的评价来说非常重要。不同于以往考试中单一的笔试形式，《方案》要求在考试、考查采用闭卷、开卷、口试、操作等多种方式，考试形式的多样化也保证了能够评价出学生各个方面能力的发展。此外，值得注意的是，针对近年来初中毕业、升学参加当地统一考试的现实，《方案》在参照我国台湾地区、日本、欧美等地经验基础上提出"考试时间为普通考试时间的 1.5 倍，对视力残疾学生不可感知或超出视力残疾学生能力的丢分题，原则上按得分题的比例折算弥补追加"的解决方法，以人为本、落实科学发展观，切实维护视力残疾学生的利益。

4. 现行盲校方案对评价的结果给出有一些要求

对学生发展的评价重在评价学生个体自身动态发展历程中的独特性，而不是在与其他同学进行横向比较中评价学生之间的差别。对于学生而言，得到教师的夸奖是对他们一个学期努力学习的肯定，能够激励他们在今后的学习中更加努力。但是如果得到了消极的评价，学生很有可能在今后放弃努力，破罐子破摔。传统的评价采用的是百分制的评价方式，而且要对学生进行排名。我们知道，由于自身的残疾，很多盲生在性格方面表现出异常的自尊、自负或者自卑，因此，广大盲校教师应该注意维护学生的人格尊严，保护他们今后持续学习的动力。《方案》提倡教师"对学生学习成绩的评定应采用等级制或评语制，不得将学生成绩排队、公布""评语应多采用激励性的语言，客观描述学生的进步、潜能及不足"。

5. 现行盲校方案对评价的要求充分注意到了评价对学生应该起到的教育价值

教育的价值必须从满足学生需要的程度体现出来。要判断教育的价值，必须明确我们的学生需要的是什么，我们的教学在多大程度上满足了学生的主体需求。不管评价，还是平时的教学，我们的最终着眼点都是促进学生的成长。因此，《方案》中规定"考核要全面，通过对学科知识和能力的考核，促进学生整体素质的提高和特长的发展"。《方案》中还提到，"要制订明确、简要的促进学生发展的改进计划，帮助学生认识自我，树立自信"。

(五)现行盲校课程方案的创新之处①

现行盲校课程方案在以下几个方面体现了创新。

1. 新课程方案的制订目的或课程改革的目的有自己的特色

我国的盲校教育为什么要制定新的课程方案(或教学计划)？或者我们为什么要对盲校教育的旧的计划进行改革？这个问题看上去和新方案的制订没有关系，但实际上却是一个纲举目张的问题。因为改革的目的如果不正确，改革就很难按照事物的本来面目进行，也就难以取得相应的成果或难以实现改革的目标。

因此，在研究之初，课题组就首先对课程改革的目的进行了讨论，并作为一条实施改革的红线贯穿始终。例如，我们的盲校教育的课程改革不是因为普通教育在搞课改，也不是因为国外在搞课改，我们的课程改革只能是因为盲校教育实践的需要，需要改革那些与实际不相符的内容。或者说，我们的课程改革是特殊教育实践提出的必然要求、是视力残疾学生的教育需要使然。因此，改革的唯一目的就是使学生获得最佳的发展，取得最大的教育效益，为国家培养合格的公民。正是在这样的目的支配下、改革围绕着这条红线走，才使新方案更具特色。

2. 课程方案始终把握住义务教育的性质和特殊儿童的特点这两个方向

确定了改革的目的之后，课程方案该如何进行？或者目的有了应该按照哪些路线进行才能实现这个目的？新课程方案把握住了两条线路或两个基本方向。

一是义务教育的性质。既然承认，盲童在1～9年级接受的是义务教育，那么课程方案就应该体现义务教育的性质。既然要体现义务教育的性质，那么，在义务教育阶段儿童所享有的各种教育权，盲童同样应该具有。例如，义务教育阶段的儿童的基本权利是享有相应的知识教育的权利，获得相应的知识；那么，义务教育阶段的盲童的课程也应该使儿童获得这些知识，使之具有相应的知识教育权。因此，新课程方案最明显的创新之一就是强调课程内容——主要是文化知识的内容与普通教育相当。

二是视障儿童的特点。新《方案》在突出盲校课程的义务教育的性质的同时，又紧紧把握盲童是残疾或障碍儿童这个特点，并围绕这个特点展开教学内

---

① 刘全礼、安俊英：《盲校义务教育课程设置实验方案的创新之处》，载《现代特殊教育》，2007(4)

容。一方面，在普通内容的展开上顾及了盲童的身心特点。例如，在"关于课程的实施"中，第三条明确要求对盲生和低视力学生进行分类教学；第四条明确要求要进行或注重多感官参与等。另一方面，在普通内容的设置上提出特殊要求之外，还专门针对盲童的特点开设了相应的特色课程。如定向行走、综合康复等内容。

3. 专设信息技术课程和允许地方特色存在构成了本方案的又一特色

根据盲童身心发育的特点和未来生活的需要，新《方案》强调了要设置信息技术课程。课程设置显示，从一年级开始，直到九年级每个学年都有一课时的信息技术应用课，这应该是一个创新。

同时，为了照顾到我国地域广阔和盲生自身的特点，新《方案》对地方执行方案的要求进行了实事求是的说明。认为，各地方——以省或直辖市为单位——可以按照本地实际对方案进行调整，在报教育部备案后可以实施地方特色的方案。这就使新方案实现了既有统一的国家要求，又有弹性的地方特色的目标，能够使新方案更好的实施。

4. 课程评价体现的特色构成了新课程的另外一个特色

如何评价特殊儿童的学习成绩或教师的教学成绩一直是特殊教育未能解决好的主要问题。盲校新方案对此进行了大胆的尝试，并因此构成了本方案的创新点之一。例如，"关于课程的评价"中明确要求对盲生的学习采用学业成绩和成长记录相结合的综合评价方式，要求把过程评价和结果评价有机地结合起来，把开卷、闭卷、口试、笔试和操作结合起来等，这就使得评价的思想和评级的方法有机的结合。此外，为了保证学生享有基本的文化知识，达到义务教育的应有标准，《方案》规定，初中毕业考试和升学考试必须依据国家课程标准，这就保证了严肃的要求和灵活的考试手段的有机结合。

思考题：

1. 简述制定课程方案的必要性。
2. 盲校课程方案的内容涉及哪些方面？
3. 影响制定视力盲校课程方案的理论基础有哪些？
4. 简述在盲校制定盲校课程方案的依据。
5. 盲校的课程设置如何体现盲校教育对象及其教学的特殊性？
6. 为什么盲校特别强调面向全体与照顾差异相结合的原则？
7. 简述视力残疾儿童特性教育需要的具体表现。
8. 简述美国视力残疾儿童教育的课程的特点。

9. 试分析日本盲校课程方案的特点及盲校培养目标。

10. 我国"文化大革命"前的盲校教学计划有哪些特点？

11. 简述 1987 年的《全日制盲校小学计划（初稿）》的突破。

12. 简述 1993 年的盲校课程计划的特点。

13. 现行盲校课程方案在课时上有什么特点？

14. 简述现行盲校课程方案的培养目标内容。

15. 现行盲校课程方案的评价有何特点？

16. 现行盲校课程方案的创新之处在哪里？

（本章作者：北京师范大学特殊教育学院钱志亮、济南大学教科院齐保荔、长沙职业技术学院特殊教育学院刘潇女、中央教育科学研究院特殊教育研究室吴扬，河北唐山师范学院特殊教育系隋春玲）

第三章　盲校品德与生活课程与教学

开设于一年级至二年级的《品德与生活》是德育课程的重要组成部分，是在新课程改革背景下创设的。它涵盖品德、生活、劳动、自然常识、社会常识等学科，是在"回归生活"的课程改革目标指导下的经验性课程与学科课程的整合。道德是蕴含在生活之中的，儿童的道德品质的发展和个性、社会性品质的提升是以其生活和社会经验为基础，在生活中进行的。所以，要引导学生形成良好的道德素养和科学精神，离不开"生活"。因此，《品德与生活》课程的设计与实施要体现出儿童个体与其周围的自然、社会的内在整合，让原本综合的儿童生活不被课程分裂，让盲童在真实的生活世界中获得感受、体验、领悟，形成积极的生活态度和实际的生存能力，建构属于自己的知识和能力，形成内化的道德品质，促进各方面的发展。

一、盲校品德与生活课程目标

（一）课程目标

基于盲生与普通学生的共性，盲校的《品德与生活》课程标准也以普校的品德与生活课程标准为蓝本，针对视障儿童的特点和盲校教育的独特性而制定的，其总的培养目标与普通小学都是"培养具有良好品德和行为习惯、乐于探究、热爱生活的儿童"[①]，而教师在执行盲校品德与生活课程标准进行教学的过程中，应该了解盲生的认知特点、生活环境、家庭教育等多方面情况，确定教学内容、教学方法和评价方法。

（二）课程的意义

盲校的《品德与生活》从纵向看，在课程目标、内容、形态、实施方式等方面与幼儿园课程相衔接，由于视力残疾幼儿教育尚未普及，缺失学前教育的盲生入学后需要通过品德与生活课程的学习来弥补，否则就很难适应学校生活；盲生通过学习品德与生活课程，可以形成积极的生活态度、良好的道德品质和

---

① 中华人民共和国教育部：《全日制义务教育〈盲校品德与生活课程标准〉》，7页，2016年。该课程现已成为《道德与法治》课程的一部分。

一些实际的生活能力，为三、四年级的品德与社会课程、科学课程以及综合实践活动课程等奠定基础。所以品德与生活课程扮演着承上启下的作用。

《品德与生活》以儿童的生活为基础，从"儿童与自我""儿童与自然""儿童与社会"这三条轴线，从"健康、安全地生活""愉快、积极地生活""负责任、有爱心的生活""动脑筋、有创意地生活"这四个方面来搭建课程框架，确定课程目标、内容标准和评价指标。该课程以现实的生活为起点，帮助盲童克服残疾带来的困难，以适合他们的方式来认识世界，从而促进盲童感知觉、思维、记忆等认知能力的发展；该课程以学生的生活为归宿，遵循盲童身心发展的普遍性和特殊性相结合的原则，帮助他们学会自理，从而促进生活能力的发展。在盲童生活中，构建"健康、安全"的生活前提，"愉快、积极"的生活主调，"负责任、有爱心"的道德要求，"动脑筋、有创意"的时代要求，可以为盲童形成正确的生活态度、良好的道德和科学素质等打好基础。

二、盲校品德与生活课程内容与特色之处

(一)课程内容

1. 健康、安全地生活

健康、安全地生活是儿童生活的前提和基础，它旨在使儿童从小懂得珍爱生命，养成良好的生活习惯，获得基本的健康意识和生活能力，初步了解环境与人的生存的关系，为其一生身心健康地发展打下基础。

(1)养成良好的生活和劳动习惯

注重盲生各种良好生活习惯的培养，如作息习惯、饮食习惯、劳动习惯，养成良好的个人卫生习惯，具有料理自己生活的能力，如学会洗脸、接开水等。让盲生养成正确的坐、立、走姿势，纠正盲态，发展其平衡能力，学会初步的定向行走技能。

(2)有初步的自我保护意识和能力

让盲生了解天气、季节变化对生活的影响，学会自己照顾自己；懂得一些最基本的安全常识、交通常识和应急避险技能。

(3)适应并喜欢学校生活

对于寄宿的盲生而言，学校就是他们的第二个家。低年级的学生通常会有恋家情绪，教师要注意在安抚学生、关心学生的同时，抓住一切机会让学生熟悉学校环境，让学生能够利用学校中的设施解决自己的问题，帮助学生安定情绪、培养归属感，逐渐使学生喜欢并适应校园的生活。

2. 愉快、积极地生活

愉快、积极地生活是儿童生活的主调，它旨在使儿童获得对社会、对生活的积极体验，懂得和谐集体生活的重要性，发展主体意识，形成开朗、进取的个性品质，为儿童形成乐观向上的生活态度奠定基础。

盲生一般不愿接触外部环境，本课程要学生亲近自然，通过盲生各种感官的充分调动，教师的语言描述感受自然的美；教给学生如何控制和调整自己的情绪。

3. 负责任、有爱心地生活

负责任、有爱心地生活是儿童应当遵循的基本道德要求，也是社会的要求。它旨在使儿童形成对集体和社会生活的正确态度，学会关心，学会爱，学会负责任，养成良好的品德和行为习惯，为其成为爱祖国、爱人民、爱劳动、爱科学、爱社会主义的公民奠定基础。

盲生通常会由于视障和家庭教育等方面问题引起性格的缺陷，如自私、缺乏同情心等，有时为了寻求触觉上的刺激会有抠东西、用盲笔扎桌面等行为，这就需要教师结合课程内容培养盲生乐于帮助别人、爱护公物的道德品质；引导盲生懂得感恩、回馈；懂得尊老爱幼。

4. 动脑筋、有创意地生活

动脑筋、有创意地生活是儿童个性发展的内在要求，也是时代对儿童提出的要求。它旨在引导儿童学会学习，发展儿童的认识能力、动手能力和创造性，让儿童能利用自己的聪明才智去探究、解决问题，增添生活的色彩和情趣，并在此过程中充分展现并提升自己的智慧，享受创造带来的欢乐。教师在教学中要注意鼓励盲生积极表达自我看法，培养学生对生活的兴趣和好奇心，教会盲生正确地使用简单安全的工具去探究世界、解决问题。

(二)课程特色

1. 依照课程标准，结合普通教材，结合盲生的实际需要和发展现状，灵活选择教学内容，改进性地使用教材

如苏教版《品德与生活》一年级上册共编排了 4 个单元，16 课，现以其中几节课为例对此进行说明。

第二课《我们的校园》，这是很重要的一个内容，要让盲生熟悉教室、厕所、开水间、办公室、宿舍、食堂、校医室等与学生在校生活密切相关的环境，这些对于普通儿童一目了然的事情，对于低年级盲生却很困难，需要教师带领摸认，指导盲生熟悉环境。

第三课《我也想当升旗手》，需要带领学生摸认国旗的模型，了解五颗星星在国旗上的位置。第一步指导盲生认识形状：圆形、三角形、长方形、正方形、五角形等；第二步指导盲生辨认平面上的方位：上、下、左、右、左上、右上、左下、右下；第三步才开始摸认国旗模型，通过特制将五角星凸起，让盲生记住五角星在国旗的左上角，四颗小星围绕一颗大星；第四步让盲生了解国旗是红色的、五星是黄色的；① 最后再认识真正的平面的国旗，记忆正确的方位。

第十三课《冬爷爷在哪里》，学生除了知道冬天冷以外，很少了解其他有关冬天的自然变化。这就需要教师除了讲解之外，还要带领学生走出课堂，走进周围的环境，摸一摸身边植物的变化等。

2. 根据盲生的实际情况，增加补偿性的教学内容，促进学生的全面发展

其一，认识自身（头、颈、躯干、四肢，细到身体外部每一个可以触摸到的部位）。

其二，进行各种感知觉训练。

听觉：

①辨别日常声响，如风声、雨声、流水声、动物的声音、交通工具的声音等。

②听觉选择性训练，从背景音中选择特定的声音。

③声音辨别能力训练，能从声音中辨别细微差异，从同伴、老师的声音、语气中辨别说话者的情绪状态。

④辨别声音的方向、强弱、远近等。

⑤听觉记忆训练，例如电话号码、地址、电子邮箱等。

⑥声音的反射与折射训练，判断原生与回声，判断空间的形状、大小等。

⑦利用听觉协助理解其他感官信息。

触觉：

①辨别物体形状，普通形状与特殊形状、规则形状与不规则形状。

②辨别物体的质地：粗糙与光滑、坚硬与柔软、干燥与潮湿等。

③触觉训练：身体动作的姿势、运动的物体等。

---

① 注：如何让全盲生理解颜色？我们无法做到让盲生"看"到颜色，但可以让全盲生"记"住颜色。有些事物的颜色是固定的，要求学生记住，如蓝天、白雪、绿草、红血、熟了的黄香蕉，中华人民共和国的国旗是红色的，红领巾是红旗的一角所以也是红色的；初步了解颜色的色调，如橙色是暖色、白色是冷色；理解颜色的含义，如红色代表热情、浪漫、火焰，在很多文化中代表的是停止的讯号，用于警告或禁止一些动作，白色代表纯洁、天真、洁净，黑色代表邪恶、恐怖、死亡。

④利用触觉协助理解其他感官信息。

⑤辨别物体的轻重。

⑥盲文符号的辨别。

嗅觉：

①辨认日常生活中的不同气味。

②通过气味辨别特殊场合。

③通过气味辨认日常生活用品，水果、点心、菜肴等。

④通过气味估计方向与距离。

⑤利用嗅觉协助理解其他感官信息。

剩余视力：

①认识物体的不同形状。

②认识基本的色彩及其深浅。

③学会分辨物体的大小、长短、曲直、薄厚等。

④懂得物体的整体与部分。

⑤能辨别光线的明与暗。

运动感觉：

①是指反映骨骼运动和身体位置状态的感觉，借助于动觉，个体可以感知自己身体在空间的位置、姿势和身体各部分运动的情况。

②包括：肌肉的运动训练、动觉时间估计。

其三，校园环境的熟悉。

与学生在校生活密切相关的场所位置及内部环境的熟悉。例如，教室、厕所、宿舍、开水间、饭厅、校医室、专业教室。

其四，动作训练。

大动作：拉、举、推、提、踢、蹲、跪、爬等。

精细动作：手部的动作捏、抠、拧，手指的伸开、攥拳、依次伸手指。

其五，衣物穿着与整理等。

其六，清洁清洗能力的培养。

其七，简单的定向行走技能。低年级学生主要学习正确的站立、行走姿势；自我保护，包括上部保护和下部保护；沿物（墙）行走；沿盲道行走、学习记路标。

三、盲校品德与生活课程教学方法及评价

(一)教学方法

盲校品德与生活常用的教学活动形式，包括讨论、资料调查、现场调查、情景模拟与角色扮演、操作型实践性活动、教学游戏、参观访问、欣赏练习、讲故事、讲授等。

1. 演示法

演示法主要针对低视力学生。演示法直观性强，可运用实物、模型、图片、多媒体演示，便于低视生获得感性认识。在演示过程中要注意语言的提示，有利于学生将理论与实际联系起来掌握知识；演示可以激发学生学习兴趣，调动积极性。

注意事项：演示前要准备充分；要先明确演示目的；注意演示的位置、次数等；边演示边讲解，语言要直观。

2. 动作直观

动作直观主要针对全盲生。进行与自己身体有关的操作时，需要教师边说边指导盲生操作，指导语要符合盲生的理解水平，符合盲生的认知顺序。必要时教师进行动作示范，让盲生触摸示范动作后再实践，以领会其意。

3. 多感官并用法

多感官并用法是通过听、触、嗅、味等多种功能的感官去感知事物，从而丰富感性认识，获取知识的方法。比如，学习《我们的校园》时，盲生在老师的指导下，用嗅觉认识学校的食堂、厕所、医务室，用听觉认识开水房、教室、办公室，用触觉认识宿舍里自己的床位……

注意事项：准备适当的教具、实物（最好）、模型；有序进行；与直观语言指导相结合。

4. 类比推理法

类比推理法是运用视障生已经熟悉的，或用其他感官能够感受的类似事物，进行比较推理，使其认识不能直接感知的事物的方法。世上的物体形态多样，都要直接感知是不可能的，这就有赖于类推法，如需认知狼可用狗类推。

注意事项：应详细说明两者的相似处和不同处；抓实质转移；已有的丰富知识与未知的联系。

5. 练习

这是指针对某一项或几项教育目标，进行有针对性的课堂练习或课后强化练习，以让盲生学会正确的方法，克服不良行为习惯、养成良好的习惯。如学会

正确的坐、立、走姿势，学会正确的阅读姿势或刷牙方法，学会自己整理书包等。

注意事项：练习目的明确；方法正确；有计划有步骤；每次练习后自我检查，及时纠正；练习要达到一定量。

6. 讨论

这是最常用的儿童学习、交流的活动形式，可以是小组的，也可以是全班的；可以是随机的，也可以是专门安排的。讨论活动能使儿童有机会运用多种方法表达自己的感受、想法，展示自己的成果，分享交流，锻炼表达能力等。

7. 情景模拟与角色扮演

这类活动是为了让儿童获得某些难以身临其境去学习的体验、经验、知识等，而有目的地创设某种情景，令其经历的仿真性演习活动。活动的关键是让儿童获得体验，演技好坏并不重要。如学习生活中待人接物的一般礼节、在紧急情况下的求助和自救、遵守公共秩序等方面的教育等都可利用这一形式。

8. 讲故事

讲故事是以故事情节或主人翁的形象去感染、教育儿童的活动方式。作为教学活动的讲故事可有多种形式，如可在课堂教学中结合所学内容穿插一个或几个故事；把讲故事与角色表演相结合。故事要有趣味性和教育性，让儿童能通过故事激发情感，领悟道理。

9. 教学游戏

玩是孩子的天性，在玩中学是最受孩子欢迎的。在教学中，创设一个个的游戏环节，可以活跃教学气氛，集中孩子的注意力，调动孩子主动参与学习的积极性，使教学达到事半功倍的效果。

(二)课程评价

课程评价目的在于激励每个学生的发展，促进每个儿童品德与生活发展能力的提升，促进课程的深入发展，提高教育质量，促进教师的自我成长以提高专业能力。

1. 评价的特点

(1)关注过程

通过多种方式和内容，把评价贯穿于整个学习活动中。强调对盲生学习活动过程的评价，重视盲生在活动过程中的态度、情感、行为表现，重视盲生在活动中付出努力的程度，以及盲生活动过程中的探索、思考、创意等。即使活动的最后结果没有达到预期的目标，也应从盲生体验宝贵生活经验的角度对盲生的活动加以珍视。

(2)追求多元

①主体多样：评价是教师和盲生共同合作进行的有意义的建构过程。儿童

既是评价的对象，也是评价的主体，强调盲生的自评、互评等方式和家长以及其他有关人员的参与。对于寄宿的盲生而言，家长参与评价是一种很好的与盲生进行沟通、交流的方式，有利于亲子关系的发展。

②尺度多样：不用一个统一的尺度去评价所有儿童，关注每一个儿童在其原有水平上的发展。分析儿童的言语或非言语表达，收集儿童的各种作品，汇集来自教师、同学、家庭等各方面的信息。在盲校，往往同一个班的盲生年龄差距很大，加上残余视力不同以及家庭教育等方面的因素，与健全孩子相比，盲生生理和心理发展的个体差异性更大，尺度多样化的评价体现了对学生个体差异性的尊重。

（3）重视质性评价

《品德与生活》课程的评价不宜全部量化，而应重视对儿童在健康、安全地生活，愉快、积极地生活，负责任、有爱心地生活，动脑筋、有创意地生活四个方面的个性化表现进行质性评价。①

2. 评价目标和内容的确定

（1）把单元主题与儿童的个性特点结合起来

本课程采用的基本学习形式是单元主题学习。盲校学生由于存在不同程度的视力障碍，在目标完成上会有差异。教师在评价儿童学习的时候，既要关注所有儿童都能达到的共同目标，又要关注不同儿童对该主题的独特表现和各自不同的优势，将单元主题与儿童的个性特点结合起来，使每个学生都能在学习的过程中获得成就体验。

（2）既关注目标及内容的整体性，又有所侧重，突出重点

本课程四个方面的目标是有机联系的整体。在确定一个主题学习的评价目标时，既要关注目标的整体性，又要避免平均主义，要根据主题的性质和特点突出重点目标。

（3）把预设目标和活动的生成性结合起来

在活动评价时，既要关注活动的既定目标，又不应拘泥于此，不仅仅根据预设目标的达成度来评价活动是否成功。本课程的评价应充分重视活动的生成性和视障学生的实际表现，把预设与生成结合起来。

3. 评价的方法

本课程的评价主要采用的方法有观察、访谈、问卷、成长资料袋评价、作品分析等，重要的是看通过一定的道德认知学习，能否激起其内心积极的情感

---

① 参见中华人民共和国教育部：《全日制义务教育〈品德与生活课程标准〉》

体验，并以此强化学生的自我意识，确立正确的价值观和人生观。[1] 现在大多数盲校实行寄宿制，教师与孩子的接触非常密切，对其了解得比较全面，所以观察法、访谈法是教师对学生评定比较常用的方法。

①观察：教师观察并记录儿童在活动中的各种表现，以此对儿童进行综合评价。

②访谈：教师通过开展与儿童各种形式的谈话，获得有关儿童发展的信息，并了解儿童思想观念的变化。

③问卷：教师设计问卷和组织儿童回答问卷，获得有关儿童发展的信息。

④成长资料袋评价：用成长资料袋或活动记录册等方式收集儿童成长过程中的各种资料。这是评价儿童成长比较有效的一种方法。

⑤视障儿童作品分析：通过对儿童各种作品、活动成果的分析，了解儿童活动过程和发展状况。有目的地收集学生作业，作业集中记录了盲生在校期间的努力、进步和成就，可以反映该段时间内该生成长、发展的轨迹。

⑥自评和他评相结合的综合评价：通过召开班级评议会，儿童进行自我评价，随后班级其他儿童进行客观评价，再综合各科任教师、宿管员、家长等的评价意见，最终给出一个较为全面的综合评价。

需要注意的是，不同的评价方法具有不同的功能和作用，在实施中，教师要注意综合运用。[2]

4. 评价结果的解释与应用

教师应客观、全面、谨慎地解释评价结果，以获得对视障生全方位的、深入的了解，避免以偏概全。通过对评价结果的解释，教师不仅能够比较客观地评判每个学生的发展水平和学习状况，更重要的是能够发现每个学生的个性特点、学习特点、发展优势或进步等。以此为基础，教师可以进一步在后续活动中为学生提供更有针对性的指导，从而帮助视障生不断积累成功体验，帮助他们健康、自信地成长。不能用评价结果对视障生分等、划类、筛选，甚至作为惩罚他们的依据。

评价结果同时也是反思与改进教育教学的重要依据。应利用评价结果进一步发现问题，改善教学，切实提高课堂质量。[3]

---

[1]　李稚勇：《品德与生活品德与社会课程与教学》，303 页，北京，高等教育出版社，2006

[2]　参见中华人民共和国教育部：《全日制义务教育〈盲校品德与生活课程标准〉》

[3]　参见中华人民共和国教育部：《全日制义务教育〈盲校品德与生活课程标准〉》

四、盲校品德与生活课程资源与管理

课程资源是指为实施课程目标所使用的硬件支持和软件材料，包括有利于实现课程目标的各种因素。① 盲校品德与生活课程的理念是生活即教育，道德存在于儿童的生活中，所以在使用与管理课程资源时要以盲生的生活为依托，以盲生的身心发展规律为基础，以普通儿童的课程为蓝本，在盲校品德与生活课程的实施中充分利用课程资源来补偿盲生缺陷。盲校品德与生活课程的资源是多样的、开放的，包括各种有形和无形的资源。

其一，学校中常用的资源，如教科书、教师指导用书、音像材料、互联网；其他学科、班级或学校活动；儿童的经验、兴趣；老师和同伴等，把整个校园变成儿童可参与的德育空间。

其二，儿童家庭、社区中的各种物质设施、文化教育机构；文化活动、节日；与儿童相关的从事各种职业的人们等。让家庭、社区各种环境设施都能成为鲜活的课程资源，让儿童受到形象生动的教育。

其三，自然界中的动植物、山川、自然现象等。

五、盲校品德与生活课程教案举例

课题名称：系红领巾

[教学目标]

1. 知识及技能：认识红领巾的形状，学会系领巾的方法。

2. 过程与方法：独立地系好红领巾。

3. 情感态度价值观：了解领巾的含义，产生热爱祖国的感情。

4. 行为与习惯：爱护红领巾，平时记得佩戴红领巾。

5. 补偿缺陷：锻炼学生双手的协调性。

[教学重点]

1. 学习折叠和系东西的动作。

2. 提高动手操作能力。

[教学难点]

学习折、系的方法及行为习惯的培养。

[教学准备]

领巾，每人一条。

---

① 王清平：《放眼生命的成长：品德与生活、品德与社会教学新视野》，166 页，广州，广东教育出版社，2005

[教学内容]

摸认，简介领巾的含义。

[教学过程]

一、导入

播放少先队队歌。

二、摸认领巾

1. 摸认形状，介绍颜色。

2. 介绍领巾的含义。

三、系领巾

1. 折叠。把红领巾平铺在自己面前，三角形的长边在自己身体一侧。手与肩宽放在长边上，以自己手指食指的长为宽度，捏起领巾向前折。直到无法叠了。

2. 把衣领立起来。

3. 双手捏起领巾两个角，举过头顶向脖子后面放，放在衣领下，双手捏住领巾向前移动到胸前。

4. 系领巾。

(1) 右手捏住左侧领巾角，左手捏住右侧领巾角。

(2) 双手交叉，领巾在胸前交叉，右手在下，左手在上。

(3) 左手大拇指和食指捏住交叉点，左手食指指尖朝上，其余手指把领巾捏起离开身体。

(4) 右手向左折，从脖领左侧领巾下拽出，右手捏住领巾角从左手食指处(小圈)中穿出。双手拽住领巾角整理。

四、实践练习，个别辅导

五、作业

妈妈看我棒不棒：展示系领巾。

思考题：

1. 简述盲校开设品德与生活课程的意义。

2. 盲校品德与生活课程包括哪些内容？

(本章作者：云南昆明市盲哑学校徐钢、肖进、黄红燕，北京盲人学校付雪松，海南海口特殊教育学校陈颖，西北师范大学特殊教育系王东升；北京师范大学特殊教育系 2009 级石玉珍参与整理)

第四章 盲校品德与社会课程与教学[①]

《品德与社会》课程是在盲校小学中高年级开设的一门以视力残疾学生社会生活为基础，促进他们良好品德形成和社会化发展的综合课程。在新一轮课程改革中，《品德与社会》是对社会变化和社会事件最敏感、做出反应最快的学科之一，它既是视力残疾学生梳理生活的平台，也是借此眺望社会的窗口，是一扇走向社会的大门。

一、盲校品德与社会课程目标

根据 2010 年盲校课程标准的要求，盲校《品德与社会》课程围绕一个总目标和三个分目标展开。

(一)课程总目标

《品德与社会》课程旨在促进视力残疾学生良好品德形成和社会化发展，为他们认识社会、平等参与社会、适应社会，成为具有爱心、责任心、良好的行为习惯和个性品质的残而有为的社会主义合格公民奠定基础。

(二)课程具体目标

1. 情感、意志、态度、价值观

①珍爱生命，热爱生活。养成自尊、自信、自强、自主的品质和热爱科学、热爱劳动、勤俭节约的态度。

②正确认识和对待残疾与社会，初步养成身残志坚、积极参与、乐观向上、顽强拼搏、立志成才的意识。

③在生活中养成文明礼貌、诚实守信、友爱宽容、公平公正、热爱集体、团结合作、有责任心的品质。

④初步形成民主、法制观念、依法维权和规则意识。

⑤热爱祖国，珍视祖国的历史、文化传统。尊重不同国家和人民的文化差异，初步具有开放的国际意识。

⑥关爱自然，感激大自然对人类的哺育，初步形成保护生态环境的意识。

---

① 该课程现已成为《道德与法则》课程的一部分。

2. 能力

①能够初步认识自我、认识残疾，学会控制和调整自己的情绪和行为。初步掌握基本的自护自救的本领。养成良好的生活和行为习惯。

②能够清楚地表达自己的感受和见解，能够倾听他人的意见，能够与他人平等地交流与合作，学习民主地参与集体生活。

③学习从不同的角度观察、认识、分析社会事物和现象，尝试合理地、有创意地探究和解决生活中的问题。学习对生活中遇到的道德问题做出正确的判断和选择。

④学习搜集、整理、分析和运用社会信息，能够运用简单的学习工具探索和说明问题。

3. 知识

①初步了解视力残疾学生的基本权利和义务，初步理解个体与群体的互动关系。了解一些社会组织机构和社会规则，初步懂得规则、法律对于社会公共生活的重要意义。

②初步了解生产、消费活动与人们生活的关系。知道科学技术对人类生存与发展的重要影响。

③了解一些基本的地理知识，理解人与自然、环境的相互依存关系，简单了解当今人类社会面临的一些共同问题。

④知道在中国长期历史发展中形成的民族精神和优良传统。初步知道影响中国发展的重大历史事件。初步了解新中国成立和祖国建设的伟大成就。

⑤知道世界历史发展的一些重要知识和不同文化背景下人们的生活方式、风俗习惯。知道社会生活中不同群体、民族、国家之间和睦相处的重要意义。

二、盲校品德与社会课程内容及特色之处

(一)课程内容

盲校的品德与社会课程是从三年级开始开设，一、二年级开设的是《品德与生活》。《品德与社会》课程内容是从视力残疾学生的生活实际、身心特点、认知结构出发，由近到远地逐步展开，构成一种螺旋上升的学习内容框架。《义务教育品德与社会课程标准(实验稿)》在第三部分的"内容标准"中提出了6个方面的教育主题，即我在成长、我与家庭、我与学校、我的家乡(社区)、我是中国人、走近世界。六个主题的内容基本上是根据学生生活圈不断扩大的思路展开的。

《品德与社会》课程三年级的内容重点以我与家庭、我与学校、我与社区为教育重点。以8个教育主题来构成设计框架，三年级上学期的主题是：《站在人生的起跑线上》《我的家庭》《为中华之崛起而读书》《七彩的社会生活》。三年

级下学期的主题是《话说社区》《生我养我的地方》《东西南北中》《人类共同的家园》。三年级教材的 8 个教育主题，较好地体现了课程标准设计思路中，对三年级内容要求的重点，即学校、家庭、社区。

《品德与社会》课程四年级上册根据《全日制义务教育品德与社会（实验稿）》的要求，以家庭、学校、社区与家乡板块为主要范域，按照从个人到社会的线索，设置了珍爱生命、合理消费、关爱他人以及社会责任感等主题。与其他各册相比，本册教材在体现新课标理念、新教材观的同时，还突出表现为对主题内容认识角度上的创新。教材的主题是《成长的脚步》《温馨一家人》《生活在集体中》《走向信息时代》。《品德与社会》课程四年级下册，以学生的社会生活为教材主线和重点，将促进学生良好品德的形成和社会化发展有机结合，突出了爱家乡、爱祖国、生产与生活、交通与生活，通信与生活等方面的教育内容。

《品德与社会》课程五年级是根据《品德与社会课程标准》中的内容标准"我是中国人""走近世界"板块内容要求编写的。本册内容是在学生认识自我、认识我与家庭、我与学校、我与家乡（社区）的基础上，将视野进一步扩大到对祖国和社会生活的认识，并且让学生走近世界——人类共同生活的地球村中去发现、去了解。通过对有关祖国历史文化、民族、国情的学习，帮助学生初步认识和了解祖国的过去和现在，增进对祖国的亲近感和作为一个中国人的自豪感；通过对当今社会的发展变化及新问题的了解，提高辨析能力，增强道德行为的自觉性；通过对"地球村"的了解，进一步扩大学生的视野，感知全球化经济的发展趋势和作用，以增强自己作为地球人的责任感和使命感。

《品德与社会》课程六年级特别重视学生日益增强的道德素养与社会性的不断发展，在内容上更加向广度和深度推进。同时，抓住学生所表现出来的社会积极性，参与社会生活、努力实现自我价值的需要，从学生现有的生活积累出发，切入一些较为错综复杂的社会生活的方面，充分调动学生利用已有的社会生活经验，分析问题，然后提出相应的解决方法。

在具体的教学当中可以根据学生的实际情况，挑选适合盲生的教学内容开展教学，可以对教材的顺序进行重新整合处理，以提高教学有效性。教学主要以主题活动的形式开展，每个学期 4 个主题，每个学年共有 8 个主题。

（二）课程特色

盲校《品德与社会》课课程设置具有普遍性与特殊性相统一的特点。其普遍性在于盲校教育属于国民教育的一个重要组成部分，对于一个国家整个教育体系所规定的培养目标，其中的任何一类学校都应予以实施。具体表现为教育目标、理论基础以及课程设置与普校具有共性。同时，由于盲校教育对象的特殊性，在课程设置上呈现出其特殊性。

1. 课程注重盲生感性与理性、心灵与智慧的和谐发展

根据盲生的视知觉特点，课程强调教师通过引导学生"读图"来激活学生在现实生活中的感受，并在教材学习的过程中对学生进行认知、生活、人格等方面的建构。

2. 课程内容贴近学生生活，体现生活性

盲校《品德与社会》要求课程联系生活实际，使教学内容"实"起来。《品德与社会》课要培养的是在实际生活中发展的学生，因此，在设计教学活动时不能脱离学生的生活和社会实际。只有来自学生生活中的东西才能在最大程度上让学生乐于接受。

3. 以主题活动为主要教学方式，课程体现活动性

主题活动有利于调动盲生学习活动的积极性。此外，由于主题活动一般采取教学游戏、角色扮演等形式，学生是整个活动的主角，这样既调动学生的积极性，又有利于发挥学生的创造性，有利于学生与学生之间、学生与教师之间的沟通交流。同时，将学习内容融入实际情境中，加深了学生对学习内容的理解，有助于教学的开展。

三、盲校品德与社会课程教学方法及评价

《品德与社会》课是实施小学德育的主渠道。对引导学生从小形成良好的思想品德和文明行为起基石作用。在小学《思想品德与社会》课教学中实用的教学方法多种多样和丰富多彩，这里阐述其中常用的一些主要方法。

(一)教学方法

一般说来，不同主题的课可以采用不同的教学方法。以爱、珍爱生命、培养学生良好行为习惯的课，可以采用故事喻理法、情境渲染法、讨论研究法、角色体验法等教学方法。而知识性较强的一些教学内容则可以采用收集资料法、调查研究法、交流汇报法、社会实践法等教学方法。无论哪种课型在不同的教学环节中都可以采用不同的教学方法，课程标准对不同课型的教学方法没有一个严格的界定，各种教学方法在教学过程中可以是交互使用的。教学有法，教无定法，贵在得法。只要使用的教学方法能有效地为课堂教学服务，能达到一个好的教学效果，就是好的教学方法。现将《品德与社会》课主要的教学方法归纳如下。

1. 情境感染法

教师可根据教学内容和教学目标的要求，通过各种直观手段创设特定的教

学情境配合说理，使学生如临其境、如见其人、如闻其声，受到情绪的感染，引起感情上的共鸣，以情入理，情理交融，从而加深对道德观念的理解。这一方法是根据人的情感可以相互感染、相互影响的心理特点提出来的。对于小学生来说，情感的情境性、感染性更为明显，运用情境感染法效果更为显著。因此，在小学《品德与社会课》教学中越来越多地被采用。运用这一方法要根据教学的需要和师生的特点选择情境类型，如音乐渲染、实物演示、生活呈现、语言描述等不同类型的情境。设计情境要有新颖性，使学生喜闻乐见、富有激情，才能收到情理交融之效。当学生离开情境同样可以有效地学习时，就没有必要再给学生创设情境进行教学。

2. 游戏活动法

这是在教学中所采用的带有"玩"的色彩而又与学习内容配合的教学方法。《品德与社会》课的明理可通过小品表演或现场演示，让学生亲身体验，采用"角色换位，引发共鸣"，达到情动于行的目的。在讲授本课第三册第十课"勇敢的小白兔"一文时，可让学生扮演小白兔、小松鼠、小鲤鱼、黑乌鸦，进行小品表演，这样既使课上得趣味盎然、生动活泼，又能收到教育的效果。在采用游戏活动法时要注意在课前进行小品表演的排练，准备好必要的小道具、小布景和音乐伴奏等，寓品德教育于艺术教育之中，以艺术的感染力增强这门课的教育性。在没有条件进行小品表演时，也可在课堂上分配角色，进行朗诵、对话和动作演出。

3. 故事喻理法

爱听生动有趣的故事是小学生的天性，讲述生动有趣的故事，寓抽象的道德观念和深刻的哲理于具体形象的故事之中，使学生明理悟道受到启发教育，这就是"故事喻理法"。运用故事喻理法必须紧紧围绕教学目的，紧扣教学内容和教学任务，结合不同年龄段小学生的特点和认识水平，揭示故事所展示的思想道德观念。使用"故事喻理法"时要切忌单纯追求故事性、趣味性，而忽视了"喻理"性，舍本而求末。除了使用教材里讲述的故事外，师生可以讲述发生在身边的故事，使教学更贴近生活和贴近实际，从而具有更强的说服力、可信度，收到更好的教学效果。也可以举一些反例，正反对照。

4. 榜样力量法

这是小学《品德与社会》课教学中常用的一种方法。根据教学目标，以领袖人物和英雄模范为榜样，分析他们具有的高贵品质和产生高贵品质的原因。通过榜样分析，使道德观念具体化、可操作化，又使学生感到榜样可亲、可敬、可信、可学。榜样具有巨大的感染力和说服力，榜样的力量是无穷的。运用榜样分析法必须注意选择好榜样，根据教学目标来确定选择什么样的榜样，也就是说要注意榜样选择的针对性和典型性。学习榜样的目的在于见行动，引导学生的践行。如学习邱少云是为了让学生养成自觉遵守纪律的习惯，上完课之后要经常让学生检查自己是否做到了自觉遵守纪律，这样才能收到实效。

5. 民主讨论法

这是小学《品德与社会》课教学中常用的教学方法之一。在教师的启发引导下，学生围绕本课的主题进行讨论，从而完成激情—明理—导行的全过程，充分发挥教师主导、学生主体的作用。在设计、引导讨论时，要掌握由浅入深、由表及里的层次性原则；要注意引导学生辨是非、明事理，是非不辨则事理不明；要注重贯穿激情—明理—导行的全过程，坚持知行合一观；要充分发挥教学民主，让学生各抒己见，哪怕是很幼稚甚至错误的意见也要让他们讲，只有这样，教师才能在教学民主中充分发挥主导作用。

6. 情景模拟法

这一教学方法是有目的地创设某种情景，令其经历仿真性活动，让视力残疾学生获得某些难以身临其境去学习的体验、经验、知识等。活动的关键是让学生获得体验，演技好坏并不重要。如学习生活中待人接物的一般礼节、在紧急情况下的求助和自救、交通安全标志的识别与遵守交通规则、遵守公共秩序等方面的教育等都可利用这一教学方法。

7. 资料调查法

在成人的指导下，通过图书、报纸、电视、电话、网络等途径搜集资料是学生自主学习的主要方式之一。可根据学习内容的要求、学生的兴趣和水平进行组织与指导，确定搜集的目标和范围，将得到的资料按要求或以学生熟悉的方式进行整理、利用、交流。

8. 社会实践法

社会实践法可分为两种：现场调查法和参观访问法。组织学生到社会上去实地调查，获得丰富的感性认识，这有助于由感性向理性的飞跃。如对学生进行"注意交通安全"教育，可以组织学生到交警中队去进行调查，通过大量的例子使学生懂得遵守交通安全的重要性、违反交通规则的危害性，以及必要的交通安全常识，从而大大增强学生的自我保护意识。在进行社会调查时，应当注意凡事"预则立，不预则废"，教师要事先做好准备，拟定调查的目的、内容、步骤，才能保证社会调查的成功，避免负面影响。社会是复杂的，在市场经济大潮冲击下，往往在主流的下面存在着某些负面影响，在社会调查中要注意避免负面影响，并使学生在辨是非中获得某种免疫力。

参观访问法。这一教学方法充分利用各种校外教育资源，让学生走出学校，到社会中去学习、实践，以开阔眼界，增长知识，扩展兴趣，发展实践能力。如参观烈士陵园、参观博物馆、科技馆、工厂、农村以及各种社会设施，访问社区和各种社会人士等。可在了解家乡的变化、进行革命传统教育、科学教育以及培养学生的社会实践能力等方面应用这种教学方法。

9. 运用多媒体激发情感

应用多媒体教学，优化课堂教学，是适应素质教育发展的需要。利用多媒体传递教育信息，能改变传统课堂教学的封闭状态，适应盲生的心理特点和信息时代的环境。学生的视野、学生的思想，也不再被禁锢在盲校小的环境里。因此，巧妙地运用多媒体信息技术更能激发盲生主动学习的积极性，更能充分发挥学生学习的主观能动性。但在运用多媒体技术时，要注意图片的选取，多媒体课件的制作要符合盲生和低视生的学习特点。选取的图片要清晰易辨，以使低视生容易看到辨清，同时，最好使用有声音介绍的视频材料，让盲生通过听去了解老师所讲授的内容。

(二)教学注意事项

1. 教学目标明确，师生获得最大限度的发展

目的性是课堂教学的根本特性，目标不清晰，甚至目标不周全的课堂教学是不会有好的效果的。教师应充分地发挥课堂的教书育人作用，不仅在知识上，而且在能力(包括学科能力、学习能力、决策能力)上，还包括情感、态度、学习兴趣、学习习惯、乃至做人做事的本领。特别要强调的是，这里的发展，包括学生和教师在内的所有人的共同成长；是不同水平的学生在原有的基础上都有收获；是最大限度的进步。

2. 教能使学生主动学习，全身心参与

学生能不能掌握知识，能不能获得应有的发展，关键在于学生自身的丰富多彩的学习活动，自主的而不是被动的、积极的而不是消极的、全身心而不是单一的活动，尤其是思维活动和情感活动。教师的教应该定位指向在激发学生学习的动机，引导学生学习，指导学生活动，真正让学生成为课堂的主人。

3. 教学耦合，师生互动

在课堂上，教与学是主体不同、性质不同的两种活动，教师教得如何，最终是要看学生学得怎样。在实际教学中，教师心中没有学生，只考虑自己的教的现象比较严重。所以教师必须建立起教与学的耦合关系，教要依据学，教的思路要符合学生学习的规律，教的内容要符合学生的认知结构，在课堂上教师与学生相互沟通、平等交流，教师了解学情，学生适应教师。

4. 教师组织教学意识强，应变能力强

学生的状态、课堂秩序是影响学生学习效果的重要因素。而实践发现，教师组织教学的意识比较淡薄，管理课堂的能力欠佳，教师往往只是在上课的前几分钟比较重视，不能贯穿在课堂的始终。课堂的一分一秒都很重要，课堂上的一举一动同样重要，教师要随时关注学生，尊重差异，随机应变地教学。

5. 教学内容安排体现学科结构，重点难点突出

教学内容是教材内容的简单复制的现象比较普遍，我们认为教学内容应该以课程标准和教材为基准，把学习规律和方法融于其中、把学生已有的知识和经验融于其中、把相关的课程资源融于其中，尤其是要体现学科的结构和思想方法，用变式强化重点，因地制宜突破难点。

6. 教学方法重在教会学生学会学习，学会分析问题、解决问题

教学方法不只是使学生有效掌握知识和技能，而是要强调知识的产生和发展过程、知识的建构和应用过程；教会学生发现问题、分析问题、解决问题的思路和策略，教会学生学会观察与分析、总结与记忆等各种各样的方法，教会学生高效的学习方法，形成反思的习惯。

7. 教学环节合理，节奏恰到好处

我们发现在不少课堂上，教学环节多少不均，该多不多，该少不少。如课题引入太长，检查反馈太短；课堂节奏快慢不当，该快不快，该慢不慢。如不少教师没有做到：学生会了就应该快，学生不会就应该慢。课堂上常见的是：教师活动多，学生活动少；讲的多，练的少；结果多，过程少；记忆多，思维少。

8. 教学手段运用合理，语言准确

多媒体被滥用已成为一个现实的问题。教学手段运用的原则应该是扬长避短，它的作用是支撑学生学而不是支撑教师教，切忌为了教师教得便利而不利于学生学习的一些做法；同时还要避免教师课堂语言的随意性很强，准确性不够。

9. 教师富有激情和感染力，课堂气氛活跃

可能是因为教师上的课太多，也可能是因为学生的不争气，还可能是因为学校的管理不善，有些教师上课的热情不足，激情不高，影响学生的学习状态和课堂气氛。教师上课应用激情的语言、积极的态度，师生共同创设宽松、和谐的学习环境，师生共同享受课堂的快乐和幸福。

10. 教师有风格，教学有特色

好的课堂教学一定不是千篇一律，一定不是包罗万象，也一定不是面面俱到；课堂是展示师生生命活力的场所，也是教师实现人生价值的平台，所以一堂"好课"应该是体现教师个人特点，扬教师所长，避教师所短；教师也应立志创立具有自己特色的课堂教学。

(三)课程评价

1. 评价内容

本课程主要对视力残疾学生在学习过程中各方面的表现进行综合性评价，其具体内容如下。

①学习态度。包括视力残疾学生在学习过程中主动参与和完成学习任务的态度。

②学习能力和方法。包括学习中观察、探究、思考、表达的能力；收集、整理、分析资料的能力；与人合作完成学习任务的能力等。

③学习结果。完成学习任务的质量和进步程度。

2. 评价的方式和方法

本课程采用多主体、开放性的评价，教师可根据具体情况，选用或综合运用教师评价、视力残疾学生自我评价、视力残疾学生相互评价与家长、社会参与评价等方式进行评价。本课程倡导的评价方法有以下几点。

①教师观察记录。教师对视力残疾学生在日常生活中表现出的情感、态度、能力、行为进行观察，并做记录。

②描述性评语。在与视力残疾学生进行充分交流的基础上，教师对视力残疾学生在一段时间内学习本课程的学习态度、表现等以描述性的语言写成评语，鼓励视力残疾学生巩固进步，修正不足，继续努力。

③学生自评。教师引导和帮助视力残疾学生对自己在学习中的表现与成果进行自我评价，以提高自我认识、自我调控的能力。

④学生互评。视力残疾学生依据一定的标准互相评价，这种评价可以帮助视力残疾学生逐步养成尊重、理解、欣赏他人的态度，相互促进。

⑤作品评价。将视力残疾学生调查、访问、收集资料等活动产生的作品进行展示和交流，师生共同进行评析。

⑥个案分析。教师针对某一视力残疾学生学习的特殊状况进行跟踪评价，它有助于教师因材施教和个别化教学。

⑦成长资料袋评价：用成长资料袋或活动记录册等方式收集学生成长过程中的各种资料。这是评价学生成长比较有效的一种方法。

教学评价的方式方法不是固定的，每一种评价方法都有自己适用的范围，教师应根据具体情况灵活地使用以上方式、方法，并在教学改革中探索创新，使其不断完善。

四、盲校品德与社会课程资源与管理

(一)课程资源

盲校《品德与社会》课程资源是指盲校品德课程设计、实施和评价等整个课程编制过程中可以利用的一切人力资源(学生、教师资源)、物力(校园内外的各种设施)以及自然资源的总和,它包括盲校现行教材(学生手中的老教材和老师手中的新教材,现两者结合起来用)。以及学校、盲生家庭和社会中所有有助于提高盲生素质的各种资源。

1. 教材资源

普校《品德与社会》教材是课程标准的具体体现,是教师进行教学的重要资源之一,是品德学习重要的基础资源。

2. 学生资源

学生也是课程资源,盲孩子本身的坎坷生活经历就是非常宝贵的教学资源!

①盲孩子自己的身体是一种资源。视障孩子受其自身条件的制约,大多数孩子(尤其是全盲孩子)不能用眼观察现有的制作精美的学具,严重制约着视障孩子的学习和发展。我们利用盲生的身体作为教学资源,来认识、了解这个世界。

②盲生的生活经验是一种教学资源,关注盲生的实际生活,选择贴近盲生生活的素材,以现实生活中的事件或现象作为教学资源,引导盲孩子关注和实践自己的生活。

③盲生的活动是一种教学资源,采取各种形式进行道德行为实践训练,给予他们自觉实践道德的机会,在丰富的生活实践中体验,在体验中深化感悟,迅速成长。

④学生的差异是一种教学资源。一个孩子就是一个世界,我们的教师在随时获得的孩子学习与发展过程中存在的差异信息,选择合适的时机,采用不露痕迹的方法,做出不间断的教育反应。

⑤学生的差错也是一种教学资源。面对差错资源我们应采取的措施是:引经据典—知错,对比思考—思错,将错就错—悟错,引进反思—辩错,对症下药—改错。

3. 环境资源

环境包括自然环境和人文环境。学生在学校生活的环境并不局限于教室之中,各种活动场所、条件设备都是学生生活和学习的地方,并且学生的能力更重要的是在社会实践活动中得到锻炼。所涉及的环境资源指的是学校物质环境资源、家庭资源、社区资源、网络资源。

①学校物质环境资源：学校的场地、建筑、设施等都成为课程资源，图书馆、阅览室、一些专用教室甚至是教室里的桌椅、黑板、墙壁、门窗等也都成为可利用的课程资源。就连学生手中的书本也成为我们开发利用的课程资源。

②家庭资源是本课课程资源的一个重要方面。

③社区资源无比丰富，也是本课课程资源的重要方面。

④网络信息资源，首先教师教会盲生使用盲人电脑专用软件（阳光软件），然后教师主动向学生推荐一些网站，让学生通过网站进入丰富多彩的品德学习天地，查找有关主题的资料，利用校园网，创建交流平台，和同学交流学习品德学科的体会。

(二)课程资源应用及管理

《品德与社会》课程承担着视力残疾学生品德形成和社会性发展的重要任务，课程资源不限于传统意义上的教材，要使视力残疾学生广泛地接触和了解社会，就必须充分开发、利用校内外的各种课程资源，以利于课程目标的实现。

其一，开发多样化的课程资源。课程资源的利用应该做到为教学服务，不求花样繁多，但求切合实际。

其二，利用现代化教育技术手段，教师应尽可能使现代化教育技术与本课程教学有机结合，丰富课程资源，有条件的地方要尽量开发利用计算机网络资源。

其三，制定科学规范的优质资源管理制度。建立盲校教育教学资源库（包括名师资源库、学生资源库、课件资源库、优秀案例、论文、反思、随笔资源库、课堂实录资源库），建立资源索引数据。

其四，把资源应用与开发同时并进，一边开发，一边应用，在实践中改进。一是建立教师资源应用制度，对资源的应用进行记录。二是学校不间断开展资源应用大赛，提高资源应用效率。三是继续深入开展教育教学研究，不断开发新资源。

其五，加强校际合作，校际实现课程资源互补和共享。

其六，教育行政部门和学校领导要在教学资源的配备、课程资源的开发与利用等方面给予支持和帮助，有关的政府机构也要在课程资源的开发利用，以及校外教学活动场所安排等方面做出统筹协调、提供便利条件。

五、盲校品德与社会课程教案举例

浙教版品德与社会三年级上册教案：天生我材必有用

[教学目标]

1. 知道每个人都有自己的特点和优势。

2. 通过活动，培养自信心。

3. 发挥自己的优势，初步培养服务于社会的思想。

[重点、难点]

重点：

1. 了解自己的优势；

2. 培养自信心。

难点：认识和发扬自己的优势。

[教学准备]

教师准备反映学生特长的多媒体资料。

[教学设计]

一、游戏导入"我猜，我猜，我猜猜猜"

今天，老师奖励同学们一个游戏：我猜，我猜，我猜猜猜。比一比，哪个小朋友听得最认真，想得最仔细，猜得最准确！

说说感受。（让学生初步体会到看似无用的东西也能发挥很大的作用）

刚才，我们猜的这些东西，在我们生活中随处可见。今天，它们都吐露了自己的心声，别看小朋友们不重视它们，其实它们自己还是很看得起自己的，因为"天生我材必有用"嘛！

二、认识自我，喜欢自我

1. 刚才落叶和空瓶子都进行了自我介绍，同学们，你们研究过自己吗？

同学们用双手从头到脚摸摸自己，欣赏一下自己，找一找你最满意的是哪儿？

2. 把你最满意的地方写下来。

教师巡视：收集同学写好的作品。

交流。

师：这是谁的双手？（请上孩子）为什么双手是你最满意的地方？

讲的时候，声音要响亮，眼睛看着大家，这样才能把你最自信的一面展现给大家。

3. 同桌交流。

把你最满意的地方给身边的小伙伴看看。

同学们，我们每个人都长得和别人不一样，都是世界上独一无二的。

三、竞选班干部

1. 学生回忆选班干部的情景，说一说班里同学发挥自己优势为大家服务的事例。

2. 全班讨论：班级中有哪些事情需要同学们发挥自己的优势。

3. 学生根据自己的特点和优势，选择班中适合自己的班干部岗位进行竞选，并说一说如果自己在这个工作岗位上，打算如何为大家服务。

四、我能行

1. 教师讲述小故事"你自己最伟大"。

2. 学生交流、领悟：小老鼠是一种卑微的动物，也有它的本领。我们每个人都有自己的长处，充分认识自己的优势，才能对自己充满自信。

3. 全班讨论：什么时候说"我能行"。

4. 学生连续三遍，大声说出："相信自己！我能行。"同时，配上相应的动作，如握拳举臂、拍手击掌等。

五、总结

这个世界上我们每个人都是独一无二的奇迹，都是自然界最伟大的造化。虽然我们无法用双眼去了解这个世界，但是每个人都有自己的优势，我们可以摸、听，我们要善于发挥这种优势，并且把自己的优势和理想结合起来。只有正确认识自己的价值，对自己充满自信，不断发挥自身的潜力，才能将我们生存的意义充分体现出来。

思考题：

1. 简述盲校品德与社会课程的特色。

2. 盲校品德与社会课程教学中有哪些注意事项？

（本章作者：浙江省盲人学校黄柏芳、吴优琴，北京市盲人学校李莺燕，北京师范大学特殊教育学院张悦歆；云南省红河州特殊教育学校丰蕾；西安市启智学校唐小小、成都龙泉驿区特教学校邓茜、北京师范大学特殊教育系2009级郑舜参与整理）

第五章　盲校思想品德课程与教学[①]

思想品德，是人们在社会生活中，通过处理与自身、与他人、与集体、与国家和社会的关系，而逐渐培养起来的做人做事的稳定的思想方式和行为习惯。盲校思想品德课程是以初中学生生活为基础、以引导和促进初中视力残疾学生思想品德健康发展为根本目的的一门综合性的必修课程，对学生系统进行公民的品德教育和初步的马克思主义常识教育，以及相关社会科学常识教育，是学校德育工作的重要途径，是我国学校教育社会主义性质的重要标志之一。它对学生确立正确的政治方向，培养良好的道德品质，养成文明的行为习惯和形成正确的世界观、人生观，起着重要的指导作用。

一、盲校思想品德课程目标

盲校思想品德课程标准是根据思想品德教育的目标，从视力残疾学生的认知水平和生活实际出发，结合自身的残疾状况，围绕成长中的我，我与他人和集体、国家和社会等关系，整合道德、心理健康、法律和国情教育等内容科学设计的。课程标准的设计力求增强课程的针对性、实效性和主动性。

盲校思想品德课程以社会主义核心价值体系为导向，以加强初中视力残疾学生思想品德教育为主要任务，帮助视力残疾学生提高道德素质，正视自己的残疾状况，形成健康的心理品质，树立法律意识，增强社会责任感和社会实践能力，引导视力残疾学生在遵守基本行为准则的基础上，追求更高的思想道德目标，弘扬民族精神，树立中国特色社会主义共同理想，逐步形成正确的世界观、人生观和价值观，为使视力残疾学生成为有理想、有道德、有文化、有纪律的"残而有为"的好公民奠定基础。

最基础性的目标就是，帮助盲生提高道德素质品质，养成良好的行为习惯，形成健全人格。在这个基础上，还应该帮助他们牢固树立公德意识，让他们懂得知耻和自尊，学会尊重他人。帮助他们树立自立、竞争、效率、公平、民主法制和开拓创新等符合时代要求的新型文化观念，全面提升他们的素质。

---

① 该课程现已成为《道德与法制》课程的一部分。

在盲生能够遵守基本行为规则的基础上，应该让学生树立"为人民服务"的意识，努力使自己成为有益于社会、有益于人民的人。要让盲生正确地认识和对待残疾，具有乐观进取、自尊、自信、自强、自立、立志成才的精神、顽强的意志以及平等参与的公民意识；要培养盲生勇于面对困难和挫折，让他们形成乐观的态度和坚韧不拔的意志，培养不怕挫折，敢于战胜困难的顽强精神。让他们知道，彩虹总在风雨后，风雨之后的阳光更灿烂；温室里培养不出参天大树，大树总是在风雨中成长。在逆境和困难中学会的东西要比平时多得多，经历磨难的人会懂得比平时多得多的道理。通过一定的磨难，人才会更加坚强，更加成熟，百折不挠，愈挫愈勇。努力做到德智体美全面发展，为将来成为有理想、有道德、有文化、有纪律的好公民奠定基础。

本课程还应该帮助学生从小树立远大理想，坚定爱国信念，树立集体主义精神，牢固地把自己的成长与祖国的命运联系在一起，坚定跟党走有中国特色社会主义道路的信念，把对理想的追求化作每一天的具体行动，从平凡的日常点滴小事做起，实现自己的人生价值，逐步形成正确的世界观、人生观和价值观，努力成长为社会主义事业的合格建设者和接班人，时刻准备着为祖国的现代化建设，为中华民族的伟大复兴贡献力量。

二、盲校思想品德课程内容及特色之处

（一）课程内容

盲校思想品德课程的内容包括心理健康、道德、法律和国情教育四个方面横坐标，又通过"成长中的我""我与他人和集体的关系""我与国家和社会的关系"三个方面纵坐标，构建了思想品德的课程体系。基本逻辑如表5-1所示。

表 5-1　盲校思想品德课程的内容

	心理健康	道德	法律	国情教育
成长中的我	认识自我	自尊自强	学法用法	文化认同（中国心）
我与他人和集体的关系	交往与沟通	在集体中成长	权利与义务	共同理想
我与国家和社会的关系	积极适应社会的发展和进步	承担对祖国、社会和自然环境的责任	法律与社会秩序	知国情、爱中华

1. 心理健康

首先，要根据初中盲生的思想品德和认知水平的发展规律，促进学生不断

正确认识自我，悦纳生理变化，认识青春期心理。帮助他们学习调节情绪，增强调控自我、承受挫折、适应环境的能力，形成乐观向上的精神状态。帮助他们学会客观地评价自己，培养健全人格和良好个性品质。其次，结合初中盲生的人际交往和社会性发展的特点，提出了掌握基本的交往礼仪，学会人际交流与沟通，善于与人合作，努力建立良好的人际关系等基本要求。在正确理解竞争及其与合作的关系的基础上，提高学生团结合作、乐于助人的意识，增强养成团结合作、乐于助人的品质的自觉性。再次，要培养盲生勇于面对困难和挫折的精神，让他们形成乐观的态度和坚韧不拔的意志，培养不怕挫折，敢于战胜困难的顽强精神。最后，结合初中盲生在积极适应社会发展和进步方面所面临的问题，提出了认识自己成长的社会环境，提高生活适应能力的要求，希望他们养成勇于克服困难和开拓进取的优良品质，增进对集体、国家和人类社会重大问题的关注和兴趣，正确认识个人与集体的关系，能够自觉地把自己的成长与祖国的发展联系起来，增强民族自豪感和认同感。

2. 道德

这个学习领域，总体上要实现三个基本目标：自尊自强，交往的品德，承担社会责任。在自尊自强部分，要使学生体会生命的可贵，热爱生活；养成自尊、自信、自立、自强的精神；能够分辨是非，学会对自己的行为负责。在交往的品德部分，要使学生知道孝敬父母和诚实守信是做人的根本，能够孝敬父母，做一个诚实的人；学会尊重、宽容他人，能够平等待人，与人为善。在承担社会责任部分，要使学生知道公平有利于社会稳定，树立公平意识；懂得公平需要正义，激发社会正义感，理解自己负有的社会责任。总之，随着学生交往领域和生活空间的扩大，要使他们逐步树立起自尊自强的品质，形成良好的交往品德，并能够积极地承担社会责任。

3. 法律

法律内容安排的基本思路是：在个人的成长、实现个体社会化过程中，逐步适应社会、不断加强品格修养，必然涉及遵守社会公共生活准则的问题；要遵守规则就要了解规则，特别是法律规范的特征和作用；法律就在学生身边，中学生作为未成年人受到法律的特殊保护；为了学生的健康成长，就要避免违法犯罪，由此需要了解有关"违法与犯罪"的知识，抵御不良诱惑；法律是青少年自我保护的有力武器，帮助他们初步学会寻求法律帮助、同违法犯罪作斗争。

4. 国情教育

将国情作为初中思想品德课程的重要教学内容，不仅是国家意志的体现，而且是学生成长需要、本课程所要达成的教育目标决定的。学生的思想品德修养，不是脱离社会的修身养性；增强学生的公民意识，离不开我们生活于其中的国度；提高学生思想品德素质的目的，在于推进中国特色社会主义建设事业，实现民族的伟大复兴。具有好的思想道德品质，必然要关注社会、关心国家的前途和人类的命运，升华到爱党、爱国、承担社会责任、肩负历史使命的高度。可见，国情教育是思想品德教育的有机组成部分。加强国情教育，有助于增强学生的爱国主义情感，认识到只有在中国共产党的领导下走中国特色社会主义道路，人民的生活才会越来越好，才有个人的前途；有助于学生逐步树立中国特色社会主义共同理想，形成正确的世界观、人生观和价值观，把个人的理想与共同理想结合起来，实现自己的人生抱负，创造出无悔的青春；有助于全面提高学生素质特别是思想政治素质，坚定社会主义信念，培养学生集体主义精神、乐于奉献和自我牺牲的精神、艰苦奋斗精神，以及鉴赏自然、爱护自然、保护环境的能力。对初中学生进行国情教育，要结合他们已有的生活经验，贴近学生生活，遵循其身心发展规律，内容不宜太多、过深。课程标准有针对性地安排了基本国情、基本国策、小康奋斗目标、中华民族精神，以及我国在国际社会中的地位等内容。

(二)课程特色

1. 课程内容兼顾社会需要和学生发展

过去的思想品德课程过分强调社会的政治功能，首先是国家的需要、社会需要，很少考虑学生自身的发展。现在盲校思想品德课程内容结合盲生的心理特定和认知水平，从学生的生活实际出发，并结合盲生的残疾状况，围绕特定主题，进行有针对性、实效性和主动性的教育。

在学生的社会性发展中，课程注意从视力残疾学生适应社会公共生活和思想品德形成与发展的实际出发，以成长中的我、我与他人和集体的关系、我与国家和社会的关系为主线，对道德、心理健康、法律和国情等多方面的学习内容进行有机整合。

2. 关注视力残疾形成积极的人生态度

盲校思想品德课程关注盲校学生视力残疾的特点，拟通过视力残疾学生自主参与丰富多样的活动关注视力残疾学生的成长需要与生活体验，尊重视力残疾学生学习与发展规律，不断丰富视力残疾学生的思想情感，引导视力残疾学生确立积极进取的人生态度，培养坚强的意志和团结合作的精神，促进视力残疾学生人格健康发展。

三、盲校思想品德课程教学方法及评价

(一)教学方法

盲校思想品德课程的教学方法与普校的没有太大的差异，如讲授法、谈话法、练习法、讨论法、复习法等经过适当调整可适用于视觉障碍学生的教学。但由于视觉障碍学生的认知规律有别于正常学生，在盲校的思想品德课教学中，需要一些特别注意。

一是要关注社会热点、焦点问题，培养正确的世界观、人生观和价值观。盲生由于视力上的障碍，在生活中接触的事物相对较少，但他们也是社会的一部分，而且为了更好地融入社会，需要他们能够更多了解一些新的事物、新的观念，如"两会"的召开、"3·15"晚会、感动中国人物评选、"神舟"飞船、奥运会、世博会等。而且如果能把这些事物相应地结合到实际教学中去，还会给学生留下深刻的印象，有利于教学的实施。例如，教师在讲授《维护消费者的权益》时，可以结合"3·15"晚会的典型事例，说服力更强；用奥运冠军进行爱国主义教育、用残奥会运动员进行自强不息的教育效果更好。

二是要凸显课程的针对性和实效性。提高课堂教学的有效性，就要使课堂教学更接近学生的真实生活，贴近生活的细节，使学生如身临其境、如见其人、如闻其声，从而激发学生的求知欲，引发学生思考，激活学生的思维，使学生掌握重点，突破难点。例如，一些学生熟悉的优秀视残人士的例子，更接近学生生活；要为学生呈现生活化的真实事例，如介绍海伦·凯勒，不仅要介绍她的传奇与成就，也要介绍她为了生活而辗转去各地演讲。教师应了解学生已有的知识技能、思维水平、生活经验，选取与学生的发展水平相适应的学习素材，设计与当前学习主题相关的、尽可能真实的情境，汲取学生感兴趣的典型事例让学生剖析，架起生活与知识、生活与感悟的桥梁，使课堂教学成为活的生活，让学生在主动思考、亲身体验中获得知识、增长能力、接受教育，提高思想品德课教学的针对性和实效性。思想品德教学一定要结合学生的生活，结合学生的喜怒哀乐，避免空洞说教。

下面结合盲校思想品德课程的具体内容，提出一些教学建议。

1."认识自我"教学活动建议

①开展学科教学的课外延伸性活动，如朗诵比赛、读书比赛、盲文默读写比赛等，扩大学生的知识量，促进学生的个性自主发展；通过举办体育、音乐、手工、电脑等的培训及其相关活动，引导学生自主参与，使学生得到艺术和美的熏陶，提高动手实践和科技创新的能力；通过引导学生积极参与班级和

学校管理的各项活动，培养学生的主人翁精神，提高学生自我教育和自我管理的能力。

②分组讨论当自己情绪冲动或低落时，如何利用倾诉、转移、换位、自我宽慰等方法，进行合理的情绪宣泄。当自己无法排解情绪时，也可以去找心理老师咨询，专业的心理教师可以更加安全地帮助学生解决心理问题。

③通过读一些与残疾人相关的励志书籍，如《假如给我三天光明》《钢铁是怎样炼成的》等，或者欣赏优秀电影、电视剧，收集"战胜困难和挫折，在逆境中自强不息"的事例，讨论人应如何面对困难和挫折。

④从"我心目中的我""同学心目中的我""老师心目中的我"和"父母心目中的我"等不同角度，给自己画像，分析评价的差异，找出前进的方向。

⑤组织开展"青春日记"活动，记录心路的旅程和对成长的思考。

2."自尊自强"活动建议

①盲生视觉上的残疾，使他们生活多有不便，跟普通人相比，也多出这样那样的艰难或挫折。因此，我们有必要向学生进行"逆境成长"的教育，使他们在挫折困难面前更加顽强。我们可以列举一些中外人物，如桑兰、张海迪、海伦·凯勒等的事例，特别是结合残疾青少年残而有为的先进事例，或以自己和身边同学的生活故事，就"人生的意义"开展一次主题讨论，鼓励盲生自强不息，努力做到身残志坚。讲述这些事例，目的是使盲生有学习的榜样、奋斗的目标和增强战胜挫折的信心，使他们能在力所能及的范围内为社会做出贡献。

②以"我们身边的动植物伙伴"为主题，作一次本地区的植物动物物种及其生存状况的调查，观察每个物种及每个生命个体的独特性，体会生命世界的神奇。

③开展一次合法、安全的"行为后果体验"活动，从中感受"对自己行为负责"这一意识的重要性。

3."学法用法"教学活动建议

①收集依法保护残疾人合法权益的典型案例，感受法律给予残疾人特殊保护的意义。

②列举《预防未成年人犯罪法》规定的易沾染的不良行为和严重不良行为表现，分析这些行为对个人、家庭及社会的危害。

③查阅有关法规，了解已满14周岁未满16周岁的人实施哪8种犯罪会受到刑事制裁；知道已满16周岁的人对所有的犯罪要承担刑事责任。

4."交往与沟通"活动建议

① 因为长期住宿，有的学生对如何与父母沟通非常苦恼，班级可以以"我

是如何化解与父母的冲突"为题，交流各自解决矛盾的方法，讨论分享成功解决矛盾的经验。

②采访教师，内容包括该教师对其所教学科的认识、对班级的评价和期望、生活中的烦恼和欢乐等，根据采访写出报告。

③交流"在与人交往中使用、不使用文明礼貌用语；在公共场所大声喧哗和轻声细语"的不同感受，体会讲文明礼貌在生活中的作用。

④举办收集"父母说得最多的十句话"的活动，尝试理解父母"源于爱"的初衷，同学之间进行交流和分享。

⑤收集灾难或其他事件中中学生勇救他人、互相救助的感人事迹，体会同学友谊的珍贵。

5."在集体中成长"教学活动建议

①引导盲生认识到自我的局限性：由于盲生丧失了视觉功能，常表现出与普通学生不同的心理特征，以致显现出在某些方面比普通学生更为突出、典型的心理失衡状态。他们在对社会、集体、他人的态度上，表现出自私、漠不关心、缺乏同情心、冷酷无情、孤僻、不善与人相处的性格倾向。因此，一方面盲生愿意生活在集体之中，得到集体的帮助与支持，同时又常表现为不肯帮助别人，嫉妒别人超过自己。所以，帮助盲生建立与他人的关系，有利于与他人的沟通，改善社会交往。

②交流在与同学发生争吵时，如何通过换位思考或其他方式来化解矛盾。

③就"公民的平等"问题作一次课堂讨论，理解平等主要表现在人格与法律地位上，而不是表现在经济地位上，培养平等参与的意识。

④以诚信为题展开讨论。

⑤开展多样化的班集体活动，在集体活动中体会温暖与力量。

⑥讨论在自然灾害中的社会救助活动和英雄事迹所反映的个人与集体的关系。

6."权利与义务"教学活动建议

①学习《残疾人保护法》，了解残疾人享有的权利，懂得有关残疾人事业的方针、政策和法律法规，并能依法维权。讨论维护受教育权利的途径。

②以"家长是否可以拆阅子女信件和日记"为题，开展一次视力残疾学生与家长的对话活动。

③收集侵害消费者权益的典型案例，讨论如何维护消费者的权益。

④讨论任何组织和个人不得招用未满16周岁的未成年人(国家另有规定的除外)的理由。

⑤就视力残疾学生中的违法案件，如打架斗殴使他人致伤、致残等进行讨论。

⑥在学生中成立"青年志愿者服务小分队"，让他们参与到为部门学生服务的活动中来，培养了他们的责任意识与感恩心理。

7."积极适应社会的发展和进步"活动建议

①能够理解个别人对视力残疾的社会偏见，提高自己的心理调控能力。正确认识从众心理和好奇心，发展独立思考和自我控制能力，杜绝不良嗜好，养成良好的行为习惯。交流自己被歧视的经历，发表个人的意见和看法。

②举办"祖国发展我成长"的主题班会，认识祖国发展的大好形势，回顾自己的成长历程，认识二者之间的关系。

③联系"追星"现象和"小团体"现象，讨论在生活中如何正确把握从众心理。

④开展"假如没有网络，我的生活会怎样"的讨论活动，思考如何正确使用网络。

8."承担社会责任"教学活动建议

①引导正确认识和面对自己的视力残疾，理解自己负有的社会责任，努力做一个负责任的公民。尝试分析自己在家庭、学校和社区中的不同身份和不同责任。就"怎样做一个负责的公民"进行一次主题讨论。

②考察社区内其他残障人群在生活上的主要困难，向社区管理部门提出改善的建议，组织一次志愿者活动，在社区进行一次有意义的公益服务。

9."法律与社会秩序"教学活动建议

①结合"没有规矩不成方圆""国有国法，家有家规"等格言，讨论依法治国的重要性。

②开展"我是中国公民"的主题活动，讨论群众举报和舆论监督对维护司法公正和社会秩序的作用。

③组织一次模拟法庭活动。

④以"环境保护，人人有责"为主题，设计一个以班级为单位的讨论活动，并进行相应的实践。

⑤结合本地实际，以"维护国家各民族的团结"为主题，开展一次主题活动。

10."认识国情、爱我中华"教学活动建议

①收集反映新中国成立以来巨大变化的资料，讨论只有在中国共产党领导下走社会主义道路，才能救中国，才能发展中国。

②了解本地区存在的环境问题并向有关部门提出合理化建议，设计一个保护环境或珍惜资源的公益广告。

③以"我的理想和选择"为题，召开一次主题班会，交流探讨为实现理想应该如何努力。

④查阅历史资料，知道中国是一个统一多民族国家的深刻含义。

⑤组织少数民族歌曲演唱活动，了解少数民族风情。

⑥以世界地图为依托，开展"我在地图上旅行"的演讲活动，搜集不同国家或地区的自然风光、人文历史等素材，积极感受"和平进步、和谐发展、和睦相处、合作共赢、和美生活是全世界的共同理想"。

（二）教学评价

思想品德课程的评价一定要避免单纯地为评价而评价的形式主义，要创造使家长、同伴及学生自己都能够进行评价的氛围和方法，关注形成性评价重要性。评价不是为了对学生的品德形成和社会性发展作出终结性评价，更不带有选拔性的目的，所以本课程的评价仅仅是为了获得教学信息的反馈，用以帮助教师不断改进教学，保证课程目标的实现，促进学生的发展。就教师来说，本课程的评价对教师的教学带有形成性评价的特点；对学生而言，要从学生原有的基础出发，尊重学生的个性特点，强调以鼓励为主的发展性评价，或者说带有形成性评价的性质。

思想品德课的评价是从学生原有的基础出发，尊重学生的个性特点，强调以鼓励为主的发展性评价。由于对学生的学习成就进行了鼓励和肯定，对不足提出了改进建议，就使得评价具有了积极的教育作用，强化了学生在课程中所获得的各种成就，同时使他们明确了自己的不足和努力方向，可见，评价本身也具有教育的功能，有助于课程目标的实现。

1. 教师观察记录

观察法主要是教师在自然状态下，有目的、有计划地观察学生在日常学习、生活中表现出来的情感、态度、能力和行为，并记录下来，作为对学生进行引导和评价的依据。观察法是一种最基本的品德评价方法，其特点是简便易行。它可以按不同的角度分为不同类型。从时间上看，可以分长期观察与定期观察；从范围上看，可以分全面观察和重点观察；从规模上看，可分为群体观察和个体观察。比如，一个较好的学生一段时间以来变得注意力不集中、不活跃、忧虑，这种前后的变化就应该引起观察者、教师的注意，并记录下来，为教育引导提供依据。

日常观察可以为老师提供大量的关于学生学习和发展的信息，在思想品德的教学中尤其如此。例如，张杰在课堂讨论中不能准确地表达自己的意见，他的话总是被别的同学打断；李蓓发现地上有碎纸，但没有把它捡起来；王宏下课后，主动找同学去玩……"这些日常事件和片段，对于评价学生的学习和发展有着重要的意义。这些能够使我们确定一个学生在各种情境中是如何表现的。在某些情况下，这些信息补充和证实了通过其他客观方法获得的信息。有时，它甚至是我们对学生某些方面进行评价的唯一方法。"①

当然，通过观察所获得的印象很容易是不完整的或带有偏见的，而运用轶事记录法就可能准确记录观察，而且可以减少选择性记录所带来的一些问题，并且可以与学生及其家长做有效的沟通。

2. 描述性评语

教师在与学生进行充分交流的基础上，用描述性的语言将学生在思想品德某一方面的表现，如态度、能力和行为等写成评语，评语应采用激励性语言。通过描述性评语，教师可以详细具体地肯定学生的优势和进步，更可以明确清楚地指出和分析学生的错误和不足。接受这样的评价，实际意味着学生接受一次来自教师的个别指导，进行一次对于自己学习成就的全面反思。当然，评语的语言词汇必须依据学生的年龄特点，应当是便于他们阅读和理解的。

3. 学生自评

要求学生对于自己的学习行为或者学习结果进行自我评价，实际上就是帮助学生反思自己的学习。学生是养成良好学习习惯和学习方法的关键时期，通过自我评价可以有效地促进他们在这方面的发展。但是学生毕竟自我意识尚未成熟，自我评价的能力也只能处于比较低的阶段水平。因此，在学生自我评价的时候，教师的指导帮助就格外重要。教师指导和帮助的重点在于，让学生将评价的重心指向自己的学习以及学习结果，而不只是关心具体的成绩或分数。

4. 学生互评

学生互评除了具有与学生的自我评价相似的优点外，还能够使学生体验到自我评价与他人评价之间的差距，从而发展自我认识。此外，通过彼此之间的相互评价，对于学习活动及其结果也能够体会和认识得更加全面与充分。由于年龄和发展水平的原因，学生的相互评价很容易流于形式，也容易偏离评价目标，尤其是陷入名次与成绩之争中。教师要重视并且善于引导，使他们通过评价学会相互尊重和彼此欣赏。

---

① [美]Robert L. Linn & Norman E. Gronlund 著：《教学中的测验与评价》，226 页，北京，中国轻工业出版社，2003

5. 项目评价

按照不同的项目将学生分成若干小组，由学生自主设计活动计划，可以围绕真实的社会生活问题进行活动。要求学生收集、组织、解释或表达信息，据此对学生进行引导和评价。项目评价的实施应由几部分组成。

首先，将现实的教学任务分解为构成项目成果的、可观察的具体行为，并制定评价的行为的标准。

其次，制定评价标准时可以借鉴以下几项行动策略。①对要评价的行为活动，教师自己先实际试验一下，记录和研究自己项目活动结果或任何可能的活动成果。②列出这些活动和成果的重要方面，作为指导观察和评价的项目标准。③为方便观察和判断，行动数量的标准不宜太多，一般限制在 10～15 项。④尽可能用可观察、可测量、可量化的学生行动或成果特质来界定项目标准，避免用含糊不清的语言来界定项目标准。⑤按行为出现的顺序排列项目标准，以方便观察和判断。⑥检查是否有现成的项目评价工具；若有，则可直接借用；若无，再自行制定，这样可节省精力与时间。

再次，选择适当的项目类型与完成项目的环境，要考虑的因素有学生的年龄、思维水平、知识基础以及适于项目展开的环境。

最后，选择或设计项目的工具。

6. 谈话

教师通过与学生的各种形式的对话获得学生思想品德发展状况的信息，据此对学生进行引导和评价。谈话法是最经济，最直接的一种评价方法。例如，当年陶行知先生用谈话的方法，以肯定的评价使打人的小男孩认识到错误，说明了恰当的谈话评价能达到较好的教育效果。

7. 成长记录

建立视力残疾学生的成长足迹袋。记录视力残疾学生在本课程学习中的各种表现，主要是进步和成就。以视力残疾学生的自我记录为主，教师、同学、家长共同参与，视力残疾学生以评价对象和评价者的双重身份参与评价过程。

8. 考试

考试方式应灵活多样，如辩论、情景测验等，纸笔测验只是考试的一种方式，避免用终结性的、单一的知识性考试来对视力残疾学生思想品德课程的学习及思想品德状况做出评价。

四、盲校思想品德课程资源

课程资源是指构成课程活动包括课程设计、编制、实施和评价等过程所需要的，并对课程活动产生制约作用的一切自然资源和社会资源的综合。课程资源既包括学校内的教育资源，也包括学校外的各类教育机构和各种教育渠道。在课程资源的开发与利用上，应建立融合、开放、发展的课程观，充分发挥课程资源的人文教育功能，优化教学资源组合，有效地实施课程目标。思想品德课程的资源是极为丰富的，存在于生活的方方面面，发生于每时每刻，最重要的是如何以思想品德课程的眼光去挖掘典型事件和案例，如何以思想品德课程的视角去赋予它们课程资源的意义。

一般来说，在思想品德教学实践中，常用的课程资源有以下几种。①

一是，文本与音像资源。最主要的资源是思想品德教科书，其他涉及经济、政治、文化、哲学、品德等各类社会学科，以及时事政治方面的报纸、杂志、照片、地图、图表、电影、电视节目录像、磁带、各类教育软件。

二是，实践活动资源。广义的实践活动包括课堂讨论、辩论、演示等，也包括课外的参观、调查、访谈等。图书馆、阅览室、实验室、视听教室、多媒体设备（网络、电视广播、触摸屏等）、博物馆、纪念馆、文化馆、自然和人文景观、机关、企业、事业单位等都是课程资源的一部分。

三是，人力资源。教师和学生是最重要的人力资源，教师的素质状况决定了课程资源开发和利用的范围和程度，教师的思想观念、政治觉悟、知识结构、人格魅力等也会对学生的教育产生影响。学生是学习的主体，学生的行为规范、学习习惯、群体特征等，都是教学的重要影响因素。人力资源还包括，视力残疾学生与家庭成员、教师、邻居以及其他社会人士。

四是，信息化资源。利用信息技术和网络技术，收集网上资源，包括文字资料、多媒体教学课件等。例如，网络资源——海淀教师研修网、人民教育出版社网、政治教学网等。

---

① 谢树平、李宏亮、胡文瑞：《新编思想政治（品德）教学论》，上海，华东师范大学出版社，2006

五、盲校思想品德课程教案举例

《活出生命的精彩》教学设计

[教学目标]

1. 情感、态度与价值观目标

引导视障学生不断用实际行动不断充盈自己的生命；不仅仅要关注自身的完善和发展，也要关切他人的生命；要甘于生命的平凡，也乐于创造生命的伟大。

2. 能力目标

培养视障学生科学分析问题的能力，学会辩证地看待生命的意义；学会正确对待人生中的贫乏与充盈、冷漠与关切、平凡与伟大，提高面对人生抉择做出正确选择的能力。

3. 知识目标

让视障学生懂得生命的意义来源于实现自我价值，来源于对他人、集体、民族、国家的付出。认识生命是一个逐渐丰富的过程，学会充盈生命、关切他人、在平凡中创造伟大的方法。

[教学重点、难点]

教学重点：在平凡中创造伟大。

教学难点：学会充盈生命，做更好的自己。

[教学方法]

情境教学法、案例分析法、体验教学法、讨论法等。

[学情分析]

从年龄段来看，处于青春期的初中生，有理想有活力，对生活充满热情，开始思考生命存在的意义，却难以得到一个明确的答案。从身体状况来看，视障学生因为视力障碍，对外界事物的认识有较大的局限性，对于发生在自己身上的事情以及所见到的社会现象，做不到全面分析判断，对于如何活出生命的意义更容易陷入迷茫和彷徨。所以本课将"活出生命的精彩"重点突出了生命教育，是针对视障初中生特定的生理、心理特点和认知规律而展开的。本课试图通过对实现生命意义的思考和探寻，引导视障学生认识到生命是一个逐渐丰富的过程，要对生活充满热情，努力活出生命的精彩，为今后的道德践行打下良好基础，逐步实现知行合一。

[课标依据]

1. 体会生命的价值，认识到实现人生的意义应该从日常生活的点滴做起。

2. 感受个人成长与民族文化和国家命运之间的联系，提高文化认同感、民族自豪感，以及构建社会主义和谐社会的责任意识。

[教学过程]

(一)导入新课

创设情境，初步感知

展示：小讨论《我们为什么要好好活着？》

[学生活动]通过讨论初步感受同龄人对于"活着意义"的不同回答，引发对生命存在意义的初步思考。

[教师引导]同学们的回答都很精彩。同学们，随着年龄的增长，我们开始对生命存在的意义有了深入的思考，也对如何好好活着有了自己的认知，这节课就让我们进一步探讨怎样才能活出生命的精彩。

活出生命的精彩(板书)

(设计意图：讨论主题贴近视障学生实际，引发了学生对生命意义的初步思考，从而导入新课。)

(二)讲授新课

环节一：充盈生命　做更好的自己

[教师过渡]同学们，生命就像奔腾不息的大海，这节课，就让我们一起扬帆掌舵，来一场说走就走的旅行，开启一段生命之旅。首先让我们一起走近第一站——充盈生命，做更好的自己。

1. 充盈生命(板书)

[教师提问]你喜欢学习吗？为什么？谈谈自己的真实想法。

[教师总结]同学们的回答都非常中肯。同学们，学习点亮生命，今天努力的你会逐步实现你心中的梦想，遇到更好的自己。当然，因为身体的原因，我们学习起来可能有些困难，但正确面对各种困难，也是不断成长的一部分。

(设计意图：教师从视障学生的学习态度设问，可以发现他们对待学习的真实的想法和面临的困惑，在与学生互动交流中，让学生思考学习的意义。)

[教师提问]平时除了学习，你们还会做些什么呢？

[预设学生回答]休息娱乐、参加一些社会实践活动等。

[教师引导]说说你参加了哪些活动？在活动中又有哪些体会呢？

[学生活动]学生代表谈体会和感悟。

[教师提问]听了刚才同学的发言，其他同学是不是也有启发呢？

[学生回答]略。

[教师总结]同学们说得都非常好！人们对待生活的不同态度，会影响生命

的质量。热爱学习,乐于实践,敞开胸怀,不断尝试都可以让我们的生命一点点充盈起来。

[教师引导]接下来,我们一起来听一听、看一看同为盲人的董丽娜、王蕴,他们在日常生活中又做了什么。

[教师活动]教师以音视频的方式呈现学生较为熟知的优秀盲人播音员董丽娜、优秀盲人高考生王蕴等的日常。

[学生活动]学生谈体会和感悟。

[教师引导]每个生命都会在生活中展现千姿百态。当我们不断尝试与他人、与社会、与自然建立联系,我们对生命的感受力、理解力也就会不断增强,生命会得到滋养,也就一点点充盈起来。旅游、做家务、读书学习等这些都是让我们生命充盈的好办法,让我们一起行动,多方面充盈自己的生命,做更好的自己。

环节二:关切他人　传递温暖

[教师过渡]如果说贫乏与充盈是自己的一种生命状态,或者是对待自己生命的态度,那么冷漠与关切就是我们面对他人时的选择。接下来让我们一起走近第二站:关切他人,传递温暖。

2. 关切他人(板书)

[教师提问]同学们,在疫情期间小区被隔离,有这样一群志愿者,他们做出了这样的努力……这些志愿者这样做值不值得呢?

[学生活动]讨论并发表自己的观点,说一说志愿者这样做的得与失。

[学生回答]略。

(设计意图:通过探讨关切他人的得失与利弊,使学生真切意识到帮助他人会让自己的生命更加有意义,从而使其学会做出正确的选择。)

[情景展示]班里新来了一个转校生王娜,非常内向,上课不敢大声回答问题,下课就自己默默趴在座位上不敢跟同学交流……此时,你会怎么做呢?

[学生活动]讨论并发表自己的观点。

[教师引导]人与人在彼此关切中感受温暖,传递温暖。我们不仅要关注自身的发展,而且要关切他人的生命,设身处地地思考并善待他人。我们要用心对待自己和他人,温暖他人、照亮他人。

[教师提问]同学们,因为视力的原因我们生活中面临的困境会比较多,你希望别人用怎样的态度对你呢?

[学生回答]略。

[教师引导]大家回答得都非常好!所有的冷漠也许都有理由,然而,没有

人愿意在遭遇困境时受到冷漠对待，生命拒绝冷漠。人人用行动传递真爱，我们的社会就会充满了温暖与和谐。

多媒体展示：传递温暖的人们

[教师总结]同学们，一句温暖的话语，一次善良的举动，都可能给予他人第二次生命。让我们用真诚、热情、给予去感动、改变他人，消融冷漠，我们发现自己会收获更多。

（设计意图：教师从"志愿者行动的值与不值？"的角度去发问，引发学生思考关切他人的意义。案例选自身边，选自当下，充分运用情境教学让学生产生情感共鸣。继续从视障学生自身需要出发，让他们感同身受，升华情感体验，教育效果优秀。）

环节三：在平凡中创造伟大

[教师过渡]在无数个平凡的日子中，我们坚持用自己的热情与善良去关爱他人也接受他人的关爱，在这个不断坚持的过程却能创造伟大。让我们一起走近第三站——在平凡中创造伟大。

3. 在平凡中创造伟大（板书）

[教师提问]生活当中哪些普通人，他们在平凡的生活中创造了属于他们的伟大？

[学生回答]略。

[教师归纳]同学们的回答非常好！每一个普通人，都会在生活中遇到许多困难，只要我们不放弃、不抛弃、不懈怠，都会为家庭的美好和社会的发展贡献自己的力量。相信我们都会用认真、勤劳、善良、坚持、责任、勇敢书写属于自己的人生。

[教师引导]让我们通过几段资料，来感受如何在平凡中书写伟大。教师呈现校长张桂梅、消防员陈陆、王尽美等音频文字资料及抗疫视频等。有谁能说说最感动你的瞬间？

[学生回答]略。

[教师总结]同学们的分享确实让人感动。我们发现，当我们将个人的生命和他人的、集体的、民族的、国家的命运联系在一起时，生命便会那么不同，并在平凡中闪耀出伟大。

（三）感悟升华

精彩人生　我行动

[教师提问]同学们，你打算怎样用行动去表达对生命的热爱呢？大家把自己的打算写在纸上并分享。

[学生活动]书写活出生命精彩的行动宣言并分享。

（设计意图：本活动属于全课的践行环节，让学生在探讨如何活出生命精彩中感受生命的意义，同时也是对本课的升华。）

（4）总结归纳

[学生小结]谈本节课个人感受、收获。

[教师总结]同学们，让我们一起行动起来，拒绝贫乏，学会充盈，增加生命的厚度。让我们拒绝冷漠，学会关切，提高生命的温度。让我们在平凡中创造伟大，焕发出生命的亮度，活出生命的精彩。

思考题：

1. 简述盲校思想品德课程的目标。

2. 简述盲校思想品德课程内容的横向和纵向内容的关系？

3. 设计一个"认识自我"的教案。

（本章作者：山东济南特殊教育中心于生丹，北京市盲人学校谌静，内蒙古自治区赤峰市天山一中杨秋月，广东省佛山市南海区星辉学校赵小艳；北京师范大学特殊教育系2009级罗秀红参与整理）

第六章 盲校语文课程与教学

语文是最重要的交际工具，是人类文化的重要组成部分。语文课程既有工具性又有人文性，其多重功能和奠基作用，决定了它在学校教育中的地位。盲校的语文课程在性质、特点、功能、地位诸方面都与普校相同，盲校语文课程不仅要把系统的语文知识高效率的传授给学生，引领学生获取感受、体验情感、积淀文化、增长智慧，最终形成丰富的精神追求，同时还在帮助他们走出黑暗、开发各种潜能和补偿视觉缺陷、克服残疾带来的种种困难等方面发挥着重要的作用。

一、盲校语文课程目标

(一)课程总目标

普通学校的语文课程目标为：在语文学习过程中，培养爱国主义感情、社会主义道德品质，逐步形成积极的人生态度和正确的价值观，提高文化品位和审美情趣；认识中华文化的丰厚博大，吸收民族文化智慧，关心当代文化生活，尊重多样文化，吸取人类优秀文化的营养；培植热爱祖国语言文字的情感，养成语文学习的自信心和良好习惯，掌握最基本的语文学习方法；在发展语言能力的同时，发展思维能力，激发想象力和创造潜能，逐步养成实事求是，崇尚真知的科学态度，初步掌握科学的思想方法；能主动进行探究性学习，在实践中学习、运用语文；学会汉语拼音，能说普通话，认识 3500 个左右常用汉字，能正确工整地书写汉字，并有一定的速度；具有独立阅读的能力，注重情感体验，有较丰富的积累，形成良好的语感，学会运用多种阅读方法，能初步理解、鉴赏文学作品，受到高尚情操与趣味的熏陶，发展个性，丰富自己的精神世界，能借助工具书阅读浅易文言文，九年课外阅读总量应在400 万字以上；能具体明确、文从字顺地表述自己的意思，能根据日常生活需要，运用常见的表达方式写作；具有日常口语交际的基本能力，在各种交际活动中，学会倾听，表达与交流，初步学会文明地进行人际沟通和社会交往，发展合作精神；学会使用常用的语文工具书，初步具备收集和处理信息的能力。

盲校语文课程除了要达到普校的目标外，还要达到：盲生学会盲文点字，能正确规范地摸读、书写盲文；盲文或汉字的读写均有一定的速度等。

"总目标"之下按 1～2 年级、3～4 年级、5～6 年级、7～9 年级 4 个阶段，分别提出"阶段目标"，体现盲校语文课程的整体性和阶段性。

课程目标根据知识和能力、过程和方法、情感态度和价值观三个维度设计，三个方面相互渗透、融为一体，注重语文素养的整体提高，各个学段相互联系，螺旋上升，最终全面达成总目标。

(二) 课程具体目标

1. 识字与写字

(1) 盲生

识字与写字是盲生学习和发展的基础，不具备良好的识字与写字能力，就很难与人沟通，很难了解自身以外的世界，所以盲生首先要学会摸盲文写盲文。盲文的学习可以说是盲生入学必上的第一课，它直接影响到日后盲生认识外界以及表达自我的能力和水平，同时盲文的学习也是盲生终生学习和发展的必需。课标对盲生"识字与写字"的教学提出了以下 4 个要求。

一是培养学生学习盲文点字的兴趣。

二是认识盲文点字符形的基本结构(低年级尤其强调)。

三是盲文书写方面：低年级要求：①正确使用盲文点字书写工具；②熟练掌握盲文正摸反写的技能；③初步理解分词连写的概念，在教师的指导下，逐步学会分词连写基本规则。中高年级要求：①熟练使用盲文点字书写工具；②在有条件的地方，鼓励盲生使用计算机，学习使用键盘输入盲文；③掌握盲文标点符号的写法，分词连写基本正确。

四是盲文摸读方面：各年级平均每分钟摸读盲文音节数具体标准如表 6-1 所示。

表 6-1　各年级平均每分钟摸读盲文音节数的标准

学段	平均每分钟摸读盲文音节数	平均每分钟摸读盲文字数 (平均每个字母 3～5 个点)
一年级	45 个左右	40 个左右
二年级	70 个左右	50 个左右
三年级	110 个左右	55 个左右
四年级	130 个左右	60 个左右
五年级	150 个左右	65 个左右
六年级	160 个左右	70 个左右

（2）低视生

低视生"识字与写字"教学目标：

一是不同阶段对低视生识字教学有所调整。每个学段比普校降低200～400字。对于一级低视力（好眼的最佳矫正视力等于或优于0.05，而低于0.1）学生，根据学习的实际情况，可酌情降低标准。

二是写字方面：在中高阶段，字形复杂或不要求会写的字会用汉语拼音代替。

三是需要学习使用键盘输入汉字。

低视生要求会写的字数比普校学生少500字，这是由低视生的视力障碍因素决定的，不仅如此，还针对低视生不同视力情况调整识字标准。如"对于一级低视力学生，根据学习的实际情况，可酌情降低标准。对于字形复杂或不要求会写的汉字，会用汉语拼音代替"。与普校学生相同的是，低视生也要通过认识汉字和书写汉字与外界进行交流；与普校学生不同的是，低视生的视力参差不齐，因此低视生识字和写字的技能水平也不尽相同。根据不同学生的情况调整目标降低低视生识字的难度，有利于激发他们学习汉字的愿望和兴趣；对于字形复杂或不要求会写的字要求学生用汉语拼音代替，这样做保障了他们完整的表达自我的需求，使他们并未因视力障碍而不能顺利地与外界交流。这些要求从视力残疾学生的特殊性出发，努力做到使他们像普通儿童那样全面发展，减少他们与外界交流的障碍和压力，为他们的健全发展做出了适宜的调整。

课标中提出在有条件的情况下，让视力残疾学生学习使用计算机，掌握用键盘输入盲文的要求，并有明确的量化标准。可以说这是基于普通学校对学生写字要求的一种变通，对于普通学生而言，会用计算机输入文字不作为要求提出，可是对于视力残疾学生来说，这也是一项重要的书写途径，用键盘输入汉字增加了低视生与"生字"见面的次数，有利于认识汉字。尽早通过计算机网络，提供视力残疾学生认识了解外界的渠道，有利于双向沟通。让视力残疾学生学习计算机输入汉字，可以帮助视力残疾学生认识、积累词语，更快地适应信息技术的发展，掌握一种不可或缺的获取信息的渠道，为其融入社会打下基础。

2. 阅读

阅读教学目标分小学（1～6年级）、中学（7～9年级）两个阶段。

小学阶段的目标包括：

①阅读习惯养成方面，强调尝试多种途径的阅读，感受阅读乐趣。

②阅读方法掌握方面，强调熟练地学习，要求做到不出声，学会听读，能够倾听、识记并理解各种语言信息，发挥视力残疾学生听力优势，训练学生听读能力，促进视力残疾学生养成良好的听读习惯，有利于他们准确迅速地广泛阅读和扩大阅读面。

③背诵优秀诗文的数量比普校每个学段要多 10 篇。对于视力残疾学生来说，背诵较多的优秀诗文是写好作文的重要方法之一。

④课文阅读训练要点方面，要求使用直观或其他教学手段，使视力残疾学生初步理解有关视觉表象的词语。

中学阶段的目标包括：

①阅读习惯养成方面：要求视力残疾学生利用图书馆、校刊、广播、电视、网络等途径收集自己需要的信息和材料。由于视觉感知缺失，盲生在收集信息和材料时存在比较大的障碍，也正因为如此，视力残疾学生更加需要掌握多种信息获取的途径，以使自己更快地融入社会，了解社会。

②阅读方法掌握方面：一方面，要求学生养成默读的习惯，有一定速度，阅读一般的现代文盲生每分钟不少于 180 个音节，低视力学生不少于 150 字；另一方面，低视力学生能较熟练地运用略读和浏览的方法，盲生运用摸读盲文读物、听有声读物的方法，扩大阅读范围，拓宽自己视野。

③课文阅读训练要点方面：盲生摸盲文只有做到默读训练有素，才能不比普通学生阅读慢，才能获得对等或者尽可能多的信息。低视生能较为熟练地运用略读和浏览的方法，是根据低视生实际情况设定的，略读要求视觉敏锐，反应迅速，摄取准确，涉猎广阔，这对低视生有一定难度，所以提出较为熟练地掌握程度，浏览同样如此。

总体上说，盲校和普通学校语文阅读教学在内容和目标上没有较大区别，其差异主要存在于与视觉有关的词、句等方面的内容。

3. 写作

盲校学生写作能力分为"一般写作能力"和"基本写作能力"两个方面。而"一般写作能力"是其重点，教学目标包括观察力、思考力和想象力三个方面。

（1）观察力

观察力是获得写作素材的重要途径。盲校课程标准更加强调观察力的培养，低年级学生要求对写话有兴趣，写出自己对周围事物的认识和感知。中高年级学生要求运用倾听、触摸等多种方式，留心周围事物，乐于书面表达，增强习作信心。逐步养成充分利用各种感官留心观察周围事物的习惯，有意识丰富自己的见闻，丰富自己的内心体验，珍视自身对外界的独特感受，积累写作素材。

(2)想象力

想象力是写作的重要能力。低年级要求学生写想象中的事物，高年级要求能写简单的想象作文，在想象中体现视力残疾学生丰富的内心世界。盲校课文课程标准在习作方面尤其强调视力残疾学生信息获取的来源和途径。高年级要求"能写简单的纪实作文和想象作文，内容具体，感情真实，想象合理。在纪实中表现视力残疾学生特有的观察角度，在想象中体现视力残疾学生丰富的内心世界。能根据习作内容表达的需要，分段表述，盲生在对景物进行描写时，应设法调动除视觉感官以外的其他感觉器官，注重把握总体，抒发感受"。

(3)思考力

在写作教学中，还应注重培养学生的思考能力，引导学生思考生活中的各种事件，学会边观察边思考，边体验边思考的习惯。在生活中把观察和思考结合起来，把握事件的表面现象的同时理解事物内在意义。

4. 表达与交际

①会用普通话，表达有条理，语调、语速适当。

②耐心专注地倾听，能根据对方的语气、语调等，理解对方的观点和意图。

③恰当地运用肢体语言，注意语气和表达，使说话有感染力和说服力。

对于视力残疾学生来说，他们要与对方进行交流，由于缺少眼神的沟通，就更加需要借助肢体语言、语气和表情，甚至语调来进行沟通。

5. 综合学习和运用

①结合语文知识，重视与其他学科沟通，积极参与社会实践活动，不断培养自己的策划、组织、协调和实施能力。

②对周围事物有好奇心，积极接受外界有益信息，在活动中主动发现问题和探索问题。

③利用适合自己的观察方式，通过各种有效途径，有目的地收集、整理有关资料以解决实际问题。

④利用各种信息渠道，用文字、图片、音响等展示和交流学习成果。

⑤开展明盲合作及各类活动，在活动过程中，体验合作与成功的喜悦。

二、盲校语文课程内容

盲校语文课程内容分小学阶段和初中阶段。

小学阶段：使学生掌握盲文点字的拼音规则或掌握汉语拼音规则，能熟练正确地阅读和书写盲文或汉字，会说普通话，掌握常用词汇；培养学生理解运用语文文字能力，以及观察和思维能力；对学生进行生动形象的思想品德教育和审美教育。

初中阶段：使学生掌握现代语文基础知识，学一些文言文，扩大常用词汇，养成讲普通话的习惯，通过听、说、读、写基本训练，提高理解和运用语言文字能力、观察能力和思维能力；对学生进行思想品德教育和审美教育。

本课程特殊调整部分是对视力残疾学生使用文字的要求：如掌握盲文点字的拼音规则、熟练阅读、书写盲字等。

由于视力残疾学生在语文学习上存在某些特殊性，如学前识字经验缺乏积累、机械识记多于意义识记、语言模仿更多、语言容易与具体形象相脱节、独立理解能力相对较弱、应用文字及工具书较为缺乏等，因而盲校语文教学中应有意识地发展其他感官功能，以补偿视觉缺陷。

盲校语文课程内容包括：盲字教学、词汇教学、阅读教学、写作教学等内容。

(一)盲字教学

掌握盲字读写是语文教学的基础，视力残疾儿童入学后，教学的首要任务就是教会他们利用手指触觉认识盲字结构，学会拼读、拼写盲文。达到能正确、熟练地摸读和书写盲文，为阅读和书写打下基础。

①盲文符形：盲字点位结构和名称认识，六点符形概念建立；盲文课本认识；摸读姿势培养，摸读方法指导；"方"的概念认识。

②盲文拼写：学会拼写；拼音规则。

③盲文声调学习：声调符号认识；读准声调；标调规则。

④写字：书写工具认识和使用；盲文书写具体方法；改错字方法；分词连写规则学习。

(二)词汇教学

盲文属于拼音文字，没有生字障碍，教学的基点在于词汇，作为语言建筑材料的词汇是语言的基础。视力残疾学生掌握语言是否丰富、正确，有赖于对词的正确理解和积累，可是正确地理解词义是视力残疾学生学习语文的一大难点，拼音化盲字不像汉字，可以以字表义，视觉丧失对周围事物缺失感性形象，加上没有工具书，词汇贫乏，读书不能自通，增加了他们独立理解词义的困难，影响语文教学的完成，因此词汇教学是语文教学中的重要内容之一。

盲语文词汇教学主要内容：

①词的读写：要求一要读准，二要正确写出来，在教学中要介绍关于多音

节的知识，在词连读时要注意音节的规则以及区分方言和普通话语音的差异。

②词的理解：理解词语是视力残疾学生学习语文的一大难点，在教学中应多用直观法、描述法、体会法、剖字解义法、辨析比较法等帮助他们理解。

③词的巩固和运用：巩固视力残疾学生所学的词语是词汇教学中重要环节之一。视力残疾学生对于词语的掌握不是一下子就能达到完善的地步，从理解到巩固，运用是一个发展过程，所以对新学到的词语，教师除了指导视力残疾学生多运用到自己的口头语言和书面作业中外，还应设计有关词语练习让他们巩固、使用。

④词的积累：教学中应养成视力残疾学生积累词语的兴趣和习惯。对课文中学过的词语，要求视力残疾学生积累起来，对课外阅读、课外活动、广播电视、社会实践、平日生活中接触到的词语也注意积累。

(三)阅读教学

阅读教学在语文教学中占有很大比重。通过阅读教学，培养视力残疾学生正确理解和运用语言的能力，不断提高其阅读能力。通过各类范文教学，不仅有助于巩固、提高盲文读写能力，丰富词汇，更主要是帮助视力残疾学生掌握语文基础知识，正确理解文章思想内容，了解各种表达形式，从而发展视力残疾学生的观察力、想象力、思维能力和表达能力。

1. 阅读习惯的养成

培养视力残疾学生阅读盲文书籍、刊物的能力，并且应特别强调扩大课外阅读量。根据一定的目的要求，养成一丝不苟的阅读习惯，摸读盲文课本、书籍、刊物时一定要手到、心到、口到，做到边读边思，切实掌握其中的思想内容。

2. 阅读能力的培养

主要指认读能力、理解能力、鉴赏能力、记忆能力、摸读盲文速度等。对有关看图学文教材的处理，应分为两块：对低视生教学应尽可能发挥放大画面的作用。教师可利用教学挂图或多媒体，让他们用残存视力来观察画面，使他们从中得到启示。面对全盲学生，观察图画是不现实的，那就运用直观手段，尽力帮助全盲学生建立画面上的形象，使言词与实物之间得到统一。

3. 阅读方法的掌握

主要指导学生掌握精读、略读、诵读和默读的阅读方法。

①精读：精读就是一章一节，逐句循诵，仔细揣摩，领会要领的一种阅读方法。盲校精读方法的训练与普校基本一致，但更加强调"根据语境揣摩语句的含义"，由于盲文文字的特殊性，盲生在阅读时会对文本产生一个或多个理

解，所以对文本的精确理解更加依赖于上下文语句的揣摩。

②略读：略读就是总揽全局，观其大略，剔除枝蔓，抓住要点的一种阅读方法。课标中对不同学生阅读一般的现代文每分钟的字数都有明确的限制，但是在盲校进行略读阅读方法的训练是有一定难度的，因为视力障碍，阅读同一篇文章，视障学生需要的时间更长，这就意味着他们很难进行略读，摸盲文和用放大镜等工具看汉字都很难找到一篇文章的每段开头和结尾，因此需要花较多时间训练学生的略读能力，教会他们略读的方法。

③诵读：诵读是把诉诸视觉的文字符号转化为诉诸听觉的有声语言的一种阅读方法，对于低视生来说是这样；对于盲生来说，就是把诉诸触觉的盲文文字符号转化为诉诸听觉的有声语言的一种阅读方法。课标中都有关于背诵一定数量名篇的要求，对于视障学生来说，诵读的重要性远比普通学生大得多，因为要求心、眼、口、耳并用，盲生还需要加上手的作用，不出差错，自然熟练，只有这样才能提高阅读的能力。

④默读：默读就是靠视觉感知文字符号、理解读物意义的一种阅读方法。对于盲生来说，就是靠触觉感知文字符号、理解读物意义的一种阅读方法，默读阅读方法主要适用于学生在熟悉课文内容的基础上进行，作为预习基础上深入分析课文内容的一种阅读方式，由于盲生接触一篇新课文时，有一个正音的环节，但是当熟悉课文时，就需要学会默读，为考试做阅读题打下基础。

(四)写作教学

写作是视力残疾学生语文知识和技能的综合体现，是衡量语文水平的重要标志之一。它不仅要培养视力残疾学生运用语言表达自己思想的能力，同时也担负着提高视力残疾学生思想认识的任务。

盲校语文教学课程中写作教学内容除了常规写作能力、方法及具体文体写作技巧以外，针对视力残疾学生特点，还应强调对学生进行有关能力强化训练：积累写作材料，培养观察力训练、书面语言能力训练、发挥听觉优势指导写作和作文修改指导。

(五)基础训练

基础训练主要以加强语文基础知识教学和加强基本技能训练为出发点，对视力残疾学生进行多种形式的语言训练，帮助学生认识和掌握语言文字的一般规律，并能把学到的知识转化为技能。

三、盲校语文课程教学方法与评价

盲校全盲学生学习方式主要是通过听老师讲课、听各种媒体信息、摸读盲文课本及盲文资料、触摸各种教学用具、手工操作等途径获取知识、掌握技能。而低视生的学习方式与普通学生基本相同，都是较多地用视觉感知事物，并辅以听觉和触觉，但根据不同的眼病，有不同的特殊需要，因此，低视力学生的学习需要尽量借助光学或电子助视工具。通过线性或非线性的放大等达到看到、看清、看懂的目的。

(一)教学方法

教学方法是教师和盲生为完成教学任务，实现教学目的所采用的工作方式或手段，它是师生之间共同的活动，既包括教师教的方法，也包括视力残疾学生学的方法。盲校语文的教学方法有同于普校的教学方法，如讲授法、说话法、练习法、讨论法、练习法等，受教学目的、教学内容和学生实际的制约，结合视力残疾学生认知规律的特点，更有其一些特殊的教学方法。

1. 直观法

盲校语文直观教学以盲生生活面小、知识面窄、接触事物有限等特点为出发点的。运用直观法，一般借助于实物、教具、图片等种种形象化手段，达到盲生摸得着、听得着的效果。与普通学校相比，盲校直观性手段使用的方法不同之处是不能采用集体演示法，而必须采取个别指导的方法，让盲生利用视觉以外的其他各种感官感知物体，从而建立事物的形象。这需要教师在高度耐心的前提下，掌握正确方法，防止直观教学时的形式主义。

(1)教具直观

运用实物、模型、标本进行直观教学的基本方法是指导盲生用手来触摸。为了使他们全面了解某种物体的属性，在接触教具前教师先要讲解被观察的物体的名称、属性、特征和用途等，然后根据实物特征，指导他们利用各种感觉器官进行感知、指导视力残疾学生触摸实物或模型、标本的步骤，一般是从整体到部分，再由部分到整体；先了解物体的全貌，然后再用手从上到下，由左到右观察各部主要特征。在指导观察时，教师要连贯地提出问题，引导他们有条理地认识该物体的全部形态及特征，启发他们在感知基础上积极思维。直观活动以后，教师还要结合课文讲解，运用提问来巩固他们所获得的感性认识。

(2)动作直观

教材中出现的表示动作的词，如"点头""弯腰""握手""跨""扶"等，由于视觉缺陷而失去了在日常生活中向周围人模仿的机会，致使视力残疾学生虽听见过这些词语却不了解具体动作，所以当课文中出现有关表示动作的词语时，通过个别化地指导他们实践这些动作，以领会其义。

（3）语言直观

对语文教材中出现的自然环境、自然景色，以及云、虹、雾等自然现象，以及地理空间、建筑物装潢、人物面部表情等方面的描写，视力残疾学生无法理解，这就需要教师在教学中运用语言做委婉细腻、形象生动的讲述。教师的语言不仅能唤起后天失明的视力残疾学生早先拥有的视觉印象，而且可以使先天性的视力残疾学生借助教师的言词去感知人和物、情和景等复杂现象，以激发他们的情感。

2. 听读法

利用录音带、磁带或计算机软件将有关教材、课外读物或部分章节制成有声教材，并配上音乐，这样不但能代替点字书籍和大字课本，而且大大弥补了视力残疾学生阅读量不足的缺陷。听读法调动了视力残疾学生的听觉功能，发挥了他们的听觉优势。通过听读，尤其配乐听读，使视力残疾学生更好地感知事物、接受知识，为他们进一步展现了丰富多彩的知识，极大地吸引他们的注意力，触动其听觉形象，引发感情共鸣，从而激起视力残疾学生的想象，加深对课文的理解。在盲校语文教学中，教师应尽可能地将课文中的词汇、情节与音响手段的运用紧密联系起来。在视力残疾学生平时的学习生活中，也可以提倡他们多收听各种广播电视、有声读物。这对开拓视力残疾学生的"视野"，丰富知识，发展形象思维，陶冶情操，美化心灵，发展智能，实现"以耳代目"进行视缺陷补偿有着十分重要的意义。

视力残疾学生接受信息的方式在很大范围内受阻，受到老师的直接影响尤其大。在教学中，教师应该注意自身语言、动作、姿态对视力残疾学生的示范作用。如果教师充分利用这种积极的示范作用，可以对学生的学习提供帮助。如在朗读课文时，教师的范读对于学生学会正确的朗读技巧就很重要。对于一些儿童需要掌握的动作性要领，视力残疾的孩子无法直接看到，也需要老师正确的动作示范，这样学生学习起来才更轻松有效。

3. 多感官刺激法

研究表明，视觉、听觉和触觉综合使用，能更大地发挥认知的功能，多重感官刺激法，尤其对语文教学来说不失为一个良好的教学方法。教学中同时提供多种感官的刺激，即充分发挥各感官，如残余视觉、听觉、触觉、嗅觉、味觉等的能动作用，以使视力残疾学生获得较完整的事物的概念。充分调动视力残疾学生多方面的感官，鼓励学生用多感官观察事物、得到事物更多的信息，积累更多感官通道的丰富材料。如：让盲生听录音想象，从"嗖嗖"的风声（听觉感官），想到"寒冷""发抖""像刀割"（触觉感官）；听鸟鸣，想象茂盛森林的良辰美景；闻水声，想象泉水叮咚的溪流，波光粼粼的湖水，汹涌澎湃的大海；在讲解课文《我爱故乡的杨梅》

时，通过让盲生摸杨梅、嗅杨梅、吃杨梅，来理解课文。

4. 类比推理法

类比推理法是运用已熟悉的或用其他感觉能够感受的类似事物进行比较推理，进而认识事物的一种方法。视力残疾学生学习通道主要依赖于听觉和触觉，而听觉、触觉同视觉通道比起来有其局限性。对于太大的东西如山、湖等，及太小的东西如蚂蚁、昆虫等，在现实生活中是很难触摸到的，仅依靠语言描述可能是很难理解的，因此如能让视力残疾学生在触摸与之类似的物体的基础上，再触摸物体的模型，通过对两者的异同进行比较，就能使视力残疾学生获得较为具体形象的感受。

5. 情境教学法

语文教材中有些内容光靠教师语言直观和教具直观，无法使盲童全面理解时，教师应利用各种条件组织参观和进行实验。

参观法是教师根据教学目标的要求，组织视力残疾学生到课堂外一定场所直接观察实际事物的现象，从而获得新知识的教法，让学生在真实的情境中观察、体验、思考，更加深刻地理解生活、理解文章中所表达的内容。同时实际情境融入教学中还可以激发学生学习的兴趣和学习的热情。如教学《春天来了》，就可带领视力残疾学生到公园里寻找春天。

为了促进教学可在教学中还原课文情境，采用实验的方法，按一定条件让学生自己动手实验操作，以更好地理解课文内容，获得直接知识。如讲解一年级课文《乌鸦喝水》，可以先组织盲生触摸乌鸦模型，让他们对乌鸦有个大体的了解，然后在讲解课文时，为了让学生明白其道理，又让学生进行实验：用小口瓶盛少量的水，在瓶子旁边放许多小石子，让学生用拇指和食指感知放小石子前后水位高度是否一样，从而使学生理解乌鸦是怎样喝到水的。这样，学生很容易明白"水位升高"的道理。又如教学《曹冲称象》，可指导视力残疾学生用实验来验证曹冲称象的科学原理。

6. 多媒体教学法

盲校语文教学运用多媒体手段具有补偿视觉缺陷、扩大视听范围、拓宽视力残疾学生知识面、促进其全面认识事物等重要作用。全盲学生由于缺乏感性认识，只凭听觉理解教师的讲述，在思维活动中，常常依据某一特征或少数几个特征来判断事物，认识往往混乱、不确切或错误。依据这一特点，在教学中恰当采用多媒体手段，做到声像统一、声形统一。培养学生图形知觉，发展他们的形象思维，使其对事物有一个完整的整体感知，并识别事物的不同特征，从而对事物产生具体的正确的认识。此外，多媒体教学在盲校分类教学中也起着至关重要的作用。在分类教学过程中，对低视生需要教汉字，看放大课本中的图像、图表、挂图或图片等，必须利用投影仪放大汉字及图像等方法供其学习和观看。对全盲生则侧重触摸和听音响，来以耳代目，以手代目，对各种事物进行认识和感知。实践证明，多媒体教学确实能够补偿视力残疾学生因视力缺陷造成的感性认识的不足，使学生从有限天地走出来，扩大了学生的知识视野，激发了学生的学习兴趣和求知欲望，打破了沉闷的课堂气氛，使学生能生动活泼的学习，启发学生的丰富想象，从而达到开发智力、培养能力的理想效果。

7. 小组合作教学法

语文教学要让学生充分地去读书，在读书中培养学生自主学习的意识。让学生自主选择学习伙伴，以两人至四人为单位，让学生自主选择学习搭档，教师有针对性进行小范围调整，如考虑全盲生与低视生，能力强与能力弱的差别，使小组成员在视力情况、智力情况及能力情况方面有效结合，给学生创设一个和谐、快乐的合作氛围。教师根据教学内容需要，构建"生生合作""师生合作"等多种形式，把握好交流讨论的时机，积极、有序、有效地组织学生学习，及时抓住并利用有价值的信息。参与各组交流讨论、巧设悬疑、精要点拨，从而激活学生的思维。在合作学习过程中，学生之间不仅可以相互实现信息和资源的整合、扩展和完善自我认识，而且可以学会交流、学会参与、学会倾听、学会尊重他人，真正做到互帮互学，互相促进。在教学中，教师要鼓励学生敢于从课文中发质设疑，发现问题并提出问题，并且引导针对质疑提出的有价值的问题深入进行研究。

低视生虽然有一定的剩余视力，但集中用眼学习的时间不能过长，否则会因视觉过度疲劳导致视力下降，因此教师在教学中，要注意调节学生用眼时间，做到低视生连续用眼一般不超过 20 分钟，教学活动中隔一段时间就要转换一下活动方式，此外还要注意低视生用眼卫生教育，如在教学间隙或课间做眼保健操，或望远寻绿等。教师还要注意眼看与耳听、口述与笔练、课内与课外相结合的方法的采用。如在教学中，可让低视生先看教学内容，以加深领会，然后教师再采用口述或者借助录音机，让低视生以耳听代眼看。如有必要，再让低视生对重要内容口述并留下一定的笔练作业，以使其掌握所学内容。

(二)课程评价

盲校语文课程评价分五个领域：识字与写字(包括汉语拼音)、阅读、写作、口语交际、综合性学习。

1. 识字与写字

关于盲文摸读的评价，重点考察盲生正确摸读点符的能力、正确拼音的能力，考察盲生迅速摸读盲文的能力及技巧，并考查学生掌握汉语盲文点符的情况以及在具体语言环境中运用汉语盲文的能力，关注盲生摸读盲文的兴趣和意志。

关于盲文书写能力的评价，重点考察盲生熟读使用书写工具的能力，正确熟练地进行盲文拼写的能力、恰当分词的能力、正确使用常见标点符号的能力，考察盲生迅速书写盲文的能力和技巧，关注盲生书写盲文的兴趣和意志。

关于汉语拼音能力的评价，重点考察低视力学生认读和拼读的能力，以及借助汉语拼音认读汉字、纠正地方方言的情况。

评价识字要考察低视力学生认清字形、读准字音、掌握汉字基本意义的情况，以及在具体语言环境中运用汉字的能力，借助字典、词典等工具书识字的能力，不同的手段应有不同的侧重。

关注低视力学生日常识字的兴趣，关注低视力学生的姿势与习惯，重视书写的正确、整洁，激发低视力学生识字、写字的积极性，不能用简单的罚抄方式达到纠正学生别字的目的。

2. 阅读

阅读评价要综合考察视力残疾学生中的感受、体验、理解和价值取向，考察其阅读的兴趣、方法、方式与习惯以及阅读材料的选择和阅读量。重视对学生多角度、有创意阅读的评价，语法、修辞知识不作为考试内容。要关注其阅读兴趣、方法与习惯，也要关注其阅读面和阅读量，以及选择阅读材料的趣味和能力。

朗读、熟读的评价：能用普通话正确、流利、有感情地朗读课文，是朗读的总要求。根据阶段目标，各学段可以有所侧重。评价视力残疾学生的朗读，可从语音、语调和感情等方面进行综合考察，还应注意考察对内容的理解和问题的把握。还应对盲生摸读盲文的姿势、方式进行考察。注重加强对视力残疾学生平日诵读的评价，鼓励视力残疾学生多诵读，在诵读实践中增加积累，发展语感，加深体验和领悟。

默读的评价：应根据各学段目标，从视力残疾学生默读的方法、速度、效果和习惯等方面进行综合考察。

精读的评价：重点评价视力残疾学生对读物的综合理解能力，要重视评价视力残疾学生的情感体验和创造性的理解，根据各学段的目标，具体考察视力残疾学生在词句理解、文意把握、重点概括、内容探究、作品感受等方面的表现。

略读、浏览的评价：评价略读，重在考察能否把握阅读材料的大意；评价浏览能力，重在考察能否从阅读材料中捕捉重要信息。

文学作品阅读的评价：根据文学作品形象性、情感性强的特点，可重点考察视力残疾学生对形象的感受和情感的体验，对视力残疾学生独特的感受和体验应加以鼓励。7～9年级，可通过考察视力残疾学生对形象、情感、语言的领悟程度，来评价视力残疾学生初步鉴赏文学作品的水平。

古诗文阅读的评价：评价视力残疾学生阅读古代诗词和浅易文言文，重点在于考察视力残疾学生记诵积累的过程，考察他们能否在老师的指导下凭借注释和工具书理解诗文大意和其中的思想，而不应考察对词法、句法等知识的掌握程度。

3. 写作

写作评价要根据各学段的目标，综合考察视力残疾学生作文水平的发展状况，应重视对写作的过程与方法、情感与态度的评价，如是否有写作的兴趣和良好的习惯，是否表达了真实情感，对有创意的表达应予鼓励。

要重视对写作材料准备过程的评价：不同学段视力残疾学生的写作都需要有真实、丰富的材料，评价要重视写作材料的准备过程。不仅要具体考察视力残疾学生占有什么材料，更要考察他们占有各种材料的方法。要用积极的评价，引导和促使视力残疾学生通过观察、调查、访谈、阅读、思考等多种途径，运用各种方法搜集生活中的材料。

还重视对作文修改的评价：不仅要注意考查学生修改作文内容的情况，而且要关注视力残疾学生修改作文的态度、过程和方法。要引导通过视力残疾学生的自改和互改，取长补短，促进相互了解和合作，共同提高写作水平。

评价写作的方式有多种：提倡为学生建立写作档案。写作档案除了存留视力残疾学生有代表性的课内外作文外，还应有关于视力残疾学生写作态度，主要优缺点以及典型案例分析的记录，以全面反映视力残疾学生的写作实际情况和发展过程。

对视力残疾学生作文评价结果的呈现方式，根据实际需要，可以是书面的，可以是口头的，可以用笔表示，也可以用评语表示；还可以综合采用多种形式评价。

4. 口语交际

评价视力残疾学生的口语交际能力，应重视考查视力残疾学生的参与意识和情感态度。评价必须在具体的情境交际中进行，让视力残疾学生承担有实际意义的交际任务，以反映视力残疾学生真实的口语交际水平。

5. 综合性学习

综合性学习的评价应着重考查视力残疾学生的探究精神和创新意识。尤其是尊重和保护视力残疾学生学习的自主性和积极性，鼓励视力残疾学生运用多种方法，从不同角度，进行多样化的探究。这种探究，既有视力残疾学生个体的独特钻研，也有视力残疾学生群体的讨论切磋，所以除了教师的评价之外，要多让视力残疾学生开展自我评价和相互评价，评价的着眼点主要包括：

①在活动中的合作态度和参与程度；

②能否在活动中主动地发现问题和探究问题；

③能否积极地为解决问题去搜集信息和整理资料；

④能否根据占有的课内外材料，形成自己的假设或观点；

⑤语文知识和能力综合运用的表现。

盲校语文教学具有很强的情感教育功能，能起到影响盲生心态、调整盲生心理的作用，有助于盲生形成良好的心态和健康的人格。教师应从素质教育的角度来审视和发挥语文教学在心理健康教育中的作用，全面提高盲生素质，培养其健全的人格和良好的心理品质。

四、盲校语文课程的资源

语文课程资源包括课堂教学资源和课外学习资源，从教科书到日常生活话题，不同活动形式，都可以开发为语文课程资源，都可以作为课程资源加以利用，发挥其语文教育功能。

语文课程资源包括教学资源和课外学习资源，如教科书、教学挂图、工具书、其他图书、报刊、电影、电视、广播、报告会、演讲会、辩论会、研讨会、戏剧表演、图书馆、博物馆、纪念馆、布告栏、报廊、各种标牌广告等。

自然风光、文物古迹、民俗民情、国内外重要事件、视力残疾学生的家庭生活，以及日常生活话题等都可以成为语文课程资源。各地区都蕴藏着自然、社会、人文等多种课程资源，要有强烈的资源意识，去努力开发，积极利用。

学校应积极创造条件，努力为语文教学配置相应的设备；还应当争取社会各方面的支持，与社区建立稳定的联系，为视力残疾学生创设语文实践的环境，开展多种形式的语文学习活动。

语文教师应高度重视课程资源的开发和利用，创造性地开展各类活动，增强视力残疾学生在各种场合学语文，用语文的意识，多方面提高视力残疾学生的语文能力。

盲校语文课程资源主要包括三类，分别是教具类、音像类和多媒体类。

(一)教具类

平面型的教具是指现实语文教学内容的文字图画教具，如卡片、图表挂图等。其中最重要的是卡片，卡片是将教学内容用文字和图画形式表现于硬纸片上的一种教具，主要适用于低视学生。普通的卡片一般是不能用的，需要老师根据学生的视力情况进行制作，只有这样才能做到图有所用。卡片常用于低视学生识字，为了帮助低视力学生认识汉语拼音，可以制作大字卡片帮助低视力学生学习汉语拼音。

立体型教具是指立体的现实事物的教具，如标本、模型、实物等。立体型教具在盲校语文教学中是用得最多的一种教具。它有利于学生直观地了解概念，有利于学生理解教学内容。立体教具包括以下三种。

①标本：标本指自然界经过加工制作保存下来的完整的原有物体形态，如动物标本、植物标本和矿物标本等。

②模型：模型指模拟实物的基本结构进行放大或缩小的加工制作而成的实物仿造品，它是对真实形象对象的模拟仿制，或是对研究对象的理想化模拟，如人体模型、地球仪等。

③实物：实物就是实际的物体，如大自然的动物、植物以及日常生活用品和各种工艺品等。

(二)音像类

视觉型的教学资源主要是以图像作用于人们视觉器官的现代教学媒体，如幻灯机、投影仪等。在盲校语文课的教学中，这一类教学资源的利用率是比较低的，只有极少数可以用来辅助低视生的教学。

听觉型的音像资料指以声响作用于人的听觉器官的新的现代教学媒体，如录音机、广播等。听觉型的音像资料是盲校语文课程中使用率最高的教学资源，因为通过听觉补偿，盲生可以对事物、概念进行更加全面的理解和把握，从而更好地掌握课程内容。

视听型的音像资料是指把图像和声音同时作用于人的视听感官的现代教学媒体，如电视录像、电影等。由于可以兼顾盲生和低视生（低视生可以通过图像来进行学习，盲生可以通过声音去了解所述内容），因此这一类音像资料现在也越来越多地被教师们所使用。

(三)多媒体类

多媒体就是融合多种传播媒体的手段于一体的设施。就现阶段的科学水平，一般是把融合幻灯、录音、电话、电视和电脑等多种传媒的性能于一体的设施，称为多媒体。多媒体教学是以计算机技术为基础，结合网络、通讯技术，全方位、多角度继承多种信息载体的一种先进的交互式的教学手段。多媒体语文课，实际上就是采用了多媒体教学这一先进的教学手段的语文课，多媒体计算机只是教学的辅助手段，语文教学能力仍然是教学首要培养目标。

五、教案举例

《荔枝蜜》①

[教学目的]

1. 理清作者思想情感变化的线索。

2. 认识本文借物喻人、借物抒情的写作特点，并指导写作。

3. 指导盲生清晰、流畅和有感情（包括表情）的朗读，体会作品表达的思想情感——赞美为建设美好生活而辛勤劳动，无私奉献的人及精神。

[教学重点]

1. 把握作者对蜜蜂思想感情的变化。

2. 体会作品表达的思想感情。

[教学难点]

借物喻人 揭示哲理

[课前准备]

助视器、蜜蜂数只、荔枝数颗、蜂蜜等。

[教学课时]2 课时

[教学过程]

第一课时

一、导入新课。

在你们每个同学的桌上放着一样东西，请大家把它放在自己的鼻子下轻轻闻一闻，你闻出什么味道来？每个同学再用嘴尝一尝，又有什么感觉？你们知道这是什么东西吗？我请一个全盲同学来回答。

对，这是蜂蜜，是蜜蜂酿造的，你们知道不知道蜜蜂？蜜蜂是什么样的？它有什么特点？低视同学不要急，我再请一个全盲同学说说，注意从你的听觉和感觉去谈。老师今天带来一些活的和死的蜜蜂。活的，请低视同学用助视器仔细观察；全盲同学把死蜜蜂放在自己手上触摸体会，再结合你们在动物课上所学的知识进一步认识。通过观察和触摸，你觉得蜜蜂最明显的特点是什么？

不管低视还是全盲同学都有一个共同感觉，就是蜜蜂"小""不起眼"。那么蜜蜂如此渺小，它又有什么可以值得写的呢？好，今天，我们这节课就来学习

---

① 教案执教者为何键，南京市盲人学校语文教师，南京市首届语文学科带头人。

现代作家杨朔写的《荔枝蜜》。这篇散文用了很大的篇幅写蜜蜂，那么作者写了蜜蜂什么？他对蜜蜂的感情怎样，写蜜蜂的目的又是什么，这些问题我们将通过学习得到解答。

现在请同学们竖起耳朵，发挥你们的听觉特长，用心听课文录音，在听录音前请大家注意作者对蜜蜂的感情怎样，有没有发生变化。

二、播放配乐课文录音。

录音听完了，请大家回答刚才提出的问题。同学们可以按照作者对蜜蜂在感情上的一次次变化试给课文分段。

教师归纳：从作者对蜜蜂在感情上由不喜欢—动了情，想去看看—赞美—梦变蜜蜂的变化可分为四段。

读思说议：请同学们轻声摸读第一段。

课文的第一段中哪个词语表明作者对蜜蜂的感情怎么样？

那么究竟是什么原因使他"不喜欢"蜜蜂，在感情上"疙疙瘩瘩""不怎么舒服"？

同学们想一想，我们读这一段应该用什么样的感情？

既然"不愉快"，我们在朗读时应该徐缓一些，要带一点儿不愉快的语调，同时，还要从我们的脸部表情尽量体现出来。我请一个同学试一试。

三、评价并提出课后要加强训练。

第二课时

课文的第二段，作者对蜜蜂的感情有没有发生变化？要求快速摸读并找出说明这种变化的语句。那么是什么事情使他对蜜蜂的感情发生变化：动情，想去看看一向不大喜欢的蜜蜂？要求学生简述。

教师归纳：课文叙述了"我"的一次经历，到从化温泉小住，看到了漫山遍野的荔枝树，一棵连一棵。从荔枝树写到荔枝。大家知道不知道荔枝？

一、发荔枝给从未接触过的盲生，要求触摸后再品尝一下。

作者写到荔枝，又引用了宋朝文学家苏东坡"日啖荔枝三百颗，不辞长作岭南人"的诗句，说明荔枝的妙处。因为此时不是吃鲜荔枝的时候，所以又由鲜荔枝引出了吃荔枝蜜正是时候。作者吃到了甜香清纯的荔枝蜜，自然想到了蜜蜂。于是动了情，想去看看一向不大喜欢的蜜蜂。由此看来，作者在这里写了从化温泉，写了荔枝林，写了鲜荔枝，写了荔枝蜜，都是为写什么做准备做铺垫的呢？

对，为写蜜蜂做准备做铺垫的，这是散文的一个重要特点：形散而神聚。

这一段的感情基调是什么？我们应该怎样去朗读？叙述一次经历，要采用平静自然的语调。要求同学们在课后按照这一要求朗读。

作者动了情，想去看看蜜蜂，①他看到了什么？作者着重写了蜜蜂的什么？

②作者对蜜蜂有哪些热情赞美的话？你觉得本文的主旨是什么？③作者除了写蜜蜂，还写到了谁？这两者有哪些共同点？④全文是写蜜蜂的，为什么课题不用"蜜蜂"而用"荔枝蜜"？⑤你认为这一段的感情基调是什么？应该怎样去读？以上5个问题分小组开展讨论，各组重点准备其中一个问题，然后在班上交流。

二、各组讨论，班上交流，教师补充归纳。

我们集体朗诵作者赞颂蜜蜂的那一节，强调要用颂扬、赞叹的语调和注意脸部表情。这里有一个词要求大家注意。"我不禁一颤"中的"颤"（chàn），作者原稿上是"我不禁想"，同学们考虑一下：这里为什么要改用"一颤"？

教师归纳："颤"不仅指内心，也指外表，比"想"更深刻，从词性上看，"颤"是动词，表示震动的意思，它不仅体现了作者的思想感情，而且还有一个身体在抖动之意。因此"颤"比"想"更好。从这里我们可以看出作者杨朔用词讲究，反复推敲，我们应很好地向他学习。

刚才讨论中谈到了本文的主旨是赞美劳动人民，赞颂辛劳无私的精神，这是作者由写蜜蜂而联想到的，大家想一想文中还有哪些联想？

教师归纳：本文还出现过两次。一是由荔枝蜜的甜美想到生活的甜美；二是由蜜蜂沸沸扬扬的情景，想到建设新生活。写散文要借助于联想，本文作者就是运用联想，借物喻人，抒发情感，热情赞美了为建设美好生活而奉献一切的崇高精神。

[作业布置]

1. 按照指导要求朗读课文，背诵"我不禁一颤"到"酿造生活的蜜"。

2. 写作训练。运用联想，借物喻人，借物抒情是本文的写作特点之一。要求学生理解并运用，找出蜡烛与老师的类比点，写一篇短文，借蜡烛抒发对老师的赞美之情。

思考题：

1. 简述各年级平均每分钟摸读盲文音节数的标准。

2. 盲校语文词汇教学包括哪些内容？

3. 盲校语文如何指导学生阅读？

4. 盲校语文写作教学评价要注意什么？

（本章作者：江苏省南京盲人学校何键，北京市盲人学校陈瑜，西安交通大学附属中学邹灵灵；安徽省合肥市特殊教育中心崔玲玲，北京师范大学特殊教育系 2009 级邵伟参与整理）

第七章　盲校数学课程与教学

数学是研究现实世界的空间形式和数量关系的科学。人的衣、食、住、行几乎都离不开数学。儿童是生活在社会和物质的世界中，周围环境中形形色色的物体均表现为一定的数量，有一定的形状，大小也各不相同，并以一定的空间形式存在着。因此，儿童自出生之日起，就不可避免地要和数学打交道，如小朋友有几个指头、爸爸妈妈谁更高、小白兔有两只耳朵三瓣嘴四条腿还有一条短尾、苹果是圆的等都是数学。数学除了充满日常生活外，还广泛地运用于工农业生产、科学技术、文化艺术等各个方面。如今数学已成为进入众多工作岗位的先决条件、获取就业机会的敲门砖，因此数学能力将制约一个人的发展潜力。

数学是全日制盲校义务教育阶段的基础学科，其内容既是学生在社会生活中必备的基本知识和基本技能，也是后续学习和可持续发展的必备条件；通过学习数学，可以使学生受到数学思想、数学精神的熏陶；养成勤于思考、善于运用的习惯；开发学生的各种潜能、补偿视觉缺陷、锻炼毅力、克服残疾带来的各种困难。它能够培养学生用数学眼光看待周围世界，从数学角度提出生活中的问题，用数学思想和方法分析、解决问题，为学生融入社会、勇于创新、追求卓越奠定扎实的基础。

一、盲校数学课程目标

(一)课程总体目标

其一，获得适应社会生活和进一步发展所必需的数学的基础知识、基本技能、基本思想、基本活动经验。

其二，体会数学知识之间、数学与其他学科之间、数学与生活之间的联系，运用数学的思维方式进行思考，增强发现和提出问题的能力以及分析和解决问题的能力。

其三，了解数学的价值，提高学习数学的兴趣，增强学好数学的信心，养成良好的学习习惯，具有初步的创新意识和实事求是的科学态度。

(二)课程具体目标

以上总体目标从知识与技能、数学思考、问题解决、情感与态度四个维度进一步阐述,实现了工具性和人文性的统一,突出、强调了合作、探究的学习方式。

1. 知识与技能

①经历数与代数的抽象、运算与建模等过程,掌握数与代数的基础知识和基本技能。

②经历图形的抽象、分类、性质探讨、运动、位置确定等过程,掌握图形与几何的基础知识和基本技能。

③经历在实际问题中收集和处理数据、利用数据分析问题、获取信息的过程,掌握统计与概率的基础知识和基本技能。

④参与综合实践活动,积累综合运用数学知识、技能和方法等解决简单问题的数学活动经验。

2. 数学思考

①建立数感、符号意识和空间观念,初步形成几何直观和运算能力,发展形象思维与抽象思维。

②体会统计方法的意义,发展数据分析观念,感受随机现象。

③在参与观察、实验、猜想、证明、综合实践等数学活动过程,发展合情推理和演绎推理能力,清晰地阐述自己的想法。

④学会独立思考,体会数学的基本思想和思维方式。

3. 问题解决

①初步学会从数学的角度发现问题和提出问题,综合运用数学知识解决简单的实际问题,增强应用意识,提高实践能力。

②获得分析问题和解决问题的一些基本策略,体验解决问题策略的多样性,发展创新意识。

③学会与人合作交流。

④初步形成评价与反思的意识。

4. 情感与态度

①能积极参与数学学习活动,对数学有好奇心与求知欲。

②在数学学习活动中获得成功的体验,锻炼克服困难的意志,建立自信心。

③体会数学的特点,了解数学的价值。

④养成认真勤奋、独立思考、合作交流、反思质疑等学习习惯,形成实事求是的科学态度。

知识与技能、数学思考、问题解决、情感与态度四个维度是一个密切联系、相互交融的有机整体，对学生的发展具有十分重要的作用。在课程设计和教学活动组织中，应同时兼顾这四个方面的目标。这些目标的整体实现，是学生受到良好数学教育的标志，它对学生的全面、持续、和谐发展有着重要的意义。数学思考、问题解决、情感与态度三个维度的实现离不开知识与技能的学习，同时，知识与技能的学习必须有利于其他三个目标的实现。

二、盲校数学课程内容及特色之处

(一)课程内容

数学课程内容包括"数与代数""图形与几何""统计与概率""综合与实践"四个领域。

"数与代数"主要包括数与式、方程与不等式、函数，它们都是研究数量关系和变化规律的数学模型，可以帮助人们从数量关系的角度更准确、清晰地认识、描述和把握现实世界。

"图形与几何"主要涉及现实世界中的物体、几何体和平面图形的形状、大小、位置关系及其变换，它是人们更好地认识和描述生活空间并进行交流的重要工具。

"统计与概率"主要研究现实生活中的数据和客观世界中的随机现象，它通过对数据的收集、整理、描述和分析以及对事件发生可能性的刻画，来帮助人们做出合理的推断和预测。

"综合与实践"将帮助学生综合运用已有的知识和经验，经过自主探索和合作交流，解决与生活经验密切联系的、具有一定挑战性和综合性的问题，以发展他们解决问题的能力，加深对"数与代数""图形与几何""统计与概率"内容的理解，体会各部分内容之间的联系。

(二)课程特色

由于盲校学生视力全部丧失或部分缺失，因此盲校数学课程内容必然和普通学校有一些不同之处，如增加一套盲文数学符号作为运算和书写的工具，此外，还对一些内容进行了改动，并调整了部分章节的教学顺序，以期符合视障生的身心发展特点。下面结合教学，分内容、分学段再阐述一些其他特色。

1. 数与代数

第一学段(1~3年级)教学上，通过使用直观教具，使学生获得丰富的感性认识。在此基础上逐步发展为抽象的数的概念，初步建立数感；通过珠算教学向心算过渡，加强估算，使得算法多样化。如教授比较数的大小，在学习"＞、＜、＝"时，教师可教给学生利用自己的手来表示，"＞"伸出自己的右手的食指和中指，手心朝向自己，"＜"与"＞"相反，"＝"把双手握拳放在一起。又如在教计数器时，应该注意和算盘的区别。

第二学段(4～6年级)教学时，应通过解决实际问题进一步培养学生的数感，增进学生对运算意义的理解；应重视学生心算、加强估算、强化珠算、鼓励速算；应使学生经历从实际问题中抽象出数量关系，并运用所学知识解决问题的过程。如学生的计算速度较慢，准确率不高，这就需要教师在平时进行长期的训练和培养，由珠算逐渐过渡到心算，甚至是速算。实践证明经过这样的学习，学生完全可以达到常人的计算速度和准确率，甚至超过常人，但要注意避免将计算与应用割裂开来。例如，在计算 248×250 时，可采用 $248 \div 4 \times 1000$ 的方法进行口算。

第三学段(7～9年级)在教学中，应注重让学生在实际背景中理解基本的数量关系和变化规律，注重使学生经历从实际问题中建立数学模型、估计、求解、验证解得正确性与合理性的过程，应加强方程、不等式、函数等内容的联系，介绍有关代数内容的几何背景。如在方程、不等式与函数的学习中，格式是学生学习的难点，为了让学生更好地理解和掌握知识，教学中可以借助一些教具，比如自制的实物数轴、平面直角坐标系等。又如，在学习乘法公式这一内容时，可以让学生通过折纸、拼图来体会和理解公式的恒等关系。

2. 图形与几何

第一学段(1～3年级)在教学中，应注重所学知识与日常生活的密切联系；应注重使学生在观察、操作等活动中，获得对简单几何体和平面图形的直观经验。如在辨认长方体、正方体、圆柱和球的教学中，教师可以从学生熟悉的物体(如篮球、乒乓球、饮料瓶、粉笔盒、牙膏盒、地球仪等)中选取素材，鼓励他们进行观察、分类等活动，形成对有关几何体的直观感受，在观察活动中，特别要做到每个学生都要亲自试验以达到视觉补偿。正确地观察图形对全盲生认识图形、理解图意起着十分重要的作用。在本学段，教师可以有意识地、逐渐地培养学生观察图形的能力。例如，通过观察让他们认识什么是点、什么是边、什么是角，图形一般是由什么组成的，三角形、正方形、长方形分别是由几条边、几个角组成的。这样的训练为全盲生初步的空间观念的建立及今后的几何学习奠定了基础。

第二学段(4～6年级)教学中，应注重使学生探索现实世界中有关图形与几何的问题；应注重使学生通过观察、操作、推理等手段，逐步认识简单几何体和平面图形的形状、大小、位置关系及变换；应注重使用直观教具，通过触摸观察物体、认识方向、制作模型、设计图案等活动，发展学生的空间概念。如教师可以充分利用生活中的事物，制作微型直观教具，引导学生探索图形的特征，丰富他们的图形与几何的经验，使其建立初步的空间观念。例如，观察教室的讲台，使他们体验从不同的位置观察物体看到的形状是不一样的，明白只有从不同方向全面观察物体才能准确把握物体形状。

第三学段（7～9年级）在教学中，应注重所学内容与现实生活的联系，注重学生经历观察、操作、推理、想象等探索过程；应重视对证明本身的理解，而不追求证明的数量和技巧，还应引导学生建立起自然语音、图形语言、符号语言的有机联系。如教师可以引导学生用变换的观点解释现实世界中与图形有关的现象，欣赏某些建筑物的对称美，帮助学生通过观察模型来感知或想象物体的对称美，还可以让学生自己动手利用所学知识设计图案。

3. 统计与概率

第一学段（1～3年级）在教学中，应注重借助日常生活中的例子，让学生经历简单的数据统计过程。教师可以运用讲故事、做游戏、直观演示、模拟表演等，激发学生的学习兴趣，让学生在生动具体的情境中理解和认识数学知识。例如，教师可引导两个学生进行猜数游戏。

第二学段（4～6年级）在教学中，应注重体会所学内容与现实生活的密切联系；应注重使学生有意识地经历简单的数据统计过程，根据数据作出简单的判断与预测，并进行交流；应注重在具体情境中对可能性的体验；应避免单纯的统计量的计算。如在盒子里放8个红球、2个白球，几个学生再做摸球游戏，从中初步感受某些事件发生的可能性是不确定的，体会事件发生的可能性是有大有小的。除此之外，还可以安排转转盘、投掷骰子等试验活动，目的是让学生通过试验的方法，进一步体验某些事件发生的可能性的大小，同时培养学生科学试验的意识。

第三学段（7～9年级）在教学中，应注重所学内容与日常生活、自然、社会和科学技术领域的联系，使学生体会统计与概率对制定决策的重要作用；应注重使学生从事数据处理的全过程，并根据统计结果作出合理的判断；应注重使学生在具体情境中体会概率的意义；应加强统计与概率之间的联系。如教师可以引导学生运用统计与概率的知识讨论下面的问题："有一则广告声称：'有75％的人使用本公司的产品'，你听了这则广告后有什么想法？"通过对这个问题的讨论，学生可以知道对广告中75％这样的数据要应用统计的观念去分析。

4. 综合与实践

第一学段（1～3年级）的实践活动，应首先关注学生参与活动的情况，引导学生积极思考、主动与同伴合作、积极与他人交流，使学生增进运用数学解决简单实际问题的信心，同时意识到自己在集体中的作用。教师可以充分利用学生已有的生活经验，随时引导学生把所学的数学知识应用到生活中去，解决身边的数学问题，了解数学在现实生活中的作用，体会学习数学的重要性。例如，27人乘车去某地，可供租的车辆有两种：甲车可乘8人，乙车可乘4人，给出三种以上的租车方案。

第二学段(4～6年级)综合应用，应引导学生从不同角度发现实际问题中所包含的丰富的数学信息，探索多种解决问题的方法，并鼓励学生尝试独立地解决某些简单的实际问题。如可以让学生调查"学校各年级人数及男、女人数"，要求学生对全校的各班的男、女人数用表格形式作统计分析。综合应用的形式是多种多样的，如小调查、小制作、小课题等。

第三学段(7～9年级)的课题学习要引导学生结合生活经验提出课题、积极地思考所面临的课题、清楚地表达自己的观点并能够解决一些问题。如在学习了一元二次方程的知识后，让学生根据已有知识计算销售利润的问题、节约用水的问题等，这些问题大都和学生的实际生活息息相关，既能让他们巩固知识，又能通过做题教育他们平时要勤俭朴素，节能减排。

三、盲校数学课程教学方法及评价

(一)教学方法

盲校数学课程内容体现出严谨、抽象的特点，而学生理解能力弱，所以教学难度很大；再加上学生视觉障碍的原因，给他们学习数学造成了很大的困难。在盲校数学课堂教学中，教师应该怎样教，如何引导学生自己学和会学，如何把教法和学法结合起来，这是一个值得特别注意的问题。

数学教学是师生之间、学生之间交往互动与共同发展的过程。学生是数学学习的主人，教师是数学学习的组织者、引导者与合作者。基于以上理念，数学课堂应该把学习的主动权交给学生，充分调动学生的学习积极性，充分体现交互式学习的思想，引导学生探索学习，促进学生主动发展。据此，盲校数学课主要采用创设问题情境法、直观教学法、活动教学法、探究式学习法、小组合作学习法、启发引导与讲授结合法、分层教学法、现代教育技术辅助教学法等诸多方法，但是在用这些方法教学时要注意对学生视觉缺陷的补偿。

1. 创设问题情境

创设问题情境，把枯燥、乏味、抽象的数学变得生动而又有趣，是盲校数学教师在课堂教学中普遍采用的教学方法。在教学中，教师应根据学生的生活经验，设计学生们感兴趣的教学活动，让学生在观察、操作、猜测、交流、反思等活动中逐步体会数学知识的产生、形成与发展的过程，获得积极的情感体验，感受数学的力量，同时掌握必要的基础知识与基本技能。如讲故事、做游戏、直观演示、模拟表演等。

例如，在 10 以内数的认识教学时，教师可以联系生活实际，让学生找一找生活中哪些地方用到 1～10 各数，如每个学生有 1 个鼻子，2 只耳朵，4 个肢体，每只手 5 个手指；还可以让学生数一数家里有几口人等，这样由具体到抽象，引导学生逐渐能抛开物体的具体内容，抽象出数，使他们逐步形成数的概念，体会数的实际意义，体会数与日常生活的联系，感受到"数"的作用。再如，讲分数的初步认识时，设计了这样的问题情境：丁丁和冬冬是一对双胞胎，他们要过生日了，妈妈买了许多好吃的东西，想平均分给他们，你们能很快口算出他们每人分几个吗？当回答 1 张比萨饼的分法时，教师引出课题，它需要产生一种新的数来表示。这种数叫分数。这样教学能充分地调动学生的学习积极性，激发学生对数学的好奇心和求知欲，使学生主动地投入教学活动之中，让学生在积极思考中完成新知的引入。

在图形与几何的教学中，教师应充分利用学生生活中的事物和微型直观教具，创设情境，引导学生探索图形的特征，丰富图形与几何的经验，建立初步的空间观念。假设科技馆在学校的正东方向 500 米处，小红家在学校北偏西 60°方向 300 米处，医院在学校正南方向 1000 米处，汽车站在学校南偏西 30°方向 400 米处。学生可以根据这些信息，在特定的方格学具上（类似围棋盘）确定适当的单位距离，标出相对位置后，教师应及时组织学生进行交流，逐步发展学生的空间观念。

教师在根据问题选择情境的时候，一定要从学生的实际生活经验出发，可以借助动作和活动来创设情境，也可以利用新旧知识和观念的矛盾，借助语言或背景创设教学情境。在情境创设中，教师要充分考虑学生视力缺陷的特点，注意缺陷补偿，可根据教学内容需要，提前制作直观教具，让每一个学生都能参与到数学学习的活动中来。

2. 加强直观指导

盲校数学课中的直观教学，就是指在数学教学过程中充分运用实物、模型、电化等教具和学具，通过实际操作，帮助学生理解和掌握数学知识，充分挖掘学生已有的生活经验。如教学时让学生身临其境；用盲文纸制作直观教具，用于数学概念的建立和数学规律的发现；利用学生熟悉的空间作为直观教学媒介。学生学习数学的过程从根本上讲是一个对数学的认知过程，即把教材中的知识结构转化成他们对数学的认知结构的过程。学生这一转化过程通常要经过"动作、感知、表象、概念"的发展阶段才能完成的。这就要求教师在课堂教学中采用直观手段，让学生通过对有关实物、模具、图像等的观察和对教师生动形象的语言描述的领会，在大脑中形成相应的数学知识表象，然后通过表象的中介作用而建立起相应的数学概念。加强直观教学，是提高盲校数学教学质量的一条重要途径。数学教学的直观教学分为：实物直观、模具直观、声响直观以及语言直观等。

①实物直观：实物直观是一种以实物为媒体的直观教学形式，学生可以通过观察实物而获得相应数学概念或原理的感性认识，特别是对数的概念的建立、四则运算意义的理解、时间单位和几何形体特征的认识及周长、面积、体积的计算等内容的教学，盲生通常都是直接利用实物直观来建立知识表象的。例如，学生通过触摸黑板擦、桌面、书面等物体的表面是长方形的实物而形成长方形的表象，得到长方形的概念，通过对粉笔盒、砖块、烟酒等包装盒的观察、分析，初步认识长方体和正方体，进而掌握它们的特征。

②模具直观：模具直观通常是让学生通过反复观察和操作根据客观事物建立起的事物的数学概念，可以是实际事物的模型，也可以是能够反映事物形成过程的活动教具和学具。模具直观的主要特点是能够突出观察对象的主要部分，更好地反映数学概念的关键特征和数学原理的普遍规律，特别是通过学生的实际操作更有利于发展学生的思维能力。如在认识"三角形的稳定性"时，教师可采取让学生观察、实验四边形的教具，发现四边形的不稳定性，然后去掉其中一根棒，得到三角形的教具，再让学生亲手拉压，感受到三角形的稳定性，获得良好的效果。

③声响直观：声响直观是采用电化教学手段，变静态为动态，使其身临其境，从而提高学生的学习兴趣，调动其积极性，促使其对数学知识的理解和掌握。例如，教学"草地上有 8 只羊，又来了 3 只，一共有多少只羊？"这一应用题，盲校数学教师可用多媒体讲解播放，既集中了全盲生的注意力，又使低视生声形互补，达到寓教于乐的境界。但是，不是所有的多媒体教学都适合盲校教学，应该有选择地运用。

④语言直观：语言直观也是一种十分重要的直观教学手段。教学中，教师如果用生动形象、富有表现力感染力的语言对所学的内容作形象化的描述，就可以强化分析的关键部分，对启发学生的思维起关键性的作用。不过，语言直观一般需要融于其他几种手段之中，相互结合，才能产生良好的效果。

应用直观教学法时应注意：直观是教学的手段，不是教学的目标。应用直观教学的关键在于教师引导学生思考，离开了学生的观察、想象、思考等认识活动，直观教学就难以发挥它的积极作用，也就收不到较好的效果。

3. 注重"授之以渔"

盲校数学课程要教盲生学会学习的方法，让学生会看、会摸、会想、会听、会说。

为什么盲校一年级的盲生是最难教的？因为他们盲文不过关，不会听讲，不会摸书、看书，不会学习的方法，更不用提有一些好的逻辑思维方法。因此，教会盲生学习的方法至关重要。

（1）会听

盲生由于视觉障碍的原因，听的过程是要求学生注意力高度集中的过程，也是盲生获取知识的主要途径，是他们理解能力、信息储存和处理能力都得到锻炼和提高的过程。所以要教给学生听的方法，如听时精力要集中，要会听，听懂；边听边想，边听边记，抓住重点听，抓准关键字词和数字；从老师的语音、语调、语速中悟法，即听中悟法，从听中悟关系，从听中明算理。如在平时教学中，可采用口述概念让学生用手势（手心、手背）判断，口述试题让学生比赛接龙说得数，口述应用题让学生分析等方法，在训练学生听的能力的同时，培养学生思维的敏捷性。

（2）会看（会摸）

这里主要是指低视生看书和盲生的摸书。数学课本里附有趣味图例、精彩的说明、严谨的推理，为学生独立学习提供了可靠的依据，是学生独立获取知识，形成技能，增强理解，帮助巩固的重要手段。但盲生摸读的能力是一项十分复杂的系统过程，不是一朝一夕可以完成的。需要长期坚持不懈的训练，才能提高盲生的摸读速度。教师必须根据不同年级学生的特点、不同教材，分别采用先讲后看（摸）、边讲边看（摸）、先练习后对照、先预习后讲解等不同训练方法。如在教学"分数的意义"时，根据大量实例归纳出分数概念后，让学生看书，然后围绕单位"1"的 1 为什么加双引号等问题展开讨论。这些问题书上没有现成的答案，学生必须认真思考。这样，学生在摸书、思考问题的同时，培养了思维的深刻性。

（3）会想

想是让盲生掌握一些初步的思维方法，指比较、分析、综合、抽象、概括、判断推理等，使学生思而有据，想而有法。

学会初步分析、综合：分析和综合是基本的思维方法，在小学数学中有着广泛的应用。分析即从未知到已知，执果索因。综合是由已知到未知，由因导果。如在进行应用题教学时，一般从问题入手找条件定思路，然后从已知条件开始列式。这实际上是一个分析综合的思维过程。对于分数四则应用题，往往不是唯一思路，属于一题多解，教师要引导学生从多角度去思考，从而培养思维灵活性和独立性。

学会归纳总结：从众多数学教材中，通过观察比较，找出其本质，进行抽象概括。如观察中揭示规律、计算中发现规律、分析中寻求规律、迁移中总结规律等。

学会以旧促新：数学是一门逻辑性很强的学科，新旧知识存在着密切的联系。每一个旧知识都是新知识的基础，而每一个新知识都是在旧知识基础上发展而来的，所以教学时教师必须抓准新旧知识的连接点，在学生思维的关键处点拨，为他们搭好桥、铺好路，帮助他们从旧知向新知过渡。如在讲小数除法时，首先复习除数是整数的除法法则和小数点位置移动引起小数大小变化规律及商不变的性质，直接出示 $23.8 \div 0.2$，然后提出"谁会用我们学过的方法计算这道题？"学生马上意识到：只要把 0.2 和 23.8 同时扩大 10 倍，此题就变成 $238 \div 2$。新课由此迎刃而解。

（4）会说

会说，即重视语言表达能力训练。语言是思维的工具，因此，培养语言表达能力有助于思维水平的提高。在数学教学中，教师一定要根据学生好奇、好胜等心理特征，培养他们敢想、敢说。凡是学生通过思考能讲出来的，教师一定不要包办代替，要给他们充分的发言机会。从看到的、听到的、想到的开始，到讲题意、讲过程、讲思路、讲算理，直到质疑、解疑。尽管初始阶段，学生语言啰唆、词不达意，甚至提出的问题有些幼稚，老师都不要斥责他们，而要保护、鼓励这种积极性。要善于从奇特的想法中捕捉智慧的火花，引导他们逐渐达到语言完整、表达规范、合乎逻辑，尤其对差生更要耐心疏导。在课上，针对低年级学生的特点，进行师生、生生之间的对口令，让学生到前面汇报、讲解。中高年级学生可以提前预习，课上扮演小先生，给本班学生讲解，这样孩子们的积极性会得到提高。

4. 紧扣生活主题

盲校数学教师应该充分利用学生已有的生活经验，随时引导学生把所学的数学知识应用到生活中去，解决身边的数学问题，了解数学在现实生活中的作用，体会学习数学的重要性。

例如，在体积单位教学时，教师可以组织学生开展动手操作活动，让学生们用 1 立方厘米的橡皮泥或学具捏一捏，拼一拼，感受 2 立方厘米、5 立方厘米、10 立方厘米的大小，然后让他们制作一个体积是 1 立方分米的正方体，在制作的过程中教师可以将学生分成几个小组，通过小组分工合作的方式来完成。对于 1 立方米的直观感受，教师可以让学生们通过小组合作的方式，用 12 根 1 米长的木棒搭出一个正方体，教师要注意引导学生们实践、观察、比较。与现实生活相联系，让学生说说生活中体积为 1 立方厘米、1 立方分米、1 立方米的物体，加深学生们对体积单位的实际感受，发展他们的空间观念。

由于盲生的视力缺陷，家长们很少让孩子亲自参与实际生活，几乎所有的事情都替孩子做了，所以盲生比普通学生生活经验少。根据这一特点，盲校数学教师在数学教学中，可以多创设一些与学生生活贴近的活动，如买东西、称重量等，让每个学生都能参与到活动中去，亲自体验一下生活中的数学，提高学生的生活能力。

例如，小红有 10 元钱，想去超市买饼干，请大家讨论她有几种买法？

1. 买某 1 种饼干，已知单价为 2 元，求包数。

2. 买两种饼干，这两种饼干的单价分别为 2 元和 3 元，有几种买法。

……

教师可提前与学校附近的超市联系，通过学生们的活动和相互交流，培养学生应用数学知识解决生活问题的能力。

教师在让学生动手实践、自主探索的时候一定要选择一些学生们便于观察的直观教具。在将学生分组的时候注意要把全盲生和低视生搭配组合，并注重对全盲学生的缺陷补偿。

5. 加强口算速算

口算速算在日常生活与数学学习中有着十分广泛的应用，尤其对盲生就更为重要了，因为书写极不便利的原因，盲生没法用竖式计算，普通学生二维感知一目了然的竖式对盲生来说成了障碍，因此盲校数学计算方式中口算尤其重要。口算不仅是珠算、估算的基础，而且在日常生活中应用广泛，因此，在教学中应适当增加一些口算方法和口算的练习，提高口算能力，力求达到能口算的就一定口算。但是，口算是有一定范围的，为了弥补口算的局限性，在教学中增加了珠算部分。这样既能补偿学生的视觉缺陷，减轻学生多位数加减法、乘除法的压力，又能迅速提高学生的心算技能，把珠算训练、心算训练渗透到每一节课，对提高学生的计算能力、生活能力极为有利。某种程度上，口算速算不但让盲生拥有良好的数感，更重要的是可以弥补视觉缺陷。在进行口算速算的训练时，引导学生对新旧知识进行联系，采用多种方法进行计算。

例如，在计算 248×25 时，可通过启发采用 $248 \div 4 \times 100$ 的方法进行口

算；在计算 3.6×0.25 时，可启发用 $3.6 \div 4$ 来计算；在计算 $3.6 \div 0.25$ 时，可启发用 3.6×4 来计算。

6. 歌谣辅助教学

在教学中，为了巩固所学内容，便于学生记忆，教师可将一些运算法则编成学生易于接受、牢记的朗朗上口的歌谣。下面列举几个在教学中编的帮助学生记忆的歌谣。

小数除法法则：小数除法有四点，右移除数小数点，除数变为整数算。被除数的小数点，随着除数同样变。按照整数来计算，注意补零和点点。

四则混合运算的法则：看到四则混合题，找找括号在哪里，先小后中来脱掉，步步认真又仔细，要是没有括号的，先乘除来后加减，各步验算要及时，巧妙灵活定胜利。

用方程的方法解应用题：弄清题意设未知，找出等量关系式；列出方程并求解，检验准确写答案。

珠算手指拨珠的口诀：身体坐正腰要直，两手扶框头稍低；三指分工要牢记，手不离档要做到，拇指顶呱呱，拨上不拨下；食指在中间，只管拨珠下。中指管上珠，上下全靠它。

除了上述提到的教学方法外，盲校数学教师还可以应用多媒体教学手段，让学生在好奇、质疑、讨论的学习情境中，感受数学的魅力，提高学习兴趣，发展数感。例如，运用网络动画教具、声音文件辅助教学、方便的画图小软件、专题网页等辅助教具。

（二）课程评价

对数学学习的评价不仅要评价学生学习的结果，更要关注学生在学习过程中的发展和变化。应采用多样化的评价方式，恰当呈现并合理利用评价结果发挥评价的激励作用，保护学生的自尊心和自信心。通过评价得到的信息，可以了解学生数学学习达到的水平和存在的问题，也可以帮助教师进行总结与反思，调整和改进教学内容和教学过程。

1. 重视对学生数学学习过程的评价

学生在数学学习过程中，知识技能、数学思考、问题解决和情感态度等方面的表现不是孤立的，而是综合体现在数学学习过程之中。在评价学生时，教师要注重对学生学习过程的整体评价，分析学生在不同阶段的发展变化。评价时应注意记录、保留和分析学生在不同时期的学习表现和学业成就。在每一节数学课中，教师要关注每一位学生的点滴进步和变化，及时给予学生评价和反馈。如对一年级学生写字的姿势、上板的速度、摸读、书写的准确性、数学符号的记忆、算式书写格式规范等。教师要不断地用口头给予评价，激发学生的学习积极性，帮助学生认识自我，并有效地促使学生朝既定的学习目标发展。

教师可以设计下面的课堂观察表用于记录学生在课堂中的表现，积累起来，以便综合了解学生的学习表现以及变化情况。观察表中的项目可以根据实际需要自行调整，随时记录学生在课堂教学中的表现。教师可以有计划地每天记录几位同学的表现，保证每学期每位同学有 3－5 次的记录；也可以根据实际情况记录某些同学的特殊表现，如提出或回答问题具有独特性的同学、在某方面表现突出同学、或在某方面需要改进的同学。经过一段时间的积累，对于学生平时数学学习的表现，就会有一个较为清晰具体的了解。

表 7-1 课堂观察表

上课时间：   科目：   内容：

学生 项目						
课堂参与						
提出或回答问题						
合作与交流						
课堂练习						
知识技能的掌握						
独立思考						
其他						

说明：纪录时，可以用 3 表示优，2 表示良，1 表示一般，等等。

2. 重视对学生数学思考和问题解决的评价

对学生数学思考和问题解决的评价，要注意考查学生能否在教师指导下，从日常学习、生活中积极发现并提出简单的数学问题；能否运用适当的数学方法分析、思考问题；是否愿意与同伴合作解决问题；能否表达解决问题的大致过程和结果。教师可以设计下面的活动，评价学生的数学思考和问题解决的能力。用长为 50 厘米的细绳围成一个边长为整厘米数的长方形，怎样才能使面积达到最大？根据学生解决问题的策略和思路对学生进行定性的评价。

3. 基础知识和基本技能的评价

对学生基础知识和基本技能的评价，应以《标准》中各学段的具体目标和要求为标准，考查学生对基础知识和基本技能的理解和掌握程度，以及学习基础知识与基本技能过程中的表现。在对学生学习基础知识和基本技能的结果进行评价时，应准确把握"了解、理解、掌握、应用"不同层次的要求。在对学生学习过程进行评价时，应依据"经历、体验、探索"不同层次的要求，采取灵活多样的方法，定性与定量相结合，以定性评价为主。教师应允许学生经过较长时间的努力，随着数学知识与技能的积累逐步达到学段目标。如果学生自己对某次测验的答卷觉得不满意，教师可鼓励学生提出申请，并允许他们重新解答。当学生通过努力，改正原答卷中的错误后，教师可以就学生的第二次答卷给予评价，给出鼓励性的评语。这种"推迟判断"淡化了评价的甄别功能，突出反映了学生的纵向发展。特别是对于学习有困难的学生而言，这种"推迟判断"能让他们看到自己的进步，感受到获得成功的喜悦，从而激发新的学习动力。

4. 注重评价主体的多元化和评价方式的多样性

教师要鼓励学生本人、同学、家长等参与评价，对学生的学习情况和教师的教学情况进行全面的考查。学生之间互相评价，可以消除依赖思想，提高学习积极性和主动性，如两个学生交流作业，核对答案。评价内容：盲文点位清晰准确，书写格式规范，计算准确、字母大小写符合要求等，并用语言叙述对伙伴的评价。同时，对个体学生在此项活动中表现出来的仔细程度、鉴别能力、语言表达能力，大家给予评价，以达到全体学生共同提高的目的。

每一个单元结束时，教师可以要求学生自我设计一个"学习小结"，用合适的形式归纳学到的知识和方法、学习中的收获，遇到的问题等。教师可以通过学习小结对学生的学习情况进行评价，也可以组织学生将自己的学习小结在班级展示交流，通过这种形式总结自己的进步，反思自己的不足以及需要改进的地方，汲取他人值得借鉴的经验。条件允许时，可以请家长参与评价。

评价方式多样化体现在多种评价方法的运用，包括书面测验、口头测验、活动报告、课堂观察、课后访谈、课内外作业、成长记录等，在条件允许的地方，也可以采用网上交流的方式进行评价。每种评价方式都具有各自的特点，教师应结合学习内容及学生学习的特点，选择适当的评价方式。例如，可以通过课堂观察了解学生的学习过程与学习态度，从作业中了解学生基础知识与基本技能掌握的情况，从探究活动中了解学生独立思考的习惯和合作交流的意识，从成长记录中了解学生的发展变化。

5. 恰当地呈现和利用评价结果

评价结果的呈现应采用定性与定量相结合的方式。第一学段的评价应当以描述性评价为主，第二学段采用描述性评价和等级评价相结合的方式，第三学段可以采用描述性评价和等级（或百分制）评价相结合的方式。

评价结果的呈现和利用应有利于增强学生学习数学的自信心，提高学生学习数学的兴趣，使学生养成良好的学习习惯，促进学生的发展。评价结果的呈现，应该更多地关注学生的进步，关注学生已经掌握了什么，获得了哪些提高，具备了什么能力，还有什么潜能，在哪些方面还存在不足，等等。

例如，下面是对某同学第二学段关于"统计与概率"学习的书面评语：

王小明同学，本学期我们学习了收集、整理和表达数据。你通过自己的努力，能收集、记录数据，知道如何求平均数，了解统计图的特点，制作的统计图很出色，在这个方面是全班最好的。但你在使用语言解释统计结果方面有一定困难。继续努力，小明！评定等级：B。

这个以定性为主的评语，实际上也是教师与学生的一次情感交流。学生阅读这一评语，能够获得成功的体验，树立学好数学的自信心，也知道自己的不足和努力方向。

教师要注意分析全班学生评价结果随时间的变化，从而了解自己教学的成绩和问题，分析、反思教学过程中影响学生能力发展和素质提高的原因，寻求改善教学的对策。同时，以适当的方式，将学生一些积极的变化及时反馈给学生。

6. 情感态度的评价

新《课标》特地提出了对学生情感态度的评价。情感态度的评价应依据课程目标的要求，采用适当的方法进行。主要方式有课堂观察、活动记录、课后访谈等。

情感态度评价主要在平时教学过程中进行，注重考查和记录学生在不同阶段情感态度的状况和发生的变化。例如，可以设计下面的评价表，记录、整理和分析学生参与数学活动的情况。这样的评价表每个学期至少记录1次，教师可以根据实际需要自行设计或调整评价的具体内容。

表7-2 参与数学活动情况的评价表

学生姓名： 时间： 活动内容：

评 价 内 容	主 要 表 现
参与活动	
思考问题	
与他人合作	
表达与交流	

四、盲校数学课程资源

数学课程资源是指依据《标准》所开发的各种教学材料以及数学课程可以利用的各种教学资源、工具和场所，主要包括各种实践活动材料、录像带、多媒体光盘、计算机软件及网络、图书馆以及报纸杂志、电视广播、少年宫、博物馆等。根据呈现方式，可分为文字资源、实物资源、活动资源和多媒体资源。

(一)文字图形资源

通过摸图认识数字，通过图形的多、少变化，学会加、减法计算，是数学新教材低年级的一大特点，要抓住这一特点，让学生通过观察、认识、辨认、体会、思考，学会应学到的知识。每一节的书后练习及附加题也是教学资源，因为练习题和附加题是教材编者认为本章节应把握的重点内容。除此之外，盲校还应有自己的独特的数学校本课程，一般以珠心算、速算为主，教师可以自编教材，帮助学生解决计算难的问题，提高计算的速度及准确性。

学校要保证学生的课堂学习，还要为学生提供课下学习的环境和辅导书籍，图书馆内有数学问题解答、数学公式表、数学符号表、各种单位间的换算表等，供学生自习、复习、预习时查阅。

(二)实物资源

数学学习是建立在直观感性的基础上，但由于学生的视觉缺陷导致他们在学习数学的时候往往会存在一些障碍或遇到麻烦，所以教师在教学过程中可以采用一些教具或者学具来辅助学生更好地理解所学内容，教具与学具发挥着弥补学生视觉缺陷的重大作用。低年级的教学可以借助小棒、计数器、算盘、直尺和其他学具完成认识数位、计算、测量等方面的教学任务。同时，为了满足学生在学习方面的不同需求，根据学生的认知程度，制作盲文数字、平面几何图形、平均分图形等，帮助学生理解所学内容。中、高年级制作适合学生触摸的数轴、坐标板、平面几何图形、立体几何图形(供推导公式使用)。如在讲解轴对称图形时可以用折纸等方法让学生认识到对称轴；在讲解平面直角坐标系时，可以利用方格纸或棋盘帮助学生建立适当的直角坐标系，以描述物体的位置。除此之外，我们往往还要借助一些其他的教具，如计算器、算盘、语音秤等现成的、常见的教具帮助学生理解。当没有现成教具时，教师可以自制一些教具，如几何图形教具、触摸图书等。另外，教师也可通过 tiger 机、print 软件以及发泡法、热塑法等来制作盲图，帮助学生更好地学习。

(三)活动资源

报纸杂志、电视广播等媒体提供了许多有意义的问题，教师可以充分地从中挖掘适合学生数学学习的素材，教师还可以向学生介绍电视中与数学有关的栏目，组织学生对某些内容进行交流。学校还可以充分利用社区、少年宫、科技馆等活动场所。如学习"利率"一节，教师可以带领学生到附近银行和银行工作人员接触，了解存取款的步骤，知道利息与本金、利率、时间的关系、利息的计算，通过实践掌握计算方法；教师可以带学生到超市购物，学会自己理财，是对"元、角、分"一单元学习的巩固和提高。这样依据教学实际，有意识地把生活引入课堂，将生活资源转化成教学资源。又如，长度"千米"是抽象知识，为了让学生建立正确的表象，教师可以利用大课间让学生在操场上以相同的步伐步行 5 分钟来直接感知 1000 米的距离，体验 1000 米的长度。这样，不仅帮助学生形成较为正确的千米表象，同时还可以培养学生心测距离的方法（从甲地到乙地的距离）。这样一方面可以从这些场所中寻找合适的学习素材；另一方面可以组织学生开展活动，激发学生的学习兴趣，培养学生的实践能力。此外，还应充分利用学校和社会上的智力资源，如邀请有关专家为学生进行讲座，介绍数学在日常生活、经济等方面的应用，开阔学生的思路，激发学生的学习兴趣。

（四）多媒体资源

随着信息时代的到来，丰富的多媒体资源可以辅助学生完成学习任务。大量的数学信息、数学论坛、数学题库、趣味数学、数学课程辅导与答疑，以及盲校教师为学生录制的数学学习光盘和有声课件，为学生搭建了一个提高自己、充实自己、弥补缺陷的平台，学生可利用信息技术资源促进个体发展。例如，通过有声读物，学生可以扩大数学知识面，了解数学发展的历史，满足不同学生的需求；还可以录制一些音频和视频资料来充实一下学生额外的数学知识。一些有条件的学校还可以为学生提供计算机、多媒体互联网等信息技术资源。积极组织教师开发软件，以充分发挥信息技术的优势。由于盲文图书和数学资料有限，可以利用信息技术将一些需要的图书或资料转录或刻录成有声资源，以更有效地吸引和帮助学生的数学学习。总之，多媒体技术能为数学教学提供并展示各种所需资料，可以创设、模拟各种与教学内容相适应的情境。

五、教案举例

代数式（第 1 课时）——用字母表示数

年级：七年级

教材：九年义务教育七年级代数第一册（上）人教版（2001 年版）

课时：一课时

[教学目标]

◆ 知识与技能

在具体背景中让学生通过观察、分析、归纳，最终得出代数式的概念，通过小组合作交流（盲生和低视生相结合），找出列代数式的方法并说出代数式的意义。

◆ 数学思考

使学生进一步理解字母表示数的意义，并能解释一些简单代数式的实际背景或几何意义，发展符号感。

◆ 问题解决

通过观察、动手学习、联系生活，使学生体验到用数学化的思想进行数学活动得到数学结论的快乐。

◆ 情感与态度

从学生的生活经验入手，并用多媒体辅助教学，精心设计问题串吸引学生的注意力，激发学生学习数学的兴趣，让学生脑、嘴、手充分动起来。

◆ 缺陷补偿

通过课件、触摸图书、几何图形充分利用盲生触觉、听觉，以及低视生的残余视力，实现缺陷补偿，如下图（其余资料略）：

（低视生用）　　　　　　　　　　　（全盲生用）

◆ 教学重点、难点

重点：理解用字母表示数的重要思想。

难点：能解释代数式的实际背景或几何意义，发展符号感。

◆ 板书设计

代数式——用字母表示数

$$a^2 + ab + ab + b^2 = (a+b) \times (a+b)$$

形如 $12n$，$t-2$ 这样的式子称为代数式。

[教学过程]

问题与情境	师生行为	设计意图
1. 创设情境，引入课题 　　发给全盲生触摸图书，并让低视生观察课件，课件在优美的背景音乐中展示日常生活中的公共标识，强调让学生认真仔细观察并进行思考，为"拓展知识"环节埋下伏笔。	提出问题让学生思考：课件和触摸图书中展示的是什么？	课前音乐的播放为整堂课奠定了一种和谐的氛围，也体现多元智能的思想，丰富了数学课的形式，同时也激发了学生的好奇心。
2. 合作讨论，探索新知 　　全盲生听短文，低视生看课件，以"妈妈的留言条"引起学生们的疑问，进而引导学生分组讨论。 （课件展示） 　　周末，妈妈早晨上班时，嘱咐读 7 年级的小明打扫一下家里的卫生，小明按妈妈的要求做完事后，坐在窗边想着他想买的玩具，可又愁没钱。忽然，他计上心来，在妈妈回家前在桌子上留了一张纸条，然后躲在房间看妈妈的动静。 　　妈妈看见小明的纸条上是这样写的："拖地 3 元，叠被 1 元，擦窗户 5 元，丢垃圾 1 元，共计 10 元。"妈妈看后，一言不发，提笔在纸条后加上几行字："吃饭 x 元，穿衣 y 元，看病 z 元，关心 a 元，共计 b 元。"写完就到厨房做饭去了，小明溜出来一看，心生惭愧，赶紧收起了纸条。	提出问题：妈妈写的 x，y，z，a，b 表示什么？小明为什么心生惭愧？如果你是小明，你会怎么做呢？ 　　安排学生分组讨论（低视生和全盲生）。 　　讨论后，与学生一起得出结论 1：用字母表示数是一种重要的思想方法。	由生活情境入手，实例自然，有利于调动学生数学学习的内在动机，符合学生对数学的认识，从具体到抽象的规律性，因而有利于发展数学化的思维。

问题与情境	师生行为	设计意图
3. 温故知新，得代数式 　　请同学们回忆一下，我们已经学过的数学公式中，用字母表示的式子都有哪些？ **探究一：** 　　出示多媒体课件和触摸图形，请同学们思考图形中的面积是多少？ a　　　b <table><tr><td></td><td>a</td><td>b</td></tr><tr><td>a</td><td>（1）</td><td>（2）</td></tr><tr><td>b</td><td>（3）</td><td>（4）</td></tr></table>	经过讨论得出图形的面积是 $a^2 + ab + ab + b^2$，或者为 $(a+b) \times (a+b)$，学生迷惑，解释这两个答案都是正确的，都表示的是同一个面积，随着知识的积累，大家一定能学会它们是如何转化的。	两个探究活动突出表现了《标准》的新精神——让学生去发现问题，分析问题，搜集和探索解决问题的途径，这样起到了事半功倍的效果，激发学生的求知欲和学习积极性，从而引发学生对学习的兴趣，学会主动学习。
探究二：有趣的数学题： $1+2 = \dfrac{2 \times (2+1)}{2} = 3$ $1+2+3 = \dfrac{3 \times (3+1)}{2} = 6$ $1+2+3+4 = \dfrac{4 \times (4+1)}{2} = 10$ $1+2+3+4+5 = \dfrac{5 \times (5+1)}{2} = 15$ …… $1+2+3+4+\cdots+n = \dfrac{n(n+1)}{2}$	这是数学家高斯读书时做过的一道题，他用这种方法解过此题，既快又准。鼓励学生只要肯动脑筋，灵活应用知识，努力探索，也会变得出类拔萃！ 　　得出结论2：从探究活动我们可以体会到用字母表示数后，有些数量之间的关系用含有字母的式子表示更加简明，更有普遍意义。	

续表

问题与情境	师生行为	设计意图
4. 指导应用，巩固新知 例题 ①每包书有 12 册，n 包书有多少册？ ②温度由 t℃下降 2℃后是多少度？ ③如果小明用 t 小时走完的路程为 s 千米，那么他的速度是什么？ ④我们知道 $23=2\times10+3$；$865=8\times100+6\times10+5$，那么若三位数的百位数字为 a，十位数为 b，个位数为 c，则此三位数可表示为什么呢？	通过做题得出代数式概念——形如 $12n$，$t-2$ 这样的式子，我们称为代数式。同学们，你还能举出一些代数式吗？	
5. 联系生活，拓展知识 　　结合课前播放的课件，让学生思考——课件展示的生活中的公共标志和"用字母表示数"有什么联系？	大家讨论后得出结论，由课件展示（首尾呼应），生活中的抽象符号是人们思维的一个从特殊到一般的过程和结晶，因此"用字母表示数"具有简明、普遍的优越性。	

◆ 教学反思

1. 课的开始与结束，用课件和触摸图书给学生展示了生活中的大量公共标识以引入新的课题，如红绿灯、CCTV、KFC……通过一节课的学习，学生能理解这些生活中的抽象符号其实就是一种符号性的语言。结尾小结，由学生讨论得出结论："生活中的抽象符号是人们思维的一个从特殊到一般的过程，"首尾呼应。

2. 字母简写的过程，知识点较多。在教学时采用了多种教学方法，主要是"自学与讲授结合法"。部分知识点以老师讲授为主还是必要的，让学生通过有意义的探究来巩固认知，节约了教学的时间资源，优化了教学程序。

3. 教学中给学生提供了多次独立思考、自主探索的机会。学生既有独立思考的时间，还有合作讨论的交流。《标准》指出，数学活动必须建立在学生的认知发展水平和已有知识经验基础上。对学生来讲，引入新课时运用他们所熟悉的身边的人或事，学生因感兴趣而易于了解接受。随着知识的不断深化，不同的学生，不同的想法，相互的讨论，发展了思维，增强了创新意识。

思考题：

1. 盲校数学课程第一学段的数与代数教学要注意什么？
2. 怎样教好盲校数学课程第二学段的图形与几何？
3. 盲校数学课程第三学段的综合与实践如何实现与日常生活相结合？
4. 如何创设盲校数学课程的情境？
5. 如何理解盲校数学课程的"授之以渔"？

（本章作者为天津市视力障碍学校张洪茹、付洁、刘庆芬、杜瑞文、王琳琳，北京市盲人学校高文军、韩斌，新疆生产建设兵团第一中学胡永涛；深圳元平特殊教育学校邢兵、2009级胡红参与整理）

第八章 盲校英语课程与教学

外语是义务教育阶段的必修课程，是盲校教育的工具类基础学科。由于全国盲校外语都选择的是英语，所以本章中所讨论的外语即为英语。外语课程能激发和培养学生学习外语的兴趣，使学生树立自信心，养成良好的学习习惯，形成有效的学习策略，发展自主学习的能力和合作精神；使学生掌握外语盲文和一定的外语基础知识，具有初步的听、说、读、写技能，形成一定的综合语言运用能力；培养学生的感知、记忆、思维、想象能力和创新精神；帮助学生了解世界和中西方文化的差异，拓展视野，培养爱国主义精神，充分发展语言技能，补偿视觉缺陷，形成健康的人生观，为他们的终身学习和发展打下良好的基础。

英语学习在盲人的日常生活中有着比较重要的作用。盲用电脑、家用电器上有很多英语指导语，掌握英语可以帮助他们提高生活质量；流利的英语口语可作为未来谋生的职业，盲人将来职业选择是比较狭窄的，如果能把英语学好，便可以拓宽自己的就业渠道和服务对象。

一、盲校外语课程目标

(一)课程总目标

义务教育阶段盲校英语课程的总体目标是培养视力残疾学生形成初步的综合语言运用能力。综合语言运用能力的形成建立在学生语言技能、语言知识、情感态度、学习策略和文化意识等素养整体发展的基础上。语言知识和语言技能是正确地理解语言和综合语言运用能力的基础，文化意识是得体运用语言的保证，情感态度是影响学生学习和发展的重要因素，学习策略是提高学习效率、发展自主学习能力的保证，这五个方面共同促进综合语言运用能力的形成。

以语言技能、语言知识、情感态度、学习策略和文化意识等五个方面共同构成的盲校英语课程总目标，既体现了英语学习的工具性，也体现了其人文性；既有利于视力残疾学生发展语言运用能力，又有利于发展思维能力，从而促使其更好地适应社会。课程目标结构如下图8-1所示。

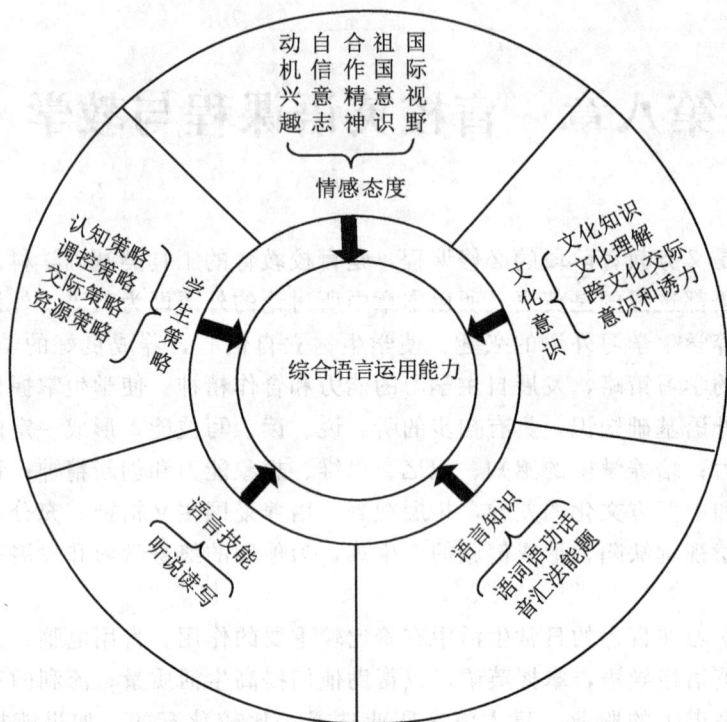

图 8-1　课程目标结构

(二)课程具体目标

　　义务教育阶段英语课程目标的各个级别均以学生语言技能、语言知识、情感态度、学习策略和文化意识五个方面的综合行为表现为基础进行总体描述。表 8-1 是本课程一级至五级应达到的综合语言运用能力目标。

表 8-1　一级至五级应达到的综合语言运用能力目标

组　别	目标总体描述
一级 （三、四年级）	对英语有好奇心，喜欢听他人说英语； 　　能根据教师的简单指令做游戏、做动作、做事情；能做简单的角色扮演；能唱简单的英文歌曲，说简单的英语歌谣；能在创设的情境中下听懂和读懂简单的小故事；能交流简单的个人信息，表达简单的情感和感觉；能书写和摸读一级盲文或书写字母和单词；对英语学习中接触的外国文化习俗感兴趣。

组别	目标总体描述
二级 （五、六年级）	对英语学习有持续的兴趣和爱好； 能用简单的英语互致问候，交换有关个人、家庭和朋友的简单信息；能根据所学内容表演小对话或歌谣；能在创设的情境的帮助下听懂、读懂并讲述简单的故事；能根据词语、例句、声音等多种感官信息的提示写简单的句子； 在学习中乐于参与、积极合作、主动请教； 乐于了解异国文化、习俗。
三级 （初一）	对英语学习表现出积极性和初步的自信心； 能听懂有关熟悉话题的语段和简短的故事；能与教师或同学就熟悉的话题（如学校、家庭生活）交换信息；能书写和阅读二级盲文，能读懂小故事及其他文体的简单书面材料；能参照范例或借助一定的情境写出简单的句子；能参与简单的角色扮演等活动； 能尝试使用适当的学习方法，克服学习中的困难； 能意识到语言交际中存在文化差异。
四级 （初二）	明确自己的学习需要和目标，对英语学习表现出较强的自信心； 能在所设日常交际情境中听懂对话和小故事；能就熟悉的生活话题交流信息和简单的意见；能读懂短篇故事；能写便条；能尝试使用不同的教育资源，从口头和书面材料中提取信息，扩展知识； 能在学习中相互学习帮助，克服困难；能合理计划和安排学习任务，积极探索适合自己的学习方法； 在学习和日常交际中能注意到中外文化的差异。
五级 （初三）	有较明确的英语学习动机和积极主动的学习态度和自信心； 能听懂教师有关熟悉话题的陈述并参与讨论；能就日常生活的各种话题与他人交换信息并陈述自己的意见；能读懂供 7～9 年级学习阅读的简单读物，克服生词障碍，理解大意；能根据阅读目的运用适当的阅读策略；能写简单的书信和小作文； 能与他人合作，解决简单问题并报告结果，共同完成学习任务；能对自己的学习进行评价，总结学习方法；能利用多种教育资源进行学习；进一步增强对文化差异的理解与认识；了解国外盲人文化。

二、盲校外语课程内容及特色之处

(一)课程内容

1. 语言技能

语言技能是构成语言交际能力的重要组成部分。语言技能包括听、说、读、写四个方面的技能以及这四种技能的综合运用能力。听和读是理解的技能，说和写是表达的技能；这四种技能在语言学习和交际中相辅相成、相互促进。学生应通过大量的专项和综合性语言实践活动，形成综合语言运用能力，为真实语言交际打基础。因此，听、说、读、写既是学习的内容，又是学习的手段。语言技能目标以学生在某个级别"能做什么"为主要内容，这不仅有利于调动学生的学习积极性，促进学生语言运用能力的提高，也有利于科学、合理地评价学生的学习结果。

2. 语言知识

义务教育阶段视力残疾学生应该学习和掌握的英语语言基础知识包括语音、词汇、语法、功能和话题五方面的内容。知识是语言能力的有机组成部分，是发展语言技能的重要基础。

3. 情感态度

情感态度指兴趣、动机、自信、意志和合作精神等影响学生学习过程和学习效果的相关因素以及在学习过程中逐渐形成的祖国意识和国际视野。积极的情感能创造有利于学习的心理状态，提高学习效率；保持积极的学习态度是英语学习成功的关键。教师在教学中，应不断激发并强化学生的学习兴趣，并引导他们逐渐将兴趣转化为稳定的学习动机，以使他们树立自信心，锻炼克服困难的意志，认识自己学习的优势与不足，乐于与他人合作，养成和谐、健康向上的品格。通过英语课程，增强祖国意识，拓展国际视野。

4. 学习策略

学习策略指学生为了有效地学习和发展而采取的各种行动和步骤。英语学习的策略包括认知策略、调控策略、交际策略和资源策略等。教师应在教学中，帮助学生形成适合自己的学习策略。认知策略是指学生为了完成具体学习任务而采取的步骤和方法；调控策略是指学生对学习进行计划、实施、反思、评价和调整的策略；交际策略是学生为了维持交际、争取更多的交际机会以及提高交际效果而采取的各种策略；资源策略是学生合理并有效利用多种媒体进行学习和运用英语的策略。

学习策略是灵活多样的，策略的使用因人、因时、因事而异。在视力残疾学生的英语学习中，教师要遵循视力残疾学生的认知规律，要有意识地帮助学生克服生理及心理的障碍，形成适合学生自己的学习策略，并具有不断调整自己的学习策略的意识和能力。在英语课程实施中，帮助学生有效地使用适合自己的学习策略，激发他们自主学习的动机。不仅有利于他们把握学习的方向、采用科学的途径、提高学习效率，而且还有助于他们形成自主学习的能力，为终身学习奠定基础。

表 8-2　二级、五级学习策略分级目标

级别	策略类别	目 标 描 述
二级	基本学习策略	1. 与他人合作，共同完成学习任务； 2. 主动向老师或同学请教； 3. 制订简单的英语学习计划； 4. 对所学习内容能主动练习和实践； 5. 在老师的启发下，在词语与相应事物之间建立积极有效的联想； 6. 在学习中利用视觉或视觉以外的其他感官，帮助视力残疾学生发展其注意力； 7. 尝试阅读英语故事及其他英语课外读物； 8. 积极运用所学英语进行表达和交流； 9. 注意自己生活或媒体中使用的简单英语； 10. 能初步使用简单的英语学习工具书，如学生英汉词典、词语手册。
五级	认知策略	1. 根据需要进行有目的性的预习； 2. 在学习中利用视觉或视觉以外的其他感官，帮助视力残疾学生发展其注意力； 3. 在学习中积极思考； 4. 在学习中善于利用听觉和触摸，发挥其记忆的优势，最大限度记忆知识点； 5. 借助有效的联想学习和记忆词语； 6. 对所学习内容能主动复习并加以整理和归纳； 7. 注意发现语言的规律并能运用规律举一反三； 8. 在使用英语中，能意识到简单错误并进行适当的纠正； 9. 必要时，有效地借助母语知识理解英语； 10. 尝试阅读简单的英语故事及其他英语课外读物。

级别	策略类别	目 标 描 述
五级	调控策略	1. 明确自己学习英语的目标； 2. 明确自己的学习需要； 3. 制订简单的英语学习计划； 4. 把握学习的主要内容； 5. 注意了解和反思自己学习英语中的进步与不足； 6. 积极探索适合自己的英语学习方法； 7. 经常与教师和同学交流学习体会； 8. 积极参与课内外英语学习活动。
	交际策略	1. 在课内外学习活动中能够用所学英语与他人交流； 2. 积极主动参与用英语交际的机会； 3. 在交际中，把注意力集中在意思的表达上； 4. 交际中遇到困难时，有效地寻求帮助； 5. 在交际中注意到中外交际习俗的差异。
	资源策略	1. 注意通过有关的音像资料丰富自己的学习； 2. 使用简单工具书查找信息； 3. 积极关注生活中和媒体上所使用的英语； 4. 能初步利用图书馆或网络上的学习资源进行有效地学习。

5. 文化意识

文化是语言最重要的属性之一，语言则既是文化最重要的载体，又是文化最重要的表现形式，语言包含有丰富的文化内涵。在外语教学中，文化是指所学语言国家的历史地理、风土人情、传统习俗、生活方式、文学艺术、行为规范、价值观念等。接触和了解英语国家文化有益于对英语的理解和使用，有益于加深对本国文化的理解与认识，有益于培养世界意识，所以，外语学习必须与社会文化紧密相连。在教学中，教师应树立文化意识，注重文化知识的传播，应根据视力残疾学生的年龄特点和认知能力，在语音、词汇、语法等语言知识的学习和听说读写的训练过程中，逐步扩展文化知识的内容和范围。在起始阶段应使学生对英语国家文化及中外文化的异同有粗略的了解，教学中涉及的英语国家文化知识，应与学生身边的日常生活密切相关并能激发学生学习英语的兴趣。在英语学习的较高阶段，要通过扩大学生接触异国文化的范围，帮助学生拓展视野，使他们提高对中外文化异同的敏感性和鉴别能力，进而提高他们的跨文化交际能力。

表 8-3 二级、五级的文化意识分级目标

级别	目 标 描 述
二级	1. 知道英语中最简单的称谓语、问候语和告别语； 2. 对一般的赞扬、请求等做出适当的反应； 3. 知道国际上最重要的文娱和体育活动； 4. 知道英语国家中最常见的饮料和食品的名称； 5. 知道主要英语国家的首都和国旗； 6. 了解世界上主要国家的重要标志物，如英国的大本钟等； 7. 了解英语国家中重要的节假日。 8. 了解一些日常交际中的中外文化差异。
五级	1. 了解英语交际中常用的体态语，如手势、表情等； 2. 恰当使用英语中不同的称谓语、问候语和告别语； 3. 了解、区别英语中不同性别常用的名字和亲昵的称呼； 4. 了解英语国家中家庭成员之间的称呼习俗； 5. 了解英语国家正式和非正式场合服饰和穿戴习俗； 6. 了解英语国家的饮食习俗； 7. 对别人的赞扬、请求等做出恰当的反应； 8. 用恰当的方式表达赞扬、请求等意义； 9. 初步了解英语国家的地理位置、气候特点、历史等； 10. 了解常见动植物在英语国家中的文化含义； 11. 了解自然现象在英语中可能具有的文化含义； 12. 了解英语国家中传统的文娱和体育活动； 13. 了解英语国家中重要的节假日及主要庆祝方式； 14. 加深对中国文化的理解。

(二)课程特色

盲生由于视觉缺陷，在学习当中会遇到不少困难，盲校英语的课堂教学表现出与普校众多的不同。

盲校英语课堂容量远远小于普校。由于低视力学生大多使用手持助视器阅读、盲生摸读盲文速度慢、盲生写字速度慢于普通学生，使得盲校英语课堂容量远远小于普校，如果与普校使用同等教材在不增加课时的情况下，盲校英语课堂很难完成教学进度，即使完成了也很难保证教学质量。

盲生记忆词汇困难。盲生感知周围客观事物有很大的局限，他们的盲书没有图形可触摸，没有图片可看，一些无法解释的抽象事物只能靠强化记忆。枯燥的书本、难以模仿的发音，大大降低了他们学习英语的兴趣。大量的中考、高考词汇只能靠机械记忆。

盲生考试答题困难。高年级的英语考试大多包括听力、单项选择、阅读理解、完形填空和写作。盲校的听力考试中不允许出任何声响，学生边听录音边抠掉所选正确选项的点位，等 20 分钟听力停止后才能补写答案。对于选择题学生还可以应付，但是如果是排序题或者填空写单词就难了，学生听的时候能记住答案，但是 20 分钟后记忆中的答案就模糊了，根本无法想起，使得本来盲生占优势的听力题得分也不会很好。阅读理解和完形填空就更困难了，比如，普校学生一节课可以做 7 篇阅读理解或者 5 篇完形填空，他们可以泛读、略读、跳读，但是盲校课堂一节课只能做 2～3 篇阅读理解或两篇完形填空，学生无法做到跳读，他们只能完整读完整篇文章才能对文章有所了解，每做一道题，他们都要再次读文章，找到相应答案，往往一篇阅读理解要读上 5～6 遍才能完成；另外，盲生摸读效果受手指敏感度影响。一般来说盲生摸读盲文 10 行左右手指敏感度就降低了，需要稍作休息再继续，而一篇盲文阅读理解一般需要 1～2 页，也就是说盲生阅读一篇文章要中间短暂休息 3 次左右，这大大延长了阅读时间并且影响答题效果。按照国际惯例，盲校考试时间是普校的 1.5 倍，英语考试时间一般是 3 个小时，试卷大多在 25～30 页，这对盲生来说光摸读试卷的时间就要占考试时间的一半左右。

盲文英语教辅材料缺乏、学习资源少。虽然如今网络发达、英语教学资源丰富，但是针对视障群体的盲文教辅材料是少之甚少。一些条件好些的盲校教师利用课余时间录入电子版教辅材料再转换成盲文，打印后给学生使用；那些条件差些的学校根本就没有盲文打印设备，学生可用的盲文教辅材料就很有限了。现在大部分盲校有计算机房并配有盲用有声软件，学生在校可以上网学习，但是受条件所限，盲生课余或在家就无法上网学习了。

盲生由于视觉缺陷难以获得有关外界事物的视觉信息，英语教学要充分发挥学生的听觉、触觉、味觉、嗅觉等感觉功能，扬长避短，发展学生的语言能力和技能，侧重于听、说能力的培养，兼顾其他能力的综合发展。

以上学生学英语的特点，决定了盲校英语课程的标准需对语言技能、语言知识、情感态度、学习策略和文化意识各个部分作相应调整。

1. 语言技能

构成语言交际能力的重要组成部分。语言技能包括听、说、读、写四个方面的技能以及这四种技能的综合运用能力。听和读是理解的技能，说和写是表达的技能；语言技能目标以学生在某个级别"能做什么"为主要内容，这不仅有利于调动学生的学习积极性，促进学生语言运用能力的提高，也有利于科学、合理地评价学生的学习结果。

关于语言技能这一点，盲校语言技能目标与普通学校相比有其不同之处。

①听做：去掉了一些与视觉有关的目标，如指认图片、图像、手势、表演、涂颜色、画图、动作提示等，改为"在创设的情境下"或"在他人的提示和帮助下"达到听做的目标。

②说唱：去掉"能根据表演、图、文说出单词或短句"目标，改为"能够根据情境猜测意思、说词语；能根据感知说出单词或短句"。盲校说唱目标要求比普校降低一半。如一级目标要求能唱英语儿童歌曲 15～20 首，说唱歌谣 15～20 首，而盲校目标要求各 10 首。

③读写：盲校目标要求能看图或触摸物体识字；能在指认或触摸物体的前提下认读所学词语；能在创设情境的帮助下读懂简单的小故事；一级要求能初步书写一级盲文点字，二级要求能基本正确地使用英语盲文大小写字母和标点符号，三级要求能认读二级盲文点字，四级能比较熟练摸读英语盲文二级点字，五级能熟练摸读英语盲文二级点字材料；阅读量目标比普校降低了一半。如普校四级要求除教材外，课外阅读量累计达到 10 万词以上，而盲校四级目标是到达 4 万至 5 万词。

④玩演视听：盲校二级目标只要求表演小故事，去掉了童话剧的表演目标；一级目标去掉了"能看懂语言简单的英语动画片或程度相当的教学节目"，改为"能听懂语言简单的少儿英语节目"。

英语的盲文点字体系是比较特殊的，也是盲校英语教学与普校最大的不同之处。英语盲文分为三级点字。

一级点字是与普通英文 26 个字母及所有标点符号完全对应的点字写法。《盲校义务教育课程实验方案》中要求从三年级起开设英语课程，全盲学生从小学三年级开始学习英语盲文一级点字。在英语单词前加 6 点表示大写符号，在前面加 56 点表示字母号，所以英语盲文和汉语盲文不会混淆。

二级英语盲文点字是单词里连用字母简写、常用词简写及常用词缩写的方法。这种符号及用法共有 189 个；盲校义务教育阶段要求盲生从初一开始学习二级英语盲文点字。因为二级点字缩写太多不容易辨认，学生学起来非常吃力，只有学习能力很强的盲生才能掌握，而美英等国的盲生在小学高年级就开始学习使用盲文二级点字，而且国外的报纸杂志大多是二级点字，如果学生不掌握二级点字的话，将来他们就不能阅读国外盲文读物。有调查表明，盲校英语教师中 75％的老师了解或掌握盲文二级点字体系，但由于二级点字规则复杂，很多老师在具体运用上需要进一步培训。

三级点字是在二级点字的基础之上，充分利用六点方的 63 个符号变化，扩大并发展二级简写与缩写范围，这种符号及用法共有 350 个。三级点字供英美本土人士使用，国外使用者不多。

2. 语言知识

义务教育阶段视力残疾学生应该学习和掌握的英语语言基础知识包括语音、词汇、语法、功能和话题五方面的内容。知识是语言能力的有机组成部分，是发展语言技能的重要基础。与普校相比，盲校课标中的语言知识目标没有任何变化，完全与普校同等要求。

3. 情感态度

情感态度是指兴趣、动机、自信、意志和合作精神等影响学生学习过程和学习效果的相关因素以及在学习过程中逐渐形成的祖国意识和国际视野。教师在教学中，应使视障学生树立自信心，锻炼克服困难的意志，认识自己学习的优势与不足，乐于与他人合作，养成和谐、健康向上的品格。通过英语课程，增强祖国意识，拓展国际视野。与普校相比，盲校课标中的情感态度目标没有任何变化，完全与普校同等要求。

4. 学习策略

学习策略是指学生为了有效地学习和发展而采取的各种行动和步骤。英语学习的策略包括认知策略、调控策略、交际策略和资源策略等。

关于学习策略这一点，盲校学习策略目标与普通学校相比有其不同之处：二级基本学习策略与普校要求完全相同；盲校英语课程标准五级认知策略中去掉了"在学习中善于利用图画等非语言信息理解主题"，在交际策略中去掉了"在交际中，必要时借助手势、表情等进行交流"的目标，增加了以下内容：

①根据需要进行有目的性的预习；

②在学习中利用视觉或视觉以外的其他感官，帮助视力残疾学生发展其注意力；

③在学习中善于利用听觉和触摸，发挥其记忆的优势，最大限度记忆知识点；

④积极关注生活中和媒体上所使用的英语；

⑤能初步利用图书馆或网络上的学习资源进行有效地学习。

5. 文化意识

在外语教学中，文化是指所学语言国家的历史地理、风土人情、传统习俗、生活方式、文学艺术、行为规范、价值观念等。接触和了解英语国家文化有益于对英语的理解和使用，有益于加深对本国文化的理解与认识，有益于培养世界意识，所以，外语学习必须与社会文化紧密相连。与普校相比，盲校课标中的文化意识目标没有任何变化，完全与普校同等要求。

三、盲校外语课程教学方法及评价

（一）教学方法

英语教学应提倡百花齐放的方针。教师应博采众长，发扬个人的特点和风格，采用各种有利于提高学生学习兴趣、启迪学生创新意识的教学手段，培养学生主动学习的精神。根据学生的能力水平和兴趣特点，采用游戏、创设情境、小组活动等多种教学手段进行教学。教学方法的使用应注意以下几点：

其一，机械操练和情景训练相结合：在机械操练的同时积极创设情景，使单纯的语言操练富有一定的实际意义，为学生在真实生活中运用语言打好基础。

其二，单项训练和综合训练相结合：在进行单项训练的基础上，开展形式多样的知识和技能的综合训练，培养学生综合运用语言的能力。

其三，听说训练和书面训练相结合：遵循语言学习的规律，体现听、说、读、写的阶段侧重原则，使学生语言能力得到均衡全面的发展。

其四，运用直观教学手段弥补学生的视力缺陷：根据视力残疾学生的生理和心理特点，在教学中要充分利用实物、图片、模型、标本等各种直观教具，创设各种情景弥补学生的视力缺陷，发展学生的听、说、读、写能力。

其五，运用现代教育技术，优化课堂教学模式：充分利用语言实验室、多媒体教室，合理使用录音机、投影仪、电视机、录像机、电脑等现代技术设备，创造性地开发和使用课件辅助英语教学。合理开发和利用音像、广播、电视、书报杂志、图书馆和网络等资源，提供贴近学生、贴近生活、贴近时代的英语学习资源，丰富教学内容和形式，弥补学生的视觉缺陷，提高课堂教学效果。

根据盲生"以耳代目"的特点，盲校的英语教学除了使用普校常用的讲授法、情境教学法、任务型教学法、分层教学法、练习法等之外，还充分利用游戏、歌谣、歌舞、谜语等手段激发学生的学习兴趣。

1. 游戏

游戏能够给学生提供他们喜爱的运动和心理活动的机会，盲童也喜爱这样的运动，但是他们受视力的影响，如果做追打、寻求和跑步的游戏，对于盲童来说是很危险的，教师必须选择适合盲生的游戏。例如，适宜设计指认、拍手、模仿、抽签发言、单词抢答等活动。如"触摸你的身体（touch your body）"，首先老师先慢慢地说出身体部位的单词，学生指出这些部位，然后越说越快，同时检查学生指出的部位是否正确。

2. 歌谣

句子要朗朗上口，不宜太长，段落之间不宜变化太大。如：

In my classroom I can see. A desk，a chair，for you and me.

In my classroom I can see. A door，a window，for you and me.

In my classroom I can see. A wall，a blackboard，for you and me.

3. 歌舞

盲童在演唱方面具有先天优势，他们能够很快掌握歌词和节奏，因此盲童非常愿意学歌曲。好听的歌曲能够吸引学生的注意力，节奏感很强的歌曲使学生愿意学这首歌。但是并不是每首歌学生都能唱的，在选择歌曲时要注意所选的英文歌曲不能太长，导致学生不容易记住歌谱；英文歌词不能太难，生词不能太多；歌曲要有节奏和韵律感；舞蹈动作要简单、容易模仿，动作不要太大。

4. 谜语

要简短，特征性要强。如：

It's an animal，it's big，it has long nose.（elephant）

It's a room，you take a shower here.（bathroom）

另外，使用触摸图形也能够指导学生的口语练习（tactile diagram）。盲童不能看到多彩的图片，漂亮的彩图是不能激起他们学习的兴趣的，但是老师可以自己制作触摸图形，学生用手摸着这些图形来练习口语。触摸图形的制作需要昂贵的材料，这种方式在中国还不能被广泛地运用。

到了中学阶段要侧重读写的训练，因为要参加中考，教师的教学就要以中考说明为依据，对学生进行听、说、读、写的训练。学习英语国际音标对盲生来说很重要，他们掌握了字母和字母组合的发音规律，学起单词来就容易多了。词汇教学方法可以使用联想记忆法。如 cute-clever-bright-smart；还可以进行构词法教学，如 act-actor-actress-active-activity。语法教学，要注意机械操练和情境训练相结合、单项训练和综合训练相结合、听说训练和书面训练相结合。要充分利用实物、图片、模型、标本等各种直观教具，创设各种情境，弥补学生的视力缺陷，发展学生的听、说、读、写能力；还要运用现代教育技术，充分利用电教等现代技术设备和网络等资源创造性地开发和使用课件辅助英语教学，弥补学生的视觉缺陷，提高课堂教学效果。

(二)课程评价

盲校英语课程评价要体现评价主体的多元化和评价形式的多样化。教学评价要体现学生的主体地位，注重评价的综合性、全程性、灵活性和多样性，充分发挥评价的诊断、反馈、导向、激励功能。

在评价中应注意以下问题：①学生的学业评价应根据本课程阶段目标设计评价方案；②评价要有定量的记录和定性的描述；③评价必须有书面、听力与口试几方面的内容，不同的学段应有不同比例要求，并在学生成绩单中有相应的记录；④灵活采用等级制、百分制或达标等多种方法记录成绩；⑤除单元和阶段考查外，教师应该对学生的课堂表现和作业作出评价；⑥鼓励学生积极参与自我评价和相互评价，提高评价的科学性和合理性；⑦除测验、考试外，还应有能力展示和英语竞赛等其他形式的评价。学生成绩评定可以采用笔试、听试、口试等测试和非测试的多种形式，在日常的形成性评价中，可以采用等级制、百分制或达标等多种方法记录成绩。除单元和阶段考查外，教师应该对学生的课堂表现和作业作出评价。除测验、考试外，还应有能力展示和英语竞赛等其他形式的评价。

评价还要具有如下几个特点。

一是综合性。采用笔试、听试、口试等测试和非测试的多种形式，建立兼顾方法、习惯、态度、心智及人格，涵盖认知、技能、情感等领域的综合评价体系。

二是注意评价方法的合理性和多样性。根据各阶段教学的特点与评价目的，充分考虑学生的年龄、心理特征及认知水平，选用合理、多样的评价方式，形成性与终结性相结合。

形成性评价方式可以是多样的，可采用与课堂教学活动接近的形式以及平时测验、成长记录袋、问卷调查、访谈等形式，也可采用描述性评语、等级评定或评分等评价方式，以及测试与非测试、个人与小组相结合的方式。了解学生的基础水平和发展状况，关注学生的学习过程和结果，重视对学生学习全过程的评价。教师要根据评价结果及时与学生开展不同形式的交流，充分肯定学生的进步，鼓励学生自我反思、自我提高，并应主动争取与家长的交流与合作。学生也可以在教师指导下，根据自己的特长或优势选择适合自己的评价方式。

终结性评价应采用不同类型的综合性和表现性的评价形式，在诸如期末、学业等考试中，应采用口试、听力和笔试相结合的方式，综合考查学生的语言应用能力。口试要重点考查学生的口头表达能力和交际策略的使用；听力测试应着重考查学生理解和获取信息的能力，避免单纯辨音题等脱离语境的题型；在笔试中，客观性和主观性试题要合理配置。

三是灵活性。在日常的形成性评价中，可以采用等级制、百分制或达标等多种方法记录成绩。应允许学生根据自己的特长或优势选择适合自己的评价方式。如果学生对自己某次课堂测验成绩不满意，可以与教师协商，暂不记录成绩，学生在经过更充分的准备之后，可再次参加评价。

四是多向性评价，尊重体现学生在评价中的主体地位。评价标准的确定、评价内容和方式的选择以及评价的实施等均应以促进学生的发展为目标。积极提倡学生、教师、学校、家长、社会共同参与的多向性评价，实现评价主体的多元化，提高评价的全面性。尤其学生是学习的主体，也是评价的主体。在各类评价活动中，学生都应该是积极的参与者和主动的合作者。学生应当在教师的指导下，学习使用适当的评价方法和可行的评价工具，了解学习进程，发现和分析学习中的具体问题，主动反思和调控自己的学习策略，认识自我，树立自信，不断明确自己的努力方向。教育行政管理部门、教研部门和学校应当树立以学生为主体的评价观念，调整评价机制，采取有效的评价措施，支持和激励学生的学习，促进学生全面发展。

(三)教学的组织

课堂教学可根据教学内容的需要用集体教学和个别辅导相结合，座位也可以按需要采用秧田式、圆桌式、分桌式等形式。

四、盲校外语课程资源

(一)课程资源

盲校英语课程资源包括英语教材以及其他所有适合盲生使用的学习材料和辅助设施。由于全国目前没有统一的适合视障学生使用的英语教材，上海盲文出版社和中国盲文出版社出版的英语教材是与普校同步的，很多学校虽然在用这些教材，但是觉得难度很大了，所以，在英语教学中，教师除了合理有效地使用教科书以外，应尽可能多地为学生制作盲文教辅材料，还应该积极利用其他课程资源，特别是广播影视节目、录音、录像资料、直观教具和实物、多媒体光盘资料、各种形式的网络资源、报纸杂志等。

由于盲校一般都坐落在中等以上城市，一般这些城市都有大专院校，盲校可以与高校建立联系，请高校大学生通过志愿者服务等方式，帮助盲生学外语。

例如，北京盲校尝试过组织大量的英语课外兴趣活动，如英语角、每学期开展一次全校英语演讲比赛、全校英语情景剧比赛、全校英文歌曲比赛、组织学生参加北京市"人人说英语"口语等级考试、参加英国"三一"学院英语口语等级考试，都取得了非常好的效果。

(二)课程资源应用及管理

积极开发和合理利用课程资源。要充分利用图书馆、语言实验室、音像设备等基本的和常规的教学设施。学校要尽可能创造条件，为英语课程提供这些教学设施。条件较好的学校还应该为英语教学配备电视机、录像机、计算机、VCD、DVD等多媒体设备。应尽可能创造条件，设置视听室，向学生开放，为学生的自主学习创造条件。要使学生尽可能多地从不同渠道、以不同的形式接触和学习英语。

英语教材是英语课程资源的核心部分。教育行政部门和学校要保证向视力残疾学生提供必要的教材。作为学校英语教学的核心材料，英语教材除了包括学生课堂用书以外，还应该配有教师用书、练习册、活动册、挂图、卡片、音像带、多媒体光盘、配套读物等。学校应在教育主管部门的指导下，在与教师代表、学生代表和家长代表共同协商的基础上，选择经教育部门审定或审查的教材。所选用的教材应该具有发展性和拓展性、科学性、思想性、趣味性、灵活性和开放性，应该符合盲生年龄特征、心理特征和认知发展水平。教材应该做到语言真实、内容广泛、题材多样、贴近生活，应能激发学生学习兴趣、开阔学生视野、拓展学生思维方式。根据英语教学的特点，学校可以适当地选用国外的教学资料，以丰富和补充课堂教学内容。

在开发英语课程资源时，要充分利用信息技术和互联网络。网络上的各种媒体资源以及专门为英语教学服务的网站为各个层次的英语教学提供了丰富的资源。计算机和网络技术为学生的个性化学习和自主学习创造了条件，有利于学生根据自己的需要选择学习内容和学习方式，使学生之间相互帮助、分享学习资源成为可能。因此，各级教育行政部门、学校和教师要积极创造条件，使学生能够充分利用计算机和网络资源，根据自己的需要进行学习。有条件的学校还可以建立自己的英语教学网站，开设网络课程，进一步增加学习的开放性和灵活性。

学校应该鼓励和支持学生参与课程资源的开发。可以组织学生建立班级图书角或图书柜。鼓励学生制作班级小报、墙报；鼓励学生交流学习资源。

五、教案举例

Teaching Plan（一）

Teacher：方雪娟

[Teaching Material] Going to School

[Teaching objectives]

1. Knowledge objectives

To enable students to learn the new words and phrases.

To enable the students to understand the patterns in this lesson.

Using prepositions to indicate place

e. g. Simon lives near school.

Using "how" questions to find out specific information

e. g. How do you go to school? How long does it take?

2. Skill objectives

To improve students' reading and speaking skills.

To encourage students' ability of speaking English in class.

3. Emotional objectives

To arouse students' interest of learning English.

To develop students' cooperative spirit.

4. Aids

A recorder，A tape，Paper sheets

Teaching Procedures

Ⅰ. Greetings and Daily Talk.

Ⅱ. Pre-task preparation：

Lead-in talk：Play a guessing game

T：How does . . . go to school?

1. How do I go to school? Can you guess? （by bus，by light rail，by underground）But I usually go to school by bus.

2. Now let me tell you my way to school.

T：My home is far away from our school. I always leave my flat at half past six. Then I walk to a bus stop. It's near my home. I take two buses to school. I usually get to school at 7：30. So it takes me about an hour.

3. T：Do you live near or far away from school?

S1：I live near school.

S2：I live far away from school.

Ⅲ．While-task procedure

1．T：How do you go to school? S：I go to school by bus.（师生问答）

2．Pair work：

S1：How do you go to school? S2：I go to school by ...（生生问答）

3. Learn the new words and the patterns

Give students some paper sheets.

(1)go to school by bus，leave home：7：00，get to school：7：25

e. g. I go to school by bus. It takes me about twenty-five minutes to get to school. 教单词 about，minute

教句型：It takes sb. some time to do sth. 某人花多长时间做某事

(2)go to school on foot，leave home：7：05，get to school：7：15

I go to school on foot. It takes about ten minutes to get to school.

(3)go to school by ferry，leave home：7：30，get to school：8：00

教单词 ferry, e. g. I can go to Pudong by ferry.

I go to school by ferry. It takes me about half an hour/thirty minutes to get to school.

(4)go to school by underground，leave home：6：20，get to school：7：25

I go to school by underground. It takes me about an hour to get to school.

4. Practice the new patterns

T：I go to school by bus. It takes me about an hour to get to school.

How long does it take me to travel to school? 教单词 travel

e. g. My father is travelling in Beijing.

S：It takes you about an hour.

Pair work：

S1：How long does it take?

S2：It takes me about ...

5. Learn the text and open your books.

(1)Listen and repeat

(2)Answer my question

e. g. How does Simon go to school?

How long does it take?

Complete the table：(Test your memory)

Name	How	How long
Simon		
Jill		
Joe		
Alice and Mary		

Ⅳ．Post-task activities：

Group work：

Do a survey：Find out how your classmates go to school. How long does it take your classmates to get to school? You can discuss with your group members. Then please give us a report.

Name				
Transport				
Time				

Ⅴ．Summary

Ⅵ．Homework：

1. Copy the new words and phrases.

2. Make a dialogue with your partner.

3. Recite the text.

思考题：

1. 简述盲校开设英语课程的意义？

2. 如何理解处语教学的文化意识培养？

3. 盲生学外语有什么困难？

4. 盲校语言技能目标与普通高校相比有哪些不同之处？

（本章作者：上海盲校徐洪妹，北京盲人学校张秋兰，贵州省遵义市第四中学周娜娜；湖南岳阳特殊教育学校刘黎，北京师范大学特殊教育系 2009 级陈灵婵参与整理）

第九章　盲校历史课程与教学

　　历史课是阐释人类历史发展进程和规律，培养和提高学生的历史意识、文化素质和人文素养，促进学生全面发展的一门基础学科。历史课程作为盲校的一门必修课，能够帮助盲生了解中华民族以及整个人类社会在历史发展进程中丰富的历史文化遗产。通过历史课程的学习，能够培养盲生正确的历史观，进而使学生学会辩证地观察、分析历史与现实问题，加深对祖国的热爱和对世界的了解；从历史中汲取智慧，养成现代公民应具备的良好人文素养，为盲生的终身学习和发展奠定基础。

一、盲校历史课程目标

　　培养学生正确的历史观，进而使学生学会辩证地观察、分析历史与现实问题，加深对祖国的热爱和对世界的了解，从历史中汲取智慧，养成现代公民应具备的人文素养。

(一)知识与技能

　　①了解中国与世界历史进程的基本事实，了解中国与世界人文地理的概况。

　　②了解社会生活的丰富内涵以及参与社会生活的多种方式和途径，理解个体发展与社会进步的关系。

　　③了解人类面临的生态问题，理解人口、资源、环境与经济社会发展的关系，理解人与自然的和谐发展。

　　④了解中国历史和世界历史的基本脉络以及人类物质文明、精神文明、政治文明、生态文明发展的基本趋势，理解近现代中国革命、建设、改革的曲折历程。

　　⑤运用多种方法和现代信息技术，收集、处理历史材料、地理和社会信息。

(二)过程与方法

　　①经历观察、体验、感悟的过程，逐步提高参与社会生活的能力。

②尝试多角度探究当前生活中的挑战与机遇，学会独立思考、提出疑问、进行反思，逐步提高自主选择与决断的能力。

③采用比较、分析、综合等方法，探究、解释历史和现实问题。

④运用辩证的、发展的观点认识历史进程，评估人们做了什么、能做什么、该做什么。

(三)情感·态度·价值观

①认同社会主义核心价值观，逐步树立走中国特色社会主义道路的信念。

②逐步形成资源环境意识和社会责任感，确立可持续发展的理念。

③逐步增强国家认同感、归属感、自豪感。

④学会尊重文明多样性，欣赏不同民族和区域的人文特色。

⑤享受历史与社会相关问题探究的乐趣，形成积极进取的学习态度。

⑥珍惜生命价值，形成自尊、自信、尊重他人、合作、进取、乐观向上的人生态度。

二、盲校历史课程内容及特色之处

(一)课程内容

《历史与社会》以历史和地理为基础，整合相关人文社会科学内容，内容目标分设三个主题。主要内容有：

1. 生活的时空

以时间和空间为框架，帮助学生从生活的区域、生活的变化两个视角观察和感受生活的意义，同时获得有关地理、历史探究的专门技能和综合能力。本主题分四个专题。专题一，认识人类生活的"时空"；专题二，了解自己生活的"区域"；专题三，体味自己生活中的"历史"；专题四，学会获取、整理相关信息的工具和方法。

通过学习该部分内容，学生可以获取整体的时空概念，初步了解学习历史知识的基本技能和方法；增强学习历史的兴趣；为进一步学习历史知识奠定基础。

2. 社会变迁与文明演进

以人类社会的变迁为框架，认识人类物质文明、政治文明、精神文明和生态文明的传承。本主题分四个专题。专题一，探索早期出现的几大文明区域，突出中华文明的渊源；专题二，集中了解秦统一后古代中华文明的历史脉络；

专题三，有侧重地了解近代历史发展的特点，凸显发展模式的多样性和世界整体化趋势；专题四，综合前三个专题的内容，明确历史唯物主义的一些基本观点。

通过学习该部分内容，学生可以对中外古代历史、近代历史有整体性了解；知道中外古代、近代历史发展大事件；可以认识在历史进程中人类创造的伟大物质文明、政治文明、精神文明和生态文明；辩证地看待人类社会不断发展和进步的总体趋势；感悟人类文明的多元性、共容性和发展的不平衡性；树立正确的国际意识，培养理解、尊重和吸收其他民族文化精华的开放态度。

3. 发展的选择

以进入 20 世纪后中国和世界发展道路的选择为框架，以实现中华民族伟大复兴的历程为主线。本主题分四个专题。专题一，了解 20 世纪前半期世界的时代特点和中国革命的历程，强调中国如何选择了实现民族独立和人民解放的道路；专题二，了解当代国际社会的时代特点与新中国建设、改革的历程，强调当代中国怎样选择了发展中国特色社会主义的道路；专题三，认识世界和中国面临的突出问题，强调可持续发展是当今社会发展的重要选择；专题四，站在新的历史起点上，明确如何走向未来的选择。

通过学习该部分内容，学生应了解中国现代史，了解我国的基本国情，认识社会主义现代化建设是一个曲折漫长的过程，能从社会的不断进步和发展中体会到坚持中国共产党领导的重要性，坚定建设有中国特色社会主义的信念；了解世界现代史发展的基本进程和总趋势，增强国际意识，以开阔的视野、开放的心态看待世界，吸纳人类共同创造的文明成果，了解当代世界的多样性、多元性和复杂性，树立忧患意识，增强历史使命感和社会责任感，立志为促进人类进步事业奉献自己的力量。

(二)课程特色

历史课程与其他学科相比具有以下特点。

1. 过去性

历史是已经过去了的人类社会实践活动，它不能重演，也无法实验，人们只能通过文字、实物、图片、电影等直观教具，将抽象的东西形象化，概括的东西具体化，用语言的记述将历史知识转化为生活的画面，让学生间接认识或感知历史。历史为发挥盲生的想象力，对盲生进行补偿教育，培养其形象思维能力提供了广阔的创造空间。

2. 人文性

历史学是一门探究人类历史发展规律的学科，"鉴前世之兴衰，考当今之得失"。通过对历史的学习，关注视力残疾学生的需要与体验，注重人文素质的培养，在关注重大历史事件、历史人物、国家命运的同时，培养盲生逐步确立正确的价值取向，形成对个人、家庭、国家、天下的责任感，对人类命运的担待；帮助盲生形成积极向上的生活态度，逐步树立正确的世界观、人生观和价值观。

3. 综合性

人类历史发展本身的丰富多样性，决定了历史课程具有综合性的特征。历史知识的内容包括政治、经济、军事、文化、科技、国际关系等人类社会发展的各个领域。

4. 交融性

历史作为一门综合性的学科，体现了学科的交融性特征。它涉及古今中外，涉及自然和社会的各门学科，其内容纵横交错，互为影响。在课堂教学中盲校教师要根据历史学规律和视障学生特点，以历史为依托进行学科间的渗透、综合，开阔盲生的视野，提高盲生的知识水平，为培养社会需要的合格公民奠定基础。

三、盲校历史课程教学方法及评价

（一）教学方法

历史教学要重视突出学科特点，根据教学内容、盲生的心理特征和认知水平、教师自身条件以及学校的实际情况，选择不同的教学方式、方法和教学手段，充分调动学生学习的积极性、主动性，以取得良好的教学效果，打造高效的历史课堂。下面简单介绍几种教学方法。

1. "阅读、议论、感悟"教学法

"阅读、议论、感悟"教学法中，阅读，是引导学生在自学阅读的基础上初步感知历史知识，形成宏观认识；议论，则是在阅读的基础上，发现问题，讨论问题，在老师的引导启发下，把握历史发展规律，细化知识的过程；感悟，是历史课的精华，是灵魂，是学生对历史课堂的感悟、体会，同时也是对学生自身人生观、价值观、世界观的塑造，体现历史学科的人文价值。教学实践中，阅读、议论、感悟是相互渗透、有机结合的过程。

在"阅读、议论、感悟"教学法实施过程中，首先应该充分做好课前预习工作，指导学生有效利用学校资源，查找、收集和处理相关历史信息，培养学生获取历史知识，分析、解决历史问题的能力，以及在搜集处理历史信息时的交流与合作能力。其次在教学设计时，充分考虑学生学习的主体地位，注意问题设计的含金量，从学生的兴趣出发，创设情境，引导学生主动参与教学，鼓励学生发现问题，大胆质疑，让学生在动手动脑动口中去体验历史，感知历史，研究历史，解决问题。

2."学案导学"教学法

学案导学是指以学案为载体，以导学为方法，以教师的指导为主导，以学生的自主学习为主体，师生共同合作完成教学任务的一种教学模式。

学案导学的一般过程如下。

①学案设计。教师从教材的编排原则和知识系统出发，对大纲、教材和教参资料以及所教学生的认知能力和认识水平等进行认真的分析研究，合理处理教材，尽量做到学案的设计重点突出，难点分散，达到启发和开拓学生思维，增强学生学习能力的目的。

②学生自学。学生自学教材，完成学案中的有关问题是学案导学的核心部分。它要求教师将预先编写好的学案，在课前发给学生，让学生明确学习目标，带着问题对课文进行预习、自学。同时，教师在学生自学过程中应进行适当的辅导，如指导学生自学的方法；要求学生把自学中有疑问的问题做好记录，让学生带着问题学习等，在学案引导下，让学生逐步理解掌握教材。

③讨论交流，精讲释疑。在学生自学的基础上，教师组织学生讨论学案中的有关问题，对一些简单、易懂的内容只需一带而过，而教学中的重点、难点问题则引导学生展开讨论交流，达成共识。对学生在讨论中不能解决或存在的共性问题，教师根据教学重点、难点及学生在自学交流过程中遇到的问题，进行重点讲解。

④练习巩固。这是学案导学的最后一个环节。练习的设计应紧扣本节课的教学内容和能力培养目标及学生的认知水平进行。在练习问题设计时，应注意多设疑，在无疑—有疑—无疑的过程中，使学生由未知到有知、由浅入深、由表入里、由此入彼地掌握知识，增强学习能力。讲评时应把重点放在学生学习的难点上，根据练习情况及时调整教学目标、教学进度、教学方法，做到有的放矢。

3."内外迁移"教学法

所谓的"内外迁移"教学法，是指将课堂教学的视野拓展开来，一方面实现学科内的迁移，凡事力求"合并同类项"，通过纵向比较和横向比较，让学生形成尽可能完整、系统的历史认识；另一方面追求学科外的迁移，将学生在社会生活和其他学科学习中积淀下来的"缄默知识"激活，充作历史课程的资源，让学生尽可能立体、客观地认识和评价历史现象的教学方法。

内外迁移具体包括：学科内迁移，不同章节知识的迁移、古今中外历史迁移、不同专题内容的迁移等，即学科内小综合；不同学科的迁移即政、史、地等学科大综合；历史与身边现实生活的迁移，古为今用，洋为中用，资治通鉴、学以致用；课堂内外的迁移，课堂教学与课外拓展即第二课堂活动、研究性学习、地方史和校史以及小专门史探究等。

教学实践中，内外迁移教学法是盲校初中和高中历史课堂中最常用的一种方法。教师可以从学生的身边历史、生活常识入手，拉近学生与历史的距离，激发学生学习历史的兴趣，让学生明白，历史并不遥远。如就周佛海从中共创始人到汉奸卖国贼的演变，引导视障学生展开讨论，使学生不仅认识到革命是意志、品质的试金炉，同时还要进一步启发学生想一想：今天有没有周佛海式的人物存在了？通过联系今天的典型人物成克杰，从一个人民的功臣蜕变为社会的蛀虫，通过历史与现实相似镜头的对比转换，使视障学生体会到人的思想是不断变化的，感受到不断提高个人的思想觉悟绝不是一句空话。教师还可以结合中学阶段视障学生喜欢听广播、看电视，对国内外时政较为关注的特点，让时事融入历史。如在讲美国的"冷战"政策时，弄清该政策出台的背景、目的和表现后，进一步引导学生思考：伴随着苏联的解体，具体的"冷战"政策已不复存在了，这是否等于今天的美国已放弃了称霸企图？当今政坛上哪些热点问题可说明美国继续推行霸权政策呢？请谈谈你对伊拉克战争有什么看法？该战争将给当今世界造成怎样的影响？教师通过布置开放性作业，把历史课堂延伸到学生的身边世界和社会的现实生活中去，让学生在课余生活中，通过对历史问题的探究，感悟历史，关注现实，学以致用。利用研究性学习，积极指导学生开展课外探究，拓展历史学习空间，深化课堂教学内容，升华历史教育目标，培养学生问题探究意识和知识迁移能力。

4. 直观教具演示法

直观教具演示法是指在课堂教学中，教师充分运用直观教具的演示，为学生提供感知材料和具体知识，使学生以事实、实物和形象为基础，形成历史表象的教学方法。

注重教具教学，是盲校教学的传统。在提倡素质教育的今天，教具教学充分体现了盲校教育教学中的"人本"思想。视障学生由于视觉障碍，接受外部环境的能力受到限制。所以，盲校教学大纲中，将教具教学作为教学的重要手段之一。运用教具不能仅仅停留在形式上，而应充分发挥教具的形象功能来训练学生的空间想象能力。教师必须善于指导视障学生进行观察；以保证观察的目的性、组织性、指向性、功效性，使学生明白教具摆在什么地方、摸什么、怎么摸。值得注意的是，讲授过程中应选择出示教具的时间，需要根据个体差异分组触摸教具，观察视障生实践后的情绪变化，留给学生思考的余地，准确把握总结知识点的时机；指导学生用自己的语言对触摸教具加以描述，以增强他们的口头表达能力和抽象概括能力。直观教具演示法，使视障学生迅速理解知识，提高课堂的时效性。如世界古代史中，举世闻名的埃及金字塔是什么样子的？这个问题仅靠教师的语言描述是远远不够，很多学生很难想象出它的样子，当一个立体的金字塔的模型拿在手里时，很多同学才会感叹道，"原来它是这个样子的"。教师在教学中不仅要充分利用现有教具，而且要根据教学内容主动制作教具，使教具教学得到应有的重视，因为在盲教育教学中，它肩负着传递知识信息和补偿教育的双重功能。

另外，也要关注音像资料在历史课堂中的运用。教师在教学过程中，选择一些与历史相关的评书节选、音乐、电影电视剧剪辑、文学作品等音像资料，设计教学环节，增强课堂的趣味性。如学习国共十年对峙、抗日战争、解放战争时期的历史内容时，运用反映那个时代特点的革命歌曲：《松花江上》《保卫黄河》《南泥湾》等，通过听唱、学唱歌曲调动起视障学生的学习激情。在把握教材、理解课标、教学大纲的基础上，选取《大汉天子》《康熙王朝》《甲午风云》《建国大业》《大国崛起》《复兴之路》等历史题材影视剧和纪录片中的相关片段，将其与历史教学紧密结合，制成课件或直接播放，使学生直接感受到立体音响的刺激，既加深了对所学知识的理解、感悟，对全盲学生进行了感官补偿教育，同时又锻炼了学生从听到的大量信息中，快速提取、筛选有用信息的能力。

（二）教学注意事项

盲校历史教学应注意如下内容。

其一，营造民主、和谐的学习氛围，发挥学生的主体地位。视障学生由于受生理缺陷、家庭、社会、环境等诸多因素的影响，易产生种种消极心理。盲校的教师，首先要帮助视障学生克服自卑、孤僻等不良倾向，积极营造良好、宽松的学习氛围，减轻学生学习上的精神负担，使学生在教师的热爱、尊重和期待中激起强烈的求知欲望，调动学生自主学习的积极性，真正发挥出学生在课堂教学中的主体作用，成为课堂的主人。

其二，要注意加强分类教学。按照学生视力情况不同分类，对低视力生，要在教学中渗透低视力康复教育理念，充分调动其残余视力，利用课件、视频材料加强视觉感知，利用台灯、读书板、单筒望远镜、视频放大器等助视器具，满足低视力学生的学习需要；对全视障学生，要充分利用直观教具、学具以及声音等多媒体资源，加强触觉、听觉等信息输入，补偿由于视觉缺少带来的视觉信息缺乏，帮助学生建立时空概念，激发学习历史的兴趣，完成学习目标。

其三，要注意加强个别化教学。根据学生情况，设计问题情境，满足不同层次学生的需求，使优秀生从问题的学习探讨中感受挑战，一般学生受到激励，学习困难的学生也能够尝到成功的喜悦，让每个学生都学有所得，最大限度地调动学生的学习积极性，提高学生学习的自信心。

其四，针对视障学生没有相应盲文目标检测和同步训练资料的情况，除了加强课堂训练外，还可把目标检测的习题录制成声音文件，让学生进行练习。

其五，历史教学贵在求真，影视文学作品等资料不能等同于历史，切忌盲目采用误导学生。将影视资料引入课堂要注意几点：教师在播放资料前首先自己辨析真伪；并且依据所学知识截取其最具知识含量、最能启发学生、最具情感价值的片段，一般播放长度以两分钟之内为宜，所选部分有助于突破教学重点、难点，避免不加选择地长时间播放影片，浪费学生精力，降低学习效率，喧宾夺主，适得其反。

（三）课程评价

评价要注重结果评价，更要注重过程评价，包括学习结果、学习过程以及在学习活动中表现出来的情感、态度和行为的变化。应注意的是：要强化评价的诊断和发展功能，弱化评价的甄别和选拔功能。

1. 学习档案

通过建立历史学习档案，对学生的历史学习进行全面客观的评价。中学阶段每个学生都应建立完整的学习档案。历史学习档案一般由教师、学生及家长共同建立。档案内容主要包括：考试成绩、历史习作、调查报告、历史制作、历史学习过程中的各种表现、师生和家长的评语等。建立历史学习档案，有利于对学生的历史学习进行长期、稳定的综合考察和较为全面的评价。

2. 历史习作

撰写历史习作是体现探究性学习成果的内容之一，也是历史学习评价的方式。通过撰写历史习作，重点考查学生的历史思维能力、语言文字表达能力、收集和处理信息能力等。

3. 历史制作

历史制作既是一种学习方式，也是一种学习评价方式。通过制作历史模型、编绘历史图表和制作历史课件等活动，可以考查学生的动手与动脑的综合能力。

4. 学生自我评价

学生在教师指导下，对自己的历史学习成绩进行评价。学生在历史学习过程中，对自己的进步、成果以及不足等加以记录，通过自我评价，对自己历史学习的特长及不足等状况有较为清楚的了解，可以加深学生对自己作为学习者的理解，有助于学生认识学习目标以及控制学习进程，增强历史学习的责任感。

5. 考试

历史考试是学习的一种评价方式，主要形式包括笔试和口试，运用这些考试形式时，要注意其科学性、有效性和多样性的统一。

四、盲校历史课程资源

（一）课程资源

凡是对实现课程目标有利的因素都是课程资源。历史课程资源既包括教材、教学设备、图书馆、博物馆、互联网以及历史遗址、遗迹和文物等物质资源，也包括教师、学生、家长及社会各界人士等人力资源。可以通过多种形式利用这些资源，如开展课堂讨论，组织辩论会，举行历史故事会，举办历史讲座，进行历史方面的社会调查，参观历史博物馆、纪念馆及爱国主义教育基地，考察历史遗址和遗迹，采访历史见证人，编演历史剧，观看并讨论历史题材的影视作品，仿制历史文物，撰写历史小论文，写家庭简史、社区简史和历史人物小传，编辑历史题材的板报、通讯、刊物，举办小型历史专题展览……课程资源的利用与开发水平同教学质量的高低密切相关，充分利用和开发历史课程资源，有利于历史课程目标的实现。

(二)课程资源应用及管理

一是以历史教科书为核心的历史教材。历史教材是历史课程资源的重要组成部分。学校、教师和学生可依据本地区的特点和自身的需求，在教育行政部门的指导下选择合适的教材。

二是历史教师。历史教师是最重要的人力课程资源。教师的素质状况决定了课程资源开发与利用的范围和程度。在课程资源建设过程中，要始终把教师队伍的建设放在首位，通过对教师这一重要课程资源的开发，带动其他课程资源的优化发展。

三是学校图书馆是课程资源的重要组成部分。历史学科是一门综合性很强的人文学科，涉及的知识广泛。学校应有意识地调整自己图书馆或资料室的藏书结构，根据自己的实际财力，合理配置人文方面的书籍，如通俗历史读物、中学生历史刊物、历史文物图册、历史地图、历史图表、历史小说、科学技术史、文学艺术史、考古和旅游等方面的读物，以丰富学生的社会人文知识，加深他们对课程内容的理解。

四是历史音像资料。历史音像资料包括图片、照片、录音、录像和历史题材的影视作品等。充分利用历史音像资料，有利于培养学生学习历史的兴趣和发展历史理解能力。

随着广播电影电视事业的飞速发展，近年来历史题材的影视作品和录音大量增加，成为一种非常重要而且容易获取的历史课程资源。文献纪录片一般能够真实生动地再现某段历史，刻画某些历史人物，叙述某些重大历史事件，对学生理解和体会历史有不可替代的作用，是应重点利用的音视频资源。另外，比较接近历史实际的影视作品和娱乐性的历史题材影视作品，除严重违背史实的以外，也是可以有选择地加以利用的资源，因为它们或多或少能够提供某一特定历史时期的社会生活风貌，有益于学生从不同角度观察和感受历史，增强他们的历史感和历史理解能力。

五是家庭。每个家庭都有不同的经历，学生通过照片、实物以及家长和亲属等，有利于了解家庭的历史和社会的变迁。充分利用家庭资源，可以增强学生对历史的体验和感悟。

六是社区。社区资源包括社区的图书馆、资料室、少年宫、文化宫以及人力资源等。充分利用社区资源，采取社会调查、小组活动等方式，提高学生动手、动脑和参与社会实践的能力。

尤其要注意充分开发利用乡土教材和社区课程资源。乡土教材和社区课程资源对学生的历史学习和历史感悟大有裨益。还应随时随地发现和利用社区中丰富的人力资源，如历史见证人、历史专家学者、历史教育专家、阅历丰富的长者等，他们能够在不同层面，从多种角度为学生提供历史素材和历史见解。家庭也是历史学习的一种资源，家谱、不同时代的照片、图片、实物，以及长辈对往事的回忆和记录，都会在不同程度上有助于学生的历史学习。

七是历史遗存。历史遗存包括历史遗址、遗迹、文物以及蕴含历史内容的人文景观和自然景观等。利用历史遗存，能够增强学生直观的历史感受。

八是互联网。有条件的地方和学校，可以利用信息技术和网络技术，收集丰富的网上资源、制作历史课件、展示历史资料、制作多媒体教学软件、开发历史网页和进行远程教育等，使学生更直接、更全面、更迅速地了解历史，在更大的范围内共享高质量的教学资源。

五、教案举例

初中历史教案

课题名称	九年级世界历史上册第六单元第18课《美国南北战争》 一课时
教学目标	1. 知识和能力：使学生了解和掌握战争起因、主要事件、结局、性质和作用以及林肯在美国历史上地位等主要基本史实。分析内战原因、性质、结局，培养学生历史思维能力、运用历史资料的能力。 2. 过程与方法：通过教师的启发诱导、谈话交流，指导学生参与教学活动，培养学生发现、探究精神，以及分析解决问题的能力。 3. 情感态度价值观：通过北方战胜南方的史实，使学生认识，残暴野蛮的制度是要被推下历史舞台的，民主、平等是不可抗拒的历史潮流。能够正确评价林肯，认识到为了国家进步、社会发展而献身的人历史是不会忘记的。
重点 难点	战争相关的重大事件。 评价林肯。
教学方法	阅读、议论、感悟。

教 学 过 程			
教学环节	教学内容	教师活动	学生活动
温故知新 导入新课	检查旧知识。 引言、自由阅读卡。	提问：独立战争对美国历史的发展产生了什么影响？引导。	思考回答。 阅读，提取信息。
学 习 探 究	1. 战争爆发的原因。 导火线：林肯当选总统。	启发：美国独立战争时期，团结战斗才赢得独立的南北双方，这时为什么互相打了起来？ 展示：林肯在1858年6月的演讲词	阅读分析课文后，小组讨论，交流。 阅读林肯的演讲词，合作学习，总结林肯的主张，并加以理解。 思考，讨论，回答。
		诱导：林肯主张如何解决当时美国最主要的矛盾？美国人对他的主张有什么反应？	分析，交流。
	2. 北方的胜利。 《解放黑人奴隶宣言》。 对林肯的评价。 北方胜利的意义。	展示：《内战中南北双方的力量对比简表》。 诱导：战争初期形势怎样？ 北方在这场战争中怎样转败为胜？ 你是如何看待林肯的？ 与独立战争相比较，南北战争有什么历史意义？	读图分析，认清战争初期的形势。 思考，分析，讨论回答。 自由发言，相互交流，感悟。 讨论归纳。
课堂小结 巩固练习	师生共同梳理、归纳本节知识要点。 练习检查、反馈、强化。		
布置作业			

学案

[**课题**]美国南北战争

[**课文摘要**]美国独立以后，北方资本主义经济和南方种植园经济都发展起来。19世纪中期，围绕着奴隶制的废存问题，北方和南方之间的矛盾再也无法调和。林肯就任总统后，成为南方奴隶主发动叛乱的借口。南方军队挑起内战，美国南北战争爆发。

内战中，林肯政府颁布了两个重要法令，调动了广大黑人和人民群众的积极性，扭转了对北方不利的局面。南北战争以北方胜利而告终，美国的统一最终得以维护。

内战中南北双方的力量对比简表

	北　方	南　方
人口	2200万	900万（包括约300万黑奴）
军队人数	150万	100万
工业产量	约占91%	约占9%
铁路里程	5万多公里	1.4万多公里
军舰数量	700艘	少量

通读课文后，聪明的你是否能够过关斩将？请试一试

1. 写出下列历史事件发生的年代。

(1)林肯就任美国总统：

(2)美国南北战争爆发：

(3)林肯颁布《解放黑人奴隶的宣言》：

(4)南北战争结束：

2. 请从课本中找出《解放黑人奴隶宣言》的主要内容。

3. 请找出课文中描述南北战争意义的话语。

课堂延伸：1862年美国总统林肯在白宫接见了一位6个孩子的母亲。林肯惊喜地对她说："原来你就是那个写了一本书，酿成一场大战的小妇人"。你知道这位小妇人是谁吗？她写了哪本书？你能利用课余时间找到这本书并花费一些时间读读它吗？

思考题：

1. 简述盲校历史课程的"阅读、议论、感悟"教学法。
2. 盲校历史课程教学有哪些注意事项？

（本章作者：山东省青岛市盲人学校周义，济南大学教科院特教系齐保莉、长沙职业技术学院特殊教育学院刘潇女、中央教育科学研究院特教室吴扬；北京师范大学特殊教育系 2009 级许傲参与整理）

第十章 盲校地理课程与教学

　　地理学是研究地理环境以及人类活动与地理环境相互关系的科学。它是一门兼有自然科学性质与社会科学性质的综合性科学，在现代科学体系中占有重要地位。地理科学在解决当代人口、资源、环境和发展问题中具有重要作用，在我国实施可持续发展战略、促进人与自然的协调发展、改善生态环境、增强区域经济发展活力等方面也扮演重要角色，发挥重大作用。

　　地理课程作为盲校的一门必修课，将使盲生认识地理环境、形成地理技能，使盲生更好地理解国家经济发展和政治策略，树立节约资源、保护环境和可持续发展思想，养成良好的科学素养和人文素养，使盲生开阔眼界，从关心自己中走出来，关注世界和平与发展、关心国家发展与改革，提升爱国主义情感。同时，身边的地理科学知识，也会促进盲生高质量地生活和工作。

一、盲校地理课程目标

　　初中地理课程旨在让学生了解有关地球与地图、世界地理、中国地理和乡土地理的基本知识，了解环境与发展问题；获得基本的地理技能以及地理学习能力，使学生具有初步的地理科学素养和人文素养，养成爱国主义情感，初步形成全球意识和可持续发展观念。

（一）知识与技能

　　①掌握地球与地图的基础知识，能初步说明地形、气候等自然地理要素在地理环境形成中的作用以及对人类活动的影响；初步认识人口、经济和文化发展的区域差异。

　　②了解家乡、中国和世界的地理概貌，了解家乡与祖国、中国与世界的联系。

　　③了解人类所面临的人口、资源、环境和发展等重大问题，初步认识环境与人类活动的相互关系。

　　④掌握阅读和使用地球仪、地图的基本技能；掌握获取地理信息并利用文字、图像等形式表达地理信息的基本技能；掌握简单的地理观测、地理实验、地理调查等技能。

（二）过程与方法

①通过各种途径感知身边的地理事物和现象，积累丰富的地理表象；初步学会根据收集到的地理信息，通过比较、分析、归纳等思维过程，形成地理概念，归纳地理特征，理解地理规律。

②运用已获得的地理基本概念和地理基本原理，对地理事物和现象进行分析，做出判断。

③具有创新意识和实践能力，善于发现地理问题，收集相关信息，运用相关知识和方法，提出解决问题的设想。

④运用适当的方式方法，表达、交流地理学习的体会、想法和成果。

（三）情感、态度与价值观

①增强对地理事物和现象的好奇心，提高学习地理的兴趣以及对地理环境的审美情趣。

②关心家乡的环境与发展，关心我国的基本地理国情，增强热爱家乡、热爱祖国的情感。

③尊重世界不同国家的文化和传统，增强民族自尊心、自信心和自豪感，理解国际合作的意义，初步形成全球意识。

④初步形成尊重自然、与自然和谐相处、因地制宜的意识及可持续发展的观念，增强防范自然灾害、保护环境与资源和遵守相关法律法规的意识，养成关心和爱护地理环境的行为习惯。

二、盲校地理课程内容及特色之处

（一）课程内容

1. 地球与地图

地球和地球仪，包括地球的大小、形状和运动及地球仪；地图。

2. 世界地理

海洋和陆地，包括海陆分布和海陆变迁；气候，气温和降水的分布与主要气候类型；居民，包括人口与人种、语言和宗教以及聚落；地区发展差异，包括发展中国家与发达国家、国际合作；认识区域，包括认识大洲、认识地区及认识国家。

3. 中国地理

疆域与人口，包括疆域与行政区划和人口与民族；自然环境与自然资源；经济与文化，包括经济发展与文化特色；地域差异；认识区域，包括位置与分布、联系与差异、环境与发展。

4. 乡土地理

结合所在地区的自然、经济、社会发展实际，突出区域地理特征，体现人地关系协调和可持续发展的观念。根据各地的实际情况，乡土地理的教学可以讲授本省地理或者本地区(地级市)地理。其主要内容有：家乡的地理位置、家乡主要地理事物的变迁及原因、自然条件对家乡社会、经济等方面的影响、家乡人口的数量及变化、家乡的对外联系现状及家乡进一步改革开放的重要性、家乡的变化及发展规划。

(二)课程特色

1. 综合性

地理学的研究对象是地理环境以及人类活动与地理环境的相互关系，跨自然科学与社会科学两大领域，具有综合性的特点。这种综合性决定了地理课程内容与自然环境和人们的生产生活紧密联系，它要求学生在地理学习中要学习和掌握观察、实验、调研、空间想象、测量、合作等多种能力，有利于帮助生活环境相对封闭、视野狭窄的盲生拓宽眼界，认识周边环境，融入现实社会，培养综合能力，获得基本地理技能，增强盲生的生活能力，为培养现代公民打下基础。

2. 地域性

地理学研究的是一定地域内地理事物的空间分布以及各地理事物间的差异与联系，地理学中牵扯到的地理事件或现象，无论大小，都会落实在一定的地域空间上，具有明显的地域性。盲校的地理课程更需体现出地域性，要从盲生身边熟悉的事物入手，建立地理标本和地理模型，引导学生学习对生活有用的地理，学习对终身发展有用的地理。特别是乡土地理，它的研究对象是学生身边活生生的地理事物和地理现象，它展示的是盲生最接近、最熟悉的地理感性材料，它提供给学生的是与其生活和周围世界密切相关的地理知识，侧重增强学生的生存能力。

3. 技术性

RS、GPS、GIS等现代地理信息技术的发展推动了地理科学的重大变革，成为现代地理科学的重要标志，地理信息技术的应用正在改变现代人的生活和学习方式。互联网、多媒体技术在地理教学和学习中的应用越来越广泛，帮助盲生正确认识地理环境、形成地理技能，并且成为盲生收集和处理信息、沟通和交流信息的重要渠道，拓宽了盲生的学习和生活空间。

4. 触觉地图

地图是地理的第二语言，对图像的依托是地理知识的特点和优势，使用触觉地图是盲校地理课程最重要的特色。教学中根据地理教学规律和盲生特点，充分运用触觉地图，加强直观教学，帮助盲生借助触觉地图，把形象思维与抽象思维结合起来，将分散的知识点通过触觉地图串联起来，从而形成对一定地理空间内各种地理事物与现象之间规律的认识，进而解决实际问题。在教学和学习过程中大量使用触觉地图可以锻炼和提升盲生的形象思维能力，帮助学生建立空间概念，也是地理课程的典型特点。

此外，地理课程还具有思想性、生活性和实践性等特点。

三、盲校地理课程教学方法及评价

（一）教学方法

地理教学要突出地理学科特点，根据学生的特点和学校具体条件运用多种教学方式、方法和教学手段，重视创新精神和实践能力的培养。地理教师在进行教学方法的选择时，只有综合考虑影响地理教学目标、教学内容、学生特征、教师特点、教学设备条件等因素，才能选择有效的地理教学方法。

1. 读图分析法

读图分析法是地理教学中最常用的方法之一，它指教师通过地图、剖面图、示意图、地球仪等，传授地理知识，引导学生发现地理规律，培养读图用图技能，发展和提高记忆能力和空间思维能力的教学方法。

读图首先要定向，教师要指导学生确定好空间方位，地图上的八个基本方向必须熟记于心、烂熟于手，这是读图的基础。没有方位意识，读图就毫无意义可言。因此，教师在指导盲生触摸地图前须先指导盲生确定好空间方位。接下来要读图例表、比例尺、图名。然后摸读地图，一般是先摸读底图要素，后摸读专题要素，要注意先外后内、先大后小。读图的方法为：双手要合理分工，一手固定在图中的一个位置上，另一手向外延伸摸读。除对熟悉的闭合图形可双手摸读外，一般不要双手同时运动。如"读"京沪铁路线，可左手定点于北京，右手顺线由北向南摸读到终点——上海。这样便于盲生根据双手的相对位置确定地理事物的位置和方向，避免因双手同时运动引起的混乱，也有利于盲生掌握读图规律，提高读图能力。读图过程中要注意地理环境的整体性，边读边想，如"读"京沪铁路线时，要沿线联想经过哪些地形区、河流、省市等。在教学中要培养学生的读图习惯，反复读图用图，在头脑中形成表象并积累表象，然后凭借地图表象进行思维活动。

分析地图是分析所读地图内容、发现地理规律和现象的过程。教师可以围绕地图提出问题，或者引导学生自己发现问题，引起思考。如在读中国地形图时，先问"中国的地形总体上有什么特点"，再问"在 32°N 附近，自西向东，地势变化是怎样的"，"这样的地势对河流会有什么影响？对气候呢？"……也可反向提问，如"你知道为什么'滚滚长江东逝水'吗"，引导学生自己读图，寻找答案，总结规律。分析地图时提出问题越多，学生思维越活跃，分析也就越深刻。

2."互教互学"法

有时盲生理解知识的角度和方法很独特，这时同学间的互相学习就显得很重要，对教师的教学也有很大启发，这种方法就是师生间、学生间"互教互学"。

建立"互教互学"课堂教学模式的指导思想，通过师生间、学生间的互教互学，使教师不断提高对盲教育特点和规律的认识，提高教育教学质量，使盲生掌握学习规律，提高学习效益，并形成团结协作、探索创新的精神。它是根据盲生知识面狭窄，缺乏地理空间概念，但善于思考的特点，教师首先做学生的"眼睛"和信息源，继而充当学生的引路人，指导学生"手牵手"，用自己的智慧与能力去发现、去认识新事物、新知识、新方法，掌握其中蕴含的基本规律。这种方法更适合盲校高中地理新授课的教学。

它的一般程序是：自学→自析→选题→为师→质疑→自结→自测→运用。自学，即课前有目的地预习。自析，即学生在自学的基础上，分析教材的知识体系，构建知识框架，并确立学习的重点和难点，明确学习目标。选题，即学生选择自己认为理解最深刻、最透彻的部分知识，并准备把这部分知识讲给同学听，与他人共享。教师平等参与该过程，主要选择教学重点和教学难点。为师，即按照循序渐进的原则，由师生分别讲述所选的专题知识。质疑，即学生将听讲中不明白的、有疑问的问题提出来，向老师请教，向同学请教，或师生共同讨论，使对知识的理解和掌握更透彻、更全面。自结，即学生记忆、解说并书写，总结本节课学习的主要内容，尤其是再现本节课堂学习的重点、难点问题。自测，即学生自己对一节课的学习目标完成情况进行检测。运用，即师生共同收集并分析生活、生产中与本节知识有关的现象或问题，并探讨问题的解决途径和方法。

此外，盲生知识面狭窄，信息量不足，且缺乏对事物的感性认识和整体认识，这给学生自学带来很大困难。因此，需要教师充当学生的助手和眼睛，要做好课前准备工作，包括教具、书面或有声读物材料，为学生自学扫清学习障碍，并在教学中运用现代化的教学手段以提高教学效率和教学质量。

3. 引导探究法

它是教师指导学生通过自主参与一系列多种形式的开放的探究式学习活动，使学生获取知识、应用知识解决问题、培养能力的一种教学方式，强调学生对所学知识、技能的实际运用，强调学生参与中的体验与感悟。地理课程的实践性特点决定了这种教学方法适用于地理教学，对"过程体验"及获得直接经验的特点能够满足盲生的认知需要，符合盲生的认知特点。

学生的探究活动主要是小组合作共同完成的。合作小组的合理设置是保证小组合作成功的前提。首先要确定小组的数目及组内人数，一般以每组 3～4 人，全班分为 3～4 小组为宜；其次要按照"组内异质、组间同质"的原则建立合作小组，各小组中低视力学生与全盲学生合理搭配；最后还要考虑学生的知识水平和学习特点，尽量使小组成员各具特色，能够形成互补。

引导探究教学中所提出的探究问题应有一定的难度和挑战性，有利于激发学生学习的主动性和小组学习活动的激情以及发挥学习共同体的创造性；探究的内容对于低视力学生及全盲学生来说应是可操作的；对于可能需要做的实验教师需要提前在实验室进行验证，并尽可能将探究活动中的实验向更适合盲生特点的方向改进；对盲生特别是初中的学生而言，收集和筛选信息还需要花费大量的时间，因此对于通过搜集资料、整理分析资料来完成的探究活动，教师要将学生可能用到的信息筛选出来提供给学生。

4. 研究性学习

研究性学习是指"学生在教师指导下，从自然、社会和学生自身生活中选择和确定专题进行研究，并在研究过程中主动地获取知识，应用知识，解决问题的学习活动"。研究性学习是一种主动和富有个性的学习，它不仅能使学生获得更多的知识，更重要的是让生活环境相对封闭的盲生能够走出课堂，在更大范围的、开放的地理环境中学习研究，让学生学习真实的地理，学习对生活有用的地理，帮助学生更好地认识自身所处的环境，开阔眼界，提高学生发现问题、解决问题的能力，培养学生独立思考和独立工作的能力，培养学生的创新精神和实践能力。地理课程具有综合、开放与实践的特征，为开展研究性学习提供了丰富的素材，因此在地理学科中开展研究性学习具有独特的优势。

研究性学习内容要与地理课程内容整合。地理新教材中给出了类似"家乡的工业区位调查"、"你身边的环境问题与解决方案"、"从市中心到市郊，你选择住在哪里"等研究性学习题材，这些题材紧扣学习内容又贴近生活，可以很好地调动学生的主动性与参与性，让学生在实践中感悟和体验，锻炼解决问题的能力，课题研究的结果可直接运用于课堂，帮助学生更好地理解知识，实现学科与方法的整合。

研究性学习多以研究专题的方式进行，适用于高中阶段。它的一般过程是选题、调研、交流。研究性学习的第一步是选题即确定课题，课题的性质决定了研究性学习是否可以顺利开展，课题应与学生身边环境和日常生活联系较为紧密，应具有目标明确、内容具体、盲生可操作等特点。调研，即组织课题组、制订研究计划、实施并写出调查报告、提出建议等，教师要给盲生提供实施研究的必要条件，参与并给出方法指导。交流，即课题组成员展示研究成果、交流评价研究成果的过程。

(二)教学具体注意事项

其一，注意用最新的地理材料补充教科书的不足，使学生掌握最新、最准确的地理知识(因为教科书不能时时变化，而人们的生活、生产活动则不断在发展)。

其二，关于地图的注意事项。可以说没有地图就无法进行地理教学，读图、分析图、绘图也是地理教学的"双基"之一，而盲生最大特点就是不能看图，这成为盲生学地理的最大困难。没有地理事物的空间概念，使学生对某些地理原理也很难理解。因此教师要根据地理教学规律和盲生特点，多动手制作触觉地图、模型等教具，加强直观教学，帮助盲生建立空间概念。

其三，要注意充分挖掘教材中的德育内容，寓德育于知识教育之中，培养盲生正确的人生观、世界观、资源观等，使他们学会辩证地、全面地分析问题，提高分析问题、解决问题的能力，并对学生进行爱国主义、国际主义教育。

其四，要注意加强分类教学。分类教学可以按照学生视力情况不同分类，对低视力生，要在教学中渗透低视力康复教育理念，充分调动其残余视力，利用课件、视频材料等加强视觉感知，利用台灯、读书板、单筒望远镜、视频放大器等助视器具，通过板书、板画和大挂图进行教学，满足低视力学生的需要；对全盲生，要充分利用模型、触摸图等教具学具以及声音等多媒体资源，加强触觉、听觉等信息输入，补偿由于视觉缺少带来的视觉信息缺乏，同时要加强对学生读图能力的培养，帮助学生建立空间概念，激发学习地理的兴趣，完成学习目标。

其五，要注意加强个别化教学。根据学生情况，有层次、有针对性地确定教学内容。为了便于课堂教学的组织实施，最好以教材中的教学内容为基础确定每一节课堂教学的一级、二级、三级教学内容。一级教学内容可以包括新知识的知识基础和新教学内容中的基本知识；二级教学内容可以是新教学内容中有一定深度、难度的部分；三级教学内容是为学习成绩优秀的学生准备的，不同学习基础的学生掌握不同层次的教学内容。选定教学内容的过程也是制定个别化教学目标的过程，教学目标要明确、具体、具有可操作性，教师在教学过程中要让每个学生明确学习目标，并鼓励、帮助每个学生努力完成目标，让每个学生都有收获、有提高、有进步。

其六，针对盲生没有相应盲文目标检测和同步训练资料的情况，除了加强课堂训练外，还可把目标检测的习题录制成声音文件，让学生进行练习。

(三)课程评价

教学离不开评价，信息技术飞速发展。新课标要求体现发展性的教学评价，要坚持评价目标多元化，应在知识与技能评价的基础上，关注学生的价值判断能力、理性思考能力、分析解决问题的能力以及对社会责任感的评价，关注学生在学习过程中表现出的思想和行为的变化，对学生进行全方位的关注与评价。

体现发展性的教学评价，要坚持评价手段多样化。地理学习的评价类型多种多样。多样的评价手段能够针对不同的地理学习任务、不同程度的学生，起到及时了解学生状况、促进与鼓励地理学习的良好作用。不同的评价方法有不同的适用范围。评价时要从实际出发，选择和利用合适的评价手段，充分发挥各种评价手段的优势，取长补短。

体现发展性的教学评价，要注重评价机制的过程性，重视反映学生发展状况的过程性评价。这要求在地理教学评价中不仅要重视评价结果，也要重视评价过程，关注学生在学习过程中的感悟和体验，注重地理学习评价的"三结合"，即形成性评价与终结性评价相结合、定性评价与定量评价相结合、反思性评价与鼓励性评价相结合。

地理课程评价要强化评价的诊断和发展功能，弱化评价的甄别和选拔功能。

1. 学前评价

学期开始或进行一个新的教学单元之前，要对学生进行摸底，以便了解学生已有的知识水平、学习特点，从而更好地选择教学方法，因材施教。评价的方式可以是访谈、问卷、测验等。访谈特别适用于了解学生的观点、意见、思想以及兴趣、爱好、态度等方面的信息。问卷则是以书面形式向学生提出问题，通过学生的回答收集学生对有关事物的态度、看法等信息。测验则是对学生在认知、操作等领域中的有关学习行为进行定量测试的一种方法①。

2. 学中评价，即教学过程评价

评价的目的是改进和强化学生学习，获得反馈信息，从而更好地改进教学过程，提高教学和学习质量。评价要渗透到地理教学过程的所有环节，不同的目标领域（认知领域、技能领域、情感领域）要选用不同的方法对学生进行考查、评价。针对不同学生的视力特点、心理特征、学习形式和学习特点的差异以及各种评价方式的不足，采取多种评价方式。除了选用书面形式的测验、口头提问、描绘地图、绘制地理图表、读图分析等常见评价形式，也要注意通过观察学生在讨论、实地观测观察、探究性、研究性学习等活动中的表现来评价，同时还要根据需要采取访谈、报告、轶事记录、作业、作品展示、小论文写作、地理档案袋等评价方式。

过程评价应注意的是：要坚持客观性原则，实事求是，着眼于学生的进步和动态发展，评价要适时、适度，评价过程中注意引导盲生开展自评、互评，让学生知道自己的优点与不足，教师应以肯定性评价为主，充分调动每个学生的学习积极性，逐步建立一种"发现闪光点"、"鼓励自信心"的激励性评价机制。

3. 学后评价，即结果评价

学后评价指在地理某单元学习结束或者课程学习结束时对学生进行的学习结果的评价，一般为单元检测、学业水平测试。

四、盲校地理课程资源与管理

（一）课程资源

地理课程资源是指有利于地理课程目标达成的所有因素与条件的总和。即广泛蕴藏于学生生活、学校、社会以及自然中的所有有利于地理课程实施、有利于实现地理课程教学目的的教育资源。

按照地理课程资源的空间分布，可将其划分为校内课程资源和校外课程资源。

校内地理课程资源，主要包括地理教学图件，如世界地形图、世界政区

---

① 陈澄主编：《新编地理教学论》，上海，华东师范大学出版社，2007

图、中国地形图、中国政区图、中国交通图等；地理教学模型和标本，如地球仪、各大洲地形立体模型、中国地形立体模型、主要矿物和岩石标本、土壤标本、动植物标本、有关的地形模型等；地理教学仪器，如盲用卷尺、铁锤、罗盘仪、普通望远镜、天文望远镜、照相机、小型摄像机、电视机、视频放大器、VCD 及 DVD 等；地理教学场所，如地理活动室、学校图书馆、资料室、大字阅览室、语音阅览室、电脑教室、地理园、气象观测站、地震监测站、天象馆、小天文台等；图书资料，包括各类地理图书、地图册、地理风光景观画册、教学软件、光盘等。

校外地理课程资源，按其内容和性质可分为 4 大类：大众传媒，如报刊、书籍、广播、电视电影、互联网等；青少年活动场所，如青少年活动中心、地理教育基地、图书馆、科技馆、气象台、天文馆、博物馆、陈列馆、展览馆和主题公园等；学校周围的社区机构；学校附近的自然环境。

要组织学生走进大自然，参与社会实践、开展参观、调查、考察、旅行等活动，邀请有关人员演讲、座谈，拓展学生的地理视野，激发学生探究地理问题的兴趣。

(二)地理课程资源应用及管理

这是指对学校内外的地理课程资源进行系统化和规范化的管理，列出各种资源物件的清单，建立起严格的管理制度和应用制度。

首先，教师在地理教学过程中要结合学校的实际和学生的学习需要，充分利用学校已有的地理课程资源。

其次，教师要鼓励学生充分利用学校已有的地理课程资源，积极开展各种地理课外活动。教师应鼓励和指导学生组织兴趣小组，开展野外观察、社会调查等活动。指导学生编辑地理小报、墙报、板报，布置地理橱窗，引导学生利用学校广播站或有线电视网、校园网传播自编的有关节目。此外，教师要加强与其他学科教师的联系与沟通，纳其他学科的课程资源为地理所用，同时推动地理课程资源在其他学科教学中使用，使地理课程资源更具开放性。

最后，地理教学要注重理论联系实际，强调课堂要面向社会。应注意的是：要不断挖掘和发展校内外各种地理课程资源，丰富课程资源的内容。同时，还应提倡校际地理课程资源的共建和共享。

五、教案举例

初中地理教案

课题名称	八年级地理上册第三章第二节《中国的气候》第一课时	
教材简析	本节是本章的重点内容之一，在本章中起承上启下的作用。本节教材从学生的日常生活引入，密切联系生产实际和生活实际，把抽象的天气、气候知识变成具体有用的知识，使教学内容具有很强的实践性，且富有浓厚的生活气息，学生学起来感到亲切、实用。	
学情简析	盲校初中八年级学生主动学习新知识的愿望比较强烈，有一定的语言表达能力和地理基础知识，并且初步掌握了一定的读图方法，但学生间的差异极大。学生通过七年级地理的学习及网络、收听节目等，对中国的气候知识有一定的了解。	
教学目标	1. 了解我国冬夏气温的分布特点，初步学会分析其形成原因。 2. 了解我国温度带划分、分布及其对农业生产的影响。 3. 培养学生阅读和分析等温线图、温度带图的能力。 4. 通过学习明白气候与人类的生活、生产活动密切相关。	
重点 难点	气温分布规律及其成因，温度带的划分。 冬季南北气温悬殊的原因。	
教学方法	读图分析法、引导探究法。	
教 与 学 活 动 过 程		
教学环节	教师活动	学生活动
导入	1. 提出要求：注意海口、北京、哈尔滨的气温。 2. 播放视频"天气预报"。 3. 提问：海口与北京气温相差多少？ 　　谈话：这说明，在冬季，我国南方和北方的气温存在很大差异。为什么存在这么大的差异呢？	看、听视频，回答 计算 积极思考

教 与 学 活 动 过 程		
教学环节	教师活动	学生活动
冬季气温特点及成因	1. 提供材料"冬至日漠河、北京、广州三地的正午太阳高度、昼长时间情况表"。 2. 提供补充材料。 3. 提问：冬季气温还有哪些特点呢？ 4. 出示"中国1月平均气温"图，指导读图。 提问： (1)气温递变规律是怎样的？ (2)东部地区等温线延伸方向有什么特点？ (3)0℃在何位置？在什么位置突变？影响因素是什么？ 5. 小结：影响我国冬季气温分布的因素。	1. 小组合作，提出猜想。 2. 根据材料，小组合作探究。 3. 总结交流。 4. 阅读"为什么我国冬季南北气温相差很大"，形成感性认识。 5. 思考。 6. 积极读图思考讨论回答。 (1)由南向北递减。 (2)大致为东西方向，与纬线平行。 　　低视力学生读出：大致穿过秦岭—淮河一线。在青藏高原东部边缘向南弯曲； 　　全体学生思考回答：地形地势的影响。 7. 归纳总结。
夏季气温特点及成因	1. 过渡：我国冬季南北温差大，夏季是不是也是这样呢？ 2. 出示："中国7月平均气温图"，个别指导。 提问： (1)黑龙江省北部和海南岛南部的气温各约多少度？两地气温相差多少度？说明什么问题？ (2)7月份，全国平均气温最低的地方在哪里？(低视力)为什么？(全体) 3. 提问：为什么夏季南北气温相差不大？ 4. 小结。	1. 积极思考。 2. 自己看图讨论分析总结出我国夏季气温分布特点。 3. 由已知探未知，自己归纳认识。

续表

教　与　学　活　动　过　程		
教学环节	教师活动	学生活动
温度带的划分与分布	1. 介绍积温、生长期概念及其内在联系。 2. 出示"中国的温度带"图，指导读图。 3. 提问：你的家乡属于哪个温度带？	1. 了解。 2. 观察，回答我国温度带划分标准及自北向南划分为几个温度带，并联想各个温度带所对应地形区、大致行政区。 3. 回答并举例说明主要农作物及作物熟制。
课堂小结	总结、补充。	归纳、小结。
布置作业		

思考题：

1. 简述盲校地理课程的"读图分析"教学法。

2. 盲校地理课程教学有哪些注意事项？

（本章作者：山东省青岛市盲人学校张蕾；北京市盲人学校李艳梅；甘肃省天水特殊教育学校贾雪。甘肃天水特殊教育学校常雪梅、北京师范大学特殊教育系 2009 级杨立鹏参与整理）

第十一章　盲校科学课程与教学

在 3～6 年级开设的科学课程是以培养科学素养为宗旨的科学启蒙课程。承担科学启蒙任务的这门课程，将细心呵护儿童与生俱来的好奇心，培养他们对科学的兴趣和求知欲，引领他们学习与周围世界有关的科学知识，帮助他们体验科学活动的过程和方法，使他们了解科学、技术与社会的关系，乐于与人合作，与环境和谐相处，为后继的科学学习、为其他学科的学习、为终身学习和全面发展打下基础。学习这门课程，有利于盲生形成科学的认知方式和科学的自然观，并将丰富他们的童年生活，发展他们的个性，开发他们的创造潜能。

一、盲校科学课程目标

(一)盲校科学课程总目标

通过科学课程的学习，知道周围常见事物及其相关的浅显的科学知识，并能应用于日常生活，逐渐养成科学的行为习惯和生活习惯；了解科学探究的过程和方法，尝试进行科学探究活动，逐步学会科学地看问题、想问题、解决问题；保持和发展对周围世界的好奇心与求知欲，形成大胆想象、尊重证据、敢于创新的科学态度，培养爱科学、爱家乡、爱祖国的情感；亲近自然、欣赏自然、珍爱生命，积极参与资源和环境的保护，关心科技的新发展；立足于促进视力残疾儿童的全面发展，开发其各种潜能和补偿视觉缺陷。

(二)盲校科学课程具体目标

1. 科学知识

①学习生命世界、物质世界、地球与宇宙三大领域中浅显的、与日常生活密切相关的知识与研究方法，并能尝试用于解决身边的实际问题。

②通过对物质科学相关知识的学习，了解物质的常见性质、用途和变化，对物体的运动、力和简单机械，以及能量的不同表现形式具有感性认识。

③通过对生命科学有关知识的学习，了解生命世界的轮廓，形成一些对生命活动和生命现象的基本认识，对人体和健康形成初步的认识。

④通过对地球与宇宙有关知识的学习，了解地球、太阳系的概况及运动变化的一般规律，认识人类与地球环境的相互作用，懂得地球是人类唯一家园的道理。

⑤通过设计和技术有关知识的学习，初步掌握综合知识和经验进行设计的技能；能够运用一些简单工具制造产品或解决实际问题。

2. 科学能力

①认识科学探究的过程和方法，培养科学探究能力。发展学生提出问题、做出假设、制订计划、收集证据、得出结论、表达和交流的能力。

②在科学探究中发展合作能力、实践能力和创新意识。

③发展学生的思维能力。培养小学生具有初步的比较、判断、归纳、分类、想象、概括等思维能力。

3. 科学态度

①保持对科学以及与科学有关事件的好奇心，具有一定的想象力，敢于创新，乐于探究自然现象和日常生活中的科学道理；乐于参加观察、实验、制作、调查等科学活动。

②珍爱并善待周围环境中的自然事物，树立科学观，破除封建迷信，初步形成人与自然和谐相处的意识。

③知道科学已经能解释世界上的许多奥秘，但还有许多领域等待我们去探索，科学不迷信权威，正确对待视力残疾。

④有求真务实、坚持真理的科学精神，敢于依据客观事实提出和坚持自己的见解，能听取与分析不同的意见，而且面对有说服力的证据勇于改变自己的观点。

⑤有将自己的意见公开并与别人交流的愿望；认识交流的重要性，有主动与他人合作的态度。对别人的情感和利益具有敏感性，并能理解别人的观点。

⑥意识到科学技术对人类与社会的发展既有促进作用，也有消极影响。

二、盲校科学课程内容及特色之处

科学课程涉及了天文、地理、物理、化学、生物、生理卫生、环保等众多方面的知识，是小学课程中涉猎门类最多的学科，它渗透了爱国主义教育、唯物论思想、认识论的思想、环境保护等多方面的思想教育内容。小学科学教学内容划分为物质科学、生命科学、地球与宇宙科学、技术、科学探究 5 大部分。

(一)物质科学

一个无生命的物质世界与生命世界同样五光十色，精彩纷呈，充满了形形色色的令人惊奇、迷惘、感叹的现象和过程。"物质世界"这部分的学习将带领学生走进这块神奇的土地，开始探索其中的奥秘。通过对物质科学有关知识的学习，了解物质的一些基本性质和基本运动形式，认识物体的运动、力、能量和能量的不同形式及其相互转换。

"物体与物质"部分经过对物体—材料—物质这三个层次的观察与探讨，让学生了解物质一些基本的性质与变化过程，使学生的认识逐渐由具体向抽象过渡。

"运动与力"部分使学生了解位置与运动的概念，知道力与运动变化的关系，了解常见的简单机械。

"能量的表现形式"部分讨论了声、热、光、电、磁这些物理现象，并使学生知道它们都是能量的不同表现形式，不同能量之间可以转换。

物质世界这部分所涉及的许多知识与技能都是现代科学和现代技术的基础，在这一部分应该充分体现出其与科学和技术的关系。

(二)生命科学

科学课程要让学生接触生动活泼的生命世界，去田野树林、山川湖泊，看花草树木、虫鱼鸟兽，感受生命的丰富多彩、引人入胜。他们会发现每一片树叶都不同，每一朵花儿都绚丽，从而激发热爱生命的情感和探索生命世界的意趣。通过与生命科学有关知识的学习，了解生命现象、生命活动的特征、过程和发展的一般规律，认识人具有一个高级功能的脑。

"生命世界"的内容标准的确定是要让学生尽可能多地去认识不同种类、不同环境中的生物，进而对多种多样的生物有比较全面的认识。"生命的共同特征"这部分内容是为了整合学生对生命零散的认识。"生命与环境""健康生活"部分的具体内容则十分强调联系和应用。

"生命世界"这部分内容的学习不应拘泥于生物学上的专有名词和概念，要让学生深入探究生物生命活动中一些有意义的问题，有助于他们对生命本质的认识上升到新的高度。

(三)地球与宇宙

在低年级，儿童就从各种媒体接触到"地球"这个名词，科学课程有责任使盲生获得有关地球的更完整的印象，这包括了解地球的概貌和组成物质以及因地球的运动而引起的各种变化。让盲生用探究的方法研究地球物质的性质，不仅可以使他们获得相关的知识，了解科学探究的过程和方法，体验到探究的乐趣，还可以使他们对习以为常的地球物质"刮目相看"，意识到地球物质的价值和保护它们的重要性。

通过对地球科学有关知识的学习，了解地球、太阳系的基本情况及运动的规律，认识到人类只有一个地球，改善生态环境，与大自然和谐相处。

地球与宇宙还包括天空中的星体，这部分内容为盲生撩开了星空的神秘面纱。盲生通过观察、记录太阳和月球的运动变化，探究它们的运动模式，锻炼自己的毅力；他们通过了解人类对宇宙奥秘的探索，认识科学的进步和人类智慧的潜力。这部分内容的教学重点是点燃盲生的求知欲，这远比告诉他们太阳的直径、温度更重要！

（四）技术

设计为特色的技术同以探究为特点的科学相并存的过程，发展学生综合解决实际问题的能力。了解人们设计不同的仪器和工具来满足各种用途，人们设计不同的工具来移动物体，设计不同的结构来实现不同的功能，设计不同的仪器和工具来满足各种用途。

（五）科学探究

科学探究是科学学习的中心环节。科学探究不仅可以使盲生体验到探究的乐趣，获得自信，形成正确的思维方式，而且可以使他们识别什么是科学，什么不是科学。

科学探究不仅涉及提出问题、猜想结果、制订计划、观察、实验、制作、收集证据、进行解释、表达与交流等活动，还涉及对科学探究的认识，如科学探究的特征。

科学探究能力的形成依赖于学生的学习和探究活动，必须紧密结合科学知识的学习，通过动手动脑、亲自实践，在感知、体验的基础上，内化形成，而不能简单地通过讲授教给学生。在小学阶段，对科学探究能力的要求不能过高，必须符合盲生的年龄特点，必须符合视力残疾儿童的年龄特点和生理特点，由扶到放，逐步培养。在具体的教学实施过程中，可以涉及科学探究的某一个或某几个环节，也可以是全过程。

三、盲校科学课程教学方法及评价

(一)教学方法

1. 分类教学

首先是对低视力、全盲进行分类，然后是对个别生进行分类教学。在教学中低视力学生是老师的得力助手，一是要关注他们的汉字教学；二是要充分利用他们的残余视力，最大限度地贴近普通学校的授课形式，利用他们的残余视力让他们描述全盲学生无法观察到的实验现象。他们与全盲生同样具有视力残疾，朝夕相处，他们的解说更具说服力（如观察高锰酸钾颗粒在水中溶解的过程）。个别生主要是指学习能力、动手能力相对薄弱的同学，对他们的要求从各个方面都应比其他学生相对低一些，让他们经过努力可以达到要求，培养他们的成就感，从而激发学习兴趣。

2. 分组教学

在分组教学中将低视力与全盲进行搭配，能力强与能力弱的同学进行搭配，共同完成实验，既完成了教学任务同时也培养了学生的协作精神。但要注意：低视力学生、能力强的学生受到的夸奖较多，容易兴奋捣乱，好奇心更强，要严格要求。

3. 讨论教学

科学课程必须密切关注科学前沿和社会热门话题。盲生爱听广播、上网，获取知识信息的渠道并不狭窄，对一些社会热点话题，尤其是流言蜚语他们同样感兴趣，为了破除迷信、培养学生的唯物主义世界观，必须对这些热点话题给学生一个明确的科学解释。比如，有一段时间盛传 5·12（汶川 5 月 12 日发生的 8.0 级大地震）＋1·12（海地 1 月 12 日发生的 7.3 级大地震）＋2·27（智利 2 月 27 日发生的 8.8 级大地震）＝2012（玛雅预言 2012 年 12 月 21 日是世界末日）。偶然的数字组合搞得人心惶惶，科学课程就应该关注，可以通过讨论的方式，各自根据自己搜集的资料，发表自己的看法，最后老师总结解释：从汶川经海地到智利，三者共轭；都发生在月圆前后，月亮的引力，在某种程度上激发了地球的潜能，导致地壳能量在这个时候被释放出来，从而导致地球的某个部位发生地震。玛雅预言仅是旧纪年的结束、新纪年的开始罢了。

4. 现场教学法

结合周边资源直接组织学生进行参观学习，更具说服力。如北京市盲人学校在讲"水域的污染和保护"时，结合学校靠近北京节水展馆的优势，进行节约用水教育，同时学校又毗邻京密引水渠昆玉河段，可以对学生进行保护水资源的教育。而上海市盲童学校讲磁铁时就结合时代特点介绍了磁悬浮列车：推斥式的(以日本为代表)、吸引式的(以德国技术为代表，上海磁悬浮列车就是采用这种技术)，直接带盲生去体验。

5. 实验教学法

科学课要有很多实验，可以组织盲生自己动手，亲自试验。如在讲述"植物的种子"一课时，可事先让学生自带生花生米，提前两天用清水浸泡；老师到菜市场买来发好的豌豆苗或豆芽菜。讲解时首先按教材要求进行种子解剖，剥开种皮可以看见两片子叶，掰开子叶可以看到胚根和胚芽。通过对蚕豆、花生的解剖，学生很容易理解书上的知识。胚根将来长成植物的根，胚芽将来长成植物的茎和叶，理解没有问题，但是现实看不到，印象就不深，于是马上让学生观察豆芽菜，辅助以教师的讲解，学生就会得到很深刻的印象，容易理解。

(二)教学建议和教学注意事项

1. 授课教师的知识储备

小学科学课的教材内容很杂，这就对教师的知识储备提出了很高的要求。在自然地理方面：讲到节气歌的时候要逐个向学生讲解每个节气在农业生产中的意义和对人的生活有哪些影响；在讲到地球的自转与公转的时候，就要结合中国农历中的闰月问题，说明为什么会出现四年一闰；在讲到金属部分时，教师需要对金属的冶炼、制造有很充分的了解。

每一位教师在授课过程中都要能做到正确、准确对教材知识的掌握和理解。不出现科学性错误。全盲生在课堂上经常会提出各种各样稀奇古怪的问题，这时候就要求教师冷静处理，可以不及时作答，但是千万不能答错。针对一时找不到答案的问题可以留在下节课解决，不管是否有正确答案都要给学生一个交代，以树立教师言行统一的形象。可以说不知道，但一定不能说错。

2. 直观语言的运用

盲生由于缺乏视觉，不能通过观察理解许多基本的形状、颜色，好多东西在他们脑子里没有完整、科学的概念。直观语言就是语言的准确描述而且用学生能够理解和接受的语言或者举例说明，即用学生熟悉的事物来形容，使学生对未知事物的形态有一个直观印象。

例如，讲植物的茎的特征时，用现有的顺口溜可以形象准确地帮助学生理解和记忆：茎上有节，节上有芽，叶长在节节上，芽长在叶叶里。通过形象的语言描述，再配合学生的实际观察，很轻松地就能将茎的特点记住。

3. 实验教学注意事项

科学课有许多内容都需要动手操作和使用实验器材，盲校学生由于视力障碍，在实验室或室外观察过程中，往往会发生一些意想不到的事情。实验教学要注意：实验器材、实验过程的充分准备；实验前必须对学生进行安全教育，如树枝的挂碰、室外环境突出物、地面环境的变化、刀具安全等。

盲校学生与普通学生一样天性好动、好奇，特别是在室外上课，学生特别兴奋，要加强的纪律教育，一定要让他们服从指挥，按照老师的要求不打折扣地执行。在实验室中，不严格要求，有时会出现实验器材的损坏，甚至使学生受到伤害。

4. 注意激发和培养盲生科学兴趣

可以利用大自然、教具激发学生的科学学习兴趣。例如，带领学生到大自然中观察物理和生物现象，采集标本，通过自然的力量启发学生的思维和想象力。通过形象的、生活化的教具帮助学生更好地理解所学习的知识，这无疑会增加学生的学习兴趣和动机。

再者，教师可以通过实验教学激发学生探索欲和动手能力，通过有效的提问激发学生的好奇心。

(三)课程评价

科学课程的教学评价主要是为了促进学生的学习和发展，因此评价不能仅在学习过程结束后进行，而必须伴随教学活动的全过程。因为学习的很多因素是无法通过定量方式测定的，也无法在终结性评价中客观反映。

1. 课堂观察评价

观察是一种较为基本和常用的科学研究方法。这里所指的课堂观察是指上课教师或研究者按照一定的目的和计划，在自然课堂教学活动的状态下，用自己的感官和辅助工具对师生的教与学行为和学生的参与状态等教学现象进行观察研究的一种方法。开展课堂观察评价，要以学生发展为中心，教师在课堂中要充分关注学生的状态，从学生的注意状态、参与状态、交往状态、思维状态、情绪状态、生成状态等方面去观察学生，随机进行评价；在课后要充分利用成长记录和科学日记了解学生，作出适当评价。通过这样的课堂观察评价，鼓励学生去思考、去尝试、去实践科学，经历科学过程，体验生命历程。

开展课堂观察评价需要教师随时关注学生在课堂上的表现与反应，及时给予必要的、适当的鼓励性、指导性的评价。如学生在小组学习中讨论、交流、合作的参与程度；在思考、获取知识过程中提出问题和解决问题的能力；在操作过程中的动手能力、表达能力等都可成为课堂评价学生的主要内容。

2. 根据教学内容分类评价

探究既是科学学习的目标，又是科学学习的方式。科学活动的本质在于探究，教育的宗旨在于形成人的良好素质，科学教育只有引导学生通过科学探究来发展其科学素养，才能实现科学本质与教育宗旨的内在统一。我们觉得可以重点评价学生科学探究过程中表现出来的兴趣、技能、思维水平和活动能力。科学探究方面应重点评价学生动手动脑"做"科学的兴趣、技能、思维水平和活动能力。具体可以评价他们参与科学学习活动是否主动积极，是否持之以恒，是否实事求是；观察是否全面，提问是否恰当，测量是否准确，设计是否合理，表达是否清晰，交流是否为双向或多向的；收集、整理信息进行合理解释的能力怎么样，动手能力怎么样，同伴之间交往合作的能力怎么样。要注意鼓励盲生进行科学探究活动，理解科学探究过程，获得科学探究的乐趣，逐步提高他们的科学素养，而不要强调盲生科学探究的结果或水平。

情感态度与价值观既是科学学习的动力因素，影响着学生对科学学习的投入、过程与效果，又是科学教育的目标。主要包括如何对待科学学习，对待科学，对待科学、技术与社会的关系，对待自然四个方面。培养盲生的情感态度与价值观，不能像传授知识一样直接"教"给学生，而是要创设机会，通过参与活动，日积月累，让学生感受、体验与内化。情感态度与价值观方面应重点评价盲生科学学习的态度。具体可以评价他们的学习兴趣是否浓厚，学习动机是否强烈；是否积极主动地参与学习活动（举手发言的次数、回答问题是否积极、参与讨论的积极性等）；能否尊重事实、尊重证据，能否大胆想象勇于创新；是不是乐于合作与交流，乐于采纳别人的意见，乐于改进自己的学习或研究；能否崇尚科学的人文精神，关心科学、技术与社会的关系及热点问题，如环境问题、人口问题、能源问题等；能否从自我做起，热心参与有关活动，发展对自然和社会的关怀和责任感。

通过科学课程的学习，知道与周围常见事物有关的浅显的科学知识，并能应用于日常生活，逐渐养成科学的行为习惯和生活习惯是科学课要达到的目标之一。重点应评价盲生对生命科学、物质科学、地球与宇宙科学、人文与社会科学诸方面基本的概念和技能的理解过程和应用情况及对所学的内容掌握的程度，能否在理解的基础上将所学知识用于新情境中，能否综合应用知识，灵活、合理选择方法解决相关问题。尤其是学习过程中表现出来的对科学知识的把握与应用，而不是检查学生最终记住了多少概念。

评价要重在学习过程，重在知识技能的应用，重在亲身参与探究性实践活动获得的感悟和体验，重在学生的全员参与，重视学生在学习过程中的自我评价和自我改进。这样的评价是与教学过程并行的同等重要的过程，它不是完成某种任务，而是一种持续的过程；这样的评价旨在了解学生发展，是为学生服务的；这样的评价体现了以人为本的思想，建构个体发展。最终使学生获得亲身参与研究探索的体验、提高发现问题和解决问题的能力、学会分享与合作、科学素养的养成和增强对社会的责任感。

四、盲校科学课程资源

为了使盲生的科学学习具有广阔的智力背景，科学教育不能局限于传统意义上的教材，必须开发与利用多种多样的课程资源。

科学教育的课程资源无处不在，无时不有。从空间上可分为学校资源、家庭资源、社区资源和网络资源四类；从性质上包括人、物、环境三大资源。盲校要充分调动教师、家长、学生和其他社区成员的积极性，并根据农村和城市学校特定的自然环境和人文环境，以多种途径、多种方式、多种渠道开发与利用丰富的课程资源，以做到教育资源的数字化、标准化、共享化为目标，共同促进盲生科学素养的提高和发展。

（一）学校课程资源

学校课程资源可以分为教室内的课程资源和教室外的课程资源两类，主要包括实验室、科学教室、图书馆、阅览室及其配备资料、学校建筑、走廊的环境布置、花草树木、生物角、科技景点等。

学校课程资源利用与开发的途径和方式有：

①注意校藏书刊的结构(增添科技藏书)，更新科学教育设备。

②充分利用校内的土地，开辟科技、劳技教育基地(如百草园、气象站、饲养园地等)。

③在校园内设计并建立科技景点(如太阳钟、风力发电机、科技雕塑等)。

④利用在科技方面有特长的教师，积极开发相关的校本课程，自行开发各种教具，如实物、模型、多感官教具、触觉教具、声音教具、视觉教具等。

⑤建立校内多媒体视频库。

（二）家庭课程资源

家庭也存在着丰富的科学教育资源，主要包括家长的阅历与职业背景、家庭饲养的动物与种植的植物、家庭科技藏书等。

家庭课程资源利用与开发的途径和方式有：

①丰富家庭的科普读物，关注科技资讯信息，引导孩子建立自己的小小图

书馆，并提高其利用率。

②鼓励家长和孩子一起对家庭的饲养与种植的植物进行一些简单的科学探究活动。

③家长尽可能带孩子接触大自然，接触社会，进行社会实践。

(三)社区课程资源

社区课程资源主要包括科技工作者、工厂、农场、田园、科技实验基地、高新企业、植物园、动物园、科技场馆(如图书馆、科技馆、博物馆、少年宫、农技站等)、大专院校、科研院所等。

社区课程资源利用与开发的途径和方式有：

①开展改善社区环境的科技活动。

②与社区科研、企事业单位建立联系，共建科技活动场所，开展现场科技教学活动。

③聘请科技人员和专家担任学校科技活动的指导教师，聘请家长中的科技工作者定期向学生作科普讲座。

④组建学生科技团体，利用社区资源开展科普宣传和实践活动。

(四)网络资源

基于计算机信息技术的网络多媒体为科学教育提供了前所未有的崭新平台，蕴藏着丰富的科学资源。网络多媒体技术集成了文本、声音、图像、动画、视频等多种信息优势，给学生提供了大量丰富多彩的感性素材，有利于激发学生学习科学的兴趣，并按照学生的认知特点进行动态的意义建构。利用网络开发高效的教师教学平台和学生学习平台，如有声图书馆、学生教师的博客、科学教育相关纪录片、电子科普读物等。

五、教案举例

我的星座

第一时段——建立"我的星座"

(1)认识星座导入

①教师用多媒体出示一些著名的星座(如大熊座、仙后座、猎户座)，引起学生的兴趣。

②学生初步认识这些星座。

③在大屏幕上撤去星座的轮廓和连线，教师介绍：古人把星星和星星用线连起来，看成是动物、人或其他东西，这就是星座。古人可以建立他们的星

座，我们也能做一做古人，建立我们的星座。要求学生回家后各自观察星空，选择一些有代表性的星星，建立一个属于自己的星座——"我的星座"。

（2）学生回家观察星空，选择星星，建立自己的星座

学生各自把自己喜欢的星星用线连起来，建立自己的星座。（发给学生一张投影胶片，投影片印上网格，让学生注明方向，把"我的星座"画在投影片上）

第二时段——发表"我的星座"

（1）交流"我的星座"

①教师组织交流"我的星座"：A. 说说建立了什么样的星座；B. 说明命名的理由。

②学生各自用投影仪简单介绍自己的星座。

③介绍完就按东、南、西、北的方位，把"我的星座"贴在教室四周的墙上。

（2）讨论"我的星座"

①教师引导学生观察"我的星座"：仔细观察这些星座，看看能发现什么？

②学生观察后发表意见。

③引导学生发现：有的星座很相似，观察的可能是同一些星星。

④组织讨论Ⅰ：怎么才能知道是不是同一颗星星？让学生在讨论中明白，在同一时间星星的方位、颜色、亮度是一致的。组织讨论Ⅱ：怎样才能确定一颗星星的颜色、位置、亮度？可以统一时间，用指南针确定一颗星星的方位，用量角器确定星星的高度，亮度用小圈圈表示。

⑤研究后教师发给每位学生一只指南针、一只量角器，要求全体同学在晚上9点同时进行观察。

（3）学生在晚上9点按照自己的方位进一步确定"我的星座"中星星的准确位置

学生回家以后利用仪器确认"我的星座"和其他同学的星座，并用投影胶片准确标出自己星座中的星星。

第三时段——介绍"我的星座"

①介绍星座：

为了让同学们了解你的星座，请你把它介绍出来。（这一次的介绍和上一次不同，要求明确星座的方位、高度和特征）

②学生分别介绍各自的星座，然后把"我的星座"的星星标到教室里的大投影片上，再按方位用胶带把星座贴在教室四周的墙上。

③最后把四个方向的投影片用胶带粘在一块儿，形成一幅完整的星图。

④比较各自的星座：将"我的星座"和其他同学的星座进行比较，然后发表自己的发现。

（学生分成东、西、南、北四个小组观察、比较、讨论）

第四时段——关注"我的星座"

继续观察"我的星座"一年四季在星空中的变化，建立星星运动规律的概念。

思考题：

1. 简述盲校科学课程的内容。

2. 盲校科学课程如何评价其情感态度价值观？

（本章作者：辽宁省沈阳市盲人学校秦世广、徐杰，北京盲人学校计春海，广西北海市特殊教育学校周扬，新疆维吾尔自治区乌鲁木齐聋人学校周全鑫、北京师范大学特殊教育系 2009 级韩双参与整理）

第十二章 盲校生物课程与教学

生物科学作为研究生命现象和生命活动规律的一门科学，是自然科学的基础学科之一，也是发展最为迅速的学科之一。义务教育阶段的生物课程是国家统一的、以提高学生生物科学素养为主要目的的必修课程，是科学教育的重要领域之一。通过学习生物，使学生能够对生物学知识有更深入的理解，能够在探究能力、学习能力和解决问题能力方面有更好的发展；能够在责任感、合作精神和创新意识方面得到提高；盲校的生物课程还应肩负起对盲生进行生命教育的责任，有效地帮助盲生纠正不良心理，提高盲生对生命意义的理解和对自己、他人生命的热爱，从而提高盲生生命的质量。

一、盲校生物课程目标

通过义务教育阶段生物课程的学习，视力残疾学生将在以下几方面得到发展：

①获得生物学基本事实、概念、原理和规律等方面的基础知识，了解并关注这些知识在生产、生活和社会发展中的应用。

②初步具有生物学实验操作的基本技能、一定的科学探究和实践能力，养成科学思维的习惯。

③理解人与自然和谐发展的意义，提高环境保护意识。

④初步形成生物学基本观点、创新意识和科学态度，并为确立辩证唯物主义世界观奠定必要的基础。

作为本课程的学习结果，每个学生要努力实现以下具体目标。

(一)知识

①获得有关生物体的结构层次、生命活动、生物与环境、生物进化以及生物技术等生物学基本事实、概念、原理和规律的基础知识。

②获得有关人体结构、功能以及卫生保健的知识，促进生理和心理的健康发展。

③知道生物科学技术在生活、生产和社会发展中的应用及其可能产生的影响。

(二)能力

①正确使用生物学实验中的常用工具和仪器，具备一定的实验操作能力。

②初步具有收集、鉴别和利用课内外的图文资料及其他信息的能力。

③初步学会生物科学探究的一般方法，发展学生提出问题、做出假设、制订计划、实施计划、得出结论、表达和交流的科学探究能力。在科学探究中发展合作能力、实践能力和创新能力。

④初步学会运用所学的生物学知识分析和解决某些生活、生产或社会实际问题。

(三)情感态度与价值观

①了解我国的生物资源状况和生物科学技术发展状况，形成爱祖国、爱家乡的情感，增强振兴祖国和改变祖国面貌的使命感与责任感。

②热爱大自然，珍爱生命，理解人与自然和谐发展的意义，提高环境保护意识。

③乐于探索生命的奥秘，具有实事求是的科学态度、探索精神和创新意识。

④关注与生物学有关的社会问题，初步形成主动参与社会决策的意识。

⑤逐步养成良好的生活与卫生习惯，确立积极、健康的生活态度。

无论是总体目标还是课程具体目标，都与普校大体一致。这说明国家把盲生和普通学生同等对待，对他们的培养目标是一致的，并没有因为其视力有残疾就在知识、能力及情感态度价值观方面降低标准。这体现了社会对视障学生的尊重和认同，使他们从身体到精神更好地回归主流、回归社会。

二、盲校生物课程内容及特色之处

(一)课程内容

1. 科学探究

生物课程中的科学探究是学生积极主动地获取生物科学知识、领悟科学研究方法而进行的各种活动。科学探究通常涉及：提出问题、做出假设、制订计划、实施计划、得出结论和表达、交流。在教学中，教师应积极创设条件并提供机会让学生亲自尝试和实践，并将科学探究的内容标准尽可能渗透到各主题内容的教学活动中。教师在引导学生参与科学探究活动时，不仅应让学生参加科学探究的某些方面的活动，也应该注意让学生有机会参与若干完整的探究活动。

2. 生物体的结构层次

生物体有一定的结构层次。细胞是生物体结构和功能的基本单位。细胞的分裂、分化和生长是细胞重要的生命活动。细胞经过分裂和分化形成生物体的各种组织，由功能不同的组织形成器官，共同完成某种生理功能的器官可以形成系统。多细胞生物体依靠细胞、组织、器官（系统）之间的协调活动，表现生命现象。

理解有关细胞的知识是学习生物学知识的基础。教师应提供机会，引导学生认识动植物细胞的结构和功能。低视生探究动植物细胞的结构和功能，初步了解显微观察的方法和过程，激发探究的兴趣。

3. 生物与环境

任何环境中都有多种多样的生物。每种生物都离不开它们的生活环境，同时又能适应、影响和改变环境。生物与环境保持着十分密切的关系，并形成多种多样的生态系统。

教师应指导学生通过对一片草地、一个池塘、一块农田等生态环境的研究，学习调查的方法。低视生学会观察的方法，能加深对生物与环境关系的认识。生物与环境关系的知识，对学生形成热爱大自然、爱护生物的情感，理解人与自然和谐发展的意义以及提高环境保护意识十分重要。

4. 生物圈中的绿色植物

绿色植物对生物圈的存在和发展起着决定性作用。绿色植物通过它的生命活动直接或间接地为其他生物提供食物和能量，并在维持生物圈中的碳氧平衡和水循环方面发挥着重要作用。高等绿色植物中的粮食作物、蔬菜、瓜果、花卉等都是人类种植栽培的主要对象，它们中有许多是适合学生观察、探究的内容。教师应积极组织学生开展各种探究活动，加深学生对相关知识的理解．提高学生运用知识解决实际问题的能力。

5. 生物圈中的人

人类的活动对生物圈有重要影响。人从生物圈中摄取各种各样的营养物质，以满足自身对物质和能量的需求。人吸收的营养物质需要经循环系统运送到身体的各种组织、器官，人体产生的废物也需通过循环系统、呼吸系统和泌尿系统等的协调活动排出体外。人的各种活动受神经系统和内分泌系统的调节。人体结构和生理的知识对学生理解人体结构和功能相互适应的关系，理解人的各种生命活动，自觉养成卫生习惯具有重要作用。

教师应从人与生物圈的高度，引导学生开展人与生物圈关系的多种探究活动，认识人类依赖的自然环境和人为环境都是生物圈的组成部分，意识到生物圈中的人对生物圈应尽的责任。

6. 动物的运动和行为

关于动物运动和行为的知识对学生认识动物的本质特征非常重要。动物的运动依赖于一定的结构。动物行为是目前生物学研究中的一个十分活跃的领域。动物行为的知识与人类的生活和生产关系密切。

教师应帮助学生在学习过程中理解结构和功能的统一性，并注意引导学生到周围环境中去观察动物的运动和行为，培养学生的观察能力和学习兴趣。

7. 生物的生殖、发育与遗传

生物的生殖、发育和遗传是生命的基本特征。植物、动物和人通过生殖和遗传维持种族的延续。人的生殖、发育和遗传的基本知识，对于学生认识自我、健康地生活和认同优生优育等具有重要作用。学习动植物的生殖、发育和遗传的基本知识，以及遗传育种在生产实践中应用的知识，有助于学生认识生物科学技术在生活、生产和社会发展中的作用。

教师要引导学生观察动物的生殖与发育过程、开展植物嫁接和扦插活动，以及讨论人类基因组计划、禁止近亲结婚等问题，激发学生的学习兴趣。上述内容中涉及相关伦理观和价值观的问题，教师应给予适当的指导。

8. 生物的多样性

地球上的生物是多种多样的。依据一定的特征，可将各种生物分成不同的类群。生物多样性对维护生态平衡具有重要作用，保护生物多样性对于人类的生存和发展具有重要意义。生物多样性是生物亿万年进化的结果，是大自然的宝贵财富。生命的起源和生物的进化是生物科学研究的重要领域。以自然选择学说为核心的生物进化理论，解释了生物进化和发展的原因。这部分知识对学生形成生物进化的观点、树立辩证唯物主义自然观具有重要意义。

教师应指导学生通过调查和资料的收集、处理、交流等活动，帮助学生领悟各类生物和人类生活的密切关系，并积极参与保护生物多样性的活动。

9. 生物技术

生物技术的迅猛发展已经显现出巨大的社会效益和经济效益，并正在越来越多地影响人类生活和社会发展。认识和理解有关生物技术在现代社会中的作用十分重要。

教师应从生活中的生物技术着手，通过各种实验和实践活动，丰富学生对生物技术的感性认识；以多种方式向学生提供丰富的信息，帮助学生理解生物技术的作用；鼓励学生自主收集资料、分析生物技术的重要意义和可能带来的其他影响，为学生参与有关的社会决策打下一定的基础。

10. 健康地生活

健康包括人的身体健康、心理健康以及良好的社会适应状态。学习有关青春期生理和保健、传染病和免疫、医药常识等知识对健康地生活有重要意义。

教师可以针对学生的年龄特点创设学习情境，也可让学生自己提出探究的课题开展学习活动，如通过调查研究或实验，认识吸烟、酗酒等不良生活习惯和行为有损自身或他人的健康，以及吸毒对自身、他人和社会的危害。

(二) 课程特色

1. 根据盲生认知发展水平适当调整

构建"人与生物圈"课程体系，以生物科学常识为主线，精选和串联生物科学重要的知识和观念，克服了原来生物课程的难、繁、偏、旧的弊端，符合盲生认知水平，而且有利于生物学科内的综合；有利于盲生关注身边的事物，强调生物学科与日常生活、情感体验、价值观等紧密联系，强调生物科学、技术与社会的关系；有利于调动学生学习的主动性、积极性；有利于体验式、讨论式、探究式等学习方式的真正达成，使盲生充分发展。

2. 有助于盲生明确自己在生物圈中的地位和作用，明确自己的社会责任

21世纪的科学技术认为，人应该从自然界的全局的观点出发考虑事物的本质，人类仅是环境中的一员。构建"人与生物圈"课程体系，使盲生明确认识自己在生物圈中的地位和作用，理解人与生物圈和谐共处所必备的知识。科学技术是一把"双刃剑"，不仅能造福人类，同时也可能带来灾难或影响人类继续进步。"人与生物圈"课程体系，能使盲生明确自己的社会责任，理解科学技术是一把"双刃剑"。

3. 有利于盲生养成保护环境、珍爱生命、热爱生活的意识

环境问题已经严重影响到人类的生存和持续发展，环境问题主要源于人类对自然环境和生态环境的不合理利用和破坏，而人们又缺乏对环境的正确认识，缺乏将损害环境的行为和自身生活相联系的意识。因此构建"生物与环境"课程体系，加强环境教育，使盲生提高环境意识，正确认识环境的现状，学习解决环境问题的知识和观念；使盲生的行为与环境相协调。由于视觉的缺陷，盲生在身心的健康发展上会遇到更多的障碍或问题。因此，"生物圈中的人""生物的生殖、发育与遗传"和"健康地生活"等内容体系的构建，既有助于盲生形成健康的体魄、健康的心理和健康的生活方式，又有助于他们提升对生命的认识和提高生命的质量，从而使盲生更热爱生活。

4. 有利于培养盲生的创新精神、实践能力

生物实验是中学生物的重要组成部分，同时也是生物课堂教学一种最有效的补充和延伸。盲生在与各种实验现象的广泛接触中，可以扩充认知，活跃思想，养成敏锐的观察能力。低视力学生充分利用残余视力进行观察，并把观察到的现象描述给全盲生；全盲生即便视觉信息通道缺失，但能动用触觉、听觉、肤觉等其他感官通道作为补偿，协助低视生共同完成实验，在合作中实现探究性学习。

三、盲校生物课程教学方法及评价

（一）教学方法

1. 自主选项法

特殊教育名为"特"，因为学生特殊，差异大。即使根据盲生的具体情况，修订了《全日制盲校义务教育生物课程标准》，但是每所盲校的具体情况不一，每个班级的盲生差异大。因此，教师要根据自己所任教学校的具体情况、所任班级的具体情况、所任教学生的具体情况选择所需要的教学内容，确定教学目标，区分教学重点、难点。

低视力学生多、动手能力强的班级可选择观察性强、实践环节比较多的内容。观察法、调查法和实验探究法在这类班级的教学中占优势。以初中《生物》第一册下"鱼纲"为例谈谈实验探究法的应用。首先，在观察学习"鲫鱼的外形"时，在以活体鲫鱼为实验材料的观察实验中，让低视力学生充分利用残余视力观察鲫鱼在水箱中的游动，并思考：鲫鱼的体色为何背深腹浅？体形为何是流线型？体表有何硬盖物，各有什么作用？以此促使学生主动观察、思考，从而得出正确结论。其次，在探究"鱼侧线的结构及功能"时，让低视生用放大镜仔细观察，并做如下尝试：取两条活鱼，一条侧线完好，另一条去掉侧线，分别放入两个水箱内，然后搅动水流，观察两条鱼的游动方向与水流方向是怎样的，结论如何。学生得出：侧线有感知水流和测定方向的作用，是鱼的感觉器官。从而不仅使问题得以解决，而且活跃了课堂气氛。最后，引导学生观察"鱼的运动器官——鳍"的功能。准备 3 条活鱼，其中一条剪掉尾鳍和臀鳍，另一条剪掉胸鳍和腹鳍，最后一条剪掉尾鳍。然后观察这 3 条鱼在水中的活动状态，并进行讨论。可以归纳得出结论：背鳍和臀鳍能维持身体平衡，帮助运动；尾鳍控制游动方向；胸鳍和腹鳍平衡身体。通过以上各环节的细心观察和认真实验，学生最终也就直观地认识到了"鲫鱼的体形、体色、侧线、鳍的结构特点是与水中生活环境相适应的"。总之，实验观察法的运用，既调动了学生学习的积极性，又能加深对知识的理解。

全盲生多的班级，或全为全盲生的班级可选择理论性强的内容以及充分利用直观教具。讲授法、讨论法和直观教具演示触摸法在这类班级的教学中占优势。盲生由于视觉的缺陷，许多事物的基本形状、颜色在他们的脑子里是没有概念的。而生物课学习的内容很多是学生初次接触的，许多生物结构只能借助先进的科学仪器和设备方能观察到，全盲生仅凭借教师的传授去想象，去领悟，很多时候会出现偏差。因此，直观教具演示触摸法在教授全盲生多的班级中使用较多。建立一套完整的生物结构教学模型体系是十分必要的，可以让学生在教师的指导下自己动手来制作模型。这样就可以降低学生空间想象的难度，防止他们想象中出现偏差。比如，细胞的亚显微结构模型（包括细胞膜的分子结构模型，线粒体、叶绿体等细胞器结构模型，细胞核结构模型）、突触的结构模型、DNA分子的结构模型等。在有关各种生物结构的教学中，以模型再现各种生物结构，可以增强盲生的空间想象能力，加深学生对知识的理解。

2. 小组合作法

低视力学生凭借视力的优势，动手能力强；全盲生心明如镜，思路清晰，记性好。实验探究一般经历几个步骤：提出问题，做出假设，制定并做出实验方案，分析并得出结论。调查包括直接调查（如实地考察）和间接调查（如调查访问、查阅资料和媒体报道、互联网查阅）。无论是直接调查还是间接调查，都要如实地做好详细记录并进行整理、统计和分析，得出客观、严谨的结论。

在实验探究的学习环节中，充分发挥其各自的优势，实行小组合作的方法，最大限度地发挥每一名学生的优势，优化课堂教学。充分利用低视力学生动手能力强、全盲生心思细腻的优势。如对于"探究生物进化的主要历程"和"探究食物的保鲜方案"，学生们通过各种途径查阅资料，小组互相配合，使实验探究的过程更为顺畅。

3. "小先生"法

在盲校的生物教学中，一般生物课只配备一名教师，教学使用的模型多、图多、实验多，是一个很难逾越的挑战。于是"小先生"（助理教师）的教学法应运而生。让一些能力强的低视力学生充当助理教师，既能减轻生物教师的教学负担，也能让生物教师腾出更多时间帮助需要帮助的学生。如讲授人体骨骼名称，这部分的知识不仅是与学生切身相关的常识性知识，并且对绝大部分将要从事按摩专业的同学的终身发展来说，尤为重要。因此学生必须将每一块骨骼的结构和名称正确对号。但是，要对每个学生手把手地教，还要他们完全弄明白，可能要花上好几个课时，这严重影响后面的教学进度。这时候，助理教师的出现就起到非常重要的作用。生物教师在教授雷同知识的时候，先指导能力强的低视力学生根据模型认识骨骼的名称，然后请低视力学生协助生物教师去指导和教授其他全盲生的学习。同样，先让低视力学生明确实验的步骤和要领，然后指导全盲生进行学习，生物教师进行巡回的指导。这样，无形中在生物课堂上便多出了几个"生物教师"，而这些助理教师切实知道自己同伴的真实感受，会在教学上达到事半功倍的效果。

（二）教学注意事项

首先，在自主教学中，面对发展程度和知识面不一样的盲生，教学重点、难点和内容难免有所差异，但总的目标一致。比如，细胞的亚显微结构模型（包括细胞膜的分子结构模型，线粒体、叶绿体等细胞器结构模型），视力良好的学生可以借助显微镜的观察，手感较好的学生可以借助生物模型的观察，其他的同学可以借助教师的准确类比（把细胞结构比作一个鸡蛋，细胞壁就如鸡蛋壳，细胞膜就如鸡蛋膜，细胞质就如鸡蛋白，细胞核就如蛋黄）——虽然对三类学生使用的教学方式不一样，但最终的目标是要求学生掌握细胞的结构和功能。

其次，在小组合作中要注意低视生和全盲生的相互配合，切忌低视生完全取代全盲生，一手包办实验。否则全盲生的实验能力不能得到发展。小组合作是相互配合、协助，而不是代劳。低视生思维缜密，可以进行实验记录，全盲生手脚正常，可以协助实验。盲生能进行的实验，如检验骨成分的实验中，在低视力学生的协助下，全盲生完全可以完成，煅烧鱼骨和把鱼骨放入盐酸进行浸泡，然后观察，这样就可以最大限度地发展全盲生的实验能力，同时也降低低视力学生独立完成实验的难度。在所有的实践探究的环节，鉴于学生的视障，学生实验期间的安全是我们要注意的一个比较大的问题。

最后，助理教师指导的正确性。助理教师的出现，使课堂中多了不少教学帮工。但学生毕竟是学生，现学现卖即便对专业的老师也会有一定的难度。这就需要生物教学严格监控助理教师的帮教活动。事前必须与助理教师强调他们存在的重要作用以及知识传递先入为主原则、正确第一原则。如出现模棱两可的情况，要及时请教生物教师；在传授知识的时候，不能窃窃私语，要让生物教师能听得见，这样也就可以及时发现错误，及时纠正。力图把助理教师的误点降到最低。

(三)课程评价

盲校学生差异大,运用单一的、传统的纸笔考试评价学生生物学习成效的方式具有很大的局限性。要综合考虑盲生的实际情况、盲校小班(15人/班)教学的特点和盲校生物教学的目标,盲校的生物评价采取档案袋的评价方式,利用不同的评价维度综合衡量不同发展水平的学生。只有这样才可能真正发挥评价的功能,培养出具有分析、思考和解决问题能力的学生,让学生发挥所长。且评价能随时嵌入教学活动中,使课程、教学、评价融合在一起,使教师随时了解学生的学习情况,并把从评价中得到的信息,及时反馈到对学生的激励、教学内容的调整、教学设计的调整上,以动态的发展历程促进学生学习和全面达成教学目标,取得了较好的评价效果。

1. 实验报告单评价

生物是一门以实验为主的课程,结合每一个科学探究活动设计出学生实验报告评价单,让学生尽量详细地记录他们的思考过程。让学生在解决问题时,一边做一边写下自己的思考,教师在课后通过分析每位学生的科学学习评价单来评价学生的学习情况。

表 12-1　学生实验报告评价单

编号:＿＿＿＿＿＿　班级:＿＿＿＿＿＿

研究的问题		
我们的预测		
我想要这样实验		
实验的结果		
我的想法或发现	看看你哪些预测对了,哪些预测和做出来的不一样。再看看其他小组的实验结果,写下或(低视生)画出你的想法或发现。	
教师评定	成绩(百分制)	
	评语	

2. 理论课学习评价

教师观察评价是通过观察学生的学习或活动过程的表现而加以评定的方法。在教学过程中应用的机会很多,并且可以随时随地进行。盲校的学生每班为15人,对每个学生每节课的学习表现和掌握情况可以及时进行记录打分。为了节约记录时间,可设计学生学习观察量表来进行记录(如表12-2所示)。

表 12-2 理论课堂学习

编号：_____ _____年级_____班 记录时间：_____

姓名	习惯、态度				综合	理论学习		综合
	课前准备	课上状态	同伴的合作与交流	注意倾听他人的发言，接受他人意见		回答问题的正确性	作业完成的准确性	

说明：每项以百分制进行打分；综合的评定为平均分；适宜随机抽查进行评定；均为教师登记使用，不与学生共享。

3. 组内自评互评

改变长期以来由任课教师作为唯一评价主体的传统做法，由单纯的教师评价向多方评价转变，即在教师评价的同时，尊重学生在评价体系中的地位，发动学生自评和同学之间互评。给学生提供机会进行自我评价，促使他们对自己的学习过程进行回顾、反思和评价，使学生在自我评价过程中能够更清楚地认识到自己的优势和不足，从而不断激发学生的学习动机，增强主动性、积极性和自信心。但学生参与评价的过程不能放任自流，不能成为一种追求形式的评价，应在教师的积极引导、调节和控制下有计划地进行，使之成为一种学生自我认识、自我教育、自我发展的有意义过程。组内互评一般每单元或者是每学期评价一次。

表 12-3 组内学习态度自评互评表

日期			姓名		
你和你们组组员在合作实验时表现如何？请你根据每人实际表现在表格内打上适当的符号					
评价标准 / 评价项目	做得很好 5	都做到了 4	大部分做到 3	很少做到 2	没做或没交 0
专心学习秩序好					
小组合作好					

续表

评价标准＼评价项目	做得很好 5	都做到了 4	大部分做到 3	很少做到 2	没做或没交 0
积极参与完成任务					
认真参与讨论					
总评（转化为百分制）					

4. 将单元评价与总体评价有机结合

单元评价时以纸笔测验为主，作为单元学习终结性评价。我们要特别注意端正评价目的，尽量避免单纯地偏重知识记忆、理解的考查。①要挑选重要的、需要进一步加强的教学目标，让学生再次学习。②单元评价要能使学生进一步学习、思考。③低视生试卷应考虑设计影片、图片等媒体或实物，创设具体生动、活泼有趣的评价情境。

总体评价：每单元结束后，还可以把上述评价资料整合为学生的科学学习评价档案袋。这些评价工具关注学生学习和发展的过程，充分展现学生的成长经历，将学生评价和日常教育活动融为一体，较好地体现新课程标准的要求。评价不是最终目的，教师应该及时对其进行分析，发挥评价潜在的教育价值，从而鼓励和引导学生评价自己的探索过程，回顾科学探究活动，让学生发现自己的优势和不足，明确改进的目标和途径。学期结束时，把每节课、每单元对学生的评价整合起来，形成对学生的学期总体评价。

表 12-4　生物学习成绩评价总表(生物学习档案袋)

_____学年第_____学期学生生物成绩评价表　　班级：_____　　姓名：_____

项目	等级	评语	评价内容	成绩	等级
情感态度与价值观			态度(实际/理论为 5∶5)		
			组内自评互评		
科学探究			学生实验报告评价单		
			技能操作评价		
			典型作品情况		

续表

项目	等级	评语	评价内容	成绩	等级
概念掌握			理论课堂学习		
			单元评价		
			期末评价		
总评成绩					

四、盲校生物课程资源

课程资源是决定课程目标能否有效达到的重要因素。充分利用现有的课程资源，积极开发现有的课程资源，是深化课程资源、提高教学效益的重要途径。本课程资源大致可分为以下几大类：学校资源、社区资源、家庭资源、媒体资源、隐形资源。

（一）充分利用学校的课程资源

学校提供的教学资源在各种课程资源中占首位。就盲校中学课程而言，除各学科通用的课程资源外，还应当配备生物实验室及相应仪器设备、生物教学软件、生物类图书及报刊、生物教学挂图、投影片、音像资料等，有条件的还应建设生物园。此外，校园网上的有关信息以及校园中的生物也是应当充分利用的课程资源。

教师在利用学校的课程资源应当注意以下几点：根据教学需要向学校申请购置所需的教学资源；整合不同教学资源；重视生物园的教学资源，让盲生成为生物园的主人；鼓励学生利用课余时间收集资料，查阅书籍，做探究性实验；发展校际资源，有些学校专门培养草履虫，有的专门养花，有的专门养小动物，通过校际共享，充分利用这些资源。

（二）善于利用社区的课程资源

社区中有着较为丰富的课程资源：社区图书馆、博物馆、展览馆、动植物标本馆、动物园、植物园、少年宫、科技馆、生物科学研究机构、园林绿化部门、环保机构等单位，社区公园、菜市场，田间地头、树林、草地、池塘等，都为学生学习生物提供了丰富的自然资源；耕作方式的变革、新品种的引进和推广、病虫害的防治、先进农业技术的应用等，又为盲生学习生物课提供了丰富的人文资源。

利用社区课程资源的方式有多种。从课程重视培养学生的创新精神和实践能力这一目标出发，发动学生结合具体教学内容的学习，走出教室，走向自然，走向社会，进行广泛而深入的调查研究，应当是利用社区课程资源的主要方式。此外，请有关专家来校做讲座，适量采集动植物标本用于课堂观察，课上分析出提供的有关资料或数据等，也是利用社区课程资源的重要方式。

(三)适当利用学生家庭中的课程资源

学生家庭中往往也有不少与生物课程有关的课程资源可以利用。有的学生家长可能就是生物学或有关领域的专家，能够指导或参加学生的学习活动；家庭中往往还有生物学方面的书刊，可供学生做探究使用的材料用具；有的家庭养花、养宠物。在农村学校，学生家里有田地、果园、家畜更是普遍的现象，家长也会谈及作物的栽培、家畜的饲养、病虫害防治等事宜。一方面，学生耳濡目染，会积累不少感性知识；另一方面，这也给学生运用所学生物学知识参与家庭事务的讨论提供了机会。

利用学生家庭中课程资源，首先是设法取得家长的支持，通过家长会或让学生回家介绍，使家长理解生物课的学习对学生终生发展的重要意义，理解生物科学的重要性；其次应当建立配套的评价措施，比如让学生在家中栽培一种植物或饲养一种小动物，应当定期检查学生的操作和观察记录，并给予相当的评价，还可以组织班级的交流；最后应当注意适度，不要给学生及其家庭造成过重的负担。

(四)广泛利用媒体资源

这里所说的媒体指大众传播媒介，包括报纸、杂志、广播、电视、互联网等。由于生物科学发展迅猛，有些研究成果已经成为社会关注的热点，因此，各种媒体上关于生物科学发展的信息很多。对于这些信息，生物科学不可能非常全面而及时地反映，这就需要师生广泛利用各种媒体资源，及时了解生物科学的新进展。此外，媒体上还不断发表与生物教学有关的新闻报道，如关于环境问题、生物多样性问题、营养和保健等方面的事例。这些新闻报道作为学生课堂讨论的素材，时效性强，更容易引起学生的关注。

培养学生收集和处理信息的能力，是基础教育的重要目标之一，对此教师应当给予高度关注。给学生提供足够的机会，要求他们利用各种媒体收集和处理生物科学信息。比如，每个学期确定几个小课题，如哺乳动物克隆进展、器官移植技术的进展、关于转基因食品的喜和忧等，让学生通过广泛收集信息，写出研究报告，并在班级内交流。

在利用媒体资源时，教师应当注意信息源的可靠性和权威性，也要提醒学生注意分析信息源的权威性，提高学生评价的意识和能力，这对于学生的终生发展是非常重要的。

(五)挖掘利用隐形资源

隐形资源是指非物化的课程资源，主要是学生的社会经验以及所了解的生物科学信息。例如，初中学生在日常生活中积累了不少有关动植物和人体的经验。由于家庭背景和个人经历等方面的原因，学生已有的经验既有共同性又有个体差异。例如，学生普遍有感染过传染病的痛苦，对身边的动植物大都进行过一定的观察，一些学生有过饲养动植物或种植植物的经历，一些学生体验过野外观察动物行为的甘苦，一些学生参观过动物园、植物园等。他们通过阅读课外读物、看电视等途径，可能已经了解了不少生物科学信息。这些都是生物课程的无形资源，是生物课程紧密联系学生实际，激发学生兴趣、强化学习动机的重要基础。

与物化的课程资源不同，学生的生活经验存在于学生头脑中，需要教师挖掘。教师可以通过课前课后的交谈、问卷调查等方式，了解学生的生活经验，从中寻找课堂教学的切入点。在教学过程中，还应当鼓励学生相互交流，取长补短，集思广益。

思考题：

1. 简述盲校生物课程的实验探究教学法。
2. 盲校生物课程如何落实"组内互评"的评价方法？

（本章作者：广州市盲人学校李洁瑛，北京盲人学校王利平，贵州省贵阳市第二高级中学陈文雯，河南省新乡市第一铁路小学卢凯莉，北京师范大学特殊教育系2009级刘亚参与整理）

第十三章 盲校物理课程与教学

物理学是人类科学文化的重要组成部分，是研究物质、相互作用和运动规律的自然科学。它一直引领着人类探索大自然的奥秘，深化着人类对大自然的认识，是技术进步的重要基础。尤其是 20 世纪初建立的相对论和量子论，引发了物理学的革命，对化学、生物学、地学、天文学等自然科学产生了重要的影响，推动了材料、能源、环境、信息等科学技术的进步，改变了人类的生产、生活的方式，对人类文明和社会进步作出了重要贡献。盲校物理课程要让视力残疾学生学习初步的物理知识与技能，经历基本的科学探究过程，受到科学态度和科学精神的熏陶；它是以提高全体学生的科学素质、促进学生的全面发展为主要目标的自然科学基础课程。

一、盲校物理课程目标

（一）课程总目标

课程总目标是使视力残疾学生：

保持对自然界的好奇，发展对科学的探索兴趣，在了解和认识自然的过程中获得成就感，能独立思考、敢于质疑、尊重事实、勇于创新；学习终身发展必需的物理基础知识和方法，养成良好的思维习惯，在分析问题和解决问题时尝试运用科学原理和科学研究方法；在可感知的前提下，经历基本的科学探究过程，具有初步的科学探究能力，乐于参与和科学技术有关的社会活动，在实践中有依靠自己的科学素养提高工作效率的意识；具有创新意识，能独立思考，勇于有根据地怀疑，养成尊重事实、大胆想象的科学态度和科学精神，破除迷信，正确对待视力残疾；关心科学技术的发展，具有保护环境和可持续发展的意识，树立正确的世界观，有振兴中华、将科学服务于社会人类的使命感与责任感；充分发挥各种感官的潜能，主动地探索物理现象，会用科学的方法补偿视觉缺陷。

（二）课程具体目标

1. 知识与技能

认识物质的形态及变化、物质的属性及结构等内容，了解物体的尺度、新材料的应用等内容，认识资源利用与环境保护的关系；了解自然界中多种多样的运动形式，初步认识机械运动、声和光、电和磁等自然界常见的运动和相互作用，了解这些知识在生活、生产中的应用；认识能量、能量的转化与转移、机械能、内能、电磁能以及能量守恒等内容。了解新能源的开发和应用，关注能源利用和可持续发展等问题；了解物理学及其相关技术发展的大致历程，知道物理学不仅指物理知识，而且还包含科学研究方法、科学态度和科学精神；具有初步的实验操作技能，会使用简单的实验仪器，能测量一些基本的物理量，具有安全意识；知道简单的数据处理方法，会写简单的实验报告。

2. 过程与方法

经历观察物理现象的过程，能简单描述所观察物理现象的主要特征。有初步的利用触觉、听觉等多种感官渠道的观察能力；通过参与科学探究活动，学习拟订简单的科学探究计划和实验方案，有控制实验条件的意识，能通过实验收集数据，会利用多种渠道收集信息，有初步的信息收集能力；经历信息处理过程，有对信息的有效性、客观性做出判断的意识，经历从信息中分析、归纳规律的过程，尝试解释根据调查或实验数据得出的结论，有初步的分析概括能力；能书面或口头表述自己的观点，能与他人交流，有自我反思和听取意见的意识，有初步的信息交流能力；通过学习物理知识，提高分析问题与解决问题的能力，养成自学能力，学习物理学家在科学探索中的研究方法，并能在解决问题中尝试应用科学研究方法。

3. 情感态度与价值观

有学习物理的兴趣，有对科学的求知欲，能保持对自然界的好奇，乐于探索自然，能领略自然界的美妙与和谐，对大自然有亲近、热爱及和谐相处的情感；有将科学技术应用于日常生活、社会实践的意识，乐于探究日常用品或新产品中的物理学原理，乐于参与观察、实验、制作、调查等科学实践活动，有团队精神；有克服困难的信心和决心，能总结成功的经验，分析失败的原因，体验战胜困难、解决物理问题时的喜悦；养成实事求是、尊重自然规律的科学态度，不迷信权威，勇于创新，有判断大众传媒信息是否符合科学规律的初步意识，有将自己的见解与他人交流的意识，敢于提出与别人不同的见解，勇于放弃或修正不正确的观点；关注科学技术对社会发展、自然环境及人类生活的影响，有保护环境及可持续发展的意识，能在个人力所能及的范围内对社会的可持续发展作出贡献，有将科学服务于人类的意识，热爱祖国，有振兴中华的使命感与责任感。

4. 特殊目标

通过物理课程的学习，使视力残疾学生了解他们没能用视觉感受到的物质变化，增加感性认识，帮助他们理解掌握物理概念与规律；使视力残疾学生了解自己观察事物的局限性，养成客观地观察事物，以事实为依据，分析、推理、判断的习惯；使视力残疾学生通过实践克服心理和行为上的障碍，训练其他各种感觉器官，特别是手的感知觉及手的操作技能，使他们双手敏捷、动作协调，并掌握简单工具的使用，养成有条不紊的工作作风，为将来提高生活质量和参加生产劳动打下基础。

二、盲校物理课程内容及特色之处

(一)盲生学习物理课程的意义

盲生学习物理课程除具有与普通学生共同的意义外，还具有以下两个意义：

1. 物理课是弥补盲生视觉缺陷的重要途径

视觉缺陷会限制盲生与周围环境的信息交流，使感性认识不足，增加了他们全面认识客观世界的难度。例如，有些盲生不知道用手抛出的石子的运动轨迹是什么形状的。即使有的盲生会说抛物线，但抛物线究竟是什么样的，却说不清楚。一位盲生说："用手抛出的石头将直着往前走，直到走不动了，就掉地了。"物理课可以使盲生了解他们没能用视觉感受到的物体运动规律，增加感性认识，帮助其理解掌握物理概念规律。

由于盲生感性认识的不足，他们看问题、做事情容易形成以自我为中心的习惯，盲生会比普通人更多地发生主观想象与客观实在之间的矛盾，需要通过学习来解决。物理课可以使盲生了解自己观察事物的局限性，养成客观地观察事物，以事实为依据，分析、推理、判断的习惯。使他们了解并掌握科学的思想方法，树立实事求是的观念，培养理论联系实际的学风。

物理课提供了大量观察、实验的机会，可使盲生通过实践克服心理和行为上的障碍，训练其各种感觉器官，特别是手的感知觉及手的操作技能，使他们双手敏捷、动作协调，并掌握简单工具的使用，为将来参加生产劳动打下基础，养成有条不紊的工作作风。

由此可见，物理课是弥补盲生视觉缺陷的重要途径。

2. 物理课是挖掘盲生学习潜能的重要渠道

怎样发掘盲生学习物理的潜能，使盲生通过物理课的学习，不仅了解或掌握一些物理学的初步知识，更重要的是学会物理的思想方法和学习方法。在物理教学中，教师要有意识地把学生的学习难点分解，做好铺垫，通过特殊手段使盲生获得初步的观察、实验能力，初步的分析概括能力和应用物理知识解决简单问题的能力；使盲生感到学习物理的兴趣，受到实事求是的科学态度、良好的学习习惯和创新精神的培养和教育，以及辩证唯物主义教育、爱国主义教育和品德教育。帮助每一位学生发现自己的优势潜能。这些问题的解决，将有助于盲生提高科学文化素养，有助于增强盲生平等参与社会生活和社会实践的能力，有助于盲生未来的生存和发展。

(二)课程内容

盲校物理课程教学内容与普校相同，包括科学探究和科学内容两个部分。

1. 科学探究

科学探究既是视力残疾学生的学习目标，又是重要的教学方式之一。将科学探究列入内容标准，旨在将学习重心从过分强调知识的传承和积累向知识的探究过程转化，从视力残疾学生被动接受知识向主动获取知识转化，从而培养学生的科学探究能力、实事求是的科学态度和敢于创新的探索精神。

视力残疾学生在科学探究活动中，通过经历与科学工作者进行科学探究时的相似过程，学习物理知识与技能，体验科学探究的乐趣，学习科学家的科学探究方法，领悟科学的思想和精神。在义务教育阶段物理课程的学习中，科学探究能力大致表现在以下几个方面(如表 13-1 所示)。

表 13-1　物理课程中的科学探究能力

科学探索要素	对科学探究能力的基本要求
提出问题	①能通过触觉、听觉、残余视觉等感官，从日常生活、自然现象或实验观察中发现与物理学有关的问题。 ②能书面或口头表述这些问题。 ③了解发现问题和提出问题在科学探究中的意义。
猜想与假设	①尝试根据经验和已有知识对问题的成因提出猜想。 ②能对探究的方向和可能出现的实验结果进行推测与假设。 ③了解猜想与假设在科学探究中的意义。
制订计划与设计实验	①明确探究目的和已有条件，经历制订计划与设计实验的过程。 ②尝试选择科学探究的方法及所需要的器材。 ③尝试考虑影响问题的主要因素，有控制变量的初步意识。 ④了解制订计划与设计实验在科学探究中的意义。

科学探索要素	对科学探究能力的基本要求
进行实验与收集证据	①能通过观察、实验和公共信息资源收集数据。 ②会阅读简单仪器的说明书(翻译成盲文的或放大为大字的),能按书面说明操作,或在别人的帮助下尝试按书面说明操作。 ③会使用简单的实验仪器,能正确记录实验数据。 ④具有安全操作的意识。 ⑤了解进行实验与收集数据在科学探究中的意义。
分析与论证	①经历从物理现象和实验中归纳科学规律的过程。 ②能对收集的信息进行简单的归类与比较。 ③能进行简单的因果推理。 ④尝试对探究结果进行描述和解释。 ⑤认识分析论证在科学探究中是必不可少的。
评　估	①有评估探究过程和探究结果的意识。 ②能注意假设与探究结果间的差异。 ③能注意探究活动中未解决的矛盾,发现新的问题。 ④尝试改进探究方案。 ⑤有从评估中吸取经验教训的意识。 ⑥了解评估在科学探究中的意义。
交流与合作	①能写出简单的探究报告。 ②有准确表达自己观点的意识。 ③在合作中注意既坚持原则又尊重他人,有团队意识。 ④能思考别人的意见,调整自己的探究方案。 ⑤了解交流与合作在科学探究中的意义。

2. 科学内容

物理科学是一门实验科学,在义务教育阶段应让学生通过观察、操作、体验等方式,经历科学探究过程,逐步学习物理规律,构建物理概念,学习科学方法,逐步树立正确的世界观。科学内容分为"物质""运动和相互作用"以及"能量"三大部分(见表 13-2)。

表 13-2　物理课程中的科学内容

一级主题	二级主题
物　质	物质的形态和变化 物质的属性 物质的结构与物体的尺度 新材料及其应用
运动和相互作用	多种多样的运动形式 机械运动和力 声和光 电和磁
能　量	能量、能量的转化和转移 机械能 内能 电磁能 能量守恒 能源与可持续发展

(三)课程特色

盲校的教育对象是盲生,包括全盲生和低视力学生。他们全部或部分丧失了通过视觉获取信息的能力,但我们不能忽略他们具有从听觉、触觉等其他感官获取信息的能力。"盲和低视力会影响一个学生的学习方式但并不影响他学习的内容。"[①]例如,不能因为盲生看不见光而不让他学习光的知识。实际上人类学习和研究的许多问题是看不见、摸不着的。从理论到实践都证明盲生具备学习中学物理的能力;从国家的要求来看(参见《盲校全日制义务教育物理课程标准》),盲生在义务教育阶段要学习与普通学生相同的物理知识,国家规定物理课程是盲校义务教育学段的必修课程。

盲生(除伴随有智力障碍的盲生外)与普通学生一样有健全的大脑,具备基本的认识能力、理解能力和思维、推理、判断能力,这是他们具备学习能力的最重要的生理、心理条件。生理学和心理学研究表明,听觉、触觉、嗅觉等其

---

①　特恩布尔等著,方俊明等译,《今日学校中的特殊教育》,821页,上海,华东师范大学出版社,2004

他感官可以最大限度地补偿一部分视觉的缺陷；听觉、触觉、嗅觉等其他感官经过训练，能够提高其灵敏度，通过耳、手、鼻等感官对事物的观察，在头脑中形成对事物尽量完整的听觉、触觉、嗅觉等表象，实现以耳代目、以手代目。这是视觉障碍学生学习物理的生理、心理基础。

但是，由于视觉障碍，盲生在学习物理课程时会比普通学生遇到更多的困难。

1. 有些教学内容盲生不可能真正理解

盲生对事物的感性认识可能不全面。就现在的技术水平，一个从没见过光的人，无论用什么方法描述光，他都不会形成光的感觉。所以，一个先天全盲的人，在他的头脑中不可能有物体的视觉表象，只可能在他的头脑中形成触觉、嗅觉、听觉、味觉等他能真切感受到的感觉表象。而物理课程的学习离不开对自然界中事物的客观认识，这给盲生的学习带来严峻的挑战。

在盲校的物理课不删减教学内容中的概念和规律的前提下，改变部分论据，使其适合盲生的认知规律。如在教"自然界存在多种多样的运动形式。知道世界处于不停地运动中"时，做了如下改动，降低了解释难度："通过氯化钠在水中溶解、盐酸与氢氧化钠反应生成氯化钠等现象，证明组成物质的微粒是运动的，运动形式是多样的。通过地球的公转和自转分别产生四季变化和昼夜更替现象，证明天体是在不断运动，运动形式是多样的。"

2. 实验操作面临意想不到的困难

盲生对实验装置的组成部分及其位置关系等的认识、对操作实验装置的方法的学习、对实验现象的观察等比普通学生需要更多的时间，且不全面。在实验操作时盲生不容易找到操作的参照物。盲生在共同实验操作时沟通、协作的难度较大。如果没有语言沟通，学生很难知道同伴做了什么，可能不知道一个现象的发生是怎样引起的，可能没有发现同伴的操作引起的事物变化。

盲校物理课程要考虑盲生的安全以及盲生的特殊需要。凡是有高温、没有安全保护的高电压、强酸强碱溶液、不可避免的尖端、刀刃、毛刺等不能直接用手触摸的材料的实验，尽量不作为分组实验。

3. 盲生用手识图导致教学难度增加

在学习物理知识中，图形是不可缺少的、帮助学生理解概念规律的重要辅助工具。而通常意义上讲，图形是用眼睛看的。盲生要学会用手"看"，需要一个理解实物与线条之间的联系的感知与认识过程。即对盲生来讲，他们要学会理解由三维的物体抽象成的二维平面图；学会把二维的平面图还原为三维的物体。用手识图需要从简单到复杂的长期训练。

在盲校就读的盲生大多使用盲文，因此呈现给学生的盲文学习材料要有利于学生摸读，如表格中可能需要对行项目和列项目对换。

例如，将表 13-3 翻译为盲文：[1]

表 13-3

t/min	0	5	10	15	20	25	35	45	55	65	80	95	110	125
T_1/℃	80	72	64	59	55	51	50	41	37	34	30	26	24	22
T_2/℃	80	65	56	48	43	38	32	28	26	24	22	22	21	21

4. 盲生预见危险、及时躲避危险的能力有限

盲生对自己的误操作引起的不良后果可能一无所知，也可能无限放大，导致学生盲目动手或不敢动手。盲生可能不能及时发现行动中遇到的障碍物，如实验室地上临时摆放着的物品；可能不能及时发现运动、变化着的物体，如摆过来的单摆球、点燃的火焰、转动的叶轮、被加热的铁环等。这些给盲生做实验带来了更多的危险。

因此，为了让盲生学好物理知识和技能，教师在教学中要采取有针对性的教学方法。

对教材中的实验要根据盲生特点进行改编，改编实验的原则是：①安全；②装置结构简单；③操作简单；④现象明显，可摸或可听、可嗅；⑤凡是只需得出定性结论的实验，测量精度可适当降低标准，以结论正确为限。

例如，初中焦耳定律实验。教材上是通过观察玻璃管中液面上升的高度来说明热量与电流强度、电阻、时间的关系的。盲生无法感知。把煤油电阻丝瓶换成不同额定功率的灯泡，通过学生手摸灯泡壁，辨别温度高低，即把视觉信号变成触觉信号，就可体会出热量与电流强度、电阻、时间的定性关系。

根据教学需要，可增加适合盲生特点的实验。例如，为了说明压力的作用效果与受力面积的关系，发给每位学生一个图钉，用拇指和食指轻轻捏住图钉帽和尖，体会在压力一定的情况下，两手指的感觉，从而得出：压力一定，受力面积越小，压力产生的效果越明显。再如，为了说明滑动摩擦力与压力有关，让学生把手掌放在桌面上，用不同大小的压力在桌面上滑动，体会摩擦力与压力的关系。

---

① 中华人民共和国教育部制订：《全日制义务教育物理课程标准》，北京，北京师范大学出版社，2011

5. 对物理教师的要求更高

盲校使用的物理教材与普校一样，没有专用教材，只是把普通教材直接翻译成现行盲文，略去了普校教材中的大部分图形。这是对盲校物理教师的挑战，作为盲校的物理教师不仅应具备普通义务教育阶段物理教师应具备的知识、能力和技术，完成相应的教学任务，还要进行盲校物理课程建设，使教师在盲校课堂上呈现的物理知识、传授的物理实验技能，能满足盲生的特殊需要，更易于学生的理解、掌握和应用。这就要求盲校物理教师还要具有特殊教育理论知识，对普通教学原则给予新的解读、补充并遵守；对普通教学方法进行分析选用，注重创造适合盲生认知规律的新的教学方法。灵活使用物理教材，有针对性地调整授课内容。

三、盲校物理课程教学方法及评价方法

（一）培养盲生观察能力的方法

观察是一种有意的、有计划的、比较持久的知觉活动，是知觉的高级形式。观察是人们获取信息的重要途径，盲生的观察方式与普通学生相比有一定的区别。

让普通学生做到对事物的全面观察是有一定难度的，相比之下盲生以手代目、以耳代目，可以想见其中的难度。若是先天全盲学生，对事物的观察只能形成触觉表象和听觉表象等，不可能形成视觉表象；若是低视力者，也只是形成模糊的视觉表象。普通学生存在观察精确性、观察目的性、观察顺序性、观察过程中的判断力等问题，盲生在这些方面会存在更多的问题。例如，盲生在仔细观察一个物体之前，不能像普通学生那样，首先看到这个物体的全貌。

培养和发展盲生的观察能力是盲校教师的重要任务之一。发展盲生有目的、有系统地观察的能力，是在学习过程中实现的。它又是成功地完成学习任务的具体方法。因此，教师必须在教学过程中有意识、有计划地发展盲生的观察能力。

培养和发展盲生的观察能力应从以下几方面考虑。

1. 在进行观察之前向盲生提出观察的任务、目的，完成任务的实验装置和具体操作方法，以及注意事项

例如，水沸腾实验（用电磁灶给水壶加热）。任务：观察水被烧开的过程。目的：体验沸腾这一物理现象，总结水升温直至沸腾的声音变化规律。实验装置：水，不带哨的水壶，电磁灶。方法：用耳听水升温过程中水发出的不同声响；用手背试探着靠近水壶，体验水壶辐射热的变化。（加热操作可由教师完成，以便突出实验重点)注意事项：头不要伸到水壶特别是壶嘴的上方，不要用手掌面触摸壶壁，以免烫伤。

2. 指导培养盲生观察的方法

首先要向学生说明要摸什么，听什么，闻什么，尝什么，即感知什么，并告诉学生这个观察是安全的。若教具是毛毛的、特别凉的、特别响的、活的等容易引起惊吓的，必须提醒学生，使学生有思想准备。告诉学生教具是什么物质做的，与真实的物体有什么不同，教具的大小与真实物体的差别，动物的姿势等，以防引起学生的误解。告诉学生观察的顺序。例如，摸模型的顺序是：整体—部分—整体；从下到上，从左到右，从前到后，从外到里，或反之等。

当学生用手触摸桌上放置的教具时，双手要从离自己最近的桌边起，手指背沿桌面探索，触到教具，然后再按一定顺序触摸观察。这样做的目的是养成安全探寻桌面物体的习惯。当触到过热、尖端、带电等可能带来伤害的物体时，能尽快脱离危险。

3. 在观察时，要尽可能有较多的感觉器官参加活动

例如，让学生认识斜面小车实验装置。学生要用手拍一拍，听听拍木板和小车的声音；用手摸一摸木板、小车、毛巾、砂纸的形状、大小、粗糙程度、软硬，摸组装好的实验装置，了解装置的结构；用鼻子闻一闻木板和金属车、毛巾等的气味。尽管先天全盲学生不可能对实验装置产生视觉感知，但充分发挥盲生的其他健康感官来观察实验装置，可最大限度地让他们认识实验装置。

给学生观察的实物要尽量完整、真实，以免学生误解。例如，学生学习电动机时，不要只让他们摸电动机模型，而要让他们观察真实的电动机。

4. 在观察时，要尽可能地让盲生用语言表述

教盲生把观察到的事物用准确直观的语言描述出来，对其形成对事物的正确概念是非常重要的，因为语言对认知起强化作用。由于盲生对事物的描绘更多依赖语言，所以教师要通过学生语言的描述，了解他们观察得是否正确，语言描述得是否准确。通过师生之间的不断反馈，形成共同语言。

5. 结合所观察的事物进行实践操作

盲生在学习过程中的实践活动对达到学习目标起重要作用。学生通过做实验、小制作等，不仅能锻炼学生的动手能力，而且还是培养和发展学生观察能力的好机会。尽管盲生动手操作困难，但是只要教师正确指导，盲生的动手操作还是有很大的培养潜力的。

6. 注意对盲生观察活动的监督和检查

培养盲生良好的观察能力，需要教师的监督和检查。要逐渐使学生养成对自己的观察进行总结、对观察结果的合理性和观察误差进行分析的习惯，并培养这些能力。

总之，培养和发展盲生的观察能力，是一项艰巨的工作，通过物理教学，要让盲生学会观察，自觉地观察，从而提高学习能力。

(二)盲校物理实验教学方法

1. 实验教学形式的选择

教学形式的选择依赖于教学内容和教授对象的特点。根据《盲校全日制义务教育物理课程标准》的要求、具体的教学内容及盲生的具体情况，应采用相应的教学形式。从盲生观察实验的渠道来看，盲校物理实验教学的基本形式可以分为个别观察实验、分组实验和统一观察实验三种。

盲校实验课的分类如下图 13-1 所示。

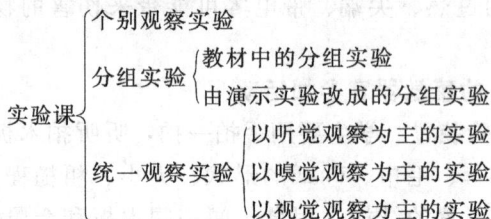

图 13-1　盲校实验课分类

(1)个别观察实验

一些有一定危险、有一定操作难度的实验或实验装置易损坏、实验装置少且复杂的实验，可作为个别观察实验，由老师逐个地帮助学生参与实验过程。例如，观察托里拆利实验装置，由于装置数量少，玻璃器皿易破损且较长，不好拿，需要教师手把手地让学生感知。

(2)分组实验

凡能主要以手感知实验现象和过程、实验装置和材料充足、危险性小的实验，可作为分组实验处理。例如，分子引力实验。其在教材中是演示实验，把它改为分组实验，可使每位学生都亲身感受到分子引力的存在。

若主要以听觉感知现象的实验作为分组实验互相干扰较小时，可作为分组实验。例如，让盲生用正负电荷检验器检验带电体的实验；让盲生用天平测量物体质量的实验等。

(3)统一观察实验

凡能主要以嗅觉、听觉感知现象的实验，可作为统一观察实验处理。例如，分子扩散实验。把教室门窗都关闭起来，点燃卫生香，让学生用嗅觉感知分子扩散现象。

对于低视力学生，凡能通过放大或光源控制，使其用视觉感知物理现象和过程的实验，可作为统一观察实验处理。例如，投影仪、多媒体计算机、挂图等的使用。

总之，在教学需要和条件允许的情况下，盲校物理实验教学形式尽量采取分组实验的形式，以使每一位盲生有更多的实践机会。

2. 实验课的组织教学

做实验对盲生来讲是比较困难的一个过程，只有准备周密，组织恰当才能使学生有所收益。

(1)合理分组

合理地分组能最大限度地让每个学生参与实验过程，使实验能顺利进行下去，同时使安全性有所提高。一般一个实验小组由 2～4 名学生组成。分组时要考虑每组学生动手能力强弱搭配，盲生与低视力学生搭配。每个小组选一名组长。

(2)要最大限度地让每一名学生参与实验过程

在实验前要做好分工，根据每一名学生的实际能力和特长分配不同的任务。每一名组员有主动要求承担某项实验操作的权利，教师和组长在其中起协调作用。教师要启发、帮助学生发掘潜能，肯定自己的能力，树立自信心。有时全盲生不容易直接加入到实验操作中，但他们可在无意中捕捉到大量间接的声音和气味信息，如低视力学生对看到的现象的叙述和感叹、酒精灯燃烧散发的酒精气味等都可使盲生获得一种身临其境的感受，从而相信实验现象的真实性。

(3)统一观察实验可以分批进行

如果一个班级人数较多，统一观察的实验现象需要较近距离才能观察到，实验可快速重复时，教师可按讲台附近空间的大小，把学生分为 2～3 批，让学生一批批分别到实验台前观察实验现象。教师要给等待观察和完成观察任务的学生布置任务，保证良好的教学秩序和安全。

3. 各类实验课的教学方法

为了培养盲生实验操作能力，盲校物理实验课最好两课时连堂上，以便盲生有充足的时间完成实验内容。因为，由于视觉缺陷，盲生大多动作迟缓。时间若不充裕，易使他们产生过大的心理压力，达不到实验目的。

(1)教材中的分组实验课的教法

在学生充分预习的前提下，教师向学生介绍实验器材的名称、特性及用途。介绍一种，学生摸一种。教师的语言要规范、明了、有序。当学生第一次接触带尖、刀刃或易损物品时，教师要提醒学生注意，甚至扶着学生的手来摸。要求学生每摸完一种器材都放回原处，养成物归原处的好习惯。

介绍完器材后，讲解实验步骤和注意事项。可根据实际情况提醒学生：在做电学实验时，若闻到焦煳味或器材过热，要立即切断本组电源；除老师特别要求外，实验器材、材料及各种溶液、化学药品不能放进嘴里品尝；若不小心身体触及强酸、强碱等有害物质或被烫伤，要立即用大量凉水冲洗等。

在学生操作过程中，教师要各组巡视，特别注意安全问题，并进行个别辅导。对较难的实验，教师可讲一步，让学生做一步。实验操作完毕，学生要将器材放回原处，写好实验报告。教师检查实验结果，并进行小结；检查各组器材摆放及损坏情况。检查无误后，方可下课。

（2）由演示实验改成的分组实验课的教法

这种实验课一般是为讲授新的物理概念、规律而设置的。实验的目的是通过盲生的亲手操作获得感性认识，在教师的启发、引导下，经大脑的分析加工，找出规律性的东西，进而得出结论。这种实验不需要学生写实验报告，用时短，使用的器材尽量简单熟悉。根据教材要求和教师授课计划，在学生动手操作之前，先了解器材及所放位置，然后教师讲一步，学生做一步。教师巡回指导。实验完毕，将器材放回原处，总结实验结果，得出结论。教师继续讲授下面的内容。

在一节课中可安排一个或几个这样的实验。考虑到盲生的特点，安排的实验内容不要太多。

（3）以听觉观察为主的实验的教法

实验前，教师要提出要求和问题，让学生有思想准备，以免受惊吓。教师做实验，也可请一名学生做助手，让其他学生集中精力听。

对听觉有问题的学生要特殊对待，让他们靠近教师的实验台。若发声体可改用耳机，则利用听觉观察的实验可改为分组实验。例如，盲人用物理天平测物体的质量的实验。

（4）以嗅觉观察为主的实验的教法

以嗅觉观察为主的实验作为统一观察实验，教法同以听觉观察为主的统一观察实验。特别要注意的是防止刺激性气体对盲生的伤害，要教会盲生正确闻气味的方法，严禁让学生闻有毒气体。

（5）以视觉观察为主的实验的教法

低视力学生利用有限的视觉观察实验现象，有助于培养他们的用眼能力。

在其他感官的配合下，能更细致、全面地观察实验现象，更深入地理解概念和规律。低视力学生用视觉观察实验现象时，主要采用近距离观察。教师要控制观察距离，以免碰伤、灼伤。用眼观察时间也不能过长，以免眼睛疲劳，还要根据不同眼病对光线的要求调节照明。一些会发出强光的实验，要提醒患白化病等怕光的学生远离试验台，并微闭眼睛，以防眼睛受到伤害。

（6）个别观察实验的教法

有些实验过程需要教师为每一名学生逐个演示。教师要站在学生的后面，同向、手把手地指导，并配以语言的描述。

总之，教学方法依赖于教学内容和教育对象的实际情况，无论采用什么教法，都要考虑到这种方法的适用条件。因此根据《全日制义务教育物理课程标准》的要求和盲生的生理、心理特点以及学习规律，采用不同的实验教学方法，将有助于培养盲生的实验操作能力，从而掌握物理知识。

（三）识图的教学方法

教授盲生用手触摸识图，要由易到难，从简到繁。例如，在学生摸一个完整的电路图之前，先给学生摸电路元件及与之对应的电路符号，当学生能把实物与图形符号建立对应联系后，再让学生摸完整的电路图，从中识别出电路元件，找到各元件之间的连接关系。通过反复练习，学会根据电路图连接真实电路。

指导学生摸图时要注意以下几个方面。

首先，学生拿到盲图时，教师要提醒学生找图形方位标记，如右上角的缺角或右下角的页码等，把图形摆正。

其次，先摸图题，后摸图例，再摸图形。如果是练习题中的图形，要先读题，后摸图。因为图题或练习题可帮助学生识图。不要不读题就摸图，既浪费时间又增加了读图难度。学生摸到图题、练习题、图例后，脑子里就知道了该图形所反映的内容，把手摸到的图形和脑子里的知识联系在一起，利于他们的学习。

再次，注意培养学生按一定规律摸图的习惯。例如，按先摸整体，后摸局部，再摸整体的顺序摸图。或按先摸外、后摸内的顺序摸图。也可按从上到下、从左到右等顺序摸图。不同类型的图，摸的顺序可不同。例如，电路图的识图顺序是：先摸整体，对图形有一个初步认识；再找到电源的正极；从电源正极出发，按照电流的流向摸，一条支路一条支路地摸，最后都要回到电源的负极。从而搞清各元件之间的连接关系，理解电路原理。教师要注意培养学生整体地看事物、联系地看事物的习惯。这一点对全盲生尤为重要。

最后，教师在指导学生摸图时，要配以语言对图的描述，让学生把语言描述与实际触摸的感觉联系起来，以利于今后教师可以用语言唤起学生的触觉表象。

(四)盲校物理课程的评价

在课堂上，师生互动推动着学习的进程。教师随时想知道自己的教学效果，看学生的表情，向学生提问；学生更是想知道教师对自己及时、明确的评价。这种过程性的评价，对学生及时地肯定和修正是极其重要的。在普通学校，师生可从对方的表情、动作中得到答案。盲校师生间更多是用语言沟通。但是，教师可以设计一些学生的肢体动作，来表达学生的意愿，会有意想不到的效果。以下介绍几种可供参考的方法。

1. 举手反馈法

当老师想快速地知道每一位学生对问题的答案时，可以用下述方法。教师口述一个问题，让全班学生举手判断对错，可事先约定：学生掌心向前举手，表示"对"；手背向前举手，表示"错"。当老师口述的问题是选择题，要求全班学生可举手回答，可事先约定：学生举手伸出 1 个手指头，表示选择答案"1"或"A"；举手伸出两个手指头，表示选择答案"2"或"B"；举手伸出 3 个手指头，表示选择答案"3"或"C"；举手伸出 4 个手指头，表示选择答案"4"或"D"；举手伸出 5 个手指头，表示选择答案"5"或"E"。也可两只手同时举起，表示有两种选择。由于盲校班级人数少，教师可很快地了解学生的回答，并告诉学生正确答案。因为盲生不容易发现别的同学的选择，所以学生的回答是独立的。这种将个体作答和集体作答巧妙结合的方法，可以使教师在有限的时间内捕捉到更多、更真实的信息，学生也能及时知道自己选择的对错，不用顾忌答错了会在全班丢面子。这个效果在普校不易做到。

2. 盲文示范法

盲生不能像普通学生通过看黑板知道物理计算题的书写格式和方法，因此要给学生盲文作业样板，要求盲生按照一定的格式书写，养成好习惯，可理清思路。不能只靠语言描述，"手摸为实"。

3. 用盲文批改作业法

在整个教学过程中，对学生作业的及时批改是十分重要的教学环节。当批改盲文书面作业时，教师要用盲文写批语，教师的批语写在学生作业最后一行右下方的反面，以示区别。在学生第一次拿到老师批改回的作业本时，就让他摸老师的批语，并记住作业纸反面的盲文是老师写的。由于标出盲文作业中的具体错误位置不方便，老师在讲评作业时要适当地对个别学生进行手把手的指点。在批改低视力学生的作业时，教师要用学生容易看清的彩色粗笔写正楷大字批语，字迹不要潦草，颜色要与学生的不同。

4. 试卷考试法

正式的大型考试，要制作盲文试卷和大字试卷。大字试卷的字体最好为宋体加粗三号字，使一部分低视力学生不用近用助视器也可看清字迹，使另一部分低视力学生借助近用助视器较方便地看清字迹。用盲文答卷的学生只需在答题纸上写清姓名、题号、答案，不必抄题目。如果试题是普校用的标准试题，则考试时间至少为规定时间的 1.5 倍。

5. 计算机辅助考试法

若用计算机盲人考试软件考试，在语音读屏软件、点显器、放大软件的支持下，会大大提高考试效率，也可减轻教师批改试卷的工作量，但目前的考试软件不太适合考有公式计算类的科目。

考试的方式可以灵活选择，关键是要适合学生的需要。可以给学生盲卷，让学生用计算机文档写答案，这可方便教师批改试卷。在来不及制盲卷的情况下，可以把试卷用计算机文本的方式呈现，让学生把答案写在答题纸上或计算机上。

四、盲校物理课程资源

课程资源包括各种形式的教科书、教师教学用书、科技图书、录像带、视听光盘、计算机教学软件、实验室，以及校外的工厂、农村、科研院所、科技馆、电视节目等。这里重点谈适合盲校物理教学的教具改造及制作。

为了补偿盲生的视觉缺陷，提高课堂教学效率，教师要亲自动手为盲生改造、自制教具和教学资料。例如，制作大字卡片、大字试卷、盲文试卷；录制有声读物；在普通教具上贴一些可触摸的标记，涂上对比鲜明的颜色；收集可作为教具的物品；设计制作适合盲生认知特点的简易教具；制作可触摸的凸起的图形等。

(一)盲校物理课程改造、自制教具

盲校物理课程改造、自制教具必须遵循以下原则。

一是安全。确保人身安全和设备安全。盲生使用时不会伤害感官。教具结实耐用，表面无毛刺，刀口、尖端有保护。音频范围要控制在人耳对声音最灵敏的中频段，音强不要过大。气味要对人体无伤害。

二是可摸，或可听、可嗅、可看。能充分利用盲生的触觉、听觉、嗅觉以及残余视觉等各种感觉器官，认知和操作教具、学具。

　　三是结构简单、大小适度。盲生需触摸或看的精细部分不能小于盲生手的触觉两点阈（1mm）或视力可及的尺度；体积最大一般不超过两手臂同时触到物体最大边长的体积或视野可及的范围。

　　四是坐标明显，便于盲生定向。例如，平面教具方位标志在右上角，立体教具方位标志在底座的右上角等。方位标志易摸出或易看到。

　　五是色彩对比度足够大，便于低视生使用残余视力。不同的眼病，不同的学生，用眼能力不同，按照盲生的需求，选择适合的色彩和对比度，能减轻用眼疲劳，提高教具的可用性。

　　例一，在学生用物理天平的基础上，改造制成盲人用物理天平。其原理是：在指针两侧各安装一个槽式光偶，经一套电路，由与两个光偶相对应的两个扬声器，发出高、低两个频声音，指针上的适当位置固定一个挡片。当天平平衡时，挡片刚好不能遮挡两侧光偶，扬声器不发声；当右盘砝码质量数不够时，挡片遮挡右边光偶，发出高频声音；当右盘砝码质量数过多时，挡片遮挡左边光偶，发出低频声音。通过声音的有无、频率的高低，盲生可辨出天平的状态，从而测量出被测物的质量。

　　例二，用普通验电器检验物体是否带电，盲生不能感知，通过一个放大比较电路，将被测带电体的电位进行放大比较，用扬声器输出高频声（表示带正电荷）或低频声（表示带负电荷），从而判断被测物是否带电、带什么性质的电荷。

　　例三，用盲人用液体深度测量仪测量液体的深度。利用声光测电器的两极之间有微小电流时发声的原理，将铜制长度标尺的一极深入液底，当另一极触及液面时，两极靠液体导通而发声、发光。

　　例四，在电学实验中，教材上的用电器一般选用小灯泡，而盲生很难感知小灯泡的工作。把小灯泡换成电铃、小电机等可发声的电器，就可解决这个问题。

（二）盲校物理课程图形的制作

1. 制作低视力学生使用的普通图的注意事项

　　给低视力学生看的普通图与普通的图形基本相同，但要注意以下几点。

　　①制作图形时，画面要简洁、清晰，重点突出。再复杂的结构或过程都要把它简单化，周围结构能去掉就去掉，把重点突出出来。

　　②线条宜粗不宜细、宜少不宜多，尽量避免过多交叉。

　　③底色和图形的颜色对比度要大，如白与蓝、白与黑、白与红等。尽量避免用同一色系的颜色及较柔和的颜色放在一起，如白色与黄、粉红、浅绿、浅蓝、藕荷等颜色在一起。注意色盲学生的需要，如果学生为红绿色盲，就要避免用红色和绿色做对比色。

④图形要适当放大，但不要过大，以学生能看清重点细节为准。特别要考虑管状视野的学生的需求。

2. 制作盲图的注意事项

盲图是图案在纸面上凸起的、可用手指识别的图形。

一是，盲图的布局要有利于触摸。盲图的布局要符合用手识图的规律和心理。盲图的图题要写在图形的最上方，要让学生先摸到图题，明确图的主题内容。最好不要像一般普通图那样，把图题写在图形的正下方。图题下直接写图例。把图形的主题内容放在图纸的中间位置。

二是，主题要突出，力求画面简单明了。可放大主题内容，忽略其他结构。

三是，图形要在画面上凸起足够的高度，不同结构之间的界线要明显，便于手指触摸。凸起的图案可以用盲点画出，也可以用粗线、厚纸、布料等粘出。不同结构可用盲点的不同排列方式来区分，且以区别明显为佳。如无盲点和盲点密集相区分；无盲点和有线条或网格相区分；密集盲点和宽线条相区分等。但细线条和网格、不同方向的线条、不同密集程度的盲点等，区别不很明显的两种排列方式，最好不要挨在一起使用，否则会增加触摸难度。不同结构最好用不同材料粘贴，便于区分。例如，电路图中的导线用盲点画出，不同的用电器用不同质地的厚纸，剪成相应的电路图符号的形状，粘贴在图纸上。

四是，不同标注的方法的使用。

方法一：若同时有几个主题的复杂图，则最好用"图例"标注。即把表示不同主题的小样排列在整体图的前面，学生在了解了各主题的小样后，再到整体图中去了解其相关信息。该种方法没有标注线的干扰，利于学生触摸。

方法二：有些图标注范围较大或由于其他原因不宜用图例的可用标注线标注。要注意标注线要和主题图的线条有所区别。如可用末端带箭头的线作为标注线。标注线不能在图中乱穿，以免干扰识图。标注线最好方向一致，若图形不好安排，也要在几个方向上平行拉线，尽量不走斜线，更不能互相交叉。这样利于学生区分主题图和标注线。

盲文的标注最好在图形外侧，离得不宜过近，否则易与图形互相干扰；也不要离得太远，否则不易找到对应关系。

五是，盲图上所有凸起的部分要用颜色笔描画出，盲文旁写上相应的普通字，便于一部分低视力学生用手和眼睛同时识图。

六是，在盲图纸上做方位标记，如剪去图纸的右上角，或在图纸的右下角写页码等。这样可以让盲生较容易地放正图纸。起码同一个学科要用同一种方位标记，最好全校各科统一方位标记，让学生养成习惯，减少识图的困难。

七是，一张图纸上不要作多个无关的图形。若需要在一张图纸上作几个相关的独立图形，则各图形间要留有足够的距离，以免造成混淆。

3. 制图工具介绍

盲图的制作可以手工制作，也可以用一次成型的制图机器制作。手工制作工具有划线齿轮、划线仪、盲板、盲笔和一些粘贴材料。手工制图效率低，费时费力，且一致性不好。但可用不同的材料表示不同的结构，识图容易。一次成型的制图机器有热塑机、热敏制图机、盲文刻印机类的机器等。用以上机器制图效率高，一致性好，但对复杂的图形的结构区分度不高，识图难度大。

五、教案举例

授课教师	韩萍		学科	物理	班级	初三
课　　题	第十二章　浮力　三、浮力的利用				1课时完成或第__课时	
	一般要求				分类要求	
教学目标	1. 结合实例进一步理解物体的浮沉条件和控制物体浮沉的方法。 2. 理解轮船排水量。 3. 知道轮船、潜水艇、气球、飞艇的工作原理。 4. 通过实验训练培养学生动手实践能力。 5. 对学生进行思维方法训练、阅读归纳总结能力训练。 6. 通过本课学习培养学生理论联系实际的良好学风，激发学习兴趣；使学生受到科学态度和科学精神的熏陶。				张某、石某： 记住排水量的定义，不一定要求本节课理解。	
重点	1. 理解物体浮沉条件和控制物体浮沉的方法。 2. 对轮船排水量的理解。				知道控制物体浮沉的方法。	
难点	1. 使学生灵活运用知识解决浮力问题。 2. 对轮船排水量的理解。				同	
教法	讲授、随堂实验、自学。				对理解慢的学生鼓励，对全盲生在实验中具体指导。	
教具	水槽、水、橡皮泥、木柱、铁柱、潜水艇模型、多媒体计算机。 软件：趣味物理、牛津剑桥科学百科。					
课后小结						

步骤	教师授课思路	学生活动	照顾差异
一、引课	1. 组织教学		
	2. 复习引入		
	问题：什么叫浮力？阿基米德原理告诉我们浮力等于	指名答	
	什么？		
	（注意扩展到流体）		帮 助 张
	[实验]把木柱和铁柱分别放入水中间，放手，感受它们	独立操作	某、郝某
	的浮沉，回忆物体的浮沉条件和物体的漂浮条件。		
	问题：比较木头、水、铁柱的密度。	集体答	
	说出密度与浮沉的关系。		
	引问：怎样让密度比流体密度大的物体在流体中上浮或	思考	
	漂浮在流体表面上呢？		
二、浮力	1. 采用空心的办法增大可利用的浮力		
的利用	[实验]想办法让密度比水大的橡皮泥漂在水面上。（交	独立操作	
	流）		
	讲述：这就是船。它是采用空心的办法（可）增大可利用	记笔记	
	的浮力的。		
	即采用空心的办法，使船的平均密度小于水的密		
	度，船就可以浮在水面上了。		
	2. 轮船		
	[播放]船的发明(PC趣味物理—趣味发明故事—船)		低视生看
	讲述：船的发明和发展历程是科学进步、人类文明的发		全盲生听
	展史，我国古代的船舶制造业有着辉煌的历史。		
	1405年郑和下西洋时乘坐的长约147米的木船，		
	是当时世界上最大的船。现在人们已不用木船了，		
	用密度比水大的钢铁制造轮船。我国沿海有许多		
	造船厂，如著名的上海江南造船厂，生产万吨巨		
	轮等。		
	问题：哪位同学知道轮船的大小用什么表示？（装货的	举手	
	多少？）		
	（轮船的大小用排水量表示。）		
	问题：什么是排水量？		
	排水量是轮船满载时排开的水的质量。单位是吨。	记笔记	
	（语法分析：排水量是质量）		

步骤	教师授课思路	学生活动	照顾差异
	分析：为什么排水量可以衡量船的大小？ （等量代换的思想） 船满载时的状态：漂浮 据漂浮的条件：船满载时受到的浮力＝船满载时的最大总重 G 据 G＝mg＝船满载时的总质量 m×g 据阿基米德原理：船满载时受到的浮力＝船满载时排开的水受到的重力＝船满载时排开的水的质量 m×g 据排水量定义＝排水量×g ∴排水量＝船满载时的总质量＝船的质量＋最大货物质量 ∴排水量间接地告诉了我们船最多能装多少货物，因此排水量是衡量船的大小的尺度。 例题：若一轮船排水量是 10 000 吨，在密度是 1 000kg/m³ 河水中满载时，排开河水的体积是多大？若它在密度是 1 030kg/m³ 的海水中满载，排开海水的体积是多大？它从河里驶入海里是浮起一些还是沉下一些？ 分析： (1)据排水量及密度，计算体积：V＝m/ρ (2)船从河里驶入海里是浮起一些还是沉下一些，也就是船在海里排开的海水的体积大还是在河里排开的河水的体积大。排开的体积大了就沉下一些，排开的体积小了就浮起一些。 样板： 已知：m＝10 000t＝10⁷kg 　　　ρ水＝1 000kg/m³（近似） 　　　ρ海＝1 030kg/m³ 求：V水　V海 解：V水＝m/ρ水＝10⁷kg/1 000kg/m³＝10 000m³ 　　V海＝m/ρ海＝10⁷kg/1 030kg/m³＝9 708.7m³ 　　V水＞V海 答：轮船排开河水 10 000m³，排开海水 9 708.7m³；它从河里驶入海里是浮起一些。	思维训练 读题 分组讨论 摸	

步骤	教师授课思路	学生活动	照顾差异
	解释：船从河里驶入海里，它受到的浮力大小不变，即排开的河水重和海水重相同。但海水密度大于河水密度，因此，轮船排开海水的体积小于排开河水的体积，所以，它从河里驶入海里是浮起一些。 3. 谈谈浮力的利用（检查五一作业） 问题：因为浮力，流体中的物体变轻了，这对我们有什么用呢？ 例如：曹冲称象——等量代换，化整为零的思想。 　　　打捞沉船、铁牛——增大排水量，从而浮起。 　　　孔明灯——热气球。 　　　水雷——水中布雷位置的控制。 请学生讲解，师点评。 [播放]牛津剑桥科学百科——机械博览——Q 潜水艇 [实验]模拟潜水艇的上浮和下沉 思考：潜水艇是靠什么实现上浮和下沉的？ 观察：水舱和水舱中水的多少对潜水艇浮沉的影响。 　　　下潜：向潜水艇水舱中充水，潜水艇逐渐加重， 　　　　　　潜水艇重于它受到的浮力，就逐渐潜入 　　　　　　水中。 　　　悬浮：当水舱中充满水时，潜水艇重等于浮力， 　　　　　　它可悬浮在水中。 　　　浮出水面：用压缩空气将水舱中的水排出一部分， 　　　　　　　　潜水艇变轻，潜水艇重小于它受到的 　　　　　　　　浮力，从而浮出水面。 读书：146页　盲书156页潜水艇 结论：潜水艇的下潜和上浮是靠（改变自身重）来实现的。 [播放]PC牛津剑桥科学百科——机械博览—R　热气球 　　　　　　　　　　　　　　　　　　　　　　　F　飞艇 读书：146页　盲书158页气球和飞艇 问题： (1)节日气球、热气球、飞艇体内充的是什么气体？ 　　　(节日气球或携带气象仪器的高空探测气球里充的是 　　　氢气或氦气；热气球里充的是被燃烧烧热而体积膨 　　　胀的热空气；飞艇中充的是氢气或氦气。)	分组 读书 记笔记 边读 边思考	低视生看 全盲生听 关注全盲 学生 低视生看 全盲生听

续表

步骤	教师授课思路	学生活动	照顾差异
	(2)这种气体的密度比空气的密度大还是小？ （这些气体的密度比空气的密度小。） (3)它为什么能够升空？ （由于气球或飞艇的总重小于气囊排开的空气重，即重力小于浮力，气球和飞艇就能上升。当上升到一定高度，由于越高空气密度越小，它受到的浮力变小，浮力等于重力时，它就不再上升，停留在这个高度。） 问题：若有一个载人的带吊篮的气球，为了使乘客返回地面，你打算采用什么办法？ （放气，停止加热。）	讨论	
三、小结	讲述：浮力有着广泛的应用，为了充分利用浮力，人们采用空心的办法增大可利用的浮力。关于空心问题，我们将要做进一步的研究。希望大家在日常生活中注意观察，留意身边的各种物理现象及其应用，你会感到学习物理非常有意思，而且有用。		
四、作业	读书：147页　盲书159页　练习：张某、石某：1 　　　　　　　　　　　　　　　其他同学：2		

思考题：

1. 简述盲生学习物理课程的意义。
2. 简述盲校开设物理课程的难点。
3. 盲校物理课程如何培养盲生的观察能力？
4. 如何教授盲生识图？
5. 盲校物理课程自制、改造教具要注意什么？

（本章作者：北京联合大学特殊教育学院韩萍；安徽省合肥市特殊教育中心李婷婷，苏州盲聋学校樊莹参与整理）

第十四章　盲校化学课程与教学

化学是在原子、分子水平上研究物质的组成、结构、性质及其应用的一门基础自然科学，其特征是研究物质和创造物质。化学不仅与人们的日常生活密切相关，也是材料科学、生命科学、信息科学、环境科学和能源科学等现代科学技术的重要基础，是推进现代社会文明和科学技术进步的重要力量。化学在缓解人类面临的一系列问题，如能源危机、环境污染、资源匮乏和粮食供应不足等方面，同样作出了积极的贡献。化学也是世界各国基础教育的重要内容，是科学教育的基本内容和载体。化学在现代社会中所发挥的重要作用和在科学教育中的重要地位使得化学已经成为盲校不可或缺的重要课程。

一、盲校化学课程目标

（一）盲校开设化学课程的意义

1. 培养科学素质、树立科学世界观

化学是自然科学的重要组成部分，它侧重于研究物质的组成、结构、性能和三者之间的关系，以及物质转化的规律和调控手段。化学作为一门基础学科，是人类不断实践、探索积累起来的宝贵的精神和物质财富。它是我们认识自然、改造自然、创造美好未来的工具和桥梁。我们掌握化学知识可以使自然资源更好地为人类服务。今天，化学已发展成为材料科学、生命科学、环境科学和能源科学的重要基础，成为推进现代社会文明和科学技术进步的重要力量，并正在为解决人类面临的一系列危机，如能源危机、环境危机和粮食危机等，作出积极的贡献。因此，我们必须注重从小培养学生良好的科学素质，通过化学的学习使学生循序渐进地领会化学的本质，培养学生乐于探究、热爱化学的品质，使之树立社会责任感，帮助盲生树立科学的世界观。

2. 理解自然和生活、理解社会现象、培养社会责任感

在科学高速发展的今天，盲生从小就明显地感受到了身边的化学现象。在中学阶段，盲生对周围现象有着探究欲望。义务教育阶段的化学课程，可以帮助学生理解化学对社会发展的作用，从化学的视角去认识科学、技术、社会和生活等方面的有关问题，了解化学制品对人类健康的影响，懂得运用化学知识

和方法去治理环境污染，学会合理地开发和利用化学资源；增强学生对自然和社会的责任感，使学生在面临与化学有关的社会问题的挑战时，能做出更理智、更科学的决策。

3. 作为按摩职业教育的基础

具备必要的化学知识可以使视障人更好地理解自然和周围环境，更好地参与社会，也有利于他们掌握一些生活技能和知识。化学和目前作为视障人主要出路的职业中医按摩教育中的许多科目（如生理学、病理学、药理学）更是密不可分。按摩是盲生职业教育的主要专业，初中阶段学习的化学知识，对他们在职教阶段学习按摩理论是有很大帮助的。盲生学习化学，有助于其职业教育阶段的学习，为今后走上工作岗位打下基础。

4. 充实生活、增强幸福感

该课程能让每一个学生以轻松愉快的心情去认识多姿多彩、与人类息息相关的化学，积极探究化学变化的奥秘，形成持续的化学学习兴趣，增强学好化学的自信心。

(二)盲校化学课程目标

盲校课程一方面提供给学生未来发展所需要的最基础的化学知识和技能，培养学生运用化学知识和科学方法分析和解决简单问题的能力；另一方面使学生从化学的角度逐步认识自然与环境的关系，分析有关的社会现象。

1. 总目标

盲校化学课程以提高学生的科学素养为主旨，激发学生学习化学的兴趣，帮助学生了解科学探究的基本过程和方法，发展科学探究能力，获得进一步学习和发展所需要的化学基础知识和基本技能；引导学生认识化学在提高人类生活质量和促进社会发展方面的重要作用，通过化学学习培养学生的合作精神和社会责任感，培养学生的民族自尊心、自信心和自豪感；引导学生学会学习，学会生存，能更好地适应现代生活。

2. 分目标

(1)知识与技能

①认识身边一些常见物质的组成、性质及其在社会生产和生活中的初步应用，能用简单的化学语言予以描述。

②形成一些最基本的化学概念，初步认识物质的微观构成，了解化学变化的基本特征，初步认识物质的性质与其用途之间的关系。

③了解化学、社会、技术、环境的相互关系，并能以此分析有关的简单问题。

④初步形成基本的化学实验技能，初步学会设计实验方案，并能以此分析有关的简单问题。

(2)过程和方法

①认识科学探究的意义和基本过程，能进行简单的探究活动，增进对科学探究的体验。

②初步学会运用观察、实验等方法获取信息，能用文字、图表和化学语言表述有关的信息，初步学会运用比较、分类、归纳、概括等方法对获取的信息进行加工。

③能用变化与联系的观点分析常见的化学现象，说明并解释一些简单的化学问题。

④能主动与他人进行交流和讨论，清楚地表达自己的观点，逐步形成良好的学习习惯和学习方法。

(3)情感、态度与价值观

①保持和增强对生活和自然界中化学现象的好奇心和探究欲，发展学习化学的兴趣。

②初步建立科学的物质观，增进对"世界是物质的""物质是变化的"等辩证唯物主义观点的认识，逐步树立崇尚科学、反对迷信的观念。

③感受并赞赏化学对改善个人生活和促进社会发展的积极作用，关注与化学有关的社会热点问题，初步形成主动参与社会决策的意识。

④增强安全意识，逐步树立珍惜资源、爱护环境、合理使用化学物质的可持续发展观念。

⑤初步形成勤于思考、敢于质疑、严谨求实、乐于实践、善于合作、勇于创新等科学品质。

⑥增强热爱祖国的情感，树立为民族振兴、为社会进步学习化学的志向。

⑦增强视力残疾学生的自尊、自信、自强、自立的意识和平等参与社会的意识。

二、盲校化学课程内容

课程内容标准包括 5 个一级主题，每个一级主题由若干个二级主题(单元)构成，见表 14-1。

表 14-1　盲校化学课程内容

一级主题	二级主题
科学探究	增进对科学探究的理解
	发展科学探究能力
	学习基本的实验技能
	完成基础的学生实验
身边的化学物质	地球周围的空气
	水与常见的溶液
	金属与金属矿物
	生活中的常见化合物
物质构成的奥秘	化学物质的多样性
	微粒构成物质
	认识化学元素
	物质组成的表示
物质的化学变化	化学变化的基本特征
	认识几种化学反应
	质量守恒定律
化学与社会发展	化学与能源、资源利用
	常见的化学合成材料
	化学物质与健康
	保护好我们的环境

　　本部分将只以第一个一级主题"科学探究"为例来说明该主题下的详细内容，其他课程内容可参考《全日制盲校义务教育化学课程标准》。

　　义务教育阶段的化学课程中的科学探究，是学生积极主动地获取化学知识、解决化学问题的重要活动。完整的探究性活动涉及提出问题、猜想与假设、制订计划、进行实验、收集证据、解释与结论、反思与评价、表达与交流等要素。要让学生体会到科学知识的产生实际上是科学探究活动的结果，让学生通过亲身经历体验科学探究活动，激发化学学习的兴趣，增进对科学的情感，理解科学的本质，学习科学探究的方法，初步形成科学探究能力。科学探究是一种重要的学习方式，也是义务教育阶段的化学课程的重要内容，对发展学生的科学素养具有不可替代的作用。根据科学探究主题的内容和学习目标，从四个方面提出具体要求：

(一)增进对科学探究的理解

①体验到科学探究是人们获取科学知识、认识客观世界的重要途径。

②意识到提出问题和做出猜想对科学探究的重要性，知道猜想与假设必须用事实来验证。

③知道科学探究可以通过实验、观察等多种手段获取事实和证据，也可以通过获取已有资料得到间接证据。

④认识到科学探究既需要观察和实验，又需要进行推理和判断。

⑤认识到合作与交流在科学探究中的重要作用。

(二)发展科学探究能力

表 14-2　盲校化学课程科学探究能力的培养目标

要素	目　标
提出问题	①能从日常现象或化学学习中，经过启发或独立地发现一些有探究价值的问题。 ②能比较清楚地表述所发现的问题。
猜想与假设	①能主动地或在他人的启发下对问题可能的答案做出猜想或假设。 ②具有依据已有的知识和经验对猜想或假设作初步论证的意识。
制订计划	①在教师指导下或通过小组讨论，提出活动方案，经历制订科学探究活动计划的过程。 ②能在教师指导下或通过小组讨论，根据所要探究的具体问题设计简单的化学实验方案，具有控制实验条件的意识。
进行实验	①能积极参与化学实验。 ②在教师指导下完成一些简单的实验操作。 ③能独立地或与他人合作进行实验操作。 ④能在实验操作中注意观察和思考相结合。
收集证据	①认识收集证据的重要性。 ②学习运用多种方式对物质及其变化进行观察。 ③能独立地或与他人合作对观察和测量的结果进行记录，并运用图表等形式的化学语言加以表述。 ④初步学会运用调查、资料查阅等方式收集证据。

要素	目标
解释与结论	①能对事实与证据进行加工与整理，初步判断事实证据与假设之间的关系。 ②能在教师的指导下或通过与他人讨论，对所获得的事实与证据进行归纳，得出合理的结论。 ③初步学习通过比较、分类、归纳、概括等方法逐步建立知识之间的联系。
反思与评价	①有对探究结果的可靠性进行评价的意识。 ②能在教师的指导下或通过与他人讨论，对探究学习活动进行反思，发现自己与他人的长处以及存在的不足，并提出改进的具体建议。 ③能体验到探究活动的乐趣和学习成功的喜悦。
表达与交流	①能用口头、书面等方式表述探究过程和结果，并能与他人进行交流和讨论。 ②与他人交流讨论时，既敢于发表自己的观点，又善于倾听别人的意见。

(三)学习基本的实验技能

化学实验是进行科学探究的重要方式，视力残疾学生了解一定的实验知识和技能对理解化学知识和科学探究过程具有重要作用。化学实验应高度关注安全问题，避免污染环境，要求学生遵守化学实验室的规则，初步养成良好的实验工作习惯。初中学生的化学实验技能应达到如下要求：

①初步学习药品的取用、简单仪器的使用和连接、加热等基本的实验操作。

②能在教师指导下根据实验目的选择实验药品和仪器，并能安全操作。

③初步学习配制一定溶质质量分数的溶液。

④初步学会用酸碱指示剂、pH 试纸检验溶液的酸碱性。

⑤初步学会根据某些性质检验和区分一些常见的物质。

⑥在教师指导下，初步学习使用过滤、蒸发的方法对混合物进行分离。

⑦在教师指导下，初步学习运用简单的装置和方法制取某些气体。

(四)完成基础的学生实验

学习和运用化学实验技能和科学探索方法，离不开实验活动。教师应结合具体的教学内容和学校实际，积极创造条件，通过多种途径，安排和组织学生至少完成下列化学实验活动。

①粗盐中难溶性杂质的去除。

②氧气的实验室制取与性质。

③二氧化碳的实验室制取与性质。

④金属的物理性质和某些化学性质。

⑤燃烧的条件。

⑥一定溶质质量分数的氯化钠溶液的配制。

⑦溶液酸碱性的检验。

⑧酸、碱的化学性质。

科学探究内容的教学和学习目标的实现，必须让学生亲身经历丰富的探究活动。义务教育阶段化学课程中的探究活动可以有多种形式和不同的水平层次。活动中包含的探究要素可多可少，教师指导的程度可强可弱，活动的场所可以在课堂内也可以在课堂外，探究的问题可来自书本也可源于实际生活。在探究活动中各要素呈现的顺序不是固定的，如"进行实验"既可作为收集证据的途径，也可作为提出问题或做出假设的一种依据。探究活动包括实验、调查、讨论等多种形式。在实际教学中应尽可能创造条件，多开展课堂内的、体现学生自主性的探究活动。

科学探究既作为学习的方式，又作为学习的内容和目标，必须落实在其他各主题的学习中，不宜孤立地进行探究方法的训练。在探究性学习中应重点培养视力残疾学生提出问题、科学分析和论证问题的能力。对科学探究学习的评价，应侧重考查学生在探究活动中的实际表现。

科学探究学习目标的实现，是建立在原有科学课程学习的基础之上的，还需要与义务教育阶段的其他相关课程的学习相互配合。

盲校化学的课程内容与普通学校相比并无鲜明的特色之处，所做的改变是降低了个别目标的难度。盲校化学课的特色之处主要在于教学方法、教学手段和组织形式等。这是由视障生的身心特点所决定的。如在化学实验过程中，教师需要注意以下几点：

一是，演示实验和学生实验相结合。把有危险物质的实验改为安全实验，避免盲生受伤；对活动进行适当改进，以适合盲生。

二是，低视生和盲生相互配合。低视力学生要充分利用其残余视力进行观察，并把观察到的现象描述给全盲生，展开合作学习；注重全盲生观察力的培养以及动手操作能力的培养。

三是，注重盲缺陷的补偿。

补偿缺陷主要有以下四种方法。

①视觉补偿法：通过改善视觉条件，提高视觉效果。要充分重视视觉潜能的开发。如在安全的前提下，让低视生尽可能靠近，以便其观察实验；改善学校条件，如改善光照、观察时选用反差较大的颜色、解决炫目等问题；利用现代技术，如多媒体、CCTV 助视器观察现象。

②触觉补偿法：触摸实验装置，参与实验过程，获得感性认识。

③听觉、嗅觉补偿法：捕捉实验中的声音和气味信息，包括其他人的描述、感叹等，形成"现场感"。

④思想实验法：在确定实验课题的情况下，通过设计实验装置、分析可能的现象而对实验有一个比较完整的了解。通俗来讲，思想实验法就是用头脑进行"观察"。不过，观察有时要以是视觉和感知觉为基础，而用头脑进行"观察"是带问题收集信息的过程，更多是头脑的功能。在很多情况下，人们"看到"某一个现象并不难，但提出问题却不容易。思想实验需要一定的实验知识和技能基础。

三、盲校化学课程教学与评价

（一）教学方法

在盲校化学教学中用到的教学方法主要有语言直观法、教具直观教学法、实验法以及分类教学法等。

1. 语言直观法

盲生由于缺乏视觉直观，许多基本的形状、颜色在他们脑子里没有概念。在对其进行教学时，注意语言的直观性是使其能接受知识的最常用的方法。教师用准确、精练、生动、形象的语言讲解可唤起后天失明盲生原有的视觉经验，同时可以启发先天视障学生已有的知觉感受。

2. 教具直观教学法

视障学生全凭触摸觉等感官进行学习，在化学课程中要培养和发展视障学生各种感官功能，创造一切条件尽可能使用直观教具。在指导视障学生认真细致地、有顺序地观察样品和模型后，使视障学生直接感知真实物体，对其大小、形态和属性能得到比较完整而准确的感性认识，基本建立一个比较正确的形象，有了具体形象和空间概念的想象，才能很好地进行操作。

3. 实验法

做化学实验对学生来讲是比较困难的一个过程，只有准备周密、组织恰当才能使学生有所收益。教师需要做到以下几点。

　　①分组合理。合理地分组能最大限度地让每位学生参与实验过程，使实验能顺利进行下去，同时使安全性有所提高。一般一个班级分成3～4个实验组。分组时要考虑每组要有动手能力强的低视生，若低视生能力弱，要配以能力强的盲生。对于每组里的盲生也要注意能力强弱尽量均衡。

　　②最大限度地让盲生参与。一个实验要想让盲生最大限度地参与，就要事先分好工。要充分考虑到盲生能做哪些步骤，事先安排好，才有可能让全盲生或能力较弱学生参与进来。

　　③反复练习、注意安全。对于较精细的操作，可先用替代物反复练习，找准位置，掌握好手的松紧，然后再进行实验。对于有危险性的操作，如点燃酒精灯，加强酸、强碱等，一定要在教师的监督下一个组一个组地进行，千万不可几个组同时进行，因为一个教师看不过来，很容易发生事故。

　　④要重视实验分析、总结。实验结束后，要及时组织学生总结实验过程及作用，分析实验现象、结果等。这样，即使有学生没有完成实验全过程，也可以对实验有一个整体认识，达到实验的部分目的。

　　⑤实验的选取要根据学校具体情况而定。学校要根据本校的实验设备、实验材料的准备情况、教学进度及班级学生情况等综合考虑开设哪些实验，一般不建议选取含有毒药品的、使用现代化学技术的（主要由仪器完成的）实验。

4. 分类教学法

　　由于视力状况对学习化学的某些领域，如实验的观察和操作影响显著，因此教师在教学中对低视生和盲生的要求和指导应该是有区别的。有条件的学校应该成立低视班。在低视生和盲生混合的复式班中，建议教师对学生进行低视生和盲生搭配分组，在分组讨论和实验中，发挥低视生的作用，同时注意调动盲生的参与积极性。这些举措，不仅可以提高教学效果，还可以培养同学之间的团结协作精神。

　　在灵活运用这些方法的同时，还要特别要注意的是，在用这些方法教学时要注意对盲缺陷的补偿。

（二）教学注意事项

1. 在化学实验性探究活动中对视力残疾学生进行缺陷补偿和潜能开发

　　化学是一门实验学科，它的发展离不开实验。但我们不可过分强调视力残疾学生在化学实验学习中的障碍而对他们学习化学丧失信心。必须指出的是，从某种角度讲，现代科学知识主要是作为一种"符号"体系而不是一种"实证"体系被教育对象所接受的，如我们不能也无必要亲眼看到和严格验证原子的存在却能够接受和运用有关原子的知识和理论。另外，正如前文所讲，化学实验性探究活动是多层次、多方面的，不能狭隘地认为实验性探究活动就是按照教师和书本的要求进行仪器操作。还要强调的是，科学意义上的"观察"是带着问题或问题意识的"观察"。"观察"是眼睛的功能，更是头脑的功能，后者是一种更难得的"观察"能力。因此，教师在注意引导学生充分运用残余视力"观察"的同时，更要引导学生逐步学会用头脑"观察"，培养学生在实验性探究活动和日常生活中敏锐地发现和提出问题的意识和能力。

视力残疾学生虽然很难像健全学生那样掌握较熟练的实验操作技能，但尽量让他们参与和感受实验的全过程对于他们理解所学知识和科学探究的意义是非常有益的。由于化学实验的安全性要求，一般情况下，建议学生分组实验一定要在教师的密切指导下进行，根据视力残疾学生和实验本身的差别安排学生不同程度地参与实验；同时演示性实验要尽量让学生参与，以便更好地观察和体验实验过程。实验前教师要精心组织，如让盲生感受仪器的形状，安装和拆卸装置；让低视生负责技巧性和安全性要求较高的步骤，描述现象等。在实验过程中，教师要适时地用准确的语言引导学生注意某些现象和有关事项，特别注意让盲生感受气味、声音、温度变化等现象。

对于危险和复杂的实验，可指导学生进行"模拟实验"。即教师根据实验的要求，引导学生进行实验的设计，对实验现象进行推测，利用相应的仪器进行模拟等。

2. 注意分类教学，提高教学效果

由于视力状况对学习化学的某些领域如实验的观察和操作影响显著，因此教师在教学中对低视生和盲生的要求和指导应该是有区别的。有条件的学校应该成立低视班。在低视生和盲生混合的复式班中，建议教师对学生进行低视生和盲生搭配分组，在分组讨论和实验中，发挥低视生的作用，同时注意调动盲生的参与积极性；这些举措，不仅可以提高教学效果，还可以培养同学之间的团结协作精神。

根据教学的需要，可成立化学课外兴趣小组，以满足学生不同程度和方面的需求。

3. 运用现代信息技术，发挥多种媒体的教学功能

多媒体技术和网络技术具有的强大的信息传播功能，为化学课程改革提供了极为有利的条件，也为盲校化学课程教学带来了新的活力，使之展现出新的前景。

对于低视生来说，多媒体技术可以为他们提供更加丰富多彩的化学信息，如放大的文字和图片、某些复杂或不安全的实验演示等。对于盲生来说，借助某些特别设计的软件，他们也可以收集或阅读许多从书本上难以得到的化学信息，开阔眼界，提高学习兴趣和效果。

在使用计算机辅助教学的过程中，教师应清晰地认识到：使用现代信息技术的根本目的在于促使视力残疾学生自主学习，改变传统的学习方式，扩大信息时空，提高学习效率。不能以此增加课堂知识容量，减少学生的思维活动，强化机械训练。

用计算机模拟一些复杂的化学实验，有助于学生理解知识。但模拟实验无法全面体现化学实验的作用，不能以此取代化学实验。微观图景跟宏观现象有着本质的区别，不能进行简单的类比，在用计算机模拟微观图景时要注意避免科学性错误。

在教学中，应鼓励教师和视力残疾学生积极使用现代信息技术，但注意要从学生实际出发，注意兼顾各类学生的需要，避免搞形式主义。要重视多种媒体和设备的配合使用，如音像资料、电子助读设备等以提高教学效率。

要指导视力残疾学生用多种方式进行资料收集和调查研究，如可利用互联网、广播电视等媒体；可以请教于老师和亲朋；也可电话采访有关人员等。

4. 注意贴近视力残疾学生的生活，联系社会实际

（1）注意贴近学生生活实际

在教学中，应紧密结合视力残疾学生的生活实际，帮助他们感受身边的化学物质及其变化，增强学习化学的兴趣，认识化学知识在生活实际中的应用。

对于与学生生活实际有紧密联系的物质及其变化的教学，应注意从化学视角寻找切入点，帮助学生形成新的认识。例如，水是学生最熟悉的物质，在教学中要注意引导学生通过实验探究水的组成和性质；联系生产生活实际了解水的净化、水的污染和水资源保护。生活中存在大量与化学有关的素材，教学中可以根据学生的具体情况和教学需要收集、筛选和使用素材。

（2）重视学科之间的联系

在教学中，应有目的、有计划地设计一些学习活动，加强化学与物理、生物、地理等学科的联系。如"设计实验探究某些农药或化肥对农作物生长的影响"等，增强学生融合各学科的基础知识、解决简单实际问题的能力。还可以设计一些开放性的学习活动，如"调查当地燃料的来源和使用的情况，提出合理使用燃料的建议""调查当地的环境污染情况，提出减少污染的初步意见"等，有意识地引导学生从多个角度对有关问题进行分析或探究。

5. 努力创设真实而有意义的学习情境

真实、生动、直观而又富有启迪性的学习情境，能够激发视力残疾学生的学习兴趣，帮助学生更好地理解和应用化学知识。教师应根据教学目标、教学内容、学生已有的经验，以及学校的实际条件，有针对性地选择学习情境素材，引导学生从真实的学习情境中发现问题，展开讨论，提出解决问题的思路。除选用《全日制盲校义务教育化学课程标准》中建议的学习情境素材外，更倡导、鼓励教师在教学中创造性地进行设计和开发。可采用化学实验、化学问题、小故事、科学史实、新闻报道、实物、图片、模型和影像资料等多种形式创设学习情境。例如，在有关"元素"教学中展示地壳、海水和人体中的化学元素含量表；在有关"化学与材料"的教学中展示古代石器、瓷器、青铜器、铁器以及各种现代新材料的图片或实物；在有关"环境保护"的教学中组织学生观看有关的影像和图片资料等。在创设教学情境时，教师不可生搬普通学校的做法，而要充分考虑视力残疾学生的身心特点和已有经验，从而保证他们得到适宜的教育，进而提高教学效果。教师要重视利用触摸教具和材料对视力残疾学生进行缺陷补偿。

（三）课程评价

1. 评价的统一性和特殊性相结合

从培养视力残疾学生平等参与能力的整体目标出发，对视力残疾学生学习化学的评价标准应该和对普通学生的标准基本上相统一，教师要鼓励学生努力追求较高的目标。但由于视力障碍，视力残疾学生在学习化学的某些领域时的确存在较大的困难，特别是在实验性探究活动的操作技能方面以及利用现代信息技术收集信息方面。因此，教师在这些方面对学生评价时要考虑学生的特点，重点考查他们在"过程与方法""情感与态度"方面的表现。同时，由于低视生和全盲生在识图和实验操作方面的差异也很大，因此在评价过程中也应分类对待。在利用普通学校的题目做纸笔作业和考试时，可将难以通过补偿而使学生识别的有关图形的题转化成描述性或问答性题型；对于其中立意在于识别图形本身或必须通过识别图形才能解答的题型，则视为"不可感知"而放弃；要避免同音字对盲生的误导。

2. 评价方式的选择

实施学业评价所涉及的学习任务不同，评价的方式也有差异，常见的有纸笔测验、学习活动表现、建立学习档案等。教师可以依据认知性学习目标、技能性学习目标和体验性学习目标的学习内容与学习水平，设计合适的学习任务和相应的评价方式，以确保评价具有较高的信度（各次评价结果的一致性）和效度（评价结果反映了实际的内容和水平）。

（1）纸笔测验

纸笔测验能考查学生掌握知识的情况，操作方便，是最常用的学业评价方法。

纸笔测验可以从以下几个方面考查学生的学业水平：观察、描述与解释简单化学现象的能力，初步形成运用所学的知识从化学视角对有关物质的性质、变化进行分析、判断的能力，化学用语的识别与运用能力，简单化学问题的探究能力。

设计纸笔测验的试题，要依据"课程内容"把握学习要求。考核的重点要以基础知识的理解和运用为主，不要放在知识点的简单记忆和重现上；不应孤立地对基础知识和基本技能进行测试，注意联系生产、生活实际，取用鲜活的情境，体现实践性和探究性。

例如，对结晶现象的考查，不宜使用"使物质从溶液中结晶析出的方法有 _____"之类的题目，而应该设计联系实际的考题。例如，"为什么可以用晒盐的方法从海水中把食盐结晶出来？为什么在严寒的冬天可以从盐碱湖中捞出纯碱（碳酸钠晶体）？"

重视选编具有实际情境、应用性、实践性较强的试题。这既能了解学生掌握有关知识、技能和方法的程度，又能突出对学生解决实际问题能力的考查；试题可以有适当的探究性和开放性，但不应脱离学生的学习基础和认识水平，防止以"探究""开放"之名出现新的繁、难试题。

编制联系实际考查学生能力试题时，情境要真实，避免出现科学性错误；编制联系实际的化学计算试题时，要根据"课程内容"控制试题难度，不要超越学生的知识基础。例如，对"依据化学方程式进行简单计算"学习目标的评价，只要求学生根据化学反应方程式由一种物质的质量求另一种物质的质量，如"通过电解水制得纯净的氢气可用于电子工业上制备高纯度硅。现有 3.6 千克水被电解，理论上能制得多少千克氢气？"在义务教育阶段不宜出下列类型的题目：①反应物不纯与原料损耗并存的化学反应计算；②需要进行反应物过量判断的化学反应计算；③几种反应并存的化学反应计算。

（2）活动表现评价

活动表现评价要求学生在真实或模拟的情境中运用所学知识分析、解决某个实际问题，以评价学生在活动过程中的表现与活动成果。学生可以行动、作品、表演、展示、操作、写作、制作档案资料等方式展示学习的过程与结果。教学中，活动表现评价可以考查学生的参与意识、合作精神、获取和加工化学信息的能力以及科学探究的能力等。

观察学生在化学实验活动中的表现，可以了解学生参与实验的积极性、实验技能的掌握情况，评价学生观察、描述和分析实验现象的能力以及实验习惯和科学态度等。

例如，"在调查活动中对学生进行综合评价——'金属材料的利用'的调查"中，学生在进行"金属材料的利用"的调查研究活动时，可以从各种媒体（如网络）收集有关金属材料的使用信息，了解金属材料对促进社会发展、提高人类生活质量作出的巨大贡献；了解金属材料制造、加工、使用中可能出现的对自然资源、生态环境的影响。调查之后，通过对资料的整理、分析，编写调查报告，并通过小组讨论或编写小报，交流、发表所收集的资料和调查研究的结论。

教师可从学生的活动中了解他们能否运用金属的有关知识分析金属材料在生产、生活和社会发展中的作用与影响；了解他们处理调查数据、分析问题、做出结论并进行表述的能力，由此进行综合评价。

总之，活动表现评价可以考查学生理解和运用知识的水平、分析问题的思路、实验操作的技能、口头或文字表达能力；了解学生的观察能力、想象能力、实践能力和创新能力的发展。活动表现评价还能考查学生主动参与学习的意识、思维的积极性、情感态度的变化、合作交流的能力等。

教师要注意从不同类型的学习活动中对学生的表现做多次的观察、记录和分析，结合面谈交流等多种形式，提高评价的客观性。还可以在学习活动后组织学生对自己和同伴在学习活动中的表现进行自评和互评，提高总结、反思能力。

（3）建立学习档案

建立学习档案是要求学生把参与学习活动的典型资料收集起来，以此反映自己的学习和发展历程。建立学习档案可以促进学生对自己学习和发展状况的了解，学会反思和自我评价；加强学生与教师、同学、家长间的沟通和交流；利用学习档案，教师可以更全面地了解、评价每个学生，反思自己的教学，研究怎样改进教学。建立学习档案是学生自我评价的一种重要方式。教师在教学过程中要注意鼓励并指导学生建立自己的学习档案。

建立学习档案要充分体现学生的自主性，不能搞形式主义。教师要引导学生做好学习档案的积累和整理工作，提高自觉性，养成良好的习惯。

教师要经常查阅学生的学习档案，从中了解学生的学习态度、对知识的掌握情况；对学生获得的进步和发展应及时地给予肯定和鼓励。还要注意从学习档案中了解学生学习上存在的困难和问题，进行有针对性的指导和帮助。要鼓励学生定期整理自己的学习档案，回顾和反思自己的学习情况。可以运用适当的方式组织学生展示、交流学习档案资料，帮助学生了解同伴的进步和发展，取长补短。

需要特别注意的是，在盲校化学课程的教学中，教师要尽量为每个学生创造平等参与和展示的机会，特别是在探究性活动中，教师要根据学生的特点，进行适当的组织和引导，使每个学生充分发挥和展现其潜能。

3. 评价工作的实施

教师是学业评价的主要承担者，但也需要学生、同伴和家长等予以协助，以保证评价更加全面，评价结果更为可靠。根据评价任务的不同，有的评价活动在学习过程中同步进行，有的则在学习完成之后进行。

教师可通过对学习全过程的考查，确定学生的学业成就、思维发展情况和情感态度等。建议家长对自己子女在校外的学习状况进行评价，比如学习兴趣、态度和习惯等；要求同伴评价同学在学习活动中表现出来的优缺点；学生个人可对自己的学习现状进行总体分析和总结，反思自己的不足和与他人的差距。

在纸笔测验之后，教师应要求学生自己分析试题，以提高他们自我诊断、自主分析、自我反思与评价的能力。试题分析的要点包括错解析因、正确解答、相关知识和体会等。

在学生的实验活动中，应根据评价标准中的每项内容，分别由学生本人、同组同学和教师进行评定，给出相应的分数等级，并进行综合评定。教师给出恰当的评语，指出学生实验中存在的问题。

对有些学习活动的评价，可在同学之间进行。教师事先向学生讲清评价工作的要点和记录的要求。文字力求简明，指向要明确、清楚。

总之，应根据学生的学习任务采用多种评价方法，以全面考查、了解学生的学业成就和发展水平的总体情况。特别要强调过程评价与结果评价并重，重视作业、课堂提问、试卷讲评这类日常评价的诊断作用。

4. 评价结果的解释与反馈

评价结果要用恰当的方式及时反馈给学生本人，不宜根据分数公布学生的名次。

教师在解释评价结果时应根据评价目的选择不同的参照点。对日常教学而言，测验不是为了确定每个学生在群体中的位置，而是为了诊断教育教学中存在的问题，以促进每个学生的发展，因此教师要参照教学目标解释评价结果，努力实施有利于学生发展的参照性评价。

为了帮助学生了解自己学习的状况，增强学习的信心，明确进一步发展的努力方向和需要克服的弱点，评价结果最好采用评语(定性报告，在写实性记录的基础上做出的分析性描述)与等级记分(定量报告)相结合的方式来呈现。如"在一定溶质质量分数溶液配制的实验活动中，你能够积极收集有关资料，拟定了实验的方案，独立完成了实验，值得赞赏，但天平和量筒的使用不够规范，将会影响实验结果的准确性，希望进一步加强操作技能的训练。你本次实验活动的综合评定等级为 B"等。

注意发挥好评价的激励功能。设计评价内容应顾及大多数学生的实际水平，评价反馈应充分肯定每个学生在学习中所付出的努力，增强他们克服学习困难的勇气，帮助学生发现自己的优点，看到自己的潜力，使学生产生更持久、更强大的学习动力。

要充分利用评价的诊断功能改进教学。可以针对如下问题进行思考：①学生是否可以继续实施原定的教学计划；②学生现有的知识基础和能力水平是否可以接受新的课程内容；③用什么教学方法才能有效地帮助学生解决学习中存在的具体困难；④哪些学生需要接受个别的帮助以克服学习障碍。总之，无论是新授课还是复习课的教学，都必须依据诊断和评价所提供的信息来确定教学的内容和方式。

四、盲校化学课程资源

(一)学校化学实验室

学校配有化学实验室、教具室及一般应有的设备。在实验室中应展示常见的仪器、重要的装置和药品，说明用途、性能、操作要求和仪器的简单维修方法等；教学模型、挂图、幻灯片等应分类保存。教具的种类与普教相仿，但每种主要模型的数量比普校多，基本上按 8~10 个配备，适合盲生分组观察。

提倡使用低成本的实验器材和药品。教师和实验室管理人员应指导学生利用生活中的常见用品和废弃物制成简易的实验仪器，或替代实验用的化学药品。这样既有助于解决实验仪器、药品的短缺问题，又可以培养学生的实践能力以及节约和环保意识。如用贝壳或鸡蛋壳代替碳酸钙，用食用碱代替碳酸钠，用废弃的饮料瓶和小药瓶作反应容器等。

(二)学校图书馆

学生图书馆给学生提供大量的盲文科普读物，为盲生展示了丰富多彩的化学世界，引起他们的兴趣并利于培养他们的探索精神。

学校为初中以上的学生每人配备一台电脑，并开设了有声读物阅览室，为学生利用现代化手段，更多、更快地了解化学知识及化学动态提供了强有力的支持。

(三)社区资源

自然博物馆、科技馆、高等学校、科研机构、化工厂在研究资料或研究成果方面的丰富积累，也是重要的课程资源。通过参观、访问、讲座、讨论和实习等途径，开拓学生的视野，了解化学与社会和技术的关系。开发社区和乡土教育资源，将化学课程的学习与实践能力的培养相结合。

结合生活和生产中的一些热点问题，设计适合学生的实践活动。如在教师指导下测定当地厂矿排出的酸性或碱性污水的 pH 值，设计防治污染的方法。又如，调查当地稻草返田的方法，讨论该措施对补充农田氮、磷、钾等元素的作用和对环境造成的影响，并提出有益的建议。在当地农技站的指导下，测定土壤的 pH 值，讨论适宜种植的农作物或改良土壤的方法。

(四)化学教学软件及网络上的教学资源

网上各种教学软件及课件资源非常丰富，但多数不适合低视生使用，需认真挑选加以修改，以适合低视生。

与普通学校相比，盲校化学课程资源相对缺乏，在开发利用上应该注意从以下几个方面着手：

①重视对盲校化学实验室的建设和投入。

②编写配合新教材使用的教师手册和学生实验活动指南。

③充分利用学校和社区的学习资源。

④发掘日常生活和生产中的有用素材。

⑤重视利用网络资源和其他媒体信息。

⑥提倡使用低成本的实验器材和药品。

五、教案举例

"核外电子排布的初步知识"教案

[教学目标]

1. 了解原子核外电子是分层排布的；了解原子结构示意图的含义；了解离子的概念及其与原子的区别和联系；了解元素的化学性质和原子结构的关系；常识性介绍离子化合物和共价化合物的概念和形成过程。

2. 培养学生的观察能力和抽象思维能力。

3. 使学生认识到不同事物之间是相互依存和相互转化的。

[教学重点]

原子的核外电子是分层排布的；元素的化学性质跟它的原子结构密切相关。

[教学难点]

对核外电子分层运动想象表象的形成；离子化合物和共价化合物的形成过程。

[教学过程]

一、复习提问

原子的结构。

导入：如果把一个原子比作地球的话，原子核只有一个乒乓球大小，剩余的广大空间就用于盛放高速运动的电子，电子究竟是如何高速运动呢？这节课我们就来研究一下。

二、新授

1. 电子的运动特点

提问：电子属于很小的微观粒子，它的运动方式与我们常见的宏观运动是否相同呢？下面我们先从一个电子的运动情况开始研究。

教师讲解：大家设想有这么一种情况：一个地球，中心有一个乒乓球，乒乓球外面有一个电子围绕它作高速运动，我们想从外面去拿这个乒乓球。能否拿到它呢？那么电子与宏观物体的运动方式是否相同呢？（提示：火车沿铁轨运动、人造卫星绕地球旋转、地球绕太阳旋转）

2. 电子的分层排布

提问：我们了解了核外只有一个电子时的运动情况，那么当核外有多个电子时又是怎样一种情况呢？

教师讲解：核外电子是分层排布的。

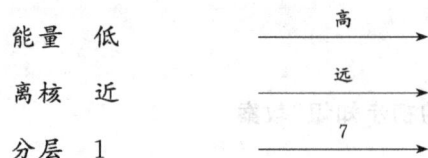

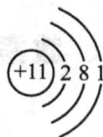

能量　低　——————高——————→

离核　近　——————远——————→

分层　1　——————7——————→

原子结构示意图

钠原子结构示意图的含义　Na

(+11) 2 8 1

3. 原子结构与化学性质之间的关系

提问：不同的原子具有不同的结构。正是因为这不同的结构决定了不同元素具有不同的化学性质。那么元素的化学性质与原子结构之间有什么关系呢？

教师讲述：元素的化学性质与原子结构的关系。

学生讨论：核电荷数为 $1\sim18$ 的元素的原子结构。教师重点提示稀有气体元素的原子结构。稀有气体元素的原子结构中的相同之处，阅读课本总结出稳定结构的概念。

学生思考：钠、氯、氩原子结构示意图？

学生讨论：钠、氯、氩原子结构中哪个是稳定结构呢？核外电子排布有哪些相同和不同之处呢？它们又分别属于哪种元素呢？

教师讲述：金属元素和非金属元素的原子结构示意图。

学生讨论：金属元素和非金属元素的原子结构中最外层电子数有何特点呢？它们又如何达到稳定结构呢？

结论：钠、氯、氩的最外层电子数、得失电子趋势、化学性质的表格。学生总结并填写。

学生提问：元素化学性质与原子结构中的什么关系最密切呢？

教师回答：元素的化学性质与原子最外层电子数的关系最密切。

4. 化合物的形成

学生讨论：我们知道原子是显电中性的，（问：原子为什么显电中性呢？）但是原子经得失电子达到稳定结构以后是不是仍然显电中性呢？

教师讲述：钠离子和氯离子的形成过程。

学生想象、讨论：钠离子和氯离子的形成过程中原子结构发生了哪些变化？没有发生变化的是什么呢？

教师讲述：像这种带电荷的"原子"（或"原子团"）叫离子。带正电的离子叫阳离子。带负电的离子叫阴离子。离子右上角的符号表示一个离子所带的电荷数。

练习：Mg^{2+}、O^{2-} 表示的意义及盲文的写法。

学生讨论：大家想象一下，如果氯原子与钠原子相遇的话会发生什么故事呢？

教师讲述：氯化钠的形成过程。

学生讨论：如果氯原子与镁原子相遇的话会怎样呢？

教师讲述：像这些由金属元素和非金属元素组成的化合物一般为离子化合物。形成一种新的化合物的各原子必须同时达到稳定结构。

学生讨论：如果氯原子与氢原子相遇呢？

教师讲述：氯化氢的形成过程。

三、小结

1. 核外电子是分层排布的。

2. 原子结构示意图的含义。

3. 最外层电子数决定了元素的化学性质。

四、课堂练习（略）

五、作业（略）

思考题：

1. 简述盲校开设化学课程的意义。

2. 盲校化学课程的实验教学要注意哪些问题？

3. 设计一个盲生利用社区化学课程资源的活动。

（本章作者：重庆盲人学校喻小刚、李龙梅，中国盲人协会李庆忠，新疆乌鲁木齐盲人学校阿尔娜，新疆生产建设兵团第一中学何凡；广西北海特殊教育学校周琴，北京师范大学特殊教育系 2009 级吴进丹参与整理）

第十五章　盲校体育与健康课程与教学

　　盲校体育与健康课程是一门以身体练习为主要手段，以增进中小学生健康为主要目的必修课程，是一门向盲生传授体育卫生知识、培养运动能力、促进身心和谐发展的基础课程，也是盲校缺陷补偿教育的重要课程。体育与健康课是盲校课程体系的重要组成部分，是实施素质教育和培养德、智、体、美全面发展人才不可缺少的重要途径。它是对原有的体育课程进行深化改革、突出健康目标的一门课程。

　　体育与健康课程通过体育与健康活动的训练，能提高盲生的机体灵活性、灵敏度和运动能力等，使盲生各器官系统得到统一协调的发展，以弥补视觉缺陷；能发展盲生的运动能力、空间定向能力，进而帮助他们纠正不良姿势，保持正常的身体形态；能启发盲生进行空间思维和记忆，帮助他们克服畏缩心理，增强自信心，形成健全人格；能引导盲生掌握相关的体育与健康知识，养成良好的运动习惯；能拓宽盲生的交往范围，帮助他们更好地融入社会。因此，盲校体育与健康课程的设置，对盲生的学习、生活以至终身发展都有着非常重要的作用。

一、盲校体育与健康课程目标

　　根据盲校课程标准，通过体育与健康课程的学习，盲生将认识操场环境和盲道，认识器材名称、位置和使用方法；增强体能，掌握和应用基本的体育与健康知识和技能；培养运动的兴趣和爱好，形成坚持锻炼的习惯；具备良好的心理品质，表现出人际交往的能力与合作精神；提高对个人健康和群体健康的责任感，形成健康的生活方式；发扬体育精神，形成积极进取、乐观开朗的生活态度。

　　体育与健康课程学习领域的目标主要分为运动参与、运动技能、身体健康、心理健康与社会适应 4 个方面。

(一)运动参与目标

　　要求盲生具有积极参与体育活动的态度和行为，并且能够用科学的方法参与体育活动。

对于"具有积极参与体育活动的态度和行为"这一领域目标来说，小学低年级的学生由于认知能力所限，很难全面理解体育活动对人的发展的促进作用，他们参加体育活动多半是因为兴趣，可能只是为了找个同伴一起"玩"。因此，小学阶段要注重让盲生体验参加体育活动的乐趣。随着年龄的增长、运动水平的提高以及教师的指导，学生会逐渐了解体育活动对身心健康的促进作用，因此中学阶段要注重让学生养成体育锻炼的习惯。

对于"用科学的方法参与体育活动"这一领域目标来说，由于小学生的认知发展水平较低，加之科学的锻炼方法具有较强的理论性，小学生很难理解科学锻炼的有关问题，因此从中学阶段开始对学生进行逐步的引导。

(二)运动技能目标

体育与健康课程中达到运动技能目标后，盲生能从课程中获得运动基础知识；能够学习和应用运动技能；能够进行独立安全的体育活动；也获得在复杂环境中进行活动的基本技能。

重视盲生基本的运动知识、运动技能的掌握和应用，不过分追求运动技能传授的系统和完整，不苛求运动动作的细节，这有助于激发和培养盲生的运动兴趣，吸引他们积极参与体育活动，充分享受体育活动的乐趣。

(三)身体健康目标

达到身体健康目标后，盲生能够掌握有关身体健康的知识、基本的运动技能和科学的健身方法，具有关注身体和健康知识的自觉性；矫正不正确的身体姿势；能主动加强锻炼，发展体能；懂得营养、环境和不良行为对身体健康的影响，养成健康的行为习惯和生活方式。

良好的体能是提高盲生身心健康和社会适应水平的重要基础，盲生需要发展的体能包括柔韧性、反应、灵敏性、协调性、平衡能力、速度、有氧耐力、肌肉力量和耐力等。由于各种体能发展的敏感期有所不同，在小学阶段应重点发展学生的柔韧性、反应、灵敏性、协调性和平衡能力等体能成分，初中阶段重点发展学生的速度、有氧耐力和灵敏性，高中阶段则侧重发展学生的肌肉力量和肌肉耐力等与健康有关的体能。在发展体能的过程中要注意，小学阶段应少用竞技化、成人化的教学内容和手段，否则不但不能发展学生的体能，损害其身体健康，还可能降低他们的学习兴趣。另外，小学阶段要把形成学生的正确身体姿势放在重要地位，在低年级的体育教学中，要使学生通过定向、体操等多种身体练习，形成正确的身体姿势。

(四)心理健康与社会适应目标

盲生能够了解体育活动对心理健康的作用，认识身心发展的关系；正确理解体育活动与自尊、自信的关系；学会通过体育活动等方法调控情绪；形成克服困难的坚强意志品质以及积极向上乐观开朗的生活态度。

通过课程的学习，盲生还能建立和谐的人际关系，具有良好的合作精神和体育道德风尚；学会获取现代社会中体育与健康知识的方法。在小学阶段，教师应着重帮助学生了解一般的游戏规则，学会尊重和关心他人，并表现出一定的合作行为。进入中学以后，学生的角色意识、道德意识日渐增强，初步形成关于体育与健康问题的价值观念，应注重学生对运动角色和体育道德行为的识别，注重培养学生对媒体中的体育与健康信息作出简单评价的能力。

上述4个方面的目标构成体育与健康课程的整体学习领域目标，它们之间互相联系、互相融合。

二、盲校体育与健康课程内容及特色之处

(一)盲校体育与健康课程教学内容的选择

根据各个学习领域的领域目标和水平目标，以及体育与健康课程的基本理念，教学内容的选择要符合以下要求。

其一，教学内容安全、简单、易行，符合盲生的身心发展特点，适合盲生开展，对增强体能、增进健康和补偿视力有实效性，具有教育性、实用性、可读性、发展性、科学性和社会适应性，能够培养盲生自强、自信、自立、勇敢顽强的精神以及乐观进取的良好心态。

其二，体育与健康课程重视的是实践，这种实践无须过于强调技术动作的规范化，不在于非要达到"更高、更快、更强"的目标。并且对于盲生来说，在技能掌握和体能方面的个体差异，相对纯智力教育显得更为明显。只有能够引起学生兴趣的教学内容，才能够调动他们主动学习的积极性。因此，编入盲校体育与健康课程的教学内容，更多是提供各种方法引导学生主动参与，以便让学生通过自己的切身体验和经验积累，达到对知识与技能进行自我建构的目的。

其三，为了使体育与健康课程的教学内容适应盲生的身心发展需要，其文化含量与表现形式必须符合盲生的心理和生理发展特点。为了适应未来职业教育的需要，体育与健康课程的教学内容应重视对知识运用、创新精神和实践能力的培养，加强与职业技能有关的体育技能的训练。

其四，体育与健康课程作为盲校课程计划中一门同时影响"身、心"的基础必修课程，所包含的内容比其他任何一门学科都更接近盲生的日常生活。因此，教学内容的选择必须从盲生的生活经验出发，贴近他们的生活实际。例如，走、跑、跳、投等是人类的基本活动能力，在生活中随处可用，这类教学内容必须成为教学的基本内容。但是类似起跑这样的教学内容最大的作用是为了比赛，对盲生是没有实际意义的，因此不能过分强调。

（二）课程具体内容

盲校体育与健康课程改变了传统的按运动项目划分课程内容和安排教学时数的方式，总结我国盲校体育课程建设的经验和教训，根据素质教育的要求和体育课程的目标，从身体—心理—社会适应三维健康观及体育的特点出发，将本课程的学习内容划分为运动参与、运动技能、身体健康、心理健康与社会适应4个学习领域。它们相互联系、相互影响，构成体育与健康课程的内容体系，某一学习领域不能脱离其他学习领域而独立存在。身体健康、心理健康与社会适应两个学习领域的目标，主要是通过运动参与和运动技能的学习而实现的，而不是通过知识教育的方式来完成的。

根据盲生的身心特点以及盲校课程标准的要求，盲校体育与健康课程的教学内容可以分为以下几方面。

1. 体育与健康基础知识

体育与健康基础知识的具体内容包括盲校开展体育与健康课程的目的与任务、体育与健康课的常规要求、简单的体育和卫生保健知识、身体锻炼的基础知识、视觉康复的基础知识等。通过体育与健康基础知识的教学，盲生能够理解为什么要上体育课，开展体育活动有什么好处，进而养成自觉锻炼和科学训练的习惯。教学中要考虑学生的实际理解能力，组织教学内容时注意理论知识和实践操作相结合。

2. 运动训练

运动训练是本课程的主要教学内容，是完成本课程教学目标的主要手段。由于盲生视力状况的限制，运动训练的内容选择既能促进身体健康，又符合盲生身体发展特点的项目。具体内容可以分为以下4类：

①体操，包括队列队形练习、徒手体操和韵律操等。

②球类运动，包括篮球、足球、盲人门球、实心球、乒乓球等。

③田径类运动，包括跑、跳、翻滚、仰卧起坐、引体向上等。

④技巧类运动，包括跳绳、呼啦圈、空竹等。

在确定具体的教学内容时，教师必须根据课程标准，深入理解每个学习领域各水平目标以及达到各水平目标的学习要求，从地区、学校和盲生的实际出发，以学生的发展需要为中心来选择和设计教学内容。

(三)课程特色之处

盲生由于视力上的缺陷，无法通过视觉来感知体育运动的全过程，因此，盲校体育与健康课程的教学内容必然要以人为本，体现出自己的特色。

其一，除了基本的运动能力训练和运动技巧训练，盲校体育与健康课程的教学内容还包括适应性功能训练，包括触觉、听觉、视觉、平衡觉、本体感觉、方位感、身体想象、空间意识等方面的训练。通过适应性功能训练增强触觉和听觉等感觉器官的替代和补偿作用，为运动能力和运动技巧的学习奠定基础。

其二，盲生由于缺少或没有足够的视觉感知而缺乏自信，普遍存在"蹭步""碎步""八字步"等错误步姿，并伴有低头、手臂前伸摸索或上体后仰躲避等盲态，因此，矫正学生不良的姿势是盲校体育与健康课程的常规训练内容。

其三，定向行走训练也是盲校体育与健康教学的重要内容之一。通过定向行走，发展学生行走或直线跑的能力，发展学生时间、空间、距离的概念，提高学生的体育运动能力，进而增强盲生的自尊心和自信心。

其四，盲校体育与健康课程的教学比较重视室内综合康复训练，如通过室内自行车、跑步机等健身器材，锻炼学生的上肢、下肢力量，既能减少盲生在室外活动时可能存在的安全隐患，又能提高他们的体能，增强体力，为职业教育阶段按摩技术的学习奠定身体基础。

其五，由于盲生身心发展的特殊性，体育与健康课的教学内容应少选择竞技化、成人化的运动项目，多选择儿童化、趣味性强的运动项目。

三、盲校体育与健康课程教学方法及评价

(一)教学方法

体育教学方式、方法是体育教学过程中的一个重要组成部分，是教学中最基本的要素之一。它直接关系到体育教学质量的好坏，关系到教学效率的高低。教师如果不能科学地选择和使用教学方式、方法，就会导致师生精力消耗大，学生负担重，教学效果差，出现消极和被动的教学局面。所以，正确选择、科学运用体育教学方式方法，对于落实盲校体育与健康课程标准的要求，实现盲校体育与健康课程目标，具有重要的意义。

1. 重视语言指导

听觉对视障儿童的作用要比对普通儿童的作用大得多。教师在教学过程中

要充分发挥盲生听觉的作用，重视语言指导，丰富学生的感性认识，增进学生对动作的理解。在语言指导过程中要注意：目的明确、有的放矢，通俗易懂，精简扼要；用词要确切、精练，口齿清楚、语气清晰；表达要生动形象。采用术语教学，语言要富有启发性，提高学生积极思维，使学生听、想、练结合起来。课堂上可以经常采用提问方式，活跃气氛，同时检查学生对讲解内容的理解程度。

2. 加强动作示范

动作示范是体育课程最直观、生动的教学方式，但是盲校学生由于视觉上的缺陷，很难通过直接观察掌握动作的要领。因此，在进行动作技能教学时，教师不仅需要用生动形象的语言讲清每一个动作，还要进行分解示范，让盲生认真模仿，也要手把手一个个矫正学生的动作。为达到良好的教学效果，教师必须先吃透教材，熟练掌握每一个动作的要领，从而为学生做出规范化的示范动作。

3. 充分运用多种感觉器官的代偿作用

一项体育运动不是三言两语就可以说出个所以然来的，一项复杂的动作技术不可能靠简单比画就可以解释清楚的，这就需要体育教师花更多的时间、费更多的心思去思考如何充分发挥学生多种感官的作用，帮助学生更好地理解、掌握相关知识。盲生在学习中善于利用听觉，教师要更加积极发挥其记忆的优势，让其最大限度地记住动作技能、要领和注意事项等；盲生空间意识、方位意识差，教师要发挥其触觉上的优势，引导学生掌握触摸助理教师或者模型的标准动作，直接感知动作的全过程以及动作之间的结构形式，在大脑中形成直观的动作形象；盲生对声音、音效等比较敏感，教师在教学中除了哨音，可以通过音乐、小号、鼓声来刺激学生，在动作指导时，可以播放有节奏的音乐；在比赛时，可以用音乐来渲染气氛，用小号声和鼓声来加油助威，令学生在学习中身心愉悦、兴趣盎然。

4. 尝试多种教学形式

盲生由于视力损伤的程度不同，在生理、心理发展上存在明显的差异，因此，他们在运动能力、体育兴趣、参与程度等方面均存在很大的差异。但是，绝大多数学生的心态是比较积极的，都希望在体育活动中感受运动、感受健美、感受快乐。根据学生的这一特点，教师在教学设计中必须运用多维度的教学方法，以调动盲生学习技能的积极性为出发点，因材施教，分层教学，在运动量、练习密度和练习次数的要求上区别对待，以保证学生"吃得饱"和"吃得了"。教师要承认学生的差别，对练习的形式与技术不一刀切，不必要求大家做成一个样，鼓励学生争取成功，得到提高。在教学过程中还要适当地安排学生自学，让学生自己安排做准备活动，自己制订锻炼处方，自测脉搏控制运动量，懂得锻炼时把心率控制在每分钟 120～140 次的最佳健身价值阈内，自我评价体质发展状况，找出自我体质发展的薄弱环节，采用巡回锻炼、重复锻炼等健身法，在实践中进行有意识的锻炼。

5. 发展运动专长

只有激发和保持学生的运动兴趣，促进学生形成运动爱好和专长，才能使学生自觉、积极地进行体育锻炼，并将体育活动作为生活中不可或缺的重要组成部分，形成终身体育的意识和能力。从终身体育的角度来讲，关注学生运动爱好和专长的形成以及坚持体育锻炼习惯的养成，与关注学生一时的运动技能表现相比更重要。盲生有了运动专长，才可能体验到成功感、愉悦感和自我价值，进而提高参与体育学习和活动的积极性，才可能将体育活动作为生活中不可或缺的重要组成部分，形成终身体育的意识和习惯。在发展学生运动专长的过程中，教师可以变换教学内容，多方面尝试，挖掘学生的潜能，进而激发学生的兴趣。例如，在投掷项目中，左手练了，右手也要练；跳远、跳高，左脚跳了，也要尝试用右脚进行练习；跳跃练习中，练习了向前跳还可以练习向后跳；直线跑跑出了好成绩，可以再尝试曲线跑和后退跑。

6. 课内与课外相结合

盲生由于视力残疾对行动的限制，不能像普通人一样与外界接触和运动，总感到无所适从，缺乏自信，就连自己能进行的体育活动也不愿去练习。要激发和保持学生对体育活动的兴趣，就必须尽量增加学生参与体育活动的机会，让学生能够在体育活动中感受到活动的价值。在组织体育与健康课程教学时，应该将课内与课外教学、校内与校外活动有机地结合起来。例如，对于盲生不良的行走姿势的矫正，教师不仅要在课堂上多训练、多讲解，为每个盲生确定不同的矫正重点，同时课外也要按正确的姿势严格要求他们，使之生活化。

7. 加强对学生学法的指导

提高盲生自学、自练的能力。教师可以根据体育教学任务和目标，结合学校场地、器材等因素，对教学内容进行整体设计，在不同阶段、时间设置不同的目标，提出不同的要求，由学生自己选择学习内容，自己安排练习进度，自己选择学习方法。例如，低视力学生可以通过观察模仿自学，全盲学生可以通过触觉感知自练等，学习到一定程度后，教师再适时启发学生互相探讨，交流学习心得，进一步促进对体育知识的理解和技能的掌握。

另外，教师要给盲生营造合作学习的氛围。在自学、自练的基础上，可以根据盲生的具体情况组成学习小组，让他们相互观察、相互帮助、相互纠错，在合作学习的氛围中，提高学习的能力，不断提高动作质量，并在合作学习过程中发展社会交往能力。

教师还要为盲生提供机会，培养他们的创造力、竞争力以及迎接挑战的能力。在教学过程中，有些难度不大、危险系数低的教学内容，如立定跳远、跳绳等，教师可以只提要求不教方法，让盲生自己去尝试学习。教师应鼓励学生在听讲解、看示范的同时开动脑筋积极思考，带着问题学习，充分发挥想象力、创造力，完成具有创新意义的动作，探索符合自己实际的学习方法，从而实现学习性升华。

教师还可以通过布置适当形式的课外作业，培养盲生的锻炼习惯以及对社会健康问题的责任感。

(二)教学注意事项

"学无定法，贵在得法。"教师在确定教学方法时要根据教学目标和各种教学因素，科学合理地选取、组合和运用，这样才能使教学效果达到最优化。

一是，运用体育教学方法的最根本目的是使学生的体育学习更有效率，而不是让教师"展示"，因此，选择教学方法时必须充分考虑学生的视力、年龄、智力、身体运动能力、学习习惯、学习态度等方面的情况。例如，对于低视力学生，学习能力强，应多选择自学成分多的方法，而全盲学生学习能力相对较弱，应多选择指导成分多的方法。

体育与健康课程这门课的教学中师生之间的语言交流和身体接触，远比其他学科的机会要多，这就为师生双方的合作与互动创造了有利条件。因此，盲校体育与健康课程的教师，应当充当好教学的组织者、盲生的知心朋友等多个角色，而不仅仅是要做一个严肃的老师。在教学组织过程中，教师不仅需要具备教师的威严，也需要有足够的亲和力，体现活泼、严肃相结合的课堂氛围。教师要注意自己的语言，以肯定、表扬性语言为主，鼓励盲生积极参与。有时也许学生做得并不完美，但只要学生有进步或者在某一方面满足要求，教师就要进行表扬，增强学生体育学习的自信心。此外，盲生容易产生戒备和恐惧心理，教师要及时关注，真诚对待学生，让学生及早信任教师，促进师生关系的良好发展。

二是，任何一种体育教学方法只有在和教师自身的条件密切结合时才能取得最佳效果，因此，体育教师的条件和特长也是选择教学方法的重要依据。有的教师形象思维水平和语言表达能力强，可以多用生动形象的语言来描述问题；有的教师幽默风趣，可以多使用一些幽默的话语、故事对学生进行人格上的教育；有的教师给人以严肃的印象，应多进行正面教育。总之，教师应根据自身的实际优势，扬长避短，选择相适应的教学方法。

三是，教师应根据学生在不同阶段对学习内容的熟悉程度、掌握水平和实际需要，来确定何时应由教师主导，何时应让学生自己支配，何时创造与同伴合作的机会等。例如，对于跳跃活动，低视力学生或者后天失明的全盲学生，完全可以利用他们已有的知识经验，先凭自己的回忆或感觉去练习，然后老师再根据具体的掌握程度，有针对性地指出或纠正某些错误动作，在练习中帮助学生提高动作水平。

教师对教学内容也要有足够的理解和考虑。首先，教师应考虑盲生对教材的理解程度和接受能力，尤其要关注班级内全盲生的个人特点和能力水平；其次，语言讲解是盲生体育学习的主要方法，教师需要考虑用简练的语言向学生清楚表达教学内容，便于学生能够很好地理解和领会；再次，教师应把握教学内容的重难点在哪里，争取一节课只学习一个重难点知识，只着重解决一个问题，以保证盲生能较好地掌握学习内容；最后，教师还应考虑教学内容经过教学后，学生能否将动作明确地表述出来并且很好地做出来，保证学生真正有所收获。

四是，体育课程一般运动量较大，但是由于盲生独特的身体素质，要注意运动负荷量，合理安排练习的时间、次数和间隙，不要让学生过分地紧张或疲劳，而给剩余视力造成不良的影响。

五是，体育课程的教学大多在室外进行，教师教学时要提前布置好场地、准备好器材，保证教学活动安全、有序地进行。大多数盲生在户外活动时曾有过各种不同程度的碰撞、摔倒等经历，这给他们的心理造成一定的影响。针对这一特点，教师需要用语言描述周围的情况，并带领他们进行实地考察，建立相关的概念。教学地点的选择要远离干扰，不要分散他们的注意力，影响他们倾听。虽然盲生对上课的操场有所了解，但是实际的环境状况是会变化的，加上盲生视觉上的缺陷，学生有时并不知道危险就在身边，所以教师需要随时注意每位学生的动向与安全。

首先，教师要学会因地制宜。因为各个地区、城乡的盲校硬件设备、盲生家庭条件等差别较大，在教学中，场地会有一定的不同，但是教师需要树立一种"有条件上，没有条件创造条件也要上"的思想，充分利用已有的有限资源进行最好的教学。其次，教师应帮助盲生对今后要参加活动的地点有一个初步的认识和熟悉，方便以后的教学。最后，教师需要根据所处地区的气候、地理环境等，制订教学计划，调整和安排学期教学内容，并进行有效排列。

六是，盲校教师应学会使用哨、击掌、口号等形成个人特色的教学方式和语言特点，让学生觉得亲切而自然。

盲生由于视力残疾的程度不同，对知识的掌握和对动作表象的形成、运动轨迹的感知均有不同的认识，对教材的理解与记忆更是参差不齐。因此，在盲体育教学过程中，教师应采取不同的教法、学法，激发盲生的求知欲望，唤起盲生学习体育的热情。

盲生学习的兴趣，一般是通过听觉感官，对体育名称感兴趣开始，然后再对过程和结果产生兴趣。因此，在教学过程中，要让盲生理解学习内容的目的和意义，亲身感受到学习知识的实际价值，并使个体的体育需要得到一定的满足。在教学内容的选择上也可以多元化、差异化，每个学生可以选择自己喜欢的、感兴趣的内容进行练习，充分调动他们参与体育活动的情绪。

七是，由于盲生特殊的生理特点，教师需要时刻注意学生是否在参与课堂，有无集中注意力，尤其是在进行动作技能、要领、注意事项等的讲解时，教师需要确保每位学生都在认真听讲。

体育与健康课程将激发和保持学生的运动兴趣在中心位置。学生多学或少学一些竞技运动技能、掌握的运动动作是否规范并不十分重要，如何激发学生的运动兴趣才是体育与健康课程最重要的部分。盲生个体差异较大，他们的明显差异表现在动作的力量、协调性上。根据这一特点，教师应设计激励和支持个别盲生的学习方案，有针对性地帮助每一个盲生，制定不同的教学要求进行学练。比如，在投掷项目中，可以选用不同重量的铅球或实心球，弥补年龄差异所造成的不足。采用降低标准的方法，最大限度地激发学生的学习热情，使年龄小的、体质差的盲生，从心理上放下"包袱"，消除畏难情绪，让他们在宽松的教学氛围中积极参与。

八是，由于某些感性概念是通过视觉习得，而盲生由于视觉缺陷被延误，所以在教学中需要特别教授身体意向、空间意识、方位及类似的感性概念。教学中不论同学们在大操场的任何地方，教师只能讲前后左右来帮助他们辨别方向。

教师要学会因人制宜。因为每个学生都是不同的个体，教师需要针对不同的学生选择不同的教学方法。首先，要对学生有一个大概的了解，对于每个学生来源、家庭经济状况、兴趣爱好、视障原因等有一个初步的认识，了解哪些学生不能参加剧烈的体育运动，哪些学生不能在阳光下运动，哪些学生运动时不能疲劳等，并建立相应的个体体育档案；其次，教师需要根据学生的不同情况，制订教学计划，调整和安排学期教学内容；再次，教师需要在教学之初让盲生认识自己的身体部位名称、位置(上肢、下肢、躯干)以及师生方位(前、后、左、右、上、下)等内容,为以后体育活动的掌握奠定基础;最后,教师还要及时发现班级内有恐惧心理的学生,并随时与他们沟通,帮助他们排解室外运动的恐惧心理。

(三)课程评价

课程评价是通过系统地收集课程设计、课程组织实施的信息,依据一定的标准和方法进行价值判断的活动。课程评价的主要目的,是对课程设计和课程组织实施的科学性进行诊断,并确定课程目标的达成程度。课程评价过程一般包括4个步骤:确定评价目标,选择评价方法,收集评价所需要的信息,依据标准进行评价。

盲校体育与健康课程的评价包括三方面的内容:学生学习评价,教师教学评价,课程建设评价。

1. 学生学习评价

盲校体育与健康课程学习评价的目的在于:了解盲生的学习情况和表现,以及达到学习目标的程度;知晓盲生学习中存在的不足及原因,以改进教学;为盲生提供展示自己能力、水平、个性的机会,并鼓励和促进盲生的进步与发展;培养与提高盲生自我认识、自我教育的能力。

盲校体育与健康课程的学习评价应注重对学生进行全面的评价,既评价学生学习运动知识和技能的情况,又评价他们在体育活动中的具体表现;既评价学习的结果,又评价学习的过程;既评价学生学习中的能力因素,又评价其情感因素。同时,在评价内容上还应给予学生一定的选择权,即在某些评价内容(如运动技能)上,学生有权选择自己擅长的项目参与评价,使其有更多的机会获得成功的体验。这样既充分体现了学生的主体地位,又有助于激发学生的体育学习兴趣和参与体育活动的积极性。学生学习评价的具体内容包括:

①体能。体能主要包括与运动技能有关的体能和与健康有关的体能。在对学生的体能进行评定时,应充分考虑学生的视力状况、原有基础以及进步幅度,结合不同学习水平的体能学习目标,选择几项体能进行评定。

②知识与技能。包括对体育与健康的认识、科学锻炼方法的掌握、体育与健康知识的掌握与运用、适合盲生开展的相关体育项目知识的掌握与运用。由于学生的视力程度不同,原有的身体基础不同,运动兴趣和爱好也不同,对学生知识与技能的评价可以要求学生根据自己的条件在学校确定的范围内选择某些运动项目作为评价内容,然后结合规定动作展示、专项运动技能运用等内容,对学生综合评定。

③学习态度。包括盲生对待学习与练习的态度、在体育与健康课上的出勤与表现、在课外运动所学知识和技能的程度，以及在学习和锻炼活动中的行为表现等。例如，能否积极主动地思考；能否为达到目标而反复练习；能否自觉地参与体育与健康活动；能否认真地接受老师的指导等。

④情意表现与合作精神。包括盲生在体育学习中的情绪、自信心和意志表现，对他人的理解与尊重，交往与合作精神等。例如，能否战胜胆怯、自卑心理，充满自信地参与体育与健康活动；能否承担自己在小组中的责任，为小组的取胜全力以赴等。

⑤健康行为。包括盲生的健康意识和生活方式。例如，是否有不良生活习惯；是否注意个人卫生；是否学会制定并遵守合理的作息制度等。

在学习评价过程中，要重视盲生的个性特征，强调满足不同对象的需求，注重培养盲生的学习态度、行为习惯、创新思维、团结合作等方面的能力，切实做到评价的合理性、操作性和时效性。与此同时，根据盲生的实际情况，制定出不同的评定标准指数，让能力强的盲生向高标准冲刺。这样既可激发盲生的主观能动性，树立耐久跑的信心，又能挖掘盲生的运动潜能，提高战胜困难、战胜自我的信心和决心，并以最大的热情参与到体育活动中。根据盲生年龄、学段的特点，体育与健康课程学习成绩评定方法也应有所差异，建议小学阶段采用评语制，中学以上阶段将等级评定与评语评定结合使用。

盲生体育学习成绩的评定还应重视建立学生成长记录袋，可以收录学生身体形态、身体机能、运动技能方面的发展、学习态度和行为变化等方面的有关资料。这样有利于学生的自主学习，也有利于教师、家长更好地了解和指导学生的学习。

盲生的学习成绩评定不仅要有教师参与，同时也要重视学生的自我评价和相互评价。学生自我评定是指盲生对自己的运动技能、学习态度、克服视力障碍战胜自我、勇敢顽强的精神与合作的精神等进行综合的评定。学生互相评定是指本班盲生相互之间对对方的运动技能、学习态度、克服视力障碍战胜自我、勇敢顽强的精神与合作的精神等进行综合的评定。教师评定是指依据盲生的学习达成度、行为表现、进步幅度等，考虑学生自我评定和相互间评定的情况，对学生的学习成绩的 4 个方面进行综合评定。随着学生学段的提高，应更重视盲生自我评定和相互间评定的作用。

2. 教师教学评价

对体育教师的教学评价是促进教师提高专业素养和教学质量的重要手段。体育教师教学评价不是为了将教师分为称职的（优秀的、良好的）和不称职的，而是为了了解体育教师的教学情况，让体育教师分析教学过程中的成败得失，为改进体育教学工作，提高体育教学质量提供具体、准确的反馈信息。教师的教学评价包括两方面的内容：教师的专业素质和课堂教学。教师的专业素质主要包括教学道德、教学能力与教育科研能力，课堂教学指教师的教学过程与教学效果，包括教学的组织和课程的结构、教学内容的质与量、师生间的交流和关系、教学技巧和授课能力以及教学目标的实现程度等。

盲校体育教师教学评价既可用于对每一节课的即时性评价，也可用于阶段性课程或整个课程的评价。评价时应关注教学活动的有效性，即教学活动对达成教学目标的有效程度。同时，教学评价还应注意教师教学行为的评价，并特别关注盲生在学习过程中的反应和前后变化。教师教学评价主要采用教师自我评价和盲生评价的形式进行，同时也可采用同行评价、专家评价等多种形式。评价时可根据课标要求和实际情况，针对专业素质和课堂教学两方面的内容制定适当的量表，做到定量评价和定性评价相结合。

3. 课程建设评价

体育与健康课程建设评价是根据特殊教育学校教育目标和体育与健康课程目标，分别对国家、地方、学校开发和实施体育与健康课程的情况进行的评价。

对盲校体育与健康课程建设的评价，主要是为了达到以下几个目的：了解和掌握盲校体育与健康课程开发与执行的具体情况；及时总结体育与健康课程开发实施过程中的经验，发现存在的问题与不足；通过反馈，及时调整体育与健康课程的内容，以改进体育教学与教学管理，不断提高教学质量，实现体育与健康课程的目标。

4. 评价中应注意的问题

①要确立积极向上的评价思想，削弱评价的选拔、甄别功能，强化评价的诊断、激励、发展功能。要确认评价的最终目的是促进盲生的全面发展，而不能简单地将评价视为对他们的考核标准。

②评价方法应简便实用，可操作性强。无论是学生的学习评价，还是教师的教学评价，都要有盲生的参与。因此，评价工具应符合盲生的认知特点，便于盲生理解和操作，能反映出他们的真实想法和实际水平，真正发挥评价的作用。

③评价过程要立足于客观事实，注重实事求是，确保评价结果的真实性。通过主体多元化、内容多样化的评价过程，让盲生和盲校体育教师既看到自己的进步，又了解自己的不足之处，最终有利于师生能力的提高和发展。处于教学过程中的师生双方，都应经常性地得到评价的反馈信息，使评价不至于形同虚设，失去固有的价值。

四、盲校体育与健康课程资源与管理

积极利用和开发课程资源是顺利实施课程的重要组成部分，因地制宜地开发利用各种课程资源，可以发挥课程资源应有的教育优势，体现课程的弹性和地方特色。

(一)课程资源

按照新的课程理念，体育与健康课程资源主要包括以下几种。

1. 人力资源

人力资源主要包括体育教师、盲生、班主任、有体育特长的教师、校医、家长等。我们应调动各方面的人员参与体育与健康课程的建设，这有助于提高体育教学的效果，促进学生积极参与体育活动，使学生更好地达成学习目标。

2. 体育设施资源

体育设施资源指体育器材、场地、设施等，如跳绳、呼啦圈、实心球、篮球、接力棒、操场等。

3. 课程内容资源

新的体育课程除继续重视一些传统的运动项目内容外，鼓励各地、各校对现有的运动项目进行改造，并大力开发新兴运动项目(如野外生存训练、现代舞等)、民族民间传统体育项目(如蒙古族的摔跤、朝鲜族的荡秋千等)。

4. 课外和校外体育资源

课外体育资源主要包括早晨上课前的体育活动、课间体育活动和课外体育活动等，包括眼保健操(低视学生)、防治脊柱侧弯操、跑步、球类活动、民间体育、游戏活动等内容。

校外体育资源包括：家庭体育活动；市、区体育活动和残疾人体育比赛；全国性的残疾人体育比赛，以及其他适合盲生参加的体育训练、体育活动和竞赛活动。

5. 自然地理资源

自然地理资源主要包括利用空气、阳光、水、季节、气候、地理条件(如江、河、湖、海、荒原、雪原、草原、森林、山地、丘陵、沟渠、田野、海滩、沙地、沙丘等)进行的各种各样的体育活动。

6. 体育信息资源

在一堂体育课上，学生所能获得的体育与健康信息是十分有限的，因此，要鼓励学生充分利用广播、电视、体育报纸杂志、网络、有声读物等资源获取体育与健康信息。由于地区的差异很大，条件相对较差的盲校，可以利用教学挂图、制作可触摸教具等提高教学效果。

总之，充分利用体育课程资源，可以充实和更新体育课程内容，提高体育教学效果，使学生获得更多的体育与健康知识和技能。

(二)课程资源应用及管理

根据课程标准，盲校体育与健康课程资源的开发及管理，应从以下几方面着手。

1. 人力资源的应用与管理

盲校应充分调动盲生的主动性和积极性，发挥有体育特长的盲生的骨干作用，如请他们作示范、当辅导员等。在校外，还可发挥社会体育指导员的作用，请他们辅导盲生进行体育活动。在家庭，应充分发挥家长对盲生的体育活动的督促、帮助作用。

2. 体育设施资源的应用与管理

体育场地、器材是加强素质教育，提高体育教学质量，增进盲生健康的物质保证。国家已制定了各级学校体育器材配备目录，各地盲校应根据本校实际，争取有计划、有步骤地进行配备，并在原有基础上逐步改善，充分发挥现有体育设施应有的作用，同时努力开发它们的潜能。

发挥体育器材的多种功能。体育器材一般都具有多种功能，如利用跳绳可以做绳操、两人拔河、三角拔河等。体育教师转换视角和思维方式，就可以开发出常用器材的许多新功能。

制作简易器材。各地盲校可以根据本校和盲生的实际，制作适合盲生进行体育活动的简易器材，改善办学条件，增强盲生的活动兴趣。

改造场地器材，提高利用价值。将学校的场地器材进行适当的改造，使之成为适合盲生活动的场地器材。

合理布局学校场地器材。盲校场地器材的布局，应当既要满足教学的需要，还要满足课外体育活动和校内比赛的需要；既要方便组织，又要方便教学活动；在保障盲生安全的前提下使他们有活动的地方；要形成相互依托，互为补充的多功能活动区。

合理使用场地器材。应当根据本校和周边环境合理规划，充分利用空地，使盲生能进行安全、适宜的体育活动。学校还要加强场地器材和周边环境的协调、管理工作，安全地、最大限度地提高场地器材使用率，同时要加强场地器材的保养工作，合理使用有限的财力、物力，使每一件设施都能起到尽可能大的作用。

3. 课程内容资源的应用与管理

①现有运动项目的改造。要大力开发现有的适合视力残疾人的运动项目，以适应和满足盲生的实际需要。各地盲校和教师应根据盲生的年龄和身心发展情况，加强对运动项目的改造工作（主要是指简化规则、简化技能战术、降低难度要求、改造器材等），这是课程设计的重要内容，也是教师发挥主导作用的重要方面。

②新兴运动项目的引用。根据本地、本校的实际情况在教学中适当选用盲人乒乓球、盲人门球、奥赛罗棋等适合盲生的新兴运动项目。

③民族、民间传统体育资源的开发。我国是一个多民族国家，民族体育文化源远流长，体育与健康课程应当大力开发和利用适合盲生开展的宝贵的民族、民间传统体育资源。

4. 课外和校外体育资源的应用与管理

大力开发课外和校外体育资源，有利于增加学生的活动时间，培养学生坚持体育锻炼的习惯，增进学生的身心健康。盲校体育课一周只有两节，每节课只有 40 分钟，不足以使学生达成体育课程目标。因此，各地要开展课前和课间体育锻炼活动，运用好课外体育锻炼和校内体育比赛，保证盲生每天一小时的体育锻炼时间。可以把课间操时间延长 20～30 分钟，开展大课间体育锻炼活动，改变只做广播操的单一活动内容。

5. 自然地理课程资源的应用与管理

我国地域宽广，幅员辽阔，地况地貌千姿百态，季节气候气象万千，蕴藏着丰富的课程资源，应注意开发和利用自然地理课程资源，开展适合盲生的体育活动。如利用空气，可以进行有氧运动，有散步、慢跑、有氧操等；利用阳光可以进行日光浴；利用水，可以进行游泳、温泉浴等。在有效的安全措施保障下，春季可以开展春游、远足活动；夏季可以开展游泳活动；秋季可以开展爬山、越野跑活动；冬季可以开展长跑活动。利用地形、地势可以开展适宜盲生的定向行走、攀爬、有氧耐力运动、跳跃练习等活动。

6. 体育信息资源的应用与管理

现代体育教学，必须充分利用各种媒体如广播、电视、网络，获取体育信息，不断充实和更新课程内容。体育与健康课程的教师，不仅要丰富自己的专业素质，学会利用各种现代化教学手段，也要鼓励学生充分利用图书馆、阅览室和各种媒体获得自己想要了解的体育与健康知识和方法。

五、教案举例

立定跳远

（一）指导思想

从四年级学生身心发展的特点出发，以教学目标的达成为主线，以满足学生的发展需求为中心，充分体现新课程以人为本的核心理念。教学过程设计注重教师讲解示范和学生的练习相结合，充分调动学生学习主动性。

（二）教材分析

立定跳远是属于全日制义务教育体育与健康课程标准运动技能领域的内容之一，是低年级体育教学的重点内容，是发展学生腿部力量和弹跳力的重要手段。由于立定跳远项目适合于不同年龄和性别的学生，对教学设备、场地的要求也不高，是盲校体育教材中较好的教学内容。通过立定跳远的学习，能够促进盲生下肢肌肉、关节、韧带等的发展，对于发展学生的灵活性和协调性，培养学生勇敢、果断和勇于克服困难的优良品质也有积极作用。

（三）学生分析

本次课的授课对象是小学四年级学生，班级人数为12人，其中男生8人，女生4人，低视力（可进行独立的、无须他人帮助的学习）学生7人，全盲3人，有光感的两人。根据课程的需要和学生视力状况，12人共分为3个小组。

四年级学生运动能力已有一定程度的发展，但是身体协调能力和弹跳力仍然薄弱，影响着学生的发展。因此，本节课的主要目的是开发学生自身潜能，提高学生身体协调性、弹跳力和节奏感等身体机能，全面提高盲童的身体素质。低视力学生模仿能力强、好动，可能在日常生活中已经学习到了跳跃的一些常识，能够独立做出跳跃的动作，但是可能存在动作不标准的问题，具有安全隐患。全盲学生由于视力缺损，活动能力受到局限，可能从未尝试过跳跃，或者以前有过跳跃而摔伤的失败经历，从而对跳跃存在恐惧心理。针对低视力学生与全盲学生不同的身心特点，在教学中注意两类学生的教学侧重点，同时安排学生互帮互助，发展学生的团体意识和合作精神，培养学生的积极心理品质。

（四）教学设计

为了充分调动学生学习的积极性，教学过程中学生通过听教师语言讲解，触摸教师具体示范动作和自主练习体验等手段进行学习。课堂教学中注意因材施教，能力强和能力弱的同学的练习有区别，视力好和视力差的同学的练习也有区别。考虑到同学自身条件，教师在内容的设计上也是由易到难，从分解练习到完整练习，以学生练习为主，教师讲解示范为辅。盲童的体育课最重要的是安全，所以在分组时尽量在每组都安排低视同学，帮助教师调节课堂节奏，同时发展学生的合作能力。

（五）教学过程

教学内容	立定跳远			
教学目标	1. 认知目标：掌握正确的立定跳远姿势，学会原地预摆的姿势和轻巧落地的方法。 2. 技能目标：80%的学生能基本完成完整的一次跳跃，30%能够较好、比较高质量地完成连续跳跃。 3. 情感目标：增强安全参与体育锻炼的意识，培养互帮互学的优良品质，发展勇敢、果断和勇于挑战的健康心理素质，增强自信心。			
教学重点	起跳有力，腾空屈腿，落地缓冲，动作协调。			
教学难点	蹬、摆协调用力的配合；有节奏的连续跳跃。			
顺序	教学内容	教学目标	学生活动	时间
开始部分	1. 集合整队，检查出勤；师生问好。 2. 宣布课的内容，并说明立定跳远与蛙跳的相似性。 3. 安全教育：教师带领全盲学生熟悉场地；要求同学之间相互帮助、适当保护；要求学生放下随身携带的手机、钥匙等物品。 4. 热身活动（配乐）： （1）正压腿运动。 （2）侧压腿运动。 （3）膝关节运动。 （4）手腕踝关节运动。	要求学生快、静、齐，精神饱满，迅速进入状态。 通过青蛙跳跃的动作来解释立定跳远项目，从课题上引起学生的兴趣，同时丰富学生对立定跳远的感性认识。 通过带领全盲学生熟悉场地，增强他们内心的安全感，为后面的练习和活动打下基础；培养学生的合作意识；排除安全隐患。 在音乐中热身，调动学生情绪；充分活动身体关节。	一列横队 ●●●● ★ 根据教师要求活动。	4分钟

续表

教学内容	立定跳远			
准备部分	1. 低视力学生跳跃展示：学生根据自己头脑中青蛙跳跃的相关知识进行小幅度的跳跃，教师对学生的动作仔细观察，并有针对性地点评，多表扬。	了解低视力学生对立定跳远动作的掌握程度；活跃课堂气氛，激发学生兴趣。	低视力学生根据自己头脑中的印象或者以往学习到的经验立定跳远展示；学生之间互相观察。	6分钟
	2. 全盲学生跳跃展示：全盲学生根据教师的描述或者自己头脑中的已有经验小幅度跳跃；教师对个别有恐惧心理的学生特别关注，多鼓励。	了解全盲学生对立定跳远动作的掌握程度；激起全盲学生的自信心。	全盲学生在老师和其他同学的鼓励下立定跳远展示。	
	3. 根据学生程度分组：将所有学生分成三个组，每组一名全盲学生。	分小组合作，减轻教师的教学负担，提高教学效率；激发学生的团队合作和互帮互助意识；增强学生自信心。	按教师要求分组。	
基本部分	1. 原地跳跃。 (1)教师讲解动作要领并进行分解示范：预备姿势——跳—屈—蹲。 (2)教师示范完整动作：两腿屈膝上提尽量靠拢胸部，在空中呈蹲踞动作，快落地时，小腿积极前伸；落地时，上体前倾，双脚落地，屈膝缓冲，两臂由体前经体侧积极向身后摆动，保持平衡。 口诀：两腿屈膝靠胸部，伸腿落地臂后摆。	通过精练的语言讲解，使学生获得正确的动作概念。 通过标准动作的展示，引发学生自己反思，激发对本节课学习内容的兴趣。	注意听教师的讲解，观察教师的示范动作。 根据教师的要求和示范在沙坑前做用力较小的立定跳远，体会动作要领。	25分钟

教学内容	立定跳远			
基本部分	(3)分组练习：教师巡回指导，纠正错误动作，关注学生个体差异，加强鼓励；小组内成员互相指导，尤其是掌握较好的低视力学生要发挥自己的作用。 (4)连续跳跃：动作掌握较好的学生尝试连续跳跃。 2.跳跃比赛 (1)教师拿一根绳子放在学生队列前面合适的距离，指导学生跳到绳子所在的位置。小组比赛。 (2)所有学生跳过后，移动绳子，增加绳与学生之间的距离。 (3)绳与学生之间的距离逐步增加。	针对个体差异进行纠错，因材施教；通过指导让学生掌握正确的动作，增强学生自信心；通过组内成员互相指导，提高学生的团队意识和互帮互助能力。 巩固练习，通过反复多次的练习，达到熟练程度。 通过比赛激发学生兴趣，提高动作熟练程度；让学生在练习中不断实现升级目标，挖掘学生潜能，增强学生自尊心和自信心；通过小组合作，增强成员的团队意识。	学生分组练习，组内成员相互纠正错误。 在动作基本掌握的情况下尝试连续跳跃。 根据教师要求比赛，挑战自我；小组内互相鼓励。	
结束部分	1.放松：原地小跳，轻拍下肢放松。（配乐） 2.总结：小结本堂课学习情况。 3.师生再见，收回器械。	在音乐中放松身体，养成良好的运动习惯。 指出优点和不足，鼓励学生继续提高。	根据教师示范调整呼吸，全身放松。 列队，师生再见。	5分钟

思考题：

1. 简述盲校体育课程的特色之处。

2. 盲校体育课程室外教学要注意哪些问题？

3. 尝试设计一节室外体育课。

（本章作者：山东省泰安盲人学校高理敬、褚文静，北京市盲人学校高桂鑫，山西省太原市第五十五中学校吴斌；新疆维吾尔自治区乌鲁木齐聋校卿红，北京师范大学特殊教育系 2009 级王鱼琼参与整理）

第十六章　盲校美工课程与教学

　　美术以视觉形象承载和表达人的思想观念、情感态度和审美趣味，丰富人类的精神和物质世界。当代社会的发展对国民的素质提出了新的要求，学习图像传达与交流的方法、形成视觉文化的意识和构建面向 21 世纪的创造力已成为当代美术课程的基本取向。美工课是贯彻落实我国教育方针的重要学科，也是盲校教育中的一门基础课程。通过美工课的教学，可以训练并发展盲生的多种感觉器官，弥补由于视觉缺陷而带来的各种不足。同时，美工课教学培养学生会动手、能设计、爱劳动，在德、智、体、美、劳诸方面和谐发展，使学生成为自食其力的劳动者和残而有为的创造者，具有十分重要的意义。

　　盲校教育的美工课程以手工教学为主，美术教学为辅，是中小学生在教育者的引导下，通过独立活动或与他人合作活动的方式，按照预定的意图或课题，充分发挥想象力和创造力，采用各种材料（各地方可就地取材），直接运用自己的双手或操作简单的工具，在立体或平面造型（注：不包括二维美术）的设计、制作等实践体验和实际探究的活动过程中学习艺术知识，掌握操作技术，培养艺术意识，使学生在积极的情感体验中发展观察能力、想象能力和创造能力，提高审美品位和审美能力，从而提高艺术素养的一门基础学科。

　　但从实践上看，我国盲校美工课存在一些问题。如过于关注知识、能力、情感态度和价值观目标的培养，缺乏针对视障学生生理和心理特点的行为目标和可操作性的具体指向；缺乏从为视障学生潜能发展和补偿功能提供学习机会的角度，考察视障学生美工课程内容的适切性，忽视学习内容与学生个人经验的联系；采用被动式的教学方法，缺乏对视障学生开展个别化辅导；教学评价标准单一，学生评价主体的地位无法体现。因此盲校美工课程与教学需要进一步地完善。[①]

---

　　①　朱玲会，于松海．浅谈盲校美工课程的教育功能及教学建议．现代特殊教育，2011，（2）

一、盲校美工课程目标

盲校美工课程旨在鼓励学生以个人或集体合作的方式参与各种美工活动，尝试各种工具、材料和制作过程。通过丰富的触觉、审美经验弥补视障学生的视觉缺陷，训练和发展学生的多种感知觉器官；掌握认识事物的方法，形成正确地立体感和空间感；会动手，能够依据已有的知识、实物或语言描述，选择材料，使用自己的双手或简单的工具设备，安排工艺，完成制作，掌握一定的从事美工操作活动的能力；会设计，根据意图或课题，运用一定的技术原理和方法进行设计活动，提出设计方案，并在实践中不断修正和优化设计方案；通过手脑结合的活动促进设计、创新能力的提高；认识劳动的意义和价值，树立热爱劳动和生活的观念，体验自身劳动的乐趣，培养质量、合作、安全、环保等意识；使学生体验美工活动的乐趣，获得对美工学习的持久兴趣，并能通过艺术的表达方式和方法表达自己的情感和思想；在美工课学习的过程中，激发学生的创造精神，发展实践能力，形成基本的艺术素养，陶冶高尚的审美情操，完善人格。

盲校美工课程的具体目标主要体现在知识与技能、过程与方法、情感态度与价值观三个维度。

(一)知识与技能

美工课重视学生美工知识和技能的掌握，要求学生会使用工具，自己动手完成、制作规定的任务，也要求学生会设计，根据一定的规程自己设计方案，并加以实施。在这个过程中，培养学生用手观察世界的能力，进而培养学生的形象思维能力和创造能力。通过动手制作，训练盲生的触摸能力，帮助盲生提高定向能力，提高低视生的视觉功能。

(二)过程与方法

美工课程除了要求学生掌握美工知识和技能，更注重把美工课的学习过程变成视觉缺陷补偿的过程；通过美工课的学习，建立初步的空间观念，发展形象思维；经历运用所学知识和技能培养自身劳动意识和习惯的过程；提倡盲生自主学习、主动实践、积极思考、扬长避短；尊重学生的主体性，同时经历与他人合作的过程，形成适合其自身特点的学习方法，掌握高超的技能。

(三)情感态度与价值观

通过美工课的学习，我们旨在鼓励视障学生积极参与美工课学习活动，对美工有好奇心与求知欲；通过获得成功的体验，锻炼克服困难的意志，建立自信心；培养他们的社会责任感和关心社会、生活的态度；形成正确的世界观、人生观和价值观；具有乐观进取、自尊、自信、自强、自立、立志成才的精神和健康的心理素质以及平等参与社会活动的意识。

二、盲校美工课程内容及特色之处

(一)课程内容介绍

本课程内容分为 4 个学段，分别从技能、认知、情意 3 个学习领域加以描述。此外，还根据美工的分类，将标准内容细分为纸工、泥工、编织、缝纫以及简单的小木工等，以便于更好地加以阐明。学校还可根据本校条件和当地文化特色，适当增加积木、插盘和丝网花工艺等教学内容。

义务教育阶段盲校美工课程细化为 4 个学段：第一学段(小学低年级 1～2 年级)；第二学段(小学中年级 3～4 年级)；第三学段(小学高年级 5～6 年级)；第四学段(初中年级 7～9 年级)。每一个学段的学生有不同的认知水平和生理成熟程度，相应的教学内容也会有所不同，具体内容见表 16-1 至表 16-4。

1. 第一学段：美工能力的基本训练

这一阶段重在促进学生大脑智力的开发及手眼、听动协调能力的提高。

表 16-1 第一学段的盲校美工课程的教学内容

项目	技 能	认 知	情 意
纸工	①能够正确、熟练地使用小刀。②会使用剪刀。③理解掌握纸的几种翻转时的术语和动作名称，能按要求迅速摆放。④学会使用裁纸刀裁正方形、长方形、三角形；用剪刀剪纸条。⑤掌握折纸的基本方法(对边折、对角折、角的平分折、四角向中心折等)。⑥学会向外翻折、向内凹折的方法，并能熟练折出单菱形、双菱形、双三角形、双正方形等基本图形。	①认识手工教室的位置，了解室内布局，并能够分清方位。②认识自己的双手，分清各部分的名称，了解手的作用。③认识常用纸张的名称、性能和用途，学会根据制作物品的不同特点，选择相应纸张。④熟悉裁纸刀(小刀)的构造、性能。	①知道美工课的意义及相关要求。②知道劳动的重要性，学会自己的事情自己做。③注意保持环境卫生。④初步养成做事情的条理性。

项目	技　能	认　知	情　意
	⑦学会一些简单物品的折叠方法（扇子、飞机、船、衣服、裤子、照相机、桌子、兔子、桃子、帽子等）。	⑤初步认识剪刀的构造、性能。 ⑥认识正方形、长方形、三角形的性质、各部位名称，并学会区分。	
泥工	①学习捏软、旋转搓、直搓、斜窝搓、斜直搓、压扁、滚边、捏边、摸平、摸光、捏角等基本方法。 ②逐步发展学生的手腕、手掌力量及手指的触觉灵敏度，在操作过程中训练学生的双手协调能力。	①指导学生认识桌面并正确掌握桌面的中间、前面、后面、左面、右面等方位。 ②在巩固认识双手的基础上，指导儿童理解手的直放、横放、斜放。 ③认识橡皮泥（油泥）的基本性能和使用方法。 ④认识并学会制作常见的球体、圆柱体、长方体、正方体、圆锥体、蛋形长圆体、三棱柱等几何形体。 ⑤能够通过听教师的指示，模仿教师的制作过程完整完成作品制作。	

2. 第二学段：根据提示制作成品

教会学生从小学三四年级开始按照老师的步骤提示，制作美工串珠作品。通过有目的地、有计划地特别辅导，使学生获得串珠活动的一些基本概念，充分实现"以手代目""以耳代目"的功能。通过手的触摸觉帮助视力障碍儿童认识物体、形成概念、发展思维。教师主要通过语言的刺激与手的触摸进行教学，通过建立实物作品与串珠作品触摸觉的表象联系，作为补偿缺陷必不可少的教学内容。使低视力儿童模糊的视觉表象和具体事物之间建立联系，通过提高视力能力补偿视觉障碍。

表 16-2　第二学段盲校美工课程的教学内容

项目	技　能	认　知	情　意
纸工	①在反复训练的基础上，能够熟练地用裁纸刀裁出各种不同的形状，并能制作粘贴画。 ②利用学过的基本图形，学习折叠宝塔、手枪、猪、千纸鹤、鲤鱼、蝴蝶、老鼠等物品。 ③开始接触立体物品的制作，建立立体感、空间感，能够拼插一些简单物品，如手镯、战斗机等。 ④学习折叠花篮、香炉、四方盒、螃蟹、青蛙、大象、大公鸡、猎狗、狐狸、火箭、萤火虫、汽艇、冲锋枪、钱包、纸袋等较复杂物品。	①明确数量、长度的概念，了解直尺的用途及使用方法，并学会使用盲用直尺进行测量。 ②建立长度感，学会估测物体长度。 ③认识了解胶水、糨糊、透明胶布等物品的用途和使用方法，并能够用它们制作物品。	①逐步养成良好的习惯。 ②操作过程中有计划、有条理。 ③讲究卫生，注意安全。 ④有较好的积极性和参与度。 ⑤养成劳动意识和劳动习惯。
泥工	①继续学习基本手法，掌握结合、拉长、添泥、取中心、敲平、捶、捏角、上下挤、前后挤、左右挤等方法。 ②运用已学的几何形体知识，塑造乒乓球、汤圆、圆棒、鸡蛋、菱角、饼干、车轮等一些简单物品。 ③运用已学的基本手法，塑造不同的几何形体结合构成的物体模型，如哑铃、杠铃、方桌、长方桌、方凳、圆桌、圆凳等物品。 ④学习自由创作，如塑造生活用品。	①认识各种生活中常见的物品，了解它们的用途并能合理加以运用。 ②建立空间感，加强立体感、三维空间感的训练。 ③能够根据自己的创意和想法，合理组织步骤，设计作品。	

3. 第三学段：自主制作作品

　　小学五六年级熟练掌握基本纸工、泥工、编织技法。能根据教师的命题自主制作。低视生要求认识各种紫色、橙色、绿色、灰色等色彩的事物，能分辨出红色和橙色、绿色和蓝色、紫色和蓝色等色相比较接近的事物。要求教师示范作品加强难度，制作比较复杂的物品，范品应选择三维较复杂物品，且应尽量使用不同的美工技法进行制作。低视力学生能根据提供的示范作品仿制出一模一样的作品，且能根据实际需要自主进行修改完善。

表16-3　第三学段盲校美工课程的教学内容

项目	技　能	认　知	情　意
纸工	①练习使用剪刀，学会剪裁多角形、圆形、曲线形状，熟练掌握剪刀的使用方法。②利用学过的基本技能，制作信封、纸袋、纸花、纸风车、纸盒、小旗等物品。③学习折叠坦克、鹰、猫、鹅、马、双层塔、猫头鹰等物品。④利用一些废品，制作拉花、课桌、板凳、沙发等物品。⑤学习拼插五角星、轮船等物品。	①继续培养学生的空间感、立体感。②培养学生的形象思维能力。③认识不同类型的垃圾分类，并从中找出可利用废品。	①指导学生掌握认识范品的顺序（先整体、后局部，从上到下，从左到右），学会用手辨别不同的形状、物品；教会学生欣赏物品。②加强保护环境教育，热爱大自然。③开始绳结编织教学，指导学生了解绳结艺术是我国最古老的技艺之一，帮助学生了解祖国历史文化。④帮助学生了解中华结的深刻含义，激发学生的学习兴趣。⑤注重学生自主性和创造性，让其运用自己的想象力制作工艺。⑥培养其与其他学生的合作能力和平等意识。
泥工	①掌握泥塑的基本技法（捏、搓、贴、压、接、划、砂等）②利用所学的技法，参照实物，学习塑造苹果、鸭梨、香蕉、西瓜、冬瓜、南瓜、萝卜等生活中常见的蔬菜、水果。③学习塑造碗、茶杯、茶壶、盘子、勺子等常用物品。④指导学生学会使用一些简单的工具，如刮泥刀、泥塑刀、小铁铲等。⑤逐步培养学生审美观，使他们在老师的帮助下，能够修饰所塑物品（打磨、着色、简单雕刻等）。⑥学会和泥（练土）。	①开始学习泥塑，了解黏土的黏性、可塑性，并且同橡皮泥进行比较。②了解加工泥、塑用泥的方法和过程。	

项目	技　能	认　知	情　意
编织	①学会纸编材料的选择，区分一号纸、二号纸、三号纸的不同。②初步掌握纸编的基本方法（四根编、两根编），理解并分清穿压顺序，为以后的学习打好基础。③学会编织鲜花、坦克、梅花鹿、长颈鹿、鸵鸟、牵牛花、金鱼等物品。④学习在工具板（泡沫板）上编织绳结，正确使用编织工具（珠针、钩针等）。⑤学习制作彩穗，掌握基本方法。⑥学习编织基本结，如单结、鱼鳞结、旋转结、单转结、双转结、平编结、锁结、同心结、十字结、玉米结等。⑦在熟练编织基本结的基础上，要求学生能够脱离辅助工具，编织小饰物，并开始组合结的编织。⑧学习吉祥结、酢浆草结的编织方法，并且学习用酢浆草结编织组合结（如意结）。	①了解编织工艺的组成（纸编、丝带编、硬条编、草编和绳编）。②了解编制的一些术语（起头、左弯曲交叉、右弯曲交叉、直线交叉、穿、压、藏头等）。③认识各种编织绳，了解它们的性质和特点，并学会选择（棉绳、合成纤维绳、工艺绳、项链绳、丝线等）。	

4. 初中年级自主制作作品

基本以自学为主，为学生提供盲文教材，学生根据教材自己制作或与同学合作制作或小组合作制作，教师仅作难度指导。初中年级学生还要求将作品市场化，尝试将学生的作品出售到市场上，根据市场需求调整作品的制作。

表 16-4　第四学段盲校美工课程的教学内容

项目	技 能	认 知	情 意
泥工	①巩固所学的塑造方法技巧，开始学习按比例塑造鸡、鸭、鹅、小白兔、小猫等动物的形象。②学习塑造人物头像，注意认识范品，掌握塑像的基本方法。③在老师的帮助下，制作简单的陶器，如花瓶、碗、笔筒、茶壶等。	①开始接触制陶工艺，了解陶艺在我国悠久的历史。②了解制陶的工序，认识制陶的主要工具，结合所学泥塑的知识技巧进行泥工创作。	①激发学生爱国热情和学习的积极性。②培养学生独立生活能力和自我服务能力。③塑造学生的职业意识和职业选择意识，帮助学生找到未来的职业发展方向。
编织	①巩固已掌握的编织技巧，利用所学的酢浆草结、吉祥结、同心结等基本结，编织较复杂的组合结，如绣球结、"戢"字结、"寿"字结、"喜"字结、"幅"字结、"禄"字结等。②开始学习盘长结、复翼盘长结等较复杂的基本结，并能够利用已学技法，自己创作丰富多彩的组合结。③利用所学知识，制作一些简单的工艺品，如各种手链、小动物等。④锻炼学生双手的灵活性，提高学生的编织速度，要求学生脱离操作板，编织各种中华结。⑤掌握毛线编织（棒针编织）的基本方法和技巧：起头、收口、断线接头、上针、下针、加针、减针、收针、并针、交叉针、防针、滑针、浮针、长针等。⑥熟练掌握棒针编的方法技巧，为以后进一步学习打下基础（掌握较快的同学可教编织小手套、小帽子等物品）。⑦利用丝带，编织风铃、粽子、跳虾、肥皂花篮等物品。⑧利用废弃的雪碧瓶、易拉罐等物品编织花篮、烟灰缸等物品。	①初步接触毛线编织，了解毛线的性质。②了解毛线编织分两类：棒针编织和钩针编织；掌握两类编织的基础知识。③对废品的分类和利用方法和原理有一定的认识。	

续表

项目	技　能	认　知	情　意
木工	能够利用工具修理桌椅板凳、利用半成品制作加工木盒、板凳、风筝等物品。	①了解木材在国民经济中的意义，认识本地几种常见的木材。②认识各种钉子的性能和作用，根据所需能够正确选择。③认识常见的小锯、榔头、木锉、锥子、凿子、钳子等工具的结构、用途和安全使用这些工具的方法。	
手缝工艺（选学）	①学会缝工的基本方法和技巧，掌握缝纫的基本过程。②学会穿针，掌握起线结的打法（捏线头、绕圈、捻转、收紧）。③熟练掌握攻针的技巧，并学会止针结的打法（钩线、穿入、拉紧、抽线成结）。④在安全熟练操作的基础上，练习钉纽扣、补线脚，缝补衣服裤子。⑤能够在给定的半成品上，缝制花边，制作工艺品。	学会用手指辨别不同布、线、针的性能和用途。	

（二）课程特色之处

　　视力障碍学生的美工课不再是一种单纯的技能技巧训练，而是一种文化学习，更注重培养视力障碍学生的审美能力。要从为视障学生潜能发展和补偿功能提供学习机会的角度出发，选择有高度适切性的视障学生美工课程内容。注重美工课程与视障学生生活和个人经验的联系。小学阶段美工以学生发展为本，培养学生学习兴趣，注重培养发展学生审美能力、感知力、想象力、表现力等方面的能力，注重培养创新精神。初中美工注重学生的个性发展和全面发展。强调学生自主探究学习，合作互动学习，强调情感体验，注重学习的过程，注重跨学科的综合学习，改变传统教法和学法。通过串珠实践活动，提高学生动手动脑的能力，使学生学会学习。注重视障学生情感、态度、个性的培养以及直接的审美体验，促进课程内容的全面性和整合性。

盲校美工课程给教师提供了充分的自我发挥空间。教师可以依据视障学生的不同层次、不同年龄、不同水平、不同程度进行内容的选择。同时也可以根据自己的教学能力和专业特长选择有所作为的教学内容，还能够根据学校特色、当地状况进行选择。值得注意的是，盲校的美工课程是与视障学生未来的职业选择紧密结合的。故更要注重发展潜能和补偿缺陷的有机结合，注重实效性，着重培养视障学生的生活能力和职业素养。

视障学生由于视觉上的缺陷，他们在理解和使用色彩方面存在很大的困难，教会学生如何理解和使用色彩是盲校美工课教学的另一特色之处。味觉、感觉和听觉引领色彩是常用的色彩教学方法，教师将抽象的颜色与学生可以感知的、具体的事物结合起来，使学生形成特定的颜色知觉，并能够自如地运用到美工作品制作中。比如，红色是吃了辣椒的感觉。

三、盲校美工课程教学方法及评价

（一）教学方法

1. 教具模型直观教学法

视障学生全凭触摸觉等感官进行学习，在美工课程中要培养和发展视障学生的各种感官功能，必须创造一切条件尽可能使用直观教具，使用实物进行教学。在指导视障学生认真细致地、有顺序地观察样品和模型后，使视障学生直接感知真实物体，对其大小、形态和属性能得到比较完整而准确的感性认识，基本建立一个比较正确的形象，具备具体形象和空间概念的想象，才能很好地进行操作。

2. 语言直观法

教师的语言直观法是视障学生获得直接知觉的手段之一。教师能用准确、精练、生动、形象的语言讲解可唤起后天失明盲生原有的视觉经验，同时可以启发先天视障学生已有的知觉感受。促使视障学生对已有的表象进行想象，激发视障学生的创作动机，形成其创造想象的动力。由于视障本身的生理缺陷，多数视力障碍学生不能够充分发挥其视觉的优势和主动性，故通过言语传达的信息就相当重要。教师一定要充分利用好这一特点，运用形象直观的语言进行教学和视觉信息的传递。

3. 实际操作法

视障学生一般头脑灵活，思维敏捷，有积极、上进、好学的精神，但往往喜欢动脑动口，却不善于动手，而手工课恰好是弥补这一不足的有效途径。教师通过耐心引导学生触摸直观教具和模型，然后用比较生动、形象的语言加以讲解，并要手把手做示范动作，使学生深刻领会有关操作术语，避免视障学生听其音而不知其具体动作的情况。

4. 再现法

注意想象再现，使学生得到完整准确的认识。根据视障学生的特点，教材一定要强调形象的建立和再现。如常用的几何形体，在纸工中折叠，在泥工中也要捏制，在缝工中还要利用几何图形缝出美丽图案。通过反复再现，使视障学生对几何形体特征的认知逐步加深，对形体各部分能正确理解，并在头脑中有深刻完整的形象。

5. 情景教学法

积极创设有利于学生学习的教学情境，帮助学生更好地理解背景内容，提高实际的认知能力和知识技能的掌握能力。运用丰富的情景因素，有利于调动学生的多种感官，激发大脑兴奋灶，有利于提高学生的学习兴趣，激发其学习的主动性。

6. 合作学习法

提倡合作学习，将完成学习任务和心理健康教育结合。视障学生都有很强的好胜心，但缺乏合作的精神。合作学习不仅有利于提高学生的学业成绩，而且能满足学生的心理需要，促进情感发展和社交能力的提高。通过这种教学形式，关注学生的个别差异，促进学生合作，互补互助。学生将来可以较好地适应社会上的各种情况，与各种不同的人合作共事。

7. 参照法

参照法主要有食指参照法和花心参照法两种。视障学生以某一固定的物体为参照点，围绕着参照点完成规定的任务，如制作粘贴画。实现"以手代目"的功能，培养视障学生的构图能力和方向感，补偿视觉缺陷，发展学生的思维。

8. 替换法

有些学习材料不适用于初学者，代以其他的材料，使学生具备一定的能力之后才运用于教学中，如在编织彩色纸鞭子教学中，就采用此方法。替代法可以有效帮助视障学生实现学习上的过渡，使学生更好地适应教学各环节。

(二)教学注意事项

1. 充分发挥教师的指导作用

由于视障学生认识客观事物有相当大的困难，所以教师的指导作用对学生来说，具有超出正常儿童的特殊意义。教师对学生要耐心、细心地反复指导，又要严格要求学生，同时要善于提出问题，启发学生思考，帮助他们解决学习上的困难。要逐渐培养学生的学习能力，不能包办代替，教师要注意美工课的重点在于发展视障学生多方面的感官功能，重视视觉缺陷的补偿。要鼓励学生克服困难，帮助其树立自信心和积极性。认识到课标是学段结束时学生应达到的目标，允许一部分学生经过一段时间的努力，随着知识与技能的积累逐步达到，并不断给予学生鼓励和支持。

2. 充分发挥学生的主体作用，培养学习兴趣

视障学生对周围事物有特殊的兴趣，好奇心特别强，由于视力缺陷，他们缺乏对周围世界的感知，而又迫切想了解这个陌生的世界。因此他们喜欢听、问、摸、动，什么都想了解，对周围事物抱有极大的兴趣，探究心理十分强烈。美工课恰好把玩与艺术、劳动技术的熏陶结合起来，为视障学生动手动脑创造了条件。教师要把握视障学生的心理特点，了解学生的学习需要，关注每一个学生在学习中的表现和发展，做到因材施教，有针对性地采用教学方法和手段，发挥其主观能动性，培养兴趣，采取灵活多变的方法，提高课堂的有效性。

3. 有效提高视障学生的观察能力

视障学生的观察活动是由听、触、嗅等其他感官协同的感知活动。视障学生的观察主要是"以手代目""以耳代目"，只有充分调动其余感官的功能条件，视障学生才能细致、客观地观察事物。应着力补偿视障儿童的视觉缺陷，开发其潜力。引导学生以感受、观察、体验、表现以及收集资料等方法学习，进行自主学习与合作交流。

4. 有效提高视障学生的形象思维能力和创造能力

视障学生有较强的联想能力，即由一种已产生的感觉引起另一种感觉的心理想象，这是感觉相互作用的特殊形式。让学生自由创作，是充分发挥学生形象思维和创造能力的极好机会。这样可以不断促进学生智力的发展。视障学生可以用触觉主动地认识物体的形状、大小、重量、温度、软硬等，把感知到的事物和过去认识的事物相比较，得到有关事物的表象后，重新认识客观事物。用刺激学习兴趣的方法，激发学生的创造性，让他们用触觉审美和创造美。

5. 结合视障学生的身心发展特点，选择合适的教学方法和教具

教师应以各种生动有趣的教学手段，如电影、电视、录像、范画、参观、访问、旅游，甚至故事、游戏、音乐等方式引导学生增强对形象的感受能力与想象能力，激发学生美工学习的兴趣。尽可能尝试计算机和网络教学；鼓励学生利用互联网资源，检索丰富的美工信息，开阔视野，展示他们的美工作品，进行交流。

6. 美工教学要特别重视激发学生的创新能力和培养学生的实践能力

教师要积极为学生创设有利于激发创新精神的学习环境，通过思考、讨论、对话等活动，引导学生在美工作品的创作活动中，创造性地运用美术语言；教师应鼓励学生在欣赏活动中，开展探究性的学习，发表自己独特的见解。

7. 引导学生关注自然环境和社会生活

通过观察、体验、构思、描绘、塑造、设计和制作等美工教学，引导学生关注自然环境和社会生活，培养学生亲近自然、融入社会、关爱生命的情感态度与行为习惯，逐渐形成他们的环境意识、社会意识和生命意识。

8. 培养学生健康乐观的心态和持之以恒的学习精神

在具体的美工教学活动中，有意识地培养学生健康乐观的心态和持之以恒的学习精神，使他们充满自信地参与美工学习；要求学生从小事做起，逐渐形成关心集体、爱护环境和公共财物等良好行为习惯。

9. 营造适合视障学生身心发展特点的环境

心胸开阔、乐观的情绪易使视障学生浮想联翩，创造性思维活跃，灵感往往在这时候光临。因此应为学生提供较多的"心理安全"和"心理自由"，充分调动他们参与创新的积极性。[①]

(三)课程评价

原有课程教学评价体系中，教师对视障学生评价标准单一，评价忽视视障学生对美工学科学习特点及接受情况的了解。以量化的方式来评价学生的学习过程和结果，忽视了评价过程中学生的发展性；在评价过程中教师是评价的主体，学生从没有对自己的学习过程进行反思评价的习惯，往往教师要求什么，学生就做什么，教师要求怎么做，学生就怎么做，学生对于教师教学内容的布

---

① 李炳俐，李善军．盲校美工创新教学初探．现代特殊教育，2003，（2）

置意图完全不知，也不做任何思考①。

因此，美工课程评价应以学生在美工学习中的客观事实为基础，注重评价与教学的协调统一。既要关注学生掌握美工知识、技能的情况，更要重视美工学习能力、学习态度、情感和价值观等方面的评价。

①依据美工课程标准进行评价。在评价中努力体现标准的理念和目标，充分发挥评价的激励与反馈功能，帮助学生树立学习信心和发现自己的不足，促进学生在美工学习方面的发展。同时，通过评价获得准确的信息反馈，帮助美工教师不断改进教学工作。

②盲校美工课的教学评价应该综合考虑学生视觉缺陷的补偿、美工知识和技能的掌握、劳动意识和习惯的养成以及独立顽强意志品质的建立。

③美工课学习的评价应以发展性评价为主，注重对学生学习过程的评价。评价的方式、过程、手段都要以有利于学生发展为原则，关注学生知识、技能和操作的结果，关注他们在学习过程中的变化和发展。参与美工的学习和实践过程，完成规定的学习任务，应当给予肯定。对那些在创作中有特色的学生要给予特别的鼓励。

④评价过程要关注学生的个性差异。在进行评价时要结合义务教育的各项要求并充分发挥特殊教育的特色。关注不同学生的不同缺陷和不同潜能，结合学生自身的身心特点，制订合理的评价计划。对学生进行综合评价，在知识的理解与表现中，学生表现参差不齐，为了挖掘每一个学生潜在的能力，应因材施教，根据学生个性及作品造型特点的不同，分别进行鼓励和引导，评价以肯定为主，老师评价和同学及学生自己评价有机结合，保护学生的学习积极性，使每一个学生都得到个性的张扬。

⑤恰当评价学生的基础知识和基本技能。在实施评价的过程中，应全面关注知识与技能、过程与方法、情感态度与价值观三个方面学生的发展情况。不应当将学生基础知识和基本技能的掌握情况作为评判学生学习成就的唯一标准。而应该在一个更广阔的平台上评价学生的发展。重视对学生设计能力、创新能力的评价；评价结果要采用定性与定量相结合的方式呈现，以定性评价为主。

⑥拓展多样化的评价方法。可采用学生自评、互评、教师评以及学期考试、作品展示、撰写心得体会、专题活动、相互交流、作品评定、自我评估、日常观察等多种形式。学习评价的过程是学生再一次接受教育的过程，同时也

---

① 朱玲会，于松海．浅谈盲校美工课程的教育功能及教学建议．现代特殊教育，2011，(2)

是学生主动学习的过程。评价的主体应当是学生本人，包括教师、家长和其他有关人员。教师评价需要适时地运用学生的自我评价和学生相互评价的结果，并将这些评价与家长、社会对学生的评价结合起来。美工课的考核可以结合教学过程进行随堂、阶段性和总结性测试。考核内容包括知识、技能和劳动意识三个方面，采用书面考试和操作实践考试相结合的方式进行。平时考核可以着重某一个方面或层面的单项考核，学期考核应全面反映整个学期的综合情况。注意学期考核的评语和等级，并对平时学习材料的成果加以整理和汇集，由此加强学生美工课学习档案的建设。

四、盲校美工课程资源

(一)课程资源

盲校美工课程可选用的课程资源是多种多样的，包括教学环境、教学设施。具备专业技能、专业素养和授课热情的专职教师队伍；学生进行美工实践活动的各类活动材料；音像资料与信息技术；其他学科的知识储备基础和资源辅助；帮助学生自我组织、自我创造的课外活动小组；学生丰富的生活经验；充分的美术教学软件及网络教学资源；丰富全面的盲文阅读书籍；雕塑实体、报纸杂志、电视广播等传播媒体；社区、少年宫、博物馆、艺术馆等活动场所；丰富多彩的自然资源和社会文化资源；能够帮助学生美工学习的其他智力资源。可以说，教学资源的选择是多种多样、极为丰富的。

教师在教学中应当积极发现各类可用的课程资源，并不断开发利用新的课程资源，帮助教学目标的达成和教学内容的实施。注重不同水平、不同层次、不同程度视障学生的认知发展水平、生理成熟水平和心理特征，根据其不同的需要，选择不同深度、广度的教学内容进行教学。让每一个学生在高度兴趣和热情的心理状态下进行美工课程的学习。

(二)保障措施

学校应当配置美工专用教室。努力使每个班、每节课、每一位学生都能进专用教室上课。要建设储藏教具、工具材料以及展示学生美工作品的设施和场所。加强现代化技术装备，有计划地扩充项目，发展特色项目。

社区资源和社会智力资源对视障儿童美工课程的学习至关重要。盲校美工课程最终还是要回到实践和运用上。利用好社区的各项资源和社会各界的帮助和支持，有利于学校开展美工课程的教学。

加强学校教学管理。学校领导应当提高对美工教育重要作用的认识，关心、理解美工教师的工作，确保美工教育的顺利进行；保证美工教育的实施和经费的落实；保证美工教师拥有教学设备、教学研究和艺术学习与实践的充分时间，让教师全身心地投入美工课堂教学中，提高美工教育的质量和效率。

加强教研组建设。学校内部建立美工教研组，教师必须参加教研活动，认真学习课改要求，积极研究教材，制订教学计划和进度，进行业务学习，开展课题研究，合作完成教研任务。

五、教案举例

盲生美工课中的小组合作教案

初中一年级三班是一个学习氛围比较浓厚、学生思维活跃且喜欢美工课程的班级，但学生们多只说不做，除了个别同学喜欢动手实际操作外，大部分同学都不知道如何选用恰当的方法实际操作美工作品。为了能够更好地锻炼其操作能力，培养学生的创新意识，教师选择了制作手袋这一课程内容。

[学生合作条件分析]

本班学生学习能力、学习热情、学习积极性参差不齐。教师曾经建议学生进行小组合作，但是遭到学生拒绝，学生觉得自己可以单独完成作业。但是通常的情况是动手能力强的学生完成得很好，而动手能力差的很难完成老师的要求。在小组的成员组合上存在很多实际问题，但小组合作能让动手能力强的学生带动动手能力差的学生，也能培养学生的责任感。小组作品是组内学生共同的作品，可以激发不自信学生的自信心，也能帮助学生形成团队意识、合作精神。

[授课]布手袋

一、教学目的和要求

1. 学会做简单的针线活。学会做针线活的基本针法：平针。

2. 培养学生的动手能力、审美能力和创新能力。

3. 树立团队意识和合作精神。

二、准备工作

各种布艺作品。

学生每人准备厚薄、花色不同的两块棉布，较粗的棉线或细毛线，卡片，剪刀，乳胶，大针。

三、教学设计

1. 课前热身

送一个手袋给每位学生，请他们也做一个给自己想送的人。

师：老师亲手为每位同学制作了一个手袋，大家喜欢它们吗？是否也愿意亲手做一做精美的小布提袋送给你们的朋友或者亲人呢？

师：谁来说说观察作品的方法？

生：先触摸整体，再按照从上往下，从左往右的顺序触摸。最后对某个自己感兴趣的细节做重点触摸了解。

2. 探究

(1)每个学生仔细认真研究一下老师赠送的手袋。看看这些小手袋是怎样制作的。除了观察外，还可以拆开来看看怎么做的。

(2)小组合作拆作品，观察、讨论制作的方法。然后学生试着动手制作作品。进一步探究制作手提袋的方法，设计出思路。

[讨论片段一]观察范品后的小组讨论

A：看起来就是一个方形的布缝起来的，可是这个提手的绳子怎么才能做出可以拉伸的呢？

B：我看看。先把口子缝好，滚的边至少要比绳子粗，空心的才能将绳子穿进去。

C：我觉得装饰很重要，摸起来觉得很有意思，能做很多想象呢！

师：你们觉得做这个布袋什么最重要？同学小组讨论。

D：我觉得缝的手艺很重要。

E：我觉得裁剪才重要，裁得不好这个布袋就不好看。

F：我们组觉得做的程序最重要。程序错了，说不定要重新做，多麻烦！

有的学生仍然没有以集体的结论来总结，但是有的组就已经有了集体意识，在发言的时候用了"我们组"。

师：既然是组里的结论，发言的时候我欣赏刚才最后一组的发言，他们用了集体的结论。

师：同学们小组再讨论一下：程序为什么重要？

要求以小组为单位汇报。（学生汇报时，同组学生有提醒补充的现象）

教师和学生对他们的汇报进行评价。

[讨论片段二]关于如何分工的小组讨论

A：我喜欢缝，我来缝吧。

B：我来剪形状。

C：我做装饰。（低视力学生）

D：我这些都做不好怎么办呢？我就不做了。

C：不行，既然是小组合作，都应该出点儿力，你帮我们准备工具和材料也不错嘛，鼓励鼓励我们也是好的呀！

[讨论片段三]制作过程中的讨论

A：我穿不进针怎么办？

C：我来。

B：我们确定剪正方形的，我觉得最好先用纸板裁一个形状出来，这样布就不会走样了。

D：这个我会做呀，我去画形状。

3. 点拨引导、实践操作

(1)引导学生汇报观察中的发现。

生：老师，我觉得你的手袋太小了，不适合我用，我可以修改修改吗？

师：当然可以，老师很赞赏你这种学习的态度，希望能够比老师做得更好。

(2)交流遇到的问题，师生共同解决。

(3)动手实践。进一步练习手提袋的制作方法。学生独立或合作制作手提袋，边动手、边探索、边讨论。同时给学生提供更丰富的作品欣赏，使学生能有新感觉、新思路。

4. 评价反馈，共同提高

展示作品。学生自主评出优秀作品，赞赏作品美的地方同时也找出其中的困难、不足。取长补短、互相学习、共同提高。

5. 全课总结，探究创新

大家在一个愉快和谐的氛围中，制作出了自己喜爱的小手袋。

思考题：

1. 简述盲校开设美工课程的意义。

2. 简述盲校美工课程的内容。

(本章作者：湖南长沙盲聋学校陈科宇，北京市盲人学校魏凡，广西南宁社会福利院刘春华；广东珠海特殊教育学校安喆，北京师范大学特殊教育系2009级覃巧参与整理)

第十七章　盲校音乐课程与教学

音乐课程是人文学科的一个重要领域，是盲校义务教育阶段的一门必修课，是盲校开展艺术审美教育、全面实施素质教育和培养融入社会能力的重要内容和主要途径。它将"美感教育"和"情感教育"融为一体，提高盲生的音乐素养、审美能力和精神力量，在陶冶情操、康复与矫正、开发潜能、增进健康等方面具有其他学科不可替代的独特功能。

一、盲校音乐课程目标

(一)总目标

学生通过音乐课程学习和参与丰富多样的艺术实践活动，探究、发现、领略音乐的艺术魅力，培养学生对音乐的持久兴趣，涵养美感，和谐身心，陶冶情操，健全人格。学习并掌握必要的音乐基础知识和基本技能，坚持以盲生的发展为本，通过丰富生动的音乐教学实践活动，激发其爱好音乐的兴趣，拓展文化视野，发展音乐听觉与欣赏能力、表现能力和创造能力，形成基本的音乐素养。丰富情感体验，培养其积极面对人生、超越残疾障碍的意识和自尊、自信、自立、自强的精神以及良好的审美情趣和积极乐观的生活态度，促进身心的健康发展。培养其社会交往能力、可能与音乐相关的职业能力，为今后全面融入社会奠定坚实的基础。

(二)分目标

1. 情感、态度、价值观目标

(1)丰富情感体验，培养对生活积极乐观的态度

音乐学习可以丰富学生的情感体验，使其情感世界受到潜移默化地感染和熏陶，建立起对人类、对自然、对一切美好事物的关爱之情，树立对生活的积极乐观态度，以及培养对美好未来向往与追求的情感。

(2)培养音乐兴趣，树立终身学习的愿望

通过各种有效的途径和方式引导学生走进音乐，在亲身参与音乐活动的过程中喜爱音乐，掌握音乐基础知识和基本技能，逐步养成欣赏音乐的良好习

惯，为终身爱好音乐、深入学习音乐知识和技能奠定基础。

（3）提高音乐审美能力，陶冶高尚情操

通过训练学生对音乐作品情绪、格调、人文内涵的感受和理解，培养学生音乐的欣赏能力，养成健康向上的审美情趣，使学生在真、善、美的音乐艺术世界里得到高尚情操的陶冶。

（4）培养爱国主义情感，增强集体主义精神

通过在音乐作品中表现的对祖国山河、人民、历史、文化和社会发展的赞美和歌颂，培养学生的爱国主义情感；在音乐实践活动中，培养学生良好的行为习惯以及宽容理解、互相尊重、共同合作的意识，增强集体主义精神。

（5）尊重艺术，理解世界文化的多样性

尊重艺术家的创造劳动，尊重艺术作品，养成良好的欣赏音乐艺术的习惯。通过系统地学习母语音乐文化和不同国家、不同民族、不同时代的作品，感知音乐中的民族风格和情感，了解不同民族的音乐传统，热爱中华民族音乐文化，学习世界其他民族的音乐，理解音乐文化的多样性。

2. 过程与方法目标

（1）体验

完整而充分地聆听音乐作品，在音乐体验与感受中，享受音乐审美过程的愉悦，体验和理解音乐的感性特征与精神内涵；启发学生在积极体验的状态下，充分展开想象；保护和鼓励学生在音乐体验中的独立见解。

（2）直观

根据视力残疾学生的身心特点，通过听觉、触觉对音乐表现的直观感受，逐渐提高音乐表现能力；在教学中，要充分运用电子音响设备（录音机、MP3播放器、可录音电子琴等）、乐器的直观作用，调动学生探索的兴趣。

（3）模仿

根据中低年级学生的身心特点、音乐经历的差异，从音乐基本要素、律动基本动作入手，通过亲身参与演唱、演奏、编创等艺术实践活动，并适当地运用观察、比较和练习等方法进行模仿，积累感性经验，为音乐表现和创造能力的进一步发展奠定基础。

（4）探究

培养学生对音乐的好奇心和探究愿望，重视自主学习的探究过程，使学生能够积极参与以即兴式自由发挥为主要特点的探究与创作活动。

（5）合作

在音乐艺术的集体表演形式和实践过程中，能够与他人充分交流、密切合

作，不断增强集体意识和协调能力。

（6）综合

通过以音乐为主线的综合艺术实践，有效地渗透和运用其他艺术表现形式和相关学科的知识，帮助学生更直观地理解音乐的意义及其在人类艺术活动中的特殊表现形式和独特的价值。

3. 知识与技能目标

（1）音乐基础知识

学习和了解音乐基本表现要素（如力度、速度、音色、节奏、节拍、旋律、调式、和声等）和音乐常见结构（曲式）以及音乐体裁形式、风格流派和演唱、演奏、识谱、编创等基础知识，有效地促进学生音乐审美能力的形成与发展。

（2）音乐基本技能

培养学生自信、自然、有表情地演唱歌曲和演奏课堂乐器的能力；学习演唱、演奏、创作的基本技能；在音乐听觉感知基础上，识读盲文乐谱或简谱、五线谱，并在音乐表现活动中运用乐谱。

（3）律动舞蹈基本技能

培养学生用体态律动、舞蹈来表现音乐的能力；在感知音乐的基础上，表现出与音乐的情感内容、节奏相适应的身体动作，逐渐掌握舞蹈的基本动作要领；根据不同体裁、风格的音乐，完成一定的动作组合，培养学生的一般动作组合能力。

（4）音乐历史与相关文化知识

以自由、即兴的创作方式表达自己的情感，学习浅显的音乐创作常识和技能。通过认知作曲家生平及作品的题材、体裁、风格等，了解中外音乐发展的简要历史和有代表性的音乐家，初步识别不同时代、不同民族的音乐，加深对中国民族音乐的认识和理解。

认识音乐与姊妹艺术的联系，感知不同艺术门类的主要表现手段和艺术形式特征。了解音乐与艺术之外的其他学科的联系，扩展音乐文化视野。根据自己的生活经验和已学过的知识，认识音乐的社会功能，理解音乐与社会生活的关系。

二、盲校音乐课程内容及特色

（一）盲校音乐课程内容

本课程涉及 5 个领域，包括感受与欣赏、表现、音乐康复、创造、音乐与相关文化。

1. 感受与欣赏

感受与欣赏是音乐学习的重要领域，是音乐活动的基础，是培养学生音乐审美能力的有效途径。良好的音乐感受能力与欣赏能力的形成，对于学生丰富情感，提高文化素养，增进身心健康具有重要意义。教学中应激发学生聆听、欣赏音乐的兴趣，逐步积累欣赏音乐的经验。应采用多种形式引导学生积极参与音乐体验，鼓励学生对所听音乐有独立的感受和见解，养成聆听音乐的习惯，帮助学生建立起音乐与人生的联系，为终身学习和享受音乐奠定基础。在这一领域中，主要包括音乐表现要素、音乐情绪与情感、音乐体裁与形式和音乐风格与流派这 4 个具体内容。

2. 表现

表现是实践性很强的音乐学习领域，是学习音乐的基础性内容，是培养学生音乐表现能力、审美能力和身心协调能力的重要途径。教学中应注意培养学生表现的兴趣和自信心，注重学生在语言、听觉、动触觉等方面的发展，培养学生的感知能力、艺术表演能力和表演潜能及创造性潜能，使学生能用音乐的形式表达个人的情感并与他人沟通、融洽感情，在音乐实践活动中使学生享受美的愉悦，受到情感的陶冶。此领域主要包括演唱、演奏、综合性艺术表演和识读盲文乐谱 4 个具体内容。

3. 音乐康复

音乐康复是通过开展适合视力残疾学生特点的音乐游戏、律动（包括韵律操）、基础舞蹈（包括形体训练）等内容的活动，实施音乐与体态韵律、肢体运动等紧密联系的感觉统合训练，以达到矫正感知运动障碍的目的。在音乐康复活动中，以丰富多彩的内容激发视力残疾学生的活动兴趣，消除对运动的恐惧心理、提高感知空间能力、培养动作协调能力、矫正不良体态、促进运动机能的健康发展。此领域包括音乐游戏、律动和舞蹈 3 个具体内容。

4. 创造

创造是发挥学生想象力和思维潜能的音乐学习领域，是学生积累音乐创作经验和发掘创造思维能力的过程和手段。音乐创造能力的基础在于：是否善于发现音响中音乐与自然界、生活等密切联系的诸多元素，以及用这些元素发掘和表现音乐与表象、音乐与表情之间的联系。通过对音响的探索，能够对音乐的逻辑形式、表情方式等方面，有一定的认识；通过创造性活动，使学生能够将音乐与其他表情、表象的方式相结合；能够参加音乐创作实践活动，并从中体验到创造的快乐。这对于培养具有实践能力的创新人才具有十分重要的意义。此领域包括探索音响与音乐、即兴编创和创作实践。

5. 音乐与相关文化

音乐与相关文化是音乐课人文学科属性的集中体现，是直接增进学生文化素养的学习领域。它有助于扩大学生音乐文化视野，促进学生对音乐的体验与感受，提高学生音乐鉴赏、表现、创造以及艺术审美的能力。它虽然在某些方面有自己相对独立的教学内容，但在更多的情况下，又蕴含在音乐鉴赏、表现和创造活动之中。为此，这一领域教学目标的实现，应通过具体的音乐作品和生动的音乐实践活动来完成。此领域包括音乐与社会生活、音乐与姊妹艺术和音乐与艺术之外的其他学科。

(二)盲校音乐课程特色之处

盲校音乐课因教学对象的特殊性，其课程地位、课程设置、教学方法、教学原则等方面都与普通学校存在较大差异。具体来说有以下几点：教学以视障学生的全面发展为基石，力图使学生在音乐课的学习中，不断感受美、享受美、创造美，引导学生感受生活的美好，学会克服生活中的困难。盲校音乐课教学尊重视障学生的个性特点，以审美体验为核心，利用丰富多样的课内外教学活动，鼓励学生积极参与。盲校音乐课的教学内容兼具民族性、时代性和地方特色，注重缺陷补偿，挖掘学生潜力。

1. 以视障学生的发展为本，利用盲生善听能唱的特点，补偿盲生视觉缺陷，帮助盲生感知生命的美好

音乐是一门依靠听觉来感受，通过语言、声音来表达的艺术，盲生虽然视力受限，但是他们感知音乐和表达感情是没有障碍的，甚至因为通过强化训练而具有一定优势，所以对于盲生来讲，是可以顺利进行的。盲生在学习音乐的过程中，通过欣赏不同类型的音乐，演唱不同风格的歌曲，补偿盲生的视觉缺陷，培养盲生欣赏美和创造美的能力，从而达到帮助盲生感知生命美好的目的。

2. 促进学生全面发展的同时，兼顾学生的个体差异，开展个性教学

盲校音乐教学活动的任务，是促进视力残疾学生全面发展、培养他们回归社会的能力，使每一个学生的音乐潜能得到开发并使他们从中受益。针对学生的个体差异，紧密结合学生的生理、心理特点，制定符合其自身发展需要的教育教学方法。音乐教学应尊重学生用自己喜爱的方式来学习音乐，维护学生选择的权利，为他们的个性及音乐才能的发展创造有利的条件。成功的盲校音乐教育，应该是面向全体的教学与分类教学、个别教学相结合，素质教育与职业教育相结合，课堂教学与课外活动相结合的教育。

3. 利用丰富多样的课内外教学活动，以审美体验为核心，引导学生积极参与、体验

学生视力上的缺陷，导致其无法很好地欣赏这个美丽的世界，所以良好的音乐可以使学生置身于美的熏陶中。开展多种多样的课内外音乐活动，让学生能全方位、多角度的领悟音乐的真谛，与教师同学合作，亲自参与歌唱、舞蹈、表演、演奏和创编。绚丽多彩的文艺表演活动会使学生从中感受美、鉴赏美，同时也会直接影响他们的气质、性格、情操和意志。

课外音乐活动是盲校课堂教学的延伸和补充，是学校课外活动的重要组成部分，它能激起大多数学生参与活动的热情，为音乐教学的开展注入活力，为学生的音乐实践提供展示才华的平台。

4. 盲校音乐课教学内容富有民族性、时代性和地方特色

音乐活动具有表演形式的多样性、规模的灵活性，在每次活动中都离不开表演者、欣赏者、组织者、服务者的参与；在活动中，参与者要按照活动规程的要求、相互尊重、默契配合，才能使活动取得成功。

将我国各民族优秀的传统音乐作为音乐课重要的教学内容，通过学习民族音乐，使学生了解和热爱祖国的音乐文化，增强民族意识，树立爱国主义情操。在强调弘扬民族音乐的同时，还应培养学生开阔的视野，学习、理解和尊重世界其他国家和民族的音乐文化，通过音乐教学使学生树立平等的多元文化价值观，有利于我们共享人类文明的一切优秀成果。

一方面，盲校音乐课还应注重地方特色，结合当地的特点，在教学中适当增加一些当地戏曲的学习，如川剧、越剧、吕剧、京剧、黄梅戏等。另一方面，在少数民族较多的地方还应增加一些优秀的少数民族音乐的学习。

5. 盲校音乐课与其他学科相互联系，相互渗透

盲生活动范围比较狭小，感知经验贫乏，对客观世界的认识较为肤浅，学习音乐过程中，表现为理解歌词和进行表演较为困难，可以通过音乐艺术的途径，借助生动、鲜明、具体、富于想象、充满激情的艺术形象来开阔他们的视野，加深他们对客观世界的认识与其他学科有机联系，互相配合，互相渗透。如语文课把经典诗词谱曲后由学生演唱；把英语课课文编曲演唱；以及其他学科的一些素材也可以运用于音乐教学活动中。

6. 盲文乐谱学习是盲校音乐教学的重要内容，在视障学生音乐学习中有不可替代的重要作用

盲校音乐课一定要让盲生学写、学唱盲文乐谱，这对盲生在音乐方面的学习有举足轻重的作用。如果盲生不懂盲谱，自己无法独立学习新的音乐作品，就更不可能进行音乐创作。市面上没有关于盲文乐谱的书，因而在盲校音乐课教学中盲谱的教学是必不可少的，在盲校音乐课教学内容中应占有很大的比重。

7. 器乐教学也是盲校音乐课不可缺少的一部分

器乐演奏对于激发学生学习音乐的兴趣，提高对音乐的理解、表达和创造能力以及补偿学生视力缺陷和矫正盲生的盲态等方面都有着十分重要的作用。器乐教学应与唱歌、鉴赏、创编等教学内容密切结合。例如，可用乐器为歌唱做伴奏，演奏欣赏曲的主题旋律等。可采用各种演奏形式，以学生普遍学习乐器的合奏为主，鼓励学生从实际条件和各自的兴趣爱好出发，在普遍参与中发展自己的特长。

盲校课堂教学所选乐器应满足容易学习、容易演奏、便于集体教学使用的特点。吹奏乐器必须符合卫生标准，发音纯正。可因地制宜地选择学习本地区、本民族适宜中小学课堂教学的乐器。

三、盲校音乐课程教学方法及评价

(一)盲生学习音乐课程的特点

一是，视障儿童感受声音和表达感情是没有障碍的。音乐是通过声音进行表达和感受的艺术，它首先诉诸人的听觉，音乐能直接地、迅速地通过耳朵传达到人的大脑，作用于心灵和精神，唤起感官美的感受。音乐这种依靠听觉来感受，通过语言、声音来表达的艺术，对于视障者来讲，是可以顺利进行的。视障生在学习音乐的过程中，通过听、唱不同性质的音乐和歌曲，可以树立正确的审美观，培养欣赏美和创造美的能力。

二是，音乐作为一种表演的艺术，在感受、酝酿和表演的过程中，需要各种感官协同活动才能完成，是促进人的智力发展的有效途径。视障儿童活动范围比较狭小，感知经验贫乏，对客观世界的认识较为肤浅，学习音乐过程中，表现为理解歌词和进行表演较为困难，可以通过音乐艺术的途径，借助生动、鲜明、具体、富于想象、充满激情的艺术形象来开阔他们的视野，加深他们对客观世界的认识。

三是，视障生大多个性孤僻、自卑，在音乐学习过程中，表现为合作意识差。音乐有助于陶冶他们的情操，培养优良的个性品质。音乐作品的题材内容是非常丰富的，音乐是最能引起人们情感共鸣的，音乐具有极强的感染力和教育作用。那些描写美好生活或鞭挞丑恶的优秀的音乐作品，有助于视障生良好个性品质的形成和发展。

四是，视障儿童学习音乐可能缺乏灵感和激情。音乐可以丰富其感知，使其形象思维能力得到提高，在此基础上，他们可以借助具体形象进行想象和创造。音乐是富有灵感和激情的艺术，而灵感和激情是创造的前提，音乐可以让人的思想任意驰骋，音乐艺术对人的创造力的培养和激发具有不可估量的作用。

(二)教学方法

盲校音乐教学方法受视力残疾学生认知规律的制约，有同于普通教学的方法，也应有别于普通教学的方法。普通的教学方法，如讲授法、练习法、讨论法、演示法、复习法等经过适当地调整可适用于视力残疾学生。此外，结合视力残疾学生的认知规律的特点，有其特殊的教学方法。

1. 声乐教学方法

(1)摸唱法

盲校学生由于受到视力的局限，除极少部分视力受损较轻的同学可以视唱乐谱以外，大多数盲生无法达到视唱，只能通过盲谱的学习，进行摸谱演唱。提高学生音乐素养的同时，还锻炼了学生的手口协调能力。

(2)听唱法

根据视障学生的身心特点，盲生通过练耳训练和听唱训练，不但能对其缺陷进行补偿，同时对学生在音乐方面素养的提升有着不可估量的作用。

(3)体验与多重感官

在教学中，要充分运用电子音响设备(录音机、MP3播放器、可录音电子琴、复读机等)和乐器的直观作用，调动学生探索的兴趣。在教学中同时提供多种感官的刺激，即充分发挥各感官，如残余视觉、听觉、触觉、嗅觉等方面的能动作用。尤其在音乐表现中，不断提高学生听、唱、奏、动等多感官配合的准确性，通过听觉、触觉对音乐表现的直观感受，逐渐提高其对音乐的表现能力。

(4)模仿法

根据不同学生的身心特点、音乐经历的差异，从音乐基本要素、律动基本动作入手，通过对声音、动作的模仿(声音模仿：通过听觉通道和触觉通道，请学生用心听，用心触摸教师的嗓子，感受声音的震动等；动作模仿：请学教师指导学生的唱姿)，积累感性经验，为音乐表现和创造能力的进一步发展奠定基础。

(5)合作与探究

盲校学生视力情况、理解能力、音乐表现力、身体情况和兴趣爱好各不相同，盲校音乐课更应该尊重学生的个体差异，根据学生的特点，引导学生相互合作，共同努力，充分利用音乐艺术的集体表演形式和实践过程，培养学生良好的合作意识和在群体中的协调能力。

2. 器乐教学方法

几千年来，中国的器乐教学法可以用四个字来概括：口传心授。对盲生的器乐教学，也不例外。

（1）口传

由于盲生的生理原因，教师的言语表达十分重要。在器乐教学过程中，需清晰简明地表达出乐器演奏的基本方法。教师可以重复演奏，一边演奏，一边讲授。教授弦乐器时，教师最好能够手把手地教，使盲生更好地感受弹拨的指法。

（2）心授

心授讲究用心讲授。盲生因为生理原因，往往会自卑或封闭内心，产生种种心理问题。这一方面要求教师和盲生谈心，消除其思想障碍，鼓励学生自强不息；另一方面，教师应当注重乐器演奏的欣赏。如课前播放名曲或演示弹奏，集体欣赏，让学生有积极的情感体验。

（三）教学注意事项

1. 乐

音乐是美的艺术，"乐"是音乐的灵魂。盲校音乐教学活动应该为学生创造安全、和谐、轻松的学习氛围，根据学生的身心特点创设符合其特点的学习环境，激发盲生学习的兴趣，使学生"乐学、好学"。

游戏是儿童最感兴趣的活动，游戏活动本身就具有趣味性，儿童在游戏过程中能获得身心的愉悦和满足。游戏能充分调动儿童各种感官的积极性。视障儿童大多自卑、孤僻、动作缓慢而不协调、有盲相，通过游戏形式组织教学，无疑可以帮助他们克服这些不足，促使他们获得良好的发展；游戏还具有竞争性，视障儿童在活动的过程中能体会到成功的快乐，激发他们热爱生活的情感；游戏还具有表演性，视障儿童通过扮演各种角色，能加深他们对客观事物的认识和感受。丰富他们的想象，促进他们的智力发展。

2. 情

音乐是情感的艺术，以美感人，以情动人，给人以启迪，从而达到教育的目的。盲校的音乐教学活动，始终伴随着情感教育活动。如果在歌曲演唱或音乐欣赏方面单纯地只是音符的学唱，旋律的聆听，没有情感教育的引导，是枯燥无味的，久而久之学生会厌倦学习，最后失去对音乐学习的兴趣。所以盲校音乐教学活动，教师更应注重"情"字。

3. 创

音乐创造因其强烈而清晰的个性特征而充满魅力。在音乐课中，生动活泼的音乐欣赏、表现和创造活动，能够激活学生的表现欲望，在主动参与中展现他们的个性和创造才能，使他们的想象力和创造性思维得到充分发挥。音乐表现力能体现学生的想象力；生动活泼的教学形式能不断激发学生的想象力，使他们的形象思维能力得以发挥和提高。盲校音乐教育，是通过音乐的形象，使学生感受美、欣赏美、理解美。音乐是通过旋律、节奏、和声等音乐语言，创造出诉诸人们听觉的形象，使其具有抽象表现性的特点。因此在盲校音乐教学活动中，教师必须立足于一个"创"字，根据学生的身心特点和个体差异，激发学生创造性思维，在自己头脑中形成自己具体的艺术形象，在潜移默化中受到艺术的熏陶。例如，在课堂上可以留出 10～15 分钟时间，让低年级学生为新学会的歌曲编配打击乐伴奏。进行分组练习，可以让能力强的学生帮助能力较弱的学生；让低视力学生帮助全盲学生；让基础较好的学生帮助基础较差的学生，让每个盲生都能积极参与活动。表演时可把学生分为两组，一组演唱新学的歌曲；另一组手持简单的打击乐器为演唱组伴奏，通过互换练习使学生们更准确地把握歌曲演唱的节奏节拍。打击乐所发出的声音替代了指挥节拍的手势，可对学生的缺陷进行补偿。

4. 练

《音乐课程标准》中指出，音乐教学："通过各种生动的音乐实践活动，培养学生爱好音乐的兴趣，发展音乐感受与欣赏能力，提高音乐文化修养，丰富情感体验，陶冶高尚情操。"这些能力盲校的孩子要怎么样才能拥有呢？只有靠练，包括音准、节奏、旋律感、乐器演奏技巧、练耳等训练。练习中只有尊重由浅入深、循序渐进、坚持不懈、持之以恒的训练原则，盲生的音乐素养才能获得相应的提高。

5. 补

在盲校音乐教学活动中，补偿训练是不可缺少的一部分。从一年级开始，逐步培养学生的音乐听觉能力，包括音乐记忆、分辨、思维等。如教师先在琴上弹奏单音，让盲生听音之后进行模唱，模唱较准之后，引导他们记住音阶的唱名和各音的音高。教师弹奏的音可以从中音组 C 大调开始，音程由小逐渐扩大。当盲生能听出单音后，再逐步引导他们听双音、和弦、短小的旋律等。在听觉补偿训练这方面，教师要把握从易到难、循序渐进的基本原则。在音乐教学的各个领域，无论是唱歌、演奏、创作活动，都应该围绕"听"这个中心来进行。

6. 利用多媒体辅助教学

盲校多媒体音乐教学能满足视障儿童的特殊教育需要，最大限度地发挥他们的视、听功能，符合现代特殊教育的理念；盲校多媒体音乐教学是特殊教育现代化的标志，是特殊教育发展的需要；盲校多媒体音乐教学是开阔学生视野、实现素质教育的重要手段；盲校多媒体音乐教学可以补偿视障儿童的视觉缺陷，锻炼他们健全器官的功能，促进他们的全面发展。

7. 充分挖掘教材内涵，利用良好的音乐作品择机对学生进行心理健康教育

盲生由于视觉缺陷、行动不便，与外界、他人交往较少，个别学生形成内向、自卑的性格特点，表现在对生活的态度消极，对未来没有信心或者显得过于自信和自尊。特别是那些临近青春期的视障学生，他们对个人的前途命运甚至对婚姻等问题开始有了朦胧的意识，加之社会上一些不良风气的影响，更容易自暴自弃，感觉未来渺茫无可依托。这就使得他们在某个生理或心理发展阶段可能会表现出较普通学生的暂时性的落后和与社会发展的脱节，如果这种暂时性的落后和脱节在教育活动中得到及时、正确的纠正和补偿，那么这种缺陷是完全可以弥补的。反之，这种缺陷将伴随他们的一生，还可能引发许多的社会问题，而这样的社会问题又会继续影响下一代残疾人的健康发展，导致恶性循环。

音乐不仅能够陶冶情操、愉悦身心，也可以辅助学生构建良好的心理健康机制。要想改变视力残疾学生心理不健康的状况，除了社会的关爱和学校开展心理辅导之外，还需要在教育中有意识地去培养学生高尚的情操。音乐教育具有相对优势，一个好的音乐作品不仅可以给听者带来美的享受，还可以给听者带来心灵上的震撼和陶冶。

(四)教学评价

评价是根据教育目标，系统地收集学生学习情况的信息，对学习过程中的学习活动以及成果给予评价。评价指标不仅要涵盖音乐教学的不同领域，更应关注学生对音乐的兴趣、爱好、情感反应、参与态度和程度。

1. 评价内容

对学生的评价是课程评价的主要方面，应以本标准中各教学领域的课程内容为基本依据，全面考查课程内容所涉及的情感态度与价值观、过程与方法、知识与技能方面的要求。如：学生对音乐的兴趣爱好与情感反应，学生在音乐实践活动中(包括社会音乐活动，如：表演、参赛、考级)中的参与态度，参与程度(包括获奖、级别等实际情况)，合作愿望及协调能力，音乐学习的方法与成效，音乐的体验与感受能力、模仿能力、表现能力，探究音乐的态度与编创能力，对音乐与相关文化的认识、理解，审美情趣的形成以及掌握知识、技能的实际水平等。

2. 评价方法

（1）形成性评价与终结性评价相结合

形成性评价是对学生在学习过程中的情感、态度、方法、知识、技能发展变化的评价，音乐教学的实践过程，是评价的一个重要方面，应予以充分的关注，在日常教学中可采用观察、谈话、提问、讨论、演唱、演奏等方式进行。终结性评价是对学生阶段性学习结果的评价，在学期、学年末进行，主要采用聆听、演唱、演奏、综合性艺术表演等方式。音乐教学的实践结果，是评价的另一个重要方面，也应予以重视。在某一较为固定的时间，采用较为正式的方式，如演唱（奏）等对学生进行评价；从而实现形成性评价与终结性评价的有机结合。

（2）定性述评与定量测评相结合

定性述评是一种描述性的质的评价。主要适用于学生在音乐学习中情感态度与价值观、过程与方法，以及知识与技能维度，难以具体量化的一些内容。如对音乐的兴趣爱好、情感反应，对实践活动的参与及与他人的交流合作，音乐的听赏感知，集体合作完成的演唱演奏及编创活动等，可以用较为准确的评述性文字进行定性评价。

定量测评是对不同教学领域课程内容中的水平要求进行的量化评价。如对音乐表现要素认知和掌握程度，对音乐体裁形式、风格流派的分辨，聆听音乐主题说出曲名，背唱歌曲及演奏乐曲的数量，识读乐谱的程度等，皆可作定量测评。

（3）自评、互评及他评相结合

学生的自评以描述性评价为主，由于在音乐学习中学生个体差异明显，重点应放在自我发展的纵向比较上，可运用"音乐成长记录册"的形式记载学生的自评，从不同阶段的回顾和比较中看到自己的进步。同学间的互评可采用分组演唱演奏会、音乐才艺或创意展示等形式，在交流中相互点评。教师对学生在不同学习阶段"音乐成长记录册"上的评语，以及通过音乐聆听分辨、现场演唱演奏等形式所作的评价，是进行他评可以选用的有效形式。

"班级音乐会"是音乐课程特有的一种生动活泼的评价方式，能充分体现音乐课程的特点和课程评价的民主性，营造和谐、团结的评价气氛。通过"班级音乐会"或其他活动，展示学生的演唱、演奏、音乐作品、音乐小评论、演出照片、录音录像等，达到相互交流和激励的目的。

以上各种形式的评价，都应该既充分肯定学生的进步和成绩，又要找出学生在学习中的问题和不足及改进方法以利于促进学生的发展。

3. 在评价的过程中需注意的问题

一是一致性和区别对待。视力残疾学生的个体差异较大，他们有些是单一视力残疾，有些是视力兼有其他残疾；有些是先天原因，有些则是后天引起；有些同学视力完全受损，有些同学还有相对较好的残余视力。因此教学评价要根据视力残疾学生的情况区别对待，从而确保评价的公正性。对学生的音乐学习评价要注意用发展的眼光，要从不同阶段的回顾和对比当中，把握学生的进步和发展，使评价能够发挥激励和促进的作用。

二是音乐课没有太多书面作业和考试，所以老师要根据学习内容、学生情况制定统一的考评方案。

三是多元巩固练习是检验学生学习情况的主要方式。课后作业多元化，可调动学生兴趣、锻炼思考能力。如复习摸读盲谱、了解歌曲作者基本情况、作品资料、相关歌曲下载、歌曲演唱，也可进行小组创编等实践性的作业。

四是用发展的眼光对待学生的音乐学习。

五是评价的指标和方法要简便、明晰，易于操作和推广。特别是对于学生音乐学习的评价，教师要面对多个班级、众多学生，评价的实际操作如果十分繁杂就难以实施，这就要求评价必须坚持科学易行。

四、盲校音乐课程资源与管理

(一)课程资源

一是《全日制盲校义务教育音乐课程标准》(以下简称《标准》)和根据《标准》编写的教材是盲校音乐课程最重要的基本资源。盲校应组织教师认真学习《标准》，选择经教育部审核通过和教育行政主管部门推荐的教材(包括视力残疾学生用教科书、音响教材及教师用参考书)，依据《标准》和教材精心地、创造性地实施音乐教学。

二是按《基础教育课程改革纲要(试行)》的规定，实行国家、地方、盲校三级课程管理，除国家课程外，地方和盲校自主开发的课程应占有一定比例。地方和盲校应结合当地人文地理环境和民族文化传统，开发具有地区、民族和盲校特色的音乐课程资源。要善于将本地区民族民间音乐(尤其是非物质文化遗产中的音乐项目)运用到音乐课程中来，使学生从小受到民族音乐文化的熏陶，树立传承民族音乐文化的意识。

三是音乐教学设施是实现课程目标的保证。盲校应配置专用的音乐、舞蹈教室和专用设备，如钢琴、风琴、手风琴、电子琴、音像器材、多媒体教学设备以及常用的打击乐器、民族乐器及西洋乐器等。为保证盲校律动课的开展，有条件的盲校应配备专用律动教室。

盲校图书馆及教研组应购置音乐书籍、杂志、音像资料等供教师备课、进修和研究使用；盲校的视力残疾学生阅览室也应配备有声音乐读物、杂志和音响资料，供视力残疾学生使用。

四是盲校的广播站、电视台、网站是音乐教育的重要资源之一，也是建设校园精神文明的窗口之一，应配合音乐课堂教学，经常播放健康向上的音乐，拓宽视力残疾学生的音乐文化视野，形成良好的校园文化氛围。应重视家庭和包括网络在内的社会资源对学生音乐爱好、审美情趣的影响。为此，一方面要对学生健康向上的音乐文化生活进行积极引导；另一方面要防止低俗、不健康的负面信息对学生的消极影响。

盲校的礼堂、多媒体教室、室内体育馆等也应视为音乐课程资源的一部分，可以利用这些设施，举办歌咏比赛、文艺汇演、师生音乐会或音乐讲座等活动。

五是视力残疾学生课外艺术活动，是音乐课程资源的重要组成部分，音乐教师有责任协助学校组织学生课余艺术社团，利用各种节日、纪念日、少先队及共青团活动日，组织歌咏比赛、文艺汇演、师生音乐会或音乐讲座等，引导学生弘扬民族精神，增进集体意识，提高道德素养。盲校应将此类活动纳入工作计划，计入教师工作量，并在设备、经费和场地上予以支持和保障。

六是开发与利用校外各种音乐课程资源。应重视家庭和社会音乐环境对视力残疾学生音乐爱好、审美情趣的影响，并予以积极的引导。

七是中国传统音乐是民族文化的重要组成部分，要善于将本地区民族民间音乐资源运用在音乐教学中，使视力残疾学生从小就受到民族音乐文化的熏陶。结合本地的地方特色，收集适合学生学习音乐的课程资源，如地方音乐、戏曲、民族音乐。同时，教师也可把其他学科中利于音乐创造的诗歌、语句等谱曲演唱。

八是各种形式的音乐和音乐教学交流活动（包括教师培训）能有效促进课程资源和信息的沟通。盲校要支持教师参与这些活动，同时应积极开发和利用现代信息技术（如网络）丰富课程资源。

（二）课程资源应用与管理

1. 进一步加强行政领导和组织管理

按照盲校课程设置要求，盲校应开设音乐、器乐等相关课程，成立课程实施领导小组，由校长或者副校长任组长，由教研组负责组织管理，包括教学计划、教学过程、教学评价、课外拓展等方面的管理，向管理要质量。

2. 加强教师队伍建设，全面提高盲校音乐教师整体素质

盲校应安排合适的音乐教师来担任音乐教学工作，教师应具备一定的盲教基础理论知识和技能，且经过音乐和其他学科的教学实习锻炼；同时，应具备"吹、拉、弹、唱、跳、写"等有关的音乐教学基础理论知识与技能，以及计算机、多媒体技术的运用能力。教师应深入领会课程的基本理念，不断学习，开拓思路，不断研究，创新方法。

3. 加强交流学习，将盲校音乐教育融入当地音乐教研网络

全国盲校相对较少，频繁组织盲校音乐教研不太现实，所以各地盲校应当加强与当地教研部门的联系，及时积极参加当地音乐教研活动，向普通学校学习，向音乐教学名师学习，请教研员到校指导，将盲校音乐教育融入当地音乐教研网络。

五、教案举例

《摇篮曲》教学设计①

[设计意图]

音乐是感受生命的最好途径，尤其是当你情绪极度消极，心态极为灰暗时，通过音乐，你可以发现生命的意义原来是感受生活中点点滴滴的美好。而盲校音乐课是开展全面素质教育的学科，是帮助视障学生进行康复训练，克服身心障碍的重要内容之一，优秀的音乐作品能使学生在思想上、情感上情不自禁地受到感染。通过这种潜移默化的熏陶，学生通常具有高尚的情操，坚强的意志品质和积极乐观的生活态度。本节课以丰富盲生情感体验，通过音乐学习，使他们的情感世界受到感染和熏陶，在潜移默化中建立起对亲人、他人等一切美好事物的挚爱之情，进而养成对生活的积极乐观态度。通过指导学生演唱歌曲，让学生感受和体会歌曲的情绪，知道自己的生命来自父母，体会父母的养育之难，正视残疾，珍爱生活。

在教学设计上，采用四个板块进行。

"情景导入"设计是根据盲生以形象思维为主，用听觉、触觉探索事物的好奇心，通过学生能理解的画面来创设情景，将学生带入美丽的夜色中。

"歌曲教学"设计是鼓励盲生听琴学唱，对他们进行缺陷补偿，强化他们在聆听与演唱中的听辨能力，通过设问出示本节课的教学任务，解决教学的重点、难点。

---

① 教案作者：成都市特殊教育学校全月玲

321

"乐曲创作"是为了激发学生的创作欲望,对所学知识进行巩固,也培养学生的合作精神和竞争意识。

"学科渗透"通过学习《摇篮曲》,知道自己的生命来自父母,体会父母的养育之难,使学生的情感世界受到感染和熏陶,引导学生正确面对残疾,珍爱生活,在潜移默化中建立起对亲人的热爱之情。

[授课班级]

一年级。

[学情分析]

大部分盲生都有较强的听觉能力,也喜爱参加多种音乐活动。有的同学受过学前教育;有的同学来自农村,学前教育是空白的,基础较差。他们大部分都住校,有的同学不太适应学校生活,甚至有的同学常常闹着要回家,认为自己反正都残疾了父母就该照顾我,没有必要学习,对生活失去信心。基于这种情况,通过学习《摇篮曲》,使学生的情感世界受到感染和熏陶,引导学生正确面对残疾,珍爱生活,在潜移默化中建立起对亲人的热爱之情。

[教学目标]

1. 知识目标

(1)指导学生用亲切、柔和的声音有表情地演唱歌曲。

(2)通过演唱、欣赏,帮助学生了解《摇篮曲》的特点,感受《摇篮曲》的风格。

2. 能力目标

(1)通过创作练习,加深学生对《摇篮曲》风格的理解,培养学生的音乐创作能力。

(2)通过听觉、触觉,对音乐表现的直观感受,逐渐提高盲生的音乐表现能力。

3. 情感目标

在音乐活动的体验中,引导学生正确面对残疾,珍爱生活,让学生能感悟到母亲的温情与慈爱。

[教学重难点]

1.《摇篮曲》风格特点的感受与表现。

2. 引导学生正确面对残疾,珍爱生活,让学生能感悟到母亲的温情与慈爱。

[教学准备]

打击乐器、夜晚的星空图课件、录音机、音乐片段、有凹凸感的星星和月亮图片。

[教学过程]

一、情景导入

1. 教师口头讲解情景图，同时出示星空图的课件，低视生上前观察，然后与同学交流所看到的景色。全盲生触摸月亮和星星的图片。

2. 教师：谁来给这幅画起个名字？我们所学的歌曲中，哪首歌曲最能表现这幅画？教师播放一些不同类型的音乐片段（进行曲、摇滚乐、摇篮曲），学生选择。

二、歌曲教学

1. 教师：非常感谢大家选择的音乐片段，你们选择的音乐好像真的把老师带入了美丽的夜色中。瞧，现在夜更深了，星星闭上了眼睛，月亮姐姐也不动了，可爱的小宝宝要睡觉了，妈妈摇着摇篮，轻轻唱起了摇篮曲（教师示范歌曲）。

2. 教师：听完妈妈的歌声，你们有什么感受呢？想不想唱一唱？

3. 教师：让我们跟着音乐，用"la"轻轻地哼唱旋律。

第一遍：哼唱，注意音准。

第二遍：模仿妈妈怀抱婴儿，边哼唱边晃动身体，注意韵律感。

第三遍：用手画出旋律线条，注意旋律的起伏。

第四遍：鼓励音准好的同学唱出曲谱，鼓励其余同学根据自己的能力大胆唱谱。

4. 教师：歌曲的旋律进行有什么特点呢？（引导盲生在听唱中辨析歌曲的相同乐句）

5. 教师：妈妈对着亲爱的宝宝唱了些什么？仔细听！（教师再次演唱歌曲）你从歌声中听到了什么？学生回答。

6. 教师：想一想，妈妈在看着自己宝宝哼唱时，会用怎样的声音和怎样的表情呢？（启发学生用轻柔的声音，安静甜蜜的表情把这首歌演唱一遍。）

7. 教师：小宝宝听着甜美的歌声就要进入梦乡，最后一句应该怎样唱呢？（引导学生用渐弱、渐慢来处理结束句的演唱）

8. 完整演唱歌曲，并用打击乐为歌曲伴奏，教师揭示歌名：这首动听的歌曲名叫《小宝宝睡着了》。

三、乐曲欣赏及创作

教师：摇篮曲的种类很多，下面一起来听一下中外两首摇篮曲。

1. 舒伯特《摇篮曲》。

2. 东北民歌《摇篮曲》。

比较两首歌曲的异同：

(1)讨论得出两首歌曲的不同点：前者直接抒发内心的情感，后者通过环境描述含蓄地表达情感。

(2)总结中外摇篮曲的特点：a. 具有温存、亲切、安宁的气氛。b. 曲调平静、徐缓、优美，充满母亲对孩子未来的祝福和希望。c. 伴奏音型多模仿摇篮摆动的节奏。

3. 教师：优美的旋律、甜美的歌声让我们都陶醉了，你们想不想自己也来创作一首摇篮曲呢？

4. 教师：先示范一段四小节的旋律。

5. 分两小组用"do、re、mi"三个音创作四小节旋律，并填入歌词。

6. 展示各小组创作的作品，集体演唱评析。

四、学科渗透

1. 教师：《摇篮曲》是一种音乐体裁。妈妈的歌声包含着对孩子深深的爱意，你们是否知道自己的生命来自哪里？

2. 当爸爸妈妈知道你们是盲孩子后是怎样呵护你们的，也给你们唱过摇篮曲吗？还记得你们的爸爸妈妈是唱着什么歌儿哄你们睡觉吗？

3. 学生相互交流唱一唱。

4. 教师：现在爸爸妈妈把你们送到学校来，是不是觉得你们是盲孩子，想把你们丢在这里不要你们了？我们虽然是盲人，长大了能做些什么呢？

5. 学生讨论，教师列举成功盲人的事迹，加以引导。

6. 父母养育我们成长并不容易，想到母亲对自己的养育是那么的艰辛的，我们要以自己的实际行动和一颗感恩的心回报父母、回报社会。当然，这种回报应该存在于生活的每一天……通过这节音乐课，老师相信大家都能更加热爱音乐、热爱生活。

五、小结

千言万语难以表达我们对妈妈的感激之情，就让我们带着对妈妈的深深的爱再一次演唱这首《摇篮曲》。本课在音乐中结束。

[教学反思]

盲校音乐教学与普通中小学相比，既有教学的普遍规律，也有盲校教育的特殊性，教学中应该注意视力残疾学生的生理、心理和教育特点。低年级的盲生活泼好动，同时具有很强的好奇心，而这节课的教学基调却是抒情柔美的。如何让学生静静地聆听，轻柔地演唱，充分感受《摇篮曲》柔情、柔美的特点呢？我想在教学中要充分发挥音乐以美育人、以情感人的特点，让学生在音乐活动中，静静地、深刻地体会音乐之美。通过教学实践，我有如下体会。

一、创造性地处理教材，突出情感的歌唱并渗透生命教育

本节课的学习内容是歌曲《小宝宝睡着了》，由于歌曲比较简单，所以我在理解教材主题内涵的基础上，自己重组了教材，将课题定为《摇篮曲》，教学内容包括唱摇篮曲，听摇篮曲，创作摇篮曲，并能抓住时机对学生进行生命教育，教学中环环相扣、层层深入，从唱、听、创、思这四个维度让学生感受表现摇篮曲的风格特点。通过学习《摇篮曲》，使学生的情感世界受到感染和熏陶，引导学生正确面对残疾，珍爱生活，在潜移默化中建立起对亲人的热爱之情，取得了良好的教学效果。

二、重视听觉补偿训练

盲孩子以耳代目，是他们常用的学习方法，我抓住这一教育特点，从低年级起逐步培养他们的听觉能力，包括音乐记忆，分辨思维等。本课歌曲教学中，我先是让他们跟着哼唱记住音准，而后加上身体晃动，再一次哼唱加深对歌曲旋律的印象，最后鼓励他们大胆地唱出曲谱，孩子们的音准和记忆力就是通过的这样训练逐渐增强了。

在成功之余，我也发现了一些不足之处，最后一个创作的环节，我的设计本意是通过创作检验学生对《摇篮曲》风格特点的把握，发掘学生的创造性潜能，培养学生的创新思维能力。但在教学实践中，我发现因为有了老师的示范，反而束缚了学生的创造力，所有创作的旋律都和我相同地采用了 4/4 拍，学生的创作变得狭隘了，这是我始料未及的。

思考题：

1. 简述盲生学习音乐课程的特点。
2. 如何让盲校音乐课程"乐"起来？
3. 简述盲校音乐课程在评价学生时要注意哪些问题？

（本章作者：四川省成都市特殊教育学校全月玲、石洪波、魏祥明，北京市盲人学校李任炜、王新潮、王丽丽，陕西省西安市盲哑学校贾睿；新疆乌鲁木齐聋校赵晓桥，北京师范大学特殊教育系 2009 级赵丽君参与整理）

第十八章　盲校综合康复课程与教学

综合康复课程是针对盲生特殊需要的、盲校特有的特殊课程，是盲校对盲生进行缺陷补偿、功能康复的重要课程与途径之一。

一、盲校综合康复课程的目标

(一)康复的概念

康复(rehabilitation)是指综合协调地利用各种措施，减少病伤者身心、社会功能障碍，使病伤者能重返社会，提高生活质量的过程。

在很多人传统的印象中，医学治疗是对待疾病的唯一手段，然而，即使经过再高明治疗的患者，也可能有一部分的功能不能完全或者完全不能恢复，比如视网膜脱落的患者，可能视力受到很大的损伤，甚至失明。面对这样的情况，如何让患者能够和健全人平等的重新参与和享受社会生活就成为他们面临的最大问题，而这实际上也就是康复的目的。可见，康复是残疾者回归社会的最主要途径，完全不是以往有些人认为的康复等同于疗养、体育锻炼、享受的错误认识。实际上，为了能够使残疾人更好地回归社会，康复不只包括医学方面的康复，而且还包括心理的、社会的、经济的、职业的、教育的等多方面的康复。

(二)综合康复课程的性质

综合康复课程是以开发儿童潜能、补偿视觉缺陷、缩小视力残疾给儿童带来的特殊性、培养儿童的自理能力、继续学习能力为目标的活动型综合课程。具有生活性、开放性、活动性、差异性等特征。

(三)盲校综合康复课程目标

开发视力残疾儿童的潜能、补偿其视觉缺陷、减轻视力残疾给儿童造成的影响，提高视力残疾儿童的生活自理能力，增强他们的社会适应性，培养其继续学习的能力，为视力残疾儿童的自立、自强、自尊、自信打下坚实的基础。

1. 情感与态度

(1)热爱生活，乐观开朗，不怕困难，积极向上，有一定的判断力

对学生进行爱祖国、爱家乡、爱科学、爱他人的教育；教育引导视障儿童心中有他人、有集体、有祖国；结合残疾人的先进事迹，培养视障儿童热爱生活，乐观开朗，不怕困难，积极向上的进取精神，着重提高视障儿童的道德认识、培养道德情感，指导道德行为，使他们具有健康的心理和初步分辨是非的能力。

(2)喜欢学习，主动参与各项教育与康复活动

结合个体的差异与兴趣的不同，运用恰当的教法引导他们喜欢学习，勤学好问；推动儿童积极主动地参与各项教育与康复活动，激发兴趣，使综合康复课程取得显著效果。

(3)乐意与人交往，互学互助

培养盲童健康的人格是时代性的课题。人格是在活动中，尤其是在与人相互交往的互动过程中逐渐发展起来的。与别人交往与合作，是人类的一种基本需要。因此，在康复教育过程中，要引导视障儿童乐意与人交往，主动与人沟通，具有互学互助的精神，为以后适应社会打好基础。

2. 行为与习惯

(1)初步养成良好的生活习惯，努力克服孤僻行为

生活习惯主要包括卫生习惯、饮食习惯、礼仪习惯，以及与个人生活有关的行为习惯，如洁癖行为、不理智的有意行为等。良好习惯的养成或改变都需要从小开始，从细节入手。同时引导盲童主动与人交往，努力克服孤僻行为。

(2)养成基本的文明行为，自觉遵守各项纪律

在人与人的交往中，礼仪行为是十分重要的。盲童无法进行视觉模仿，缺乏面部表情、体态语言，尤其缺乏眼神交流，同时也很难感知别人对自己文明礼貌的反映。有的盲童常常侧对或背对别人说话，不懂和他人对话时应面向对方等。在综合康复课上，要加强礼仪教育，强化盲童社会交往能力。

(3)习惯集体生活，独立完成自我服务，学会自我调节，自主生活

扩大盲生的知识视野，不断提高他们的自我意识和评价能力，改变依赖、自私的心态，树立正确的世界观和人生观，培养高尚的社会责任感和集体观念。盲生由于视觉障碍，对社会缺乏广泛和深入的了解与观察，使他们能够按照社会和集体的要求调节自己的行为，培养良好的性格，以适应自己的发展和社会的需要。引导他们习惯群体生活，独立完成自我服务，提高自理能力，不依赖别人，做到自己照顾自己，不给他人添累赘，学会自主生活。

3. 知识与技能

(1)利用各种感官认识生活中的常用物品和周围的事物

研究表明，人的信息 80% 来自视觉。然而，由于人的各种感官是相互联系综合发挥作用的，所以可以通过听觉、触觉、嗅觉、运动觉等健全感觉器官直接代偿感知，将有关信息进行转换成为可感知的信息，以此触摸、感知生活中常用的物品和周围的事物。

(2)了解学校学习生活中的制度和集体生活中的规则

让盲童在入学伊始就尽快了解学校学习生活中的制度和集体生活中的规则，学习《小学生守则》《小学生日常行为规范》等，帮助盲童建立"约束"概念，尽快适应学校生活。

(3)知道基本的安全知识，学会保护自己

采取预防性教育，教给盲童必要的安全知识、简单的技巧，提高其自我保护能力。

(4)初步掌握定向行走的基础知识和基本技能

教授盲童定向行走的基础知识，训练其定向行走的基本技能，使其能在校园内安全、有效、自然、独立地行走；能在他人配合下外出，提高盲童的自信心。

(5)培养得体的行为，知道什么能做，什么不能做

懂得与年龄相适应的得体行为，表现出与特定场合相适应的得体行为，知道什么是能做的，什么是不该做的，形成初步的辨别是非的能力。

4. 过程与结果

(1)积极、主动、愉快地参与康复训练

提供符合盲童需要的康复教育，在轻松、愉悦的康复训练中使盲童积极、主动、愉快地参与康复训练，让他们感受到成功的喜悦，以此帮助盲童建立自信心，促进其人格健康发展，更好地适应社会。

(2)最大限度地发挥盲童的潜能

消除视力残疾的间接影响，最大限度地减小直接影响，激发盲童的内在潜能，使之得到最大限度的发挥。

二、盲校综合康复课程内容及特色

(一)课程内容

1. 认识初步和生活指导

"认识初步"和"生活指导"课程在盲校的低年级阶段开设。这两部分课程通过各种直观手段，让盲生初步认知客观世界，以此获得各类感知经验并形成各种概念。

"认识初步"包括熟悉校内环境，诸如教师、学生、宿舍、教学区、学校的整体布局、学校的作息时间等；熟悉并建立概念，如自我概念、时间概念、初步的空间概念等；了解学校周围环境，如知道学校的确切地址，了解学校周边的知名标志、社区、企事业单位、车站、道路等；走进自然，了解自己感兴趣的自然现象；爱护眼睛，科学地认识自己的眼病，认识常见助视器，能够挑选、正确使用适合自己的助视器等。这些内容都是为了让盲生形成健康的精神生活，为他们今后学习和生活奠定良好的基础。

"生活指导"包括养成基本的生活技能，如用餐、如厕、整理衣裤等；养成良好的卫生习惯，如会洗漱、会洗衣服、会擦黑板、会清扫环境卫生等；了解基本的生活常识、安全常识和卫生常识，如知道安全用电、防火等；培养健康的精神生活，如勇敢、坚强地面对困难、失败等。

开设认识初步和生活指导课，发展学生的概念水平，是适应盲生自身心理发展的需要和补偿学生视觉缺陷的重要举措。

2. 社会适应

视障儿童的社会适应能力极受限制，他们缺乏与同辈互动时的即时反应、交流；缺乏足够的探索四周环境的经验；缺乏完整的感觉经验。早期语言发展迟缓，技能发展迟缓及他人对盲童的过度照顾与过分低估盲童的能力等诸多因素都是阻碍视障儿童自然地发展社交技巧的原因，这些原因会导致盲童形成自卑的心理，继而产生忧郁、孤独、冷漠等情绪。良好的社交适应能力对盲生的一生都非常重要。因此，在学校教学中，除了以上的教学内容外，教师还要注重引导盲童认识到具有整洁的外表及礼貌的举止是适应社会交往的重要技巧；引导视障儿童快速适应学校生活，愉快地融入集体生活，有分寸地与别人交往，把握应急措施；训练盲童的聆听技巧、沟通技巧、解决问题的能力、发展幽默感等，为走上社会后顺利交往打下良好的沟通基础。

3. 感知觉训练

人体最基本的感觉是视觉、听觉、触觉、运动觉和前庭感觉。感觉和知觉是个体身心发展的基础。盲校教学不但要对盲童的视觉（残余视觉）、听觉、味觉、嗅觉进行单项训练和综合训练之外，还要对触觉、前庭觉和运动觉进行操练，强化触觉功能，提高触觉敏感性，改善触觉防御的活动训练。视觉障碍使很多盲童的感知觉统合功能存在缺陷，甚至产生混乱，表现在身体运动协调障碍、结构和空间知觉障碍、前庭平衡功能障碍、听觉语言障碍等。刚入学的盲童学习能力非常弱，生活技能、注意力、思考力和记忆力都有一定程度的障碍，需要教师细心教导。教学内容有触觉系统活动训练、前庭刺激活动训练、身体概念活动训练、身体稳定性的活动训练、身体平衡活动训练、两侧协调活动训练、手眼协调活动训练、空间概念活动训练、精细动作训练等。

4. 定向与行走初步

定向与行走是视力残疾儿童特有的训练课程。定向行走教学的最终目标是使学生能够在各种环境中安全、独立、有效、自如地活动。定向行走课程的教学内容很繁杂，主要集中在几个方面，教学中要重点把握，并进行有目的地训练：

①定向中的重要概念，如路标、线索、罗盘方向等。

②对环境的熟悉，要求教学中系统地引导学生熟知周围的环境。

③定向中的感知技能训练，包括听觉技能、触觉技能、嗅觉技能、运动觉和残余视力等。

④行前技能训练，包括行走姿态的训练、步态训练、直线行走、行前心理疏导等。

⑤随行技巧教学包括基础导盲、换侧、向后转、过门、上下楼梯、落座等。

⑥独自行走法教学，包括上下部保护法、顺墙而行法、寻找失落物。

⑦盲杖技巧教学，如道路教学、乘车购物、异常天气该怎样行走。

掌握好定向行走技术，是每个盲童实现自身价值、平等参与社会的基础，也是定向行走课程教学的任务和目的。

5. 行为矫正

盲童的行为矫正使他们的行为发生变化，养成良好的行为习惯。视障儿童的行为有如下特征：

①手的运动发展迟缓；精细动作发展缓慢；身体运动发展滞后。

②教养环境不佳的盲童，会出现退缩性或攻击性行为。

③缺乏早期教育的盲童，会出现习惯性行为，如低头耸肩、反复揉挖眼睛、晃头等。

学校教育的目的是让盲童与健全孩子一样参与社会，这是"行为矫正"的本质，也是盲童行为发展的目标。在教学中，教学内容有：建立和养成盲童良好的行为习惯，加强和维持盲童已有的受欢迎的行为，减弱或消除盲童已有的不良行为，使孩子不良行为的发生频率、强度、时间等逐步减弱，直到消除。具体的行为矫正主要表现在以下几个方面。

一是体态美。了解自己的身体部位，知道正确的坐、立、行姿态，认识优美体态的重要性。知道标准体位时上、下肢的摆放位置，认识自己的上、下肢是否摆放正常。站立时保持上肢自然下垂，无前探、摇晃等不良姿态。踝间距、髁间距基本正常，上、下肢无不良体态，四肢肌力与年龄基本一致。

二是昂首挺胸。了解的脊柱发育特点和正确的头部姿态，知道低头垂肩、弯腰弓背等不良体态的害处。注意抬头挺胸，基本无低头、摇头、弓背等不良姿态，基本无胸骨前凸、翼状肩胛、腰椎前突的不良体态。脊柱的生理弯曲弧度值基本正常，头颈部、脊柱在正常范围内能充分活动，颈部肌力、腰背肌力与年龄基本一致。

三是步态美。了解正常步态，能够保持正常步频、步幅。无内、外八字、鸭子步等异常步态，步行时上、下肢运动协调。

四是行为美。无摇头、摆手、抠眼、身体摇晃等自我刺激性孤僻行为，能控制和调整自己的情绪，无哭闹等依赖性行为。知道性格暴躁，遇事冲动的不良后果，无打架斗殴、故意损坏公物等攻击性行为。自我为中心意识逐渐减弱，分辨是非的能力增强，无特惠要求和行为。纪律观念增强，自我约束能力高，无散漫性行为。

然而，行为发生的时间、频率很难在短时间内矫正，消除这些根深蒂固的不当行为并非一朝一夕，甚至必要时需要根据孩子的个体需要与个体所适应环境的承受力，为了使不当的行为能够得到及时、有效地矫正，采取相应的惩罚，以强化其行为矫正的意识。因此，教师要确定孩子的矫正计划和努力方向，定时定期地观察、记录，不断研究、努力矫正，并及时改变和调整矫正的策略，帮助盲童形成良好的行为习惯。

6. 言语矫正

视觉障碍使盲童在言语表达上不可避免地具有某些弱点：

①盲童在模仿和学习言语时只凭听觉，看不到口型，因而有的音发不准或有口吃、颤音等。

②盲童使用的词汇缺少感性的基础和视觉形象，词语形象相互脱节，即"语意不合"。

③有些词汇缺少完整的、准确的形象，常带有明显的触觉、听觉意象，情感因素也常掺杂其中。

④在言语材料的积累和丰富的方式上受到很大限制。

⑤盲童的口腔肌肉缺乏弹性和韧性，导致说话时脸部表情僵硬。

⑥盲童说话的向度和音色都会出现问题，他们说话时常会出现朝向和定位不准确、手势动作和说话声音不一致等现象。

盲童言语中的一些弱点是可以克服和弥补的，他们的言语表达是需要教育训练的，需要合乎社会规范。盲童主要依靠听觉感知外界事物。因此要从听觉入手训练听力，再进行说话训练，诸如词语、短语、句子训练等，以及言语交往训练，包括与熟悉的人和陌生的人的语言交流。从声学角度来看，教师要指导盲童了解发音器官，以便正确呼气、吸气、发音。另外，要从其他途径弥补视觉障碍造成的言语不畅：首先最大限度地创造机会让盲童去实践，尽可能多地让盲童接触实物，用流利的普通话表达出来，这些要在语文课和说话课上有计划地进行训练。其次学校要不断补充教学所用的教具，以补偿盲生的形象化缺陷，符合他们的年龄特点，激发流畅说话的愿望以及接受新事物的兴趣。教师还可以自己制作各种建筑或名胜古迹的模型、标本或凸起图等教具，使盲童了解无法触摸到的诸多事物；还可以通过广播和听别人说话，积累丰富的词汇和句型。最后，教师对事物做形象、具体、细致、有感情地叙述，以增加盲童具体的形象感性知识，从而使言语得到进一步的发展。

7. 低视生的普通文读写

盲校要为低视生创造适宜的汉字读写条件。

一是结合每个孩子的眼疾以及眼病史，给他们特制大字课本，同时能正确选择和使用各种书写助视器，便于盲生阅读，养成了良好的用眼习惯。

二是给每个教室安装投影仪、电视机、录放机、屏幕助视器、台灯，以提高低视生学习汉字的效果，保护低视生的残余视力。

三是利用业余时间到图书馆借书，阅读儿童读物、通过阅读大量的课外书籍，开阔视野，增长知识，培养他们的阅读能力、鉴赏能力和记忆能力，同时也有助于各科教学质量的提高。

普通文教学内容与健全人书写汉字有异曲同工之处。从认读方面，应指导低视生认读适宜字号的普通字、认识字的结构、辨认相似字、正确认读多笔画字、正确认读带点的字，能够选择并正确使用适合自己的阅读助视器，能够阅读标志牌和商品功能标识，努力做到无漏读、重读现象。同时还要养成自觉阅读身边的有能力认读的汉字；从书写的角度来看，要指导低视生写大小适当的汉字，对比书写相似字，正确书写多笔画字、带点的字，能够认读自己书写的字，能够选择并正确使用适合自己的书写助视器。

有研究表明，助视器选择对提高低视生阅读有着一定的影响，尽管在不同类型的助视器对低视生阅读速度及效率上存在着不一致的结论，但总的来说，选择适合的助视器对于提高低视生的阅读水平有着重大的意义，在配戴助视器过程中应小心谨慎。

8. 心理康复

其一，自我概念的完善。盲童由于视觉缺陷，生活范围狭小，社会见识极少，而且经常处于被人怜悯、同情、迁就、关心、帮助的地位，容易产生对自我的认识不够客观的情况。这些是建立正常的人际关系和参与社会生活的严重障碍。

其二，健康个性的培养。不恰当的教育方法，使某些盲童形成不良的个性品质。这些不健康的个性品质，是参与集体生活、接受学校教育的严重障碍。

其三，依赖心理的克服。许多家长给予盲童过多地保护，以致客观上剥夺了他们动脑、动口、动手的实践机会，久而久之养成了依赖思想。

其四，"四自"精神的培养。"四自"是指自尊、自信、自强、自立，引导视力障碍儿童明白"残"不是"废"，培养他们通过个人努力，树立正确的人生观，丢掉幻想，树立信心，战胜残疾。

(二)课程特色

盲校课程设置主要是从盲童的实际需要出发，满足盲生的生理与心理发展需求，帮助他们更好地自我完善。

1. 理论与实践相结合

教学中注意运用理论指导实践操作，学校在课程设置方面，以考虑盲童的视障实际为己任，把理论学习和实践指导融合在一起，更好地体现理论指导实践，经过实践后，不断充实理论的总结。

2. 突出教学内容、方法和过程的特殊性

综合康复课不是独立的一门学科，它是融文化课、思想教育、个别辅导、康复治疗为一体的多领域、跨学科的综合性课程。因此，在教学过程中，对教学内容的确定需要广泛收集相关资料，更好更有效地指导盲童。

3. 突出异常行为的矫正

盲童有用手指挤压眼球、揉按眼睛、戳挖耳鼻、摇头晃脑、手舞足蹈、自言虚笑等异常行为习惯。这些"盲习癖"既不利于盲童自己的身心健康，又有损于人际关系的发展。适当增加盲童有益的活动，有助于习癖的矫正。各科老师应通力合作，齐抓共管，让综合康复课成为孩子增强自信心的一剂良药。

4. 三结合

学校康复与家庭康复训练的结合，要求统一，方法措施统一；课堂康复训练与课外康复训练相结合；集中训练与个别辅导相结合，并注重个别辅导。

5. 活动性与现场教学

综合康复是一种操作性很强的活动课程，经常有训练、参观、比赛、模仿、表演等形式，体现寓教于乐，玩中学、学中练。

6. 坚持正常化教学原则

在照顾盲童生理困难的同时，仍像对待普通儿童一样地严格要求、严格训练，让他们保持常人的行为和心态，经常带学生与正常学生一起学习、活动。不轻易降低标准，使他们在心理上不认为自己是特殊儿童。

三、盲校综合康复课程教学方法及评价

(一)教学方法

1. 认识初步教学最基本的方法是言语指导与学生亲自实践相结合

要求教师尽量用生动直观形象的语言向学生讲述和讲解，还要针对盲生的经验及理解水平，有针对性地进行教学，可以利用大量音像资料创设教学情境，提高教学效果，并以此来弥补盲文书籍的不足。更重要的是让学生亲身体验、身临其境，这样才能感知到足够的、确切的信息，盲童才会对事物有一个更加全面的认识，形成深刻的印象，有利于形成正确的概念。盲生丧失了视觉来源，需要从教具与声响等学习工具中获得，而教师所选择的图片、地球仪等教具应是凸起的、可触摸的，要引导学生充分发挥其他剩余感觉来补偿视觉障碍造成的一切影响，正确认识事物的全貌。

(1)类比推理法

类比推理法是运用盲生已知的同类事物或特征，通过比较、推理认识不能直接观察的事物的方法。这种方法常用于盲生了解太大或太小以及有毒有害的事物等教学活动中。如认识苍蝇、蚊子、细菌等太小的物体可指导盲生先触摸题目的模型，再说明真实的物体大小、颜色、结构、形状等。而认识地球的大小，不仅要借助地图、地球仪，还要借助类比推理法，先了解学校的面积，再推算出学校所在城市是学校的多少倍，所在省的面积又是城市的多少倍，以此类推来估算感受地球的大小。认识猛兽也可借助类比推理法，如认识老虎，可用猫做类比，也可以用玩具或模型让盲生了解虎的形状，再让学生触摸猫的皮毛，让他们类推出虎的皮毛感觉。类比推理法能帮助盲生获得较为具体、形象的感受，掌握正确的概念。

(2)象征、替代法

象征、替代法是教盲生认识无法感知的事物或现象时使用的教学方法。如教先天失明或早期失明的全盲学生理解各种颜色，只能用象征的手段："红色象征着革命烈士的鲜血"或"象征着热情、热烈、喜气洋洋"，"绿油油象征着庄稼长得生机勃勃、很有精神"。有些抽象词语如"光明""爱"等可用这样的替代："光明就像耳朵能听得很清楚那样，黑暗则好比什么也听不见""爱是一种感觉，

看不见、摸不着，但你我能感觉到它所带来的甜蜜"。

（3）凸显图示法

凸显图示法是一种将视觉感受途径改变为触觉感受途径的教学方法。它是利用线条、凸点等加工方法将盲生无法感知的平面图形、图表，变成可以利用触觉感知的凸起图面，便于盲生的触摸与理解。因此，盲校教师在备课时，需要花费时间与精力自制一般与凸起教具，用这种方法帮助盲生理解掌握抽象的概念。

（4）多重感官法

多重感官法又称感官并用法，它是指在教学中教师引导盲生充分运用听、触、嗅、味等多种感官去认识事物的多种属性，达到完整认识事物的目的的一种教学方法，也是盲校普遍采用的一种教学方法。例如，盲生不能用眼睛看到汽车的大小、载重的多少及行驶的速度，但教师可以引导学生运用自己的多种感官去摸、听，通过触摸感知汽车的大小或者多少；也可以通过聆听汽车行驶发出的声响的不同特点，来判断感知汽车的大小、载重的多少、行驶的速度是快还是慢等。

在认识初步课程教学过程中应该注意以下几个问题。

①从盲生的实际认识水平选择教学内容，适合盲童的需求；

②从身边最常见的事物及经常发生的动作等概念教起，让盲童有一种熟悉感；

③充分利用盲童现存的各类感官进行教学，来补偿视觉缺陷；

④教学内容尽量直观、形象、具体，创设各种适合盲童年龄特点的教学环境；

⑤了解清楚盲童已经知道的某些概念，有的放矢，而不是假设。

⑥认识事物过程的一致性：教师在每次指导时的方式和顺序应该保持一致，否则会使盲童学习思路混乱而感到困难。

2. 感知觉训练

指对盲童的听觉、触觉、嗅觉以及残余视觉等感官功能进行有计划的强化训练。其中对触觉、嗅觉等近距离感觉功能的训练，可以采取辨认法、分类法、比较法、匹配法、组合法等进行强化训练；对视听等远距离感觉功能的训练可采用分辨法、辨向法、测距法、追踪法、搜寻法等方法进行强化训练。

在感知觉训练过程中要注意：对所有行动都要有"强化训练"的意识。

3. 行为矫正

行为矫正主要是依据学习原理来处理行为问题，从而引起行为改变的一种客观而系统的有效方法。它既是一种理论，又是一种方法。在盲教育中，行为矫正更明确地针对有些盲生的习癖行为进行改变训练，可采用演示法、警告提示法、兴趣转移法、意识唤醒法、正负强化法或消极的强制惩罚法进行矫正。

例如，运用演示法时，不仅要让盲生听懂讲解，还要选择好对象，鼓励盲童亲自去摸、去闻，通过感知觉获取更多的感性材料。演示时需要较多地使用动作演示，即教师以自己的动作做示范，让盲生触摸、模仿，以帮助盲生理解学习内容，形成正确的表象和概念。在对面部表情和姿态进行矫正时，首先用讲授法让孩子认识到面部表情与情绪的联系，用示范法让盲童体会不同的情绪通过面部表情、姿态的变化和言语的声调变化表现出来，学会用无声的面部表情来传情达意。使盲童懂得怎样做可以使自己的面部表情与内心感受相一致，注意在以后的交往中，怎样正确地运用面部表情；同时要教给盲童一些常用的姿态动作，诸如学会点头、摇头、招手、挥手等简单的动作姿态与别人进行交往；还要培养盲童调节和控制自己的感情表现。如当与别人交谈时，应该面向对方，注意倾听别人的谈话，以示尊敬。当听到别人遭遇不幸或挫折时，应该表情严肃，以示同情或惋惜。当听到别人取得成就时，应该面带微笑，表示欣喜之情。

视力障碍儿童学习正确地运用面部表情和姿态变化，需要较长时间的艰苦努力。教师与家长要结合实际情境，不断给予指导和矫正，才能取得良好的教育教学效果。

行为矫正教学中应注意的问题主要有以下几个。

其一，实施行为矫正前，必须先征得被矫正儿童或父母的同意，让他们明白实施的程序和目的：告知被矫正者父母有关行为矫正的性质，并使其能够正确的认识行为矫正；给孩子耐心地讲解行为矫正的知识，让孩子从心理上接受矫正，自觉自愿地配合教师的指导；

其二，盲童综合康复训练要做到三结合。第一是学校综合康复训练和家庭综合康复训练指导教育工作要协调一致，二者要有统一的目的要求、统一的方法措施，家长要结合教师的教学跟踪指导自己的孩子养成一些良好的行为习惯，塑造良好的举止形象。第二是课堂康复训练与课外行为矫正训练相结合。各科应将行为矫正训练作为本学科的教学任务来完成。课外应组织盲童多参加兴趣活动、社会活动、公益活动和文体活动。第三是社会集中训练与个别辅导相结合，并注重个别辅导。

其三，在个别化行为矫正中，要制订个别训练计划和建立健康档案，对症下药。分析盲童的基础情况，规定训练目标，采取可行措施，选择适合盲童的有效方法，设计训练过程并定时进行行为矫正康复训练效果评价。

其四，行为矫正必须经过严格的学习和训练，这是保障行为矫正实施方案具有可行性和合理性的前提。

其五，在行为矫正过程中，教师要给盲童指出普通人是怎样的，你是怎样的，错在哪里，应该怎样纠正等，让盲童有一个对比与矫正的目标。

无论哪种教学方法都应该以弥补盲童感性认识的不足为目标，发挥"以耳代目""以手代目"多种感官功能的作用。对教师的要求是：对待盲童的态度要和蔼，体现亲切关怀的情感；但又不能溺爱，要做到严格要求不迁就，耐心指导不代替。

(二)教学注意事项

1. 康复内容生活化

综合康复是为视力残疾孩子的未来生活服务。因此康复训练应贯穿在盲童的生活中，教师要善于从日常生活中敏感地捕捉有康复价值的训练内容，开展视力残疾儿童喜欢的且有意义的训练活动，使他们主动积极地参与康复训练，生活得到充实，情感得到熏陶，能力得到发展，缺陷得到补偿。

2. 教学形式灵活化、多样化

适当打破原来的年龄界限，尝试按学生的认知能力与水平重新组班。为使学生在走班的过程中接受到自己最需要的训练，我们可以把全盲和低视两类学生按他们的视力与认知水平又各自分为几个层次分别进行康复训练。利用分课程的互补，给全盲生和低视生提供一定课时的分班康复训练。在本班的低视训练课上，全盲生可选择到别班去进行康复训练。

另外，康复训练活动可在课内完成，也可与必要的课前准备活动或课后延伸活动相配合。可由任课老师独立完成，也可由班主任、生活教师等有关人员来共同完成。训练活动在形式上不拘一格，形式服从内容。

本课程常用的康复训练活动形式有：

(1)讨论

讨论活动能使视力残疾儿童有机会运用多种方法交流自己的感受、想法，分享自己的成果，锻炼表达能力等。

(2)真实情景

将康复训练活动带到实际生活中，而不是教师人为创设的情景。任何司空见惯的事物对于视力残疾儿童都可能是陌生的，只有在真实的情景中，视力残疾学生才能更好地获得真实的感性认识。普通儿童通过视觉无意识地学习到的知识、模仿到的技能，对于视力残疾儿童则很可能需要教师在真实的情景中有意识地对其进行教学和训练。

（3）模拟情景

这类活动是为了让视力残疾儿童获得某些难以身临其境去学习的体验、知识，而有目的地创设某种情景，使其经历仿真性演习活动。教师一定要指出模拟情景与真实情景的区别，避免误导视力残疾儿童。

（4）操作性、实践性活动

这类活动主要让视力残疾儿童自己动手操作、实践，适用于大多数模块、大多数内容的康复训练活动。操作性、实践性活动可安排在课堂教学中，也可作为课后的实践或在生活中进行。

（5）康复训练游戏

这是在康复训练中所采用的带有"玩中学、学中玩"的活动方式。游戏是视力残疾儿童有效的学习方式，对培养视力残疾儿童的情感，让视力残疾儿童体验集体生活的乐趣，理解规则、学习知识、矫正行为等是很有效的。

（6）校外体验

这类活动旨在充分利用各种校外教育资源，学校事先与有关部门协商，最大限度地开放可触摸范围。带低年级视力残疾儿童走出学校，到社会中去学习、实践，以加强体验，增长知识，扩展兴趣，认识自然，适应社会。

（7）讲故事

讲故事是以模范或典型人物的形象去感染、教育视力残疾儿童的活动方式。讲故事可在课堂教学中穿插一个或几个故事，也可举行"自强者故事"演讲会等。故事要有趣味性和教育性，让视力残疾儿童能通过故事激发情感，领悟自强不息的道理。

（8）强化训练

为了视力残疾儿童某方面康复的特殊需要，采用的专门的、高强度的训练。可以只针对某一个模块，进行有针对性的课堂练习或课后强化练习，以让视力残疾儿童学会正确的方法，巩固学习内容，养成良好的习惯。

（9）讲授

以教师言语传授为主的活动形式。在充分了解儿童理解水平的基础上，尽量利用各种直观教具，使视力残疾儿童产生真实、具体的客观表象，使讲授生动、有效。

3. 教师主导，学生主体

综合康复课上，教师是学生的组织者、指导者和合作者。学生是康复的主体，教师要为学生营造一个快乐、和谐、融洽的教学氛围，引导学生轻松走向康复。教师的主要任务不只是训练，改变环境以适应残疾人的功能状况是残疾康复的另一个侧面。灵活多样地选用有效的康复训练活动和组织形式，结合学生的具体情况，因人而异地开展康复训练。开发视力残疾儿童潜能，引发视力残疾儿童成功的康复体验，让儿童能够生动、活泼、主动地参与康复活动，最大程度得到康复。

4. 以个别化康复方案为载体

根据每一个盲童的现状、康复需要，结合课程标准的规定，为每一个盲童选择恰当的康复内容，编制切合实际需要的年度、学期、月、周康复训练计划。利用课外活动，进行个别矫正指导。对于难以跟上进度的学生，要求教师利用课外活动时间对其进行单独或小组矫正和辅导。

通常情况下，康复训练要打破班级界限，采用小组训练、个别训练等方式进行。每小组不宜超过 4 名学生。

5. 在各学科、教育活动、生活中渗透康复训练

本课程教学活动要注意渗透于其他学科、教育活动和日常生活中，以满足视力残疾儿童的康复需要和学习生活的需要，如体育与健康、综合实践活动、班队活动和生活管理等，使其相互结合，相互促进，资源共享，实现综合康复效益。

(三) 课程评价

评价是对康复效果的直接反馈。有效的评价能够帮助教师改进教学，激励每一个盲童最大限度的康复，保证课程目标的实现。评价内容主要包括学习态度、学习能力、康复效果三个方面。综合康复课的评价方法很多，常采用多主体、多样化、开放性的方式，教师根据具体情况，选用或综合运用教师评价、学生自我评价、学生互评、家庭成员、社会有关人员参与等方式进行评价。

具体的评价方法有以下几种。

①观察法：教师在康复训练过程中，观察并记录视力障碍儿童在活动中的各种表现，作为其康复效果评价的依据。

②访谈：教师通过与盲童直接交谈，获取有关儿童发展的信息及其思想观念的变化，有的放矢地对其进行针对性的康复训练。

③学生自评：教师引导和帮助盲童对自己学习、康复中的表现与成果进行自我评价，提高自我认识、自我调控的能力。

④学生互评：教师引导盲童依据一定的标准互相评价，这种评价可以帮助

学生养成换位思考，尊重、理解、欣赏他人的习惯，彼此了解，相互促进。

⑤作品分析：教师对盲童各种作品、活动成果进行解析，以便深层次了解其发展状况和康复进程。

⑥家长评价：家长用描述性的语言写出孩子在家中的日常表现，包括盲童在家庭中表现出的康复成效与不足，接受家庭康复的态度等。

⑦个案分析：教师针对学生的特别情况进行跟踪评价，这有助于因材施教，实现个别化康复训练。

⑧成长资料袋评价：教师为学生建立综合、动态的成长资料袋，收集盲童成长过程中的各种资料，这是评价盲童康复、成长的比较有效的一种方法。

⑨测试评价：对盲童在规定的情境、规定的时间、完成规定任务的情况进行专属评价，本测试评价以操作性、活动性为主。

评价的主要类型：

①入学评价：内容包括生活自理能力、定向行走能力、认知能力、数学与阅读能力、社会交往与语言表达能力、精细运动、粗大运动与体能，使各方面教师对新入学的视障儿童有较为全面的初步认识；

②运用视觉康复评估量表对低视力康复学生情况进行阶段性评价；

③随班就读学生评价咨询档案；

④早期儿童评价和指导档案；

⑤多重残疾儿童社区指导评价和指导档案。

评价过程中应注意以下问题。

评价要从每个学生的基础出发，注重儿童在康复训练中的态度、情感、行为表现，重视儿童付出努力的程度。

评价方法应当是灵活的，因人而异的，而非刻板的简单复制；评价是全面的，而非断章取义妄下结论；评价是发展性的，而非终结性的。要发挥评价的诊断功能，对课程下一步的实施提出有针对性的建议。

评价不能用一个标准尺度去评价所有盲童，应关注每一个盲童原有发展水平，纵向比较关注其发展。

评价的呈现方式可以是口头的，可以用等级制，可以用评语制，也可以采用综合评价方式。

评价中还要考虑康复教师制订的方案是否合理，是否恰当地运用了康复技巧与器具；对盲童的康复是否具有发展性、功能性、实践性。

四、盲校综合康复课程资源与管理

(一)课程资源

综合康复课的课程资源是多样的、开放的,它包括各种有形(显性)资源和无形(隐性)资源。有形的课程资源是指看得见摸得着的,可以直接运用到教育教学活动的课程资源;无形的课程资源是指以潜在的方式对教育教学活动施加影响的课程资源。

常见的有形资源有以下三类。

一是学校中常用的资源,如教科书、教师指导书、音像材料、标本、模型、图片;助视器材、现代教育技术、学校的各种设施;其他学科、班级或学校活动;视力残疾儿童的经验、兴趣;教师、学校工作人员和同伴等。

二是视力残疾儿童家庭、社区中的各种物质设施、文化教育机构;文化活动、节日;与视力残疾儿童相关的从事各种职业的人们等。

三是大自然中的动植物、自然现象、人文景观等,都是重要的课程资源。

常见的无形资源有:学校和社会的风气;家庭气氛;师生关系、生生关系等。有形的课程资源可以直接成为教育教学的手段和内容,相对容易开发与利用;无形的课程资源对教育教学活动的质量起着持久的潜移默化的影响。它的开发和利用需要付出艰辛的努力。

(二)综合康复课程资源的应用

学校和教师应树立浓厚的课程资源开发与利用的意识,采取各种措施,通过多种途径丰富盲校综合康复课程资源。

1. 教师开发和利用课程资源的途径

①充分利用教师用书中的康复训练案例。教师用书中列举的康复训练案例,力图体现本课程的目标、内容和方法,是基本的课程资源之一。教师也可以根据课程要求及本地、本校、本班的具体情况自编个别化康复训练材料。

②充分利用学校、家庭、社区的资源。充分挖掘学校、社区及家庭中的各种资源、媒体资源,并促进视力残疾儿童之间、班级之间、年级之间和校际之间资料的交流和共享。

③重视积累经验、活动中的体现和体验,利用视力残疾儿童自身的兴趣等为康复活动提供资源。

2. 学校开发和利用课程资源的途径

本课程的实施需要学校在教育、康复资源的开发上做出积极的努力,承担更多的责任。

①充分挖掘校内资源。充分利用学校现有设施，有条件的地方可增设有关设施，如增设助视器材、各种康复资料和训练器材，开辟学校动物园、植物园等，并进一步转变观念，努力把整个学校变成视力残疾儿童可参与的康复训练空间。

②因地制宜，利用本校所处的环境资源。要充分认识学校周围环境的价值。学校周围的自然资源、社会、科技、文化资源；少数民族地区的民族特色、风俗文化资源等。

③发挥志愿者、社会各界人士和家庭等方面力量的参与，形成视力残疾儿童康复的合力。有条件的地方可与学校周围的学校、医院、社区等建立联系，建立综合康复专门场所。

3. 建立课程资源开发的社会网络，丰富康复资源

开发课程资源不仅要靠学校和教师，还需要教育行政部门、社区和家长的支持。学校应通过多种途径和方式，与社区教育委员会以及其他有关部门建立密切联系。

利用网络资源丰富康复内容，培养盲生综合的能力。通过课程的整合形成巨大的资源库，这里有大量的数据、档案资料、程序、教学软件、兴趣讨论等各种各样的教学资源。有能力的盲生可以建立自己的交流网页，在网页中将自己康复心得、体会与盲朋友进行交流，实现资源共享，也可以在网络中就某一问题与其他同学进行交流、探讨、相互启发、共同研究。提高网络资源对视力残疾儿童康复的推动作用。

4. 构建以学校文化为核心的隐性课程建设策略

学校文化是指整个学校生活中形成的、具有独特凝聚力的学校面貌、制度规范和精神气氛等，它反映了一个学校内部隐含的主流价值观、态度和做事的方式，关注的是人的生存方式和生命意义，核心是学校在长期办学中所形成的共同的价值观念。

(三)综合康复课程的管理

课程的实施涉及校内外的联系、学校课程的安排等多方面的问题，需要教育行政部门、教研部门、学校、教师、家长、社区等各方面的相互配合，并建立相应的课程管理机制。

1. 教育部门的管理

教育行政、业务部门要树立新的课程管理思想，明确自己的职责，运用符合本课程标准精神的督导评价机制来调动学校和教师实施本课程的积极性，形成良性导向，推动课程落实，促进教师成长。要在经费投入、条件创设方面做出相应的安排，同时给学校实施课程赋予相应的责任和权利。

2. 学校的管理

学校应严格按照课程方案开设综合康复课，不得随意减少课时或提前结束课程。要选拔思想道德素质好、康复专业知识丰富、教学组织能力强的教师担任综合康复课程教学训练的首席教师。每校至少要配 3~4 名康复训练教师(可以兼其他课程)，首席教师负责计划的制订和康复训练教师的协调。因为综合康复是盲校独有的一门新课程，与教师熟悉的学科课程差异很大，对教师的素质要求较高。学校要适当降低教师的工作量，并通过激励机制和有效的校本培训促进教师不断成长。

《盲校义务教育课程方案》中规定的是儿童康复训练的学时数，教师们开出的教时数应大于相应年级规定的学时数，保证儿童有根据自己需要(结合教师、家长的建议)进行选择的空间，修满规定的学时数。学校要计划管理、统筹安排，帮助教师做好本课程的学年、学期整体计划，审定教师为每个学生选择的康复模块；加强各康复教师之间的合作；把该课程的活动与学校有关活动结合起来；为每个学生科学地落实课程目标。

五、教案举例

视觉想象训练

盲生的残余视力对他们来说是非常宝贵的。如何更好地发挥这点残余视力，是教师不遗余力要做好的。

[教学目的]

训练视知觉完整性和创造性。

[作用]

了解事物是完整的、多彩的，可以用视觉感知的。

[教学内容]

手影游戏、线绳摆物、七巧板拼图、短棒摆物和色彩联想等。

[教学环境]

视训室内。

[教学过程]

1. 请同学们仔细看老师在灯光下做的手影，谁能说一说这几个手影分别像什么？低视力同学分别仔细地观察，说出飞机、苹果等物品。

2. 现在老师用小线绳摆几个图形，请你猜一猜这些图形像什么？

3. 老师用七巧板拼成各种图形，如蜡烛、汽车、房子等。

4. 仔细看老师用短棒拼成几幅图，你能认出它们是什么吗？

5. 哪个同学能像老师这样摆一个物品让其他同学来猜？（鼓励动手、动脑、动眼的积极性，养成自觉、科学用眼的好习惯）

6. 老师拿的这些是颜色卡。现在老师把颜色卡放到灯箱上，看看分别是什么颜色？你能根据它们的色彩想到与这个色彩有关的事物吗？（例如，红色：番茄、苹果、红旗等；绿色：草地、树叶、禾苗等）

思考题：

1. 简述盲校综合康复课程的内容包括哪些？

2. 盲校综合康复课程教学注意事项有哪些？

（本章作者：山东省潍坊市盲人学校杨奎之，北京联合大学特殊教育学院张琳，唐山师范学院特殊教育系隋春玲；陕西省西安市启智学校侯婷；湖南省长沙市特殊教育中心向艳，北京师范大学特殊教育系 2009 级周文秀参与整理）

第十九章　盲校定向行走课程与教学

定向行走是盲人一生中最重要的技能之一，是盲人走出家门、接受教育、实现就业、融入社会的重要途径；是盲校对盲生进行缺陷补偿、功能康复，实现走出家门、走向社会的一门实践性、实用性很强的课程。通过定向行走训练，盲生能掌握定向行走的基础知识和基本技能，形成正确的时间和空间概念，基本做到在室内、学校、常用公共设施等环境中安全、有效、自然、独立地行走，平等参与社会活动，提高视力障碍者的社会适应能力。

一、盲校定向行走课程目标

(一)总体目标

①对盲生进行感知觉训练，提高感知觉能力，形成正确的时间、空间概念。

②通过训练使盲生熟练掌握定向行走的基础知识和基本技能。

③提高盲生身心素质，补偿其丧失或削弱的感官功能，矫正不正确的行走姿势，掌握有效行走的基本技能。

④通过训练基本做到在熟悉的环境中安全、有效、自然、独立地行走。

⑤形成积极进取、乐观开朗的生活态度，基本做到适应社会生活，能利用社会交通工具，参加社会活动，提高生活质量。

(二)学习领域目标

①主动参与目标：具有积极的态度和兴趣参与定向行走的学习。

②概念发展目标：具有较好的概念发展能力。

③行前训练目标：使学生感官功能得到发展；矫正异常身体姿势、克服心理障碍。

④定向技能目标：能在简单环境中准确地辨别方位；能在相对复杂的环境中辨别方位。

⑤行走技能目标：获得随行技巧的基本知识及技能；获得独行技巧的基本知识及技能；获得使用盲杖技巧的基本知识与技能；校内持杖行走；校外熟悉

环境中持杖行走；异常天气持杖行走；校外公共场所持杖行走；个体校外活动。

⑥社会适应目标：具有良好的社会适应能力；在现实生活中能自立自强。

二、盲校定向行走课程内容及特色

定向行走训练是通过教师的讲授、指导，促进学生感知觉的全面发展，提高感知觉的运用能力、掌握定向行走的基本方法，熟悉校园环境，进而提高其认知能力，使学生具备良好的定向行走技能，扩大社会交往的范围，提高就业的竞争力，提高他们的生活质量。

(一)课程主要内容

课程主要内容涉及6个领域：主动参与、概念发展、行前训练(感觉训练和心理行为矫正)、定向技能、行走技能、社会适应。每个领域学习分为4个水平阶段，视力障碍者根据自己的实际情况学习掌握相应的知识技能。为以后的学习、就业、服务社会打下基础。

表 19-1　定向行走课程内容标准

学习内容	水平一	水平二	水平三	水平四
主动参与	对定向行走课表现出学习兴趣；乐于参加定向行走的学习；认真上好定向行走课。	学习和应用简单的定向和行走技能；向同伴展示学过的定向技能和行走技巧；向老师和家人展示学会的定向技能和行走技巧。	主动参与定向技能与行走技巧的学习；主动观察和评价同伴的定向和行走技能；基本能够示范所学的定向和行走技巧；在熟悉场合能够有效定向和行走。	说服和带动他人进行定向和行走的训练；说服同伴一起参加定向与行走的练习；能运用所学技能与家人或朋友一起走向社会；收集家人和朋友对自己利用定向行走技巧走向社会的反馈信息。

续表

学习内容	水平一	水平二	水平三	水平四
概念发展	发展基本概念、了解校园环境；了解身体各部位的名称；了解身体各部位之间的关系；懂得身体与物体之间的方位关系；懂得物体与物体之间的方位关系；知道他人身体各部位的名称及方位。	了解地形（址）、方向、方位、动作、时间、距离概念；了解生活区、教学区、食堂、学校其他地方及其设施；了解相关的动作概念、知道动作的过程；了解相关的时间概念、知道时间的长短；了解相关的距离概念、知道距离的长短；在实践中基本能够应用这些概念。	了解道路交通、校外环境概念；知道学校周边环境的基本布局，交通状况；熟悉学校周围的主要公共场所的位置；对从家到学校（学校到家）及学校周围的环境能够形成良好的心理地图。	主动探究新概念；主动学习关于定向行走的新知识、新技能；关注盲人定向行走的新科技；乐于探究生活环境中尚不明白的事物。
行前训练	知道听觉、触觉、嗅觉、味觉、距离知觉、剩余视力等基本概念，能进行简单感官功能训练；行前身姿训练。	懂得听觉、触觉、嗅觉、味觉、距离知觉、剩余视力等基本训练方法，通过训练判断方向和方位；矫正异常姿势和步态。	灵敏感知听觉、触觉、嗅觉、味觉、距离知觉等，学会使用剩余视力定向技能明显提高；行走时心理障碍得到克服。	综合应用能力不断提高，在简单、较复杂的环境中能正确定向；避险及应急防卫，及时调控自己的情绪。

续表

学习内容	水平一	水平二	水平三	水平四
定向技能	在熟悉环境中进行方向辨别；知道利用盲字定位法、时钟定向法定向。	利用路标定向；在室外能够利用盲文定位及时钟定向法定位、定向。	利用线索定向；利用建筑物进行定向；了解触觉地图，学会建立心理地图。	综合应用路标、线索定向；较正确分析判断环境，熟练有效掌握定向方法。
行走技能	学会基本的导盲随行技巧；学会在环境中使用上、下部保护技巧；了解盲杖的基本知识、持杖探索的基本方法；了解道路状况和基本的交通规则。	基本学会各项导盲随行技能，能够安全地随行及落座；掌握独行技巧（不持杖）的其他技能；初步掌握持杖与探索的基本方法；确定行走路线、建立心理地图；制订校外行走路线计划；了解刮风、雨天、雪天后的行走；了解公共场所布局。	掌握导盲随行技能；学会寻找失落物体的方法；基本掌握持杖行走技巧；持杖行走；基本行走；基本掌握异常天气行走方法；在教师指导下有效持杖行走。	导盲随行综合应用；比较熟练应用独立行走技巧（不持杖）；在相对熟悉的环境中熟练掌握持杖行走技巧；综合应用；校外熟悉环境持杖行走；熟练掌握异常天气行走方法；熟练、安全、准确地到达目的地；能够独立进行校外活动。
社会适应	在定向行走课中培养盲生基本的社会交往能力。	拓展盲生交往渠道；增加盲生社会参与意识。	培养盲生社会交往的良好心态。	提高盲生社会交往的层次；基本适应社会。

1. 主动参与

积极的学习参与是学生获得定向行走技能、提高独立行走能力、形成乐观开朗的生活态度的重要途径。促使学生主动参与定向行走学习的关键是通过形式多样的教学手段、丰富多彩的教学内容，培养他们对定向行走的爱好和兴趣。

主要内容包括：

(1)了解定向行走的定义及其关系，了解定向行走课程的意义，了解影响盲人定向行走训练的因素。

(2)懂得盲人由于视力的丧失，导致行动相对困难，通过定向行走训练能够走出家门，能够在熟悉的校园，熟悉的环境中安全有效行走。

(3)激发学生学习热情，使他们主动参与有关技能的学习。

(4)通过沟通和交流能够说服或带领有需求的视力障碍者参与学习定向行走，为以后上学、就业工作奠定基础。

2. 概念发展

视力障碍学生由于视力的缺陷，不同程度地影响了他们对某些事物概念的形成和认知的程度。促进视力障碍学生的概念发展是他们学习定向行走的基础，也是安全有效行走的前提。

①进行认知准备，发展基本概念，了解形体的构成、自身形体的方位关系、他人形体的方位、身体与物体之间的关系、物体与物体之间的关系、量的概念等；了解室内及校园周围的环境。

②了解地形及地址的概念、方向概念、方位概念、动作概念、距离概念、时间概念及相对复杂的空间概念等。

③了解道路交通知识及路式，知道人行道的位置及行走原则，懂得交通信号灯的变化；了解道路、人行道、安全岛、人行横道、十字路口、护栏、盲道、过街天桥、过街地道、立交桥、公交车站等；了解室外、校外环境概念。

④了解视力障碍的基本知识，在日常生活或社交活动中及时了解、探索有关定向行走的新知识，乐意探究生活环境中尚不明白的事物。

3. 行前训练

行前训练主要是对盲生进行：行走训练前的心理、感知觉及身体姿势的训练，增强盲生行走时的兴趣和自信心，矫正学生常见的盲态和异常步态，为他们接受系统的定向行走的训练打下基础。

①进行听觉、触觉、嗅觉、味觉、距离知觉、剩余视力的训练，通过感知觉的训练可以提高感知觉识别选择和记忆的能力；进行行前身体姿势训练，懂得什么是异常姿势及其危害性。

②懂得感知觉训练方法，通过训练能有效判断方向和方位；初步掌握正确的站立姿势和行走姿势；知道如何矫正异常的站立姿势；懂得如何矫正异常步态。

③通过感知觉训练，提高感官的灵敏度，提高确定方向和方位的能力。了

解恐惧心理的基本表现，懂得如何克服恐惧心理、冒失心理等。

④应用多重感觉器官定向；在简单、较复杂的环境中较好地确定方向和方位。了解环境，知道哪些是险情，采用正确的行走技巧及时躲避险情；懂得如何调控自己的情绪；综合运用所学技巧安全行走。

4. 定向技能

定向技能是指个体运用感觉信息确定自己在环境中的位置以及确认自己与其他物体之间关系、物体与物体之间关系的心理过程。盲生由于视力障碍，必须充分利用其他感觉器官和剩余视力来进行定向，定向是学生能否到达目的地的关键，所以定向技能的训练在定向行走教学中十分重要。

①学会在不同场所判断东、南、西、北、中；东南、西北、西南、东北等；学会将简单方向进行组合（上下、左右、前后进行组合）；了解盲字点位的布局及各点的位置；了解时钟的布局及各点的位置；知道利用盲字点位，时钟进行定向。

②知道路标的概念，学会利用它进行定向；通过路面的起伏判断自己所处的位置，并确定行走的方向；了解路的质地，通过路的质地判断自己所处的位置；在室内外较熟练应用盲字和时钟进行定向。

③知道线索的概念，学会利用线索定向；知道利用声音判断周围的环境，利用气味判断周围的环境；了解建筑物的形态（路形、房形、花园形状等），能够利用入口定向，能利用楼梯进行定向，利用编码系统进行定向；了解触觉地图，会用手指探索最佳行走路线；懂得使用触觉地图，并能记住沿途的各种符号和路标；学会建立心理旅行图，并能综合运用所学知识定向。

④在相对简单的环境中能够利用路标和线索定向，综合运用所学知识定向；较准确地分析、判断环境；熟练有效地掌握各种定向方法；根据客观情况的变化正确地定向。

5. 行走技能

通过行走技能的学习，绝大多数学生将学会多种行走技能（如导盲随行、在熟悉环境中不持杖独立行走、在熟悉环境中持杖行走、异常天气行走、公共场所行走等），在此基础上学会有目的地制订行动计划，进行个体活动，为走向社会打下坚实的基础。

①了解导盲随行的基本知识，学会接触、抓握、站位及基本的随行技巧；懂得上、下部保护的基本方法，学会在环境中使用上、下部保护技巧；了解盲杖的基本知识（发展历史、种类、结构、长度和重量、颜色及特性），知道如何选择合适的盲杖，会制作简易盲杖，了解持杖的方法（直握持杖、斜握持杖），

盲杖探索的基本方法(直握持杖探索、斜握持杖探索),了解盲杖两点式、三点式、短杖式触地行走方法,懂得正确地携杖、置杖;了解交通状况(城镇街道中的街道类型、街道路式、路面规制、路面的设置等内容,了解盲道、农村道路等),了解基本的交通规则。

②知道导盲随行的其他技巧(换边行走、向后转向、过窄道、进出门、上下楼梯、落座等);基本掌握独立行走技巧(顺墙行走、沿物慢行、垂直定位、直线行走、穿越空间、上下台阶等);初步掌握持杖与盲杖探索基本的动作方法(初步掌握盲杖两点式、三点式、短杖动作方法),知道把盲杖放在便于寻找和不妨碍他人安全的地方;确定行走路线、制订校外行走训练计划(熟悉行走路线上的基本情况、建立心理地图懂得交通规则及安全措施);在刮风、雨天、雪天有效行走;了解校外公共场所(知道所要去的公共场所的基本布局、方位及路线,形成心理地图,制订行动计划)。

③掌握导盲随行技能;学会寻找失落物体的基本技能;基本掌握持杖技能(利用边缘线持杖探索、行走,基本做到正确运用两点式、三点式、短杖技能行走,基本做到持杖进出门、上下楼梯、上下电梯,掌握在不同情况下的携杖与置杖);在校内能持杖行走(在教师指导下进行分段行走和全程练习,安全、有效到达目的地);校外行走中可以持杖过马路、持杖乘交通工具(公交车、出租车、地铁)、持杖走农村道路,安全、有效到达目的地;学会异常天气持杖行走(分析下雨天、下雪天、刮风、泥泞地持杖行走方法并有效行走);在部分公共场合能有效持杖行走。

④综合应用各项技能随行,会合理地接受和拒绝帮助,会教授家人或其他人用导盲随行方法导盲;熟练应用不持杖行走技巧;熟练掌握持杖行走技巧(根据环境的变化正确使用持杖探索的各种方法);能综合运用所学定向方法、持杖行走技能在校内有效行走;能综合运用定向知识、行走技能,持杖在校外熟悉的线路上独立、安全、有效、熟练地行走;能够在校外熟悉环境中持杖行走;熟练掌握异常天气行走技能;熟练到达校外相关目的地;可以进行个体校外活动(确定自己切实可行的行动计划,形成心理旅行图,找到最佳的行走路线,选择便捷的交通工具,有良好的应对突发事件的心理素质及解决问题的能力等)。

6. 社会适应

定向行走训练对发展学生的社会适应能力具有独特的作用,定向行走能力较强的学生交往的机会、社会学习的机会便随之增多,这种能力迁移到日常的学习和生活中,能够提高其综合素质和社会适应能力。

①在定向行走学习中培养盲生基本的社会交往能力,懂得社会交往的意

义，懂得交往有助于知识的积累，提高交往能力。

②拓展盲生的交往渠道，通过定向行走，广泛接触各种交往对象，提高自己交往的"面"和"量"，在与人沟通交流的过程中不断学习与发展。

③培养盲生社会交往的良好心态，学会互帮互助，在交往中克服自己的不足之处，发展与朋友的友谊；了解有关法律知识，懂得维权。

④提高盲生社会交往的格调，能积极参加有益的社会活动和文艺活动，提高生活质量；积极参与社区的盲人康复工作，培养自己的社会责任感；了解无障碍设施及应用；能够将定向行走训练与实际生活结合；熟练掌握定向行走的基本方法与技巧，适应社会、乐观进取、勇敢自信、自立自强。

(二)课程特色

1. 补偿缺陷，发展潜能

盲生因不同程度地丧失了视功能，所以他们对事物的认识缺乏真实感。因此教师应创造各种条件，充分利用听觉、触觉、嗅觉、味觉等其他感知觉和残余视觉，补偿其丧失或削弱的功能。定向行走课程能提高盲生的行动能力和社会适应能力，从而能更好地发展学生的潜能。

2. 面向全体盲生，激发学生学习兴趣

定向行走课程的学习对象不只是盲生，也包括低视力学生，所有视力障碍学生都需要进行这方面的学习和训练。无论是教学内容的选择还是教学方法的更新都应关注学生的学习兴趣，学习过程应该是有意义、有效、有乐趣的。

3. 以学生发展为中心，重视学生的主体地位

课程从设计到评价的各个环节，始终把全面发展学生的能力放在中心地位，在发挥教师主导作用的同时，特别强调学生学习主体地位的体现，以充分发挥学生的学习积极性和学习潜能，提高学生定向行走的能力，为他们接受德、智、体、美、劳的全面发展创造有利的条件。

4. 关注盲生个体差异及终生发展的需要

定向行走课程要充分注意到学生各方面的个体差异，根据差异确定学习目标和评价方法，并提出相应的教学建议，从而保证大多数学生能完成课程学习目标，以满足学生自我发展的需要，为盲生终身学习打下基础。

5. 根据课程管理的要求，加大课程内容的选择性

按照课程管理的要求，各地、各校及教师在制定具体的课程实施方案过程中，可以依据学生个体及本地、本校的实际情况，选用适当的教学内容和教学方法。

6. 根据课程发展性要求建立评价体系

课程评估是促进课程目标实现和课程建设的重要手段，定向行走课程强化

评价的激励、发展功能。评估内容主要包括对学生基本概念的掌握、定向技能、随行技巧、独行技巧、使用盲杖方法、学习态度、社会行为等方面进行评估；同时也要对教师做出综合评价。

三、盲校定向行走课程教学方法及评价

（一）教学方法

视力障碍者在概念获得、行走能力、环境中自我控制方面受到极大的限制，这就使得他们学习定向行走较为困难。教师采用适当的教学方法，能有效提高视力障碍者的心理、身体方面的素质，提高他们定向行走、适应社会生活的能力、促进个体日常生活技能的发展。

1. 探索感知教学法

探索感知教学法指盲生通过触摸教师的示范动作或教师纠正盲生错误的动作，帮助盲生形成正确概念的一种教学方法。盲生丧失了视觉功能，不能直接观察事物，必须用其他感觉器官认识世界，教师要教会盲生用自己的生理感受感知事物。

在实际教学过程中应注意以下几点：

①课前准备好演示用具（购买或自制）。

②教师示范要正确，并让盲生进行探索，了解动作结构，形成动作概念。在进行普通人导盲技巧、独立行走技巧、盲杖技巧教学时，教师对盲人的动作进行指导，及时纠正错误动作。对盲生进行斜持技能教学时，让盲生分步探索教师正确的持杖姿势—手的位置—抓握盲杖的动作，这样盲生便在心里形成良好的持杖概念，盲生很容易接受这些动作。

③盲生在进行探索时，教师要适时进行语言提示。这样理解能力较好的盲生能从多方面接收信息，充分发挥想象力从而很快形成正确的动作概念。

④探索感知教学法对接受能力差的盲生更为适用，因为有时语言的表达很难在盲生头脑中形成正确的概念。

2. 口头指导教学法

口头指导教学法是指用简明的语言，指导盲生完成动作或进行练习的一种方法。为了使盲生能较快、较好地掌握普通人导盲技巧、持杖技巧或其他技巧，教师把完整动作分几个部分，用口令的方式进行训练，特别是对接受能力较差的盲生效果更好。

在实际教学过程中应注意以下几点：

①发挥教师的主导作用。用口令方式指导盲人进行反复练习，直到盲生掌

握此技巧。如教师在进行原地持杖技能教学时可分三步：首先，两臂自然下垂，右手(一般)持盲杖，杖尖朝向身前；其次，持杖手臂前伸与身体成30°左右夹角，持杖手在身体中心线位置，杖尖点触在身体前方地面上；最后，转动手腕，左右点触略宽于肩。

②教学时要让学生有充分的时间思考，了解动作之间的内在关系与变化规律。

③口头指导教学法，一般在盲生相对较多时使用，这样解决了因缺乏定向行走师资而造成的困难。

3. 语言描述教学法

语言描述教学法是指教师通过具体形象的语言描述，唤起盲生头脑中已有的记忆表象，从而使他们能想象和理解词语所表示的内涵。

在实际教学过程中应注意以下几点：

①教师在教学中要用通俗易懂的语言把动作要领、练习方法、路线路况、基本概念向盲生讲清楚，从而使盲生理解并掌握要领。教师可以让盲生复述教师所讲的内容，接着让盲生进行动作演示，再纠正其错误动作，以加深盲生对动作、概念的理解。

②语言描述要用词确切、生动形象、要点突出，要准确运用定向行走专业术语。在进行概念教学时，教师要善于启发盲生的思维。进行"十"字路口概念教学时，教师边讲边把两臂交叉成"十"字形状，让盲生触摸探索，或用事先制作好的模型让盲生感觉，可增加盲生对概念的理解。

③要注意讲解的时机及效果，根据实际情况和具体特点，采用不同的讲解方法。对动作的难点、重点可应用语气、语调变化予以指点和强化。

④在盲生进行实际练习时可以采用简单的提示或评价。

4. 分解练习教学法

分解教学是指在教学过程，把难度较大的动作或把一个完整的动作分成几个步骤来进行教学。分解教学可以简化教学过程，缩短教学时间，提高盲生学习信心，从而使盲生较快掌握技术动作。

在实际教学过程中应注意以下几点：

①教学中教师先让盲生利用直线或平面进行定向，让盲生学会定向的基本方法，分清东、南、西、北、前、后、左、右等，确定自己所处的位置，然后用正确的技巧行走。

②分解法取决于盲生接受能力及身体健康状况，教师对盲生进行定向行走训练时，所选择的练习路线、复杂程度和学生接受的能力要符合盲人的实际情

况。如果盲生的年龄小、身体状况差、接受能力也差，那么分解法是非常适合这类盲人的。

③训练时要求学生从一处走到另一处，把一条线路可以分成几段，先走一段，直到走熟练；再走另一段，经过多次反复，最后教师可以把每段路线连起来训练，完成整个过程。

④分解练习要有一定的弹性，做到因材施教，动作或行走路线符合学生的实际。

5. 完整练习教学法

完整练习教学法是指从动作开始到结束，不分部分或段落，完整地传授动作技术的一种方法。

在实际教学过程中应注意以下几点：

①在教学过程中教师应充分了解盲生的接受能力，把练习的动作、选择的路线向盲人讲解清楚，对动作或路线熟悉较快的盲人，教师可以根据情况采用完整教学法，如把一条完整的路线及途中的路标、质地告诉盲生，让盲生建立完整的心理地图，提高盲生的信心。

②在实际教学中此法一般用于概念发展好有悟性且能力较强的盲生，在练习过程中要注意盲生的安全。

③对于简单的易掌握的动作及路线，通过教师的示范或讲解后直接让盲生熟悉环境然后进行完整练习，在实践中发展盲生的概念，在行走中让盲生获得成功的喜悦。

④练习的方式要多样化，要激发学生的学习热情。

6. 分层教学法

在深化特殊教育教学改革中，立足于定向行走课的实际，着眼于视障学生的发展，解放思想，更新观念，以人为本，加大课程改革的力度。积极探索分层教学的有效方法，在尊重视障学生发展的多样性的前提下，结合个别化教学，积极探索分层教学的有效方法，充分调动视障学生学习的积极性。

7. 其他教学方法的使用

在实际教学中要注意游戏法、情境教学法等方法的使用，特别是在教授低年级儿童时，一定要注意抓住学生的学习兴趣。

总之，定向行走的教学方法很多，各种教法要互相渗透，有机结合，要善于运用多通道感觉训练盲生，通过声、像把盲生带入意境。在教学时要贯彻定向行走的教学原则，做到循序渐进、量力而行，要注意全体教学与个别教学相结合。教师应深入盲生中间进行调查研究，针对盲生的实际情况，科学有效地进行定向行走训练。通过概念、行前训练、随行技巧、独行技巧、盲杖技巧等的教学，使个体实现无论是在熟悉的环境里还是在陌生的环境中都能安全、自如、独立、有效、自然地行走。这样就有更多的盲生适应环境、参与社会活动、服务社会，实现自我的人生价值。

(二)课程评价

1. 对学生的评价

定向行走训练效果的评估包括定向行走基本概念的掌握、生活学习环境、定向技能、随行技巧、独行技巧和使用盲杖方法等。

表 19-2　定向行走课学生学习评估档案

科　　目：_____　　　　　教师：_____

入学时间：_____年__月__日　　　　　学生：_____

毕业时间：_____年__月__日

训练时间：_____　　　　乘车训练时间：_____

出 勤 率：_____

月份/年份								
计划节数								
实际节数								

月份/年份								
计划节数								
实际节数								

月份/年份								
计划节数								
实际节数								

评分标准：

A^+　　　　B^+　　　　C^+　　　　D^+

优秀：A　　良：B　　合格：C　　不合格：D

A^-　　　　B^-　　　　C^-　　　　D^-

（1）基本概念掌握评估表

评估内容			训练效果	备注
自身形体的方位及关系	垂直方位	上		
		下		
		中		
	水平方位	前		
		后		
		身体中心线		
		左		
		右		
		肢体内侧		
		外侧部位		
他人形体的方位				
身体与物体之间的位置关系				
物体与物体之间的位置关系				
动作概念	举			
	抓			
	握			
	走			
	跑			
	跳			
	投			
	仰			
	抬			
	伸			
	踢			
	放			
	跨			

续表

评估内容		训练效果	备注
室外环境概念	街道		
	狭窄道		
	街道路式		
	机动车行道		
	非机动车行道		
	路沿		
	人行道		
	盲道		
	交通岗		
	路口护栏		
	人行横道		
	安全岛		
	过街天桥		
	地下通道		
	公交车站		
	出租车停靠站		

(2)定向技能评估表

评估内容	训练效果	备注
方向辨别		
阳光定向法		
简单内时钟定向法		
外时钟定向法		
六点盲文定位法		
利用声音定向		
利用气味定向		
利用阴影定向		
利用气流定向		

续表

评估内容	训练效果	备注
利用路标定向		
利用直路与弯路定向		
利用路的质地定向		
利用触觉地图定向		
利用心理地图定向		
利用建筑物的形态定向		
利用入口定向		
利用楼梯定向		
利用街道门牌编码系统定向		

(3)随行技巧评估表

评估内容	训练效果	备注
接触		
抓握		
站位与随行		
一人导多盲		
换边		
向后转		
过狭窄通道		
进出门		
上楼梯		
下楼梯		
落座		
接受与拒绝帮助		

(4)独行技巧评估表

评估内容	训练效果	备注
上部保护		
下部保护		
顺墙行走		

续表

评估内容		训练效果	备注
沿物慢行			
垂直定位			
穿越空间			
寻找失落物体	听音确定物体失落的方位		
	直蹲式下蹲		
	上部保护式下蹲		
	盘旋法		
	栅栏法		
独行上台阶			
独行下台阶			
请求他人帮助			

(5)使用盲杖评估表

评估内容		训练效果	备注
斜握法			
直握法			
携杖而行			
持杖沿边缘线行走			
盲杖触地辨别			
盲杖探索障碍物			
进出门			
左右点地式行走(两点式)	盲杖的握法		
	手腕的动作		
	手臂的位置		
	盲杖弧状摆动		
	弧顶高度		
	步伐		
	节奏		

续表

评估内容	训练效果	备注
三点式触地行走		
持杖上楼梯		
持杖下楼梯		
持杖上滚梯		
持杖下滚梯		
携杖		
置杖		
短杖技术		
盲杖技巧的综合应用		

行为的评估

一、学习能力

1. 理解能力

2. 学习反应

3. 整体进度

二、学习态度

1. 很积极

2. 与教师合作

3. 具有创新精神

4. 专心学习

5. 接受批评

6. 自我期望

三、社会行为

1. 准时、守信

2. 衣冠整齐

3. 仪容

4. 友谊

5. 礼貌

自我鉴定：

_____

_____

_____

_____

_____

_____

_____

___年___月___日

教师评价

_____

_____

_____

_____

_____

_____

___年___月___日

2. 学生成绩评定方法的建议

根据学生年龄、学段的特点，定向行走课程学习成绩评定应有所差异。根据学习内容，建议 4～5 年级采用评语制，6 年级采用等级制，也可以将等级评定与评语式评定结合使用。

3. 学习成绩评定的形式

学生学习成绩评定不仅要有教师参与，同时也要重视学生的自我评价和同学之间的互相评价。

①学生自我评定——学生对自己的相关技能、学习态度、情意表现等进行综合评定。

②教师评定——依据学生的学习目标达成度、行为表现和进步幅度，对学生的学习成绩进行综合评定。

4. 对教师评价

对教师的评价主要围绕下列内容进行。

①教师是否理解定向行走课程标准所倡导的教育理念，在教学过程中是否表现出要实现定向行走教学理念的强烈意识，是否注意综合性、创造性和实效性。

②教师能否把自己的教学建立在学生已有定向行走能力的基础上，根据学生的差异进行有针对性的训练，为学生提供相关的定向行走的资源。

③教师有没有观察和记录学生在定向行走学习中的各种表现，并做出恰当的评价，从而促进学生定向行走能力的提高。

④教师有没有对自己的教学不断反思的意识，针对教学中遇到的问题展开研究，与家长、社区进行有效的合作，充分利用社会资源开展定向行走训练，提高教学质量。

5. 定向行走教学评价过程中的注意事项

①盲生（个体）在很多方面有差异，因此在评价的内容、标准、方法和形式上有所侧重和有所区别；在对学生进行终结（目的地训练）评价时，必须对学生的学习过程进行认真评价，看学生进步的幅度。

②由于学生的视力障碍程度不同、学习经历不同，能力不同，每次完成训练任务的时间长短也不同，教师要对部分盲生进行课外指导，让学生有更多的练习机会，允许盲生延时考查。

③教师在指导盲生定向行走学习过程中，应了解每一名学生的情况，有针对性地对盲生实施定向行走的教学与训练，提高学生定向与行走的能力，同时鼓励学生将定向行走技能应用到实际生活中，完成力所能及的工作，积极参与社会活动，提高生活质量。

四、盲校定向行走课程资源

课程资源的分类方式很多，根据存在方式，定向行走课程资源可分为显性课程资源和隐性课程资源。

（一）显性课程资源

显性课程资源是指看得见摸得着，可以直接运用于定向行走教学活动的课程资源。常见的资源有：盲杖、校园环境、触觉地图、社会环境及其他教学用具（指南针、超声波导盲仪、语音 GPS）、盲道、建筑物、社会资源中的实物等。显性课程资源可以直接成为教育教学的便捷手段或内容，很容易开发与利用。

1. 定向行走设备

①盲杖：盲杖是视力障碍者最重要的行走辅助工具，1998 年国家出台的盲杖标准，2008 年出台的盲杖的修订版，国内目前正在生产修订版后的盲杖，品种不断增多，质量不断提高。

②激光手杖：激光手杖是帮助盲人独立行走的一种辅助工具，其形状很像

一般的手杖，使用时能发出激光，遇到走道上的障碍物，激光即被转换成盲人可以感知的声音，使盲人顺利地避开障碍物。

③导盲车：导盲车是日本发明用于辅助盲人行走的一种工具，这种车后有杆，握于使用者手中，车行在前，由车上电脑根据地图提供的信息按图上的路线行驶。车速由超声波测距仪测出使用者步速后反馈给电脑来控制，使人车同速。导盲车能够辨别路障，引导盲人到达目的地。但由于体积较大，搭乘公共汽车或地铁不太方便。

④超声导盲器：超声导盲器由电子盒和眼镜两部分组成。眼镜上的发射换能器能发射超声频脉冲，遇到障碍物后发射回波，可由接收换能器接收，并将接收到的声波送到眼镜腿上的耳机里，使之发出声响。障碍物在哪边，哪条腿就发出声音。

2. 校园环境

校园环境不仅是学生学习生活的环境，而且也是定向行走训练的重要场地，充分利用校园环境开展形式多样的训练，培养学生定向行走能力。

3. 触觉地图

在教学训练中为了辅助学生掌握相关的概念或环境特点，常利用简单材料或专业设备来制作触觉地图。常见的触觉地图制图形式有：

(1)手工制图

①粘贴法制图，②专用金属制图笔制图，③点线笔制图，④专用塑胶制图板。

(2)机械制图

①金属触摸图，②机制图，③图像反射触觉制图仪，④丝网印刷制图等。

4. 社会环境

复杂的社会环境更是培养学生定向行走水平和生活能力的重要教学资源。如街道、路口、车站、公交车、商场、邮局、医院、银行等。

5. 其他教具

其他教具有超声波导盲仪、指南针、语音导航仪。

(二)隐性课程资源

隐形课程资源是指以潜在的方式对定向行走教学活动施加影响的课程资源，常见的资源包括：互联网、学校的支持、社会的支持、同学的支持、家长的支持、其他教师的支持、家庭气氛、师生关系等。与显性课程资源不同，隐性课程资源的作用方式具有间接性和隐蔽性的特点，它们对教育教学活动的质量起着持久的潜移默化的影响。所以，隐性课程资源的开发与利用更需要付出艰辛的努力。

①互联网：互联网为教学训练提供了很多重要的资源，包括图片、视频、文章等，这些资源可以为教师的教学、训练和学生的自我学习提供帮助。

②学校的支持：学校领导对定向行走在学生人生发展中重要意义的认识决定着对课程的支持程度，决定着在教学硬件和软件方面的投入，直接影响着课程的建设。

③社会的支持：国家和社会对民生的关注，无障碍环境的建设情况、民众对视力障碍的接受容纳程度都影响着定向行走教学训练。

④同学的支持：同学之间的相互交流、帮助、支持和鼓励是学生参与学习训练的重要动力。

⑤家长的支持：家长对学生的态度、了解视障对学生影响的特点、家庭教育的方式方法是影响学生行走能力的重要方面。

⑥其他教师的支持：其他教师对定向行走的认识水平及自身的掌握水平也在一定程度上影响着学生定向行走能力的发展。

(三)课程资源利用及管理

《定向行走》在盲校整个课程体系中已经显示其独特的作用，因而引起有关部门、学校领导、教师的高度重视，教师要根据课程计划充分利用校内、校外提供的各种显性和隐性资源，对学生进行定向指导和行走训练，提高其定向行走能力及适应社会的能力。显性和隐性的课程资源包括教科书（定向行走课程标准）、教师和学生的教学用书、录像带、视听光盘、报刊、互联网、图书馆、专用教室（训练场地），以及校外公园、商场、医院、银行、超市、车站、社区、社会环境等。

1. 校本课程资源的开发与利用

1993 年教育部将定向行走列入盲校课程计划，为我国学校开展定向行走教学提供了纲领性文件，从此定向行走在全国盲校开展起来，2000 年人民教育出版社出版的《定向与行走》为学校教育提供了教材，2008 年华夏出版社出版的《盲人定向行走训练指导师培训教材》详细介绍了定向行走训练的内容及方法，为教师和学生提供了教学资源，促进了学校定向行走的开展。由于我国地域辽阔、人口众多、地区差异大，故此教师应根据本校特点和学生的需求，编写校本课程，结合教学计划选择有特色的教学内容进行训练。

2. 社会课程资源的开发与利用

社会课程资源主要来源于报刊、电视、公园、商场、医院、银行、超市、车站、社区、社会环境、农村、高等院校和科研院所等。在进行定向行走教学时适时把学生带到相关的环境中，了解相关概念，对训练环境形成心理地图，掌握定向技能和行走方法，安全、有效、顺利到达目的地，提高盲人的社会适应能力。

3. 加强课程资源管理

定向行走课程一方面发展了学生的认知能力，另一方面帮助学生有效地走出校门、走向社会，提高盲人独立生活能力。近年来，随着我国定向行走教学研究的不断深入，课程理论研究和课程改革实验空前活跃，对课程领域里的许多方面都进行了广泛的探索，取得了许多成绩。

①建立定向行走教学资源使用的制度，根据教学计划合理使用。

②严格执行定向行走课程评价的管理制度和课程评价标准，学校教学主管部门认真审核定向行走的教材（校本教材）、教学大纲、教学计划、课程标准，教师有重点选择教学资源，严格执行教学计划，同时注重学生的个体差异，实行质量监控，最大限度地保证课程目标的实现。

③课程资源的应用要确保学生的安全。教师选择教学资源要符合学生年龄的特点、符合学生实际生活的环境、符合学生的实际需求，练习时要遵循循序渐进、急用现学的原则，确保学生在安全的环境中有效地学习。

五、教案举例

学生汪某回声定位定向的教学训练

一、设计思路

1. 向学生介绍回音的基本特性。

2. 讲授回声定位定向的基本方法，指导学生练习。

二、教案

学生姓名：汪某　　任课教师：　　授课时间：

教学目的：教授回声定位定向的基本方法

教学重点：辨别回声的方法

教学难点：辨别回声的方法

教学用具：墙壁、大树、玻璃门、木门

教学方法：讲授法、直观教学法、练习法

教学过程：

（一）回声的基本特性

①讲解声音的基本特性：声音是一种波，能够反射和折射，通过声音可以定位音源的位置和与自身的距离。各种声音遇到障碍物都会发生反射，在安静

的环境中，人与障碍物的适当距离会影响回音的变化，而人通过回音的变化可以预测到障碍物。这种声音的细微变化往往被普通人忽略，盲生由于对声音的关注程度高，往往可以发现和利用这种回音来辨别障碍物的存在。

②不同材质可以产生不同的回音，盲生可以判断障碍物的性质，并利用它来判断障碍物，为行走服务。

（二）指导学生练习

①使学生站于安静的教学楼内，距离一面墙壁5米远，面向墙壁拍手向前行走，并倾听拍手的声音，当发现声音发生变化时，停止脚步并用手触摸判断墙壁与自身的距离，反复练习，直到每次能准确判断为止。

②使学生站于前一练习的位置，面向墙壁向前行走，并倾听环境噪音形成的回声，当发现声音发生变化时，停止脚步并用手触摸判断墙壁与自身的距离，反复练习，直到每次能准确判断为止。

③使学生站于安静的教学楼内一扇门对面，重复上面的练习。

④使学生在安静的楼道内距离墙壁适当距离沿墙壁行走，根据回音的不同判断门的位置，寻找自己的教室。

⑤带学生在校园内利用回音变化沿建筑物外墙行走，并利用回音判断停放汽车的位置。

三、课堂实录

1. 回声的基本特性

讲解声音的基本特性：声音是一种波，能够反射和折射，通过声音可以定位音源的位置和距离。各种声音遇到障碍物都会发生反射，在安静的环境中，人与障碍物的距离影响回音的变化，而人通过回音的变化可以预测到障碍物。这种声音的细微变化往往被普通人忽略，但我们盲生由于对声音的关注程度高，则可以较容易地发现和利用这种回音来辨别障碍物的存在。

2. 指导学生练习

①使学生站于安静的教学楼内，距离一面墙壁5米远，面向墙壁拍手向前行走，并倾听拍手的声音。当发现声音发生变化时，停止脚步并用手触摸判断墙壁与自身的距离，反复练习，直到每次能准确判断为止。（学生最初感觉很好奇，不相信可以听出回音的变化，通过多次的实验，学生发现在距离墙壁较近时听到声音的确有所不同，并认同了这一点，积极地参与了练习，达到了预期的效果）

②使学生站于前次练习的位置，面向墙壁向前行走，并倾听环境噪音形成的回声。当发现声音发生变化时，停止脚步并用手触摸判断墙壁与自身的距

离，反复练习，直到每次能准确判断为止。（学生最初认为拍手可以听到回音的变化，不相信不拍手也会听到，通过多次的实验和练习，认同了这一点，积极地参与了练习）

③不同材质可以产生不同的回音，盲生可以判断障碍物的性质，并利用它来断定障碍物的类型的类型，为行走服务。

④使学生站于安静的教学楼内一扇门对面，重复上面的练习。

⑤使学生在安静的楼道内距离墙壁适当距离沿墙壁行走，根据回音的不同判断门的位置，寻找自己的教室。（不是每次都能判断准确，只有距离门的距离近一些时才可以做到）

⑥带学生在校园内利用回音变化沿建筑物外墙行走，并利用回音判断停放汽车的位置。（环境的嘈杂有时影响了判断汽车位置的准确性，另外发现比较高的汽车容易判断）

四、课后总结

这种方法是视力障碍者经常用到的极为有效的技能，在全盲的视力障碍者中得到广泛的应用，应加强这方面的训练，有利于学生行走。

思考题：

1. 简述盲校定向行走的内容。

2. 盲校定向行走课程实施"语言描述教学法"要注意哪些问题？

3. 盲校定向行走课程的"行为评估"包括哪些内容？

（本章作者：南京特殊教育职业学院沈剑辉，北京市盲人学校彤宇，华南师范大学特殊教育系谌小猛；山西省太原市聋校边雪飞；内蒙古鄂尔多斯市特殊教育学校郑涛，北京师范大学特殊教育系 2009 级余凤珠参与整理）

第二十章　盲校信息技术课程与教学

随着信息时代的到来，人类正经历着从生活方式到学习方式和工作方式多维度多层次的历史性变革，信息素养作为人类生存和发展的必备素质已逐渐被全社会所认同。信息素养理论的内涵与外延，冲击着人类的原有观念；培养学生的信息素养成为教育工作者乃至全社会的共识；如何调整盲校课程目标，开设信息技术课程，对于培养视障儿童少年的信息素养，提高视障儿童少年在信息技术环境下的生存发展能力显得十分迫切和必要。

一、盲校信息技术课程目标

课程目标应该满足学科发展、社会需求和学生的发展的需要。由于技术的发展、社会需求的不断变化，信息技术课程的任务与目标也应该不断更新和发展。信息技术课程目标是信息技术课程的核心，反映了信息技术课程对学生终身学习的教育价值和未来对学生信息素养的基本要求。

(一)课程总目标

盲校《信息技术应用》课程目标是参照普通学校信息技术课程目标，结合视障学生的特点确定的。其主要任务是："培养学生对信息技术的兴趣和意识，让学生了解和初步掌握信息技术基本知识和技能，了解信息技术的发展及其应用对人类日常生活和科学技术的影响；通过学习信息技术课程使学生初步具有获取信息、传输信息、处理信息和应用信息的能力，教育学生正确认识和理解与信息技术相关的文化、伦理和社会等问题，学会负责任地使用信息技术；最终目标是通过信息技术的应用，补偿缺陷，开发潜能，培养学生良好的信息素养，为适应信息社会的学习、工作和生活打下必要的基础。"

这一目标可以归纳为三个方面：一是知识性目标，如信息和信息技术的概念，信息系统的构成和工作原理，无障碍信息技术的发展历史和趋势。二是技能性目标，如信息系统的操作和使用技能，选择和使用适当的过程和方法利用信息系统解决问题、进行信息获取、信息加工处理、信息存储、信息表达应用等能力。三是情感性目标，如充分考虑视力障碍学生生理心理特点及水平差异，培养学生的学习兴趣和在学习过程中的自主意识；着眼于结合视力障碍学生生活和学习实际，合理运用信息技术，恰当地表达自己的思想，进行广泛的交流与合作。提倡通过课程内容的合理延伸和拓展，充分挖掘学生的潜力，实现学生个性化发展。

(二)分学段课程目标

盲校基础教育阶段信息技术教育遵循盲生不同年龄生理心理的需求和特点，更考虑视力补偿、各种能力的培养，从学生实际出发，这主要体现在课程标准的整体性、灵活性和开放性上。

盲校信息技术课程从一年级开设，贯穿 9 个年级，内容分为 3 个学段，每一学段由浅入深分为三个年级。1～3 年级为第一学段，4～6 年级为第二学段，7～9 年级为第三学段。

课程目标的安排与年级知识相对应，与新课改的教学理念相对应，培养学生对信息技术的兴趣和意识，让学生了解和掌握信息技术基本知识和技能，使学生具有获取、传输、处理和应用信息技术的能力。在注重培养学生能力的基础上，要充分考虑到一切可能的差异，如生理差异、心理差异、地域差异等。只有认识到这些差异，在制定目标时才能做到有的放矢，才能形成盲生良好的文化素养，为他们适应信息社会的学习、工作和生活打下必要的基础。

第一学段 1～3 年级：初步了解什么是信息技术；培养获取信息的兴趣，开始了解输入汉字的方法；认识简单的多媒体。

第二学段 4～6 年级：了解信息技术的应用环境和信息的一些表现形式；建立对计算机的感性认识，了解信息技术在日常生活中的应用，培养学生学习、使用计算机的兴趣和意识；初步掌握盲用软件的操作，具备获取、处理信息的基本方法；养成良好的计算机使用习惯。

第三学段 7～9 年级：使学生具有较强的信息意识，进一步了解信息技术的发展及其对社会的影响；理解计算机基本工作原理，熟练应用盲用软件，了解网络的基本知识，学会获取、传输、处理、应用信息的方法；了解应用程序，培养逻辑思维能力；树立正确的科学态度，自觉依法进行与信息有关的活动；树立正确的知识产权意识，培养学生的合作精神。

二、盲校信息技术课程内容及特色

(一)课程内容

盲校信息技术教育以信息获取、处理与交流为主线，围绕学生的学习与生活需求，强调信息技术与社会实践的相互作用。

义务教育阶段的盲校信息技术教育要激发视力障碍学生的兴趣，注重与其他学科相联系，考虑视力障碍学生的不同特点，分年级有重点、有计划、有目标地加以开展。1～3年级主要是培养学生使用信息的兴趣；4～6年级主要是培养学生感知信息的能力，培养学生建立初步的信息意识，以及使其了解信息技术基本工具的具体内容及其使用方法；7～9年级主要是进一步提高学生的信息意识，培养其获取、传输、处理、使用信息的能力；培养学生以信息技术为工具进行终身学习的习惯；提高学生的信息素养，使之初步形成正确的信息观。

1. 第一学段内容

第一模块——信息技术初步模块：了解信息技术基本工具的作用，如计算机、电视、电话、MP3等；了解计算机各个部件的作用，掌握键盘和鼠标的基本操作；认识多媒体，了解计算机在其他学科学习中的一些应用。

第二模块——操作系统简单介绍模块：汉字输入；掌握操作系统的简单使用；学会对文件和文件夹（目录）的基本操作。

第三模块——计算机辅助语文教学模块：掌握盲用软件的基本操作；能够正确输入一定量的汉字；高年级能用计算机与普通人进行文字交流。

第四模块——利用计算机进行欣赏模块（选学）：能利用计算机朗读课文；能有选择地利用计算机欣赏多媒体影音资料。

2. 第二学段内容

本学段由4个主题组成，结构如图20-1所示：

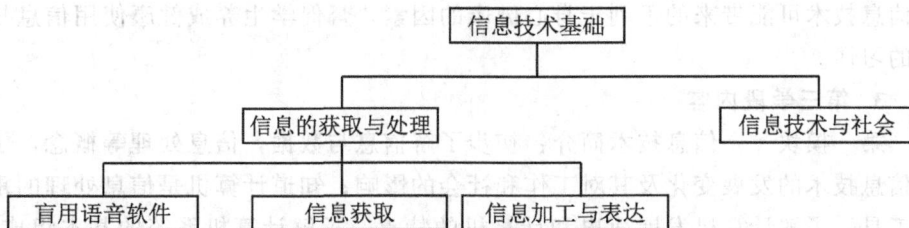

图 20-1　第二学段教学内容

（1）盲用语音软件

了解语音系统的各大模块，以及各模块的功能；视障学生能够借助语音朗读桌面、语音提示对文件夹进行管理（如通过语音提示，找到E盘并新建一个文件夹，更名为"陈小雷"）；利用语音浏览网页，获取简单信息。

（2）信息获取

认识信息的概念及基本特征，通过列举信息技术的应用实例，了解信息技术的历史和发展趋势（如烽火台、信函、电报电话、广播电视、计算机网络代表着信息传播技术发展的不同阶段）；了解信息来源的多样性及意义，能够根据问题确定需求的信息范围，并选择适当的方法获取简单信息；初步掌握网络信息检索的几种主要策略与技巧，能够合法地获取网上信息。

（3）信息加工与表达

能够根据需要管理计算机的文件、文件夹（如新建、删除和保存文件、文件夹）；能够根据任务需求，使用文字处理、图表处理等工具软件对信息进行简单的加工，表达意图；通过使用部分智能信息处理工具软件，体验其基本工作过程，了解其实际应用价值（如认识多种输入法：盲汉输入法、全拼输入法、双拼输入法等，根据各输入法的特点选择适合自己的输入法）。

（4）信息技术与社会

引领学生感受信息技术对社会发展、科技进步以及个人生活与学习的影响（如 E-mail 方便了人们的沟通与交流，邮箱的特点）；能利用现代信息交流渠道广泛地开展合作，解决学习和生活中的问题；增强视力障碍学生自觉遵守与信息活动相关的法律法规的意识，使之负责任地参与信息实践；在使用互联网的过程中，引导学生认识网络使用规范和有关伦理道德的基本内涵；初步识别并抵制不良信息；了解病毒防范、信息保护的基本方法；了解计算机犯罪的危害性，养成安全的信息活动习惯，树立网络交流中基本的安全意识；让学生了解信息技术可能带来的不利于身心健康的因素，督促学生养成健康使用信息技术的习惯。

3. 第三学段内容

第一模块——信息技术简介：初步了解信息与数据，信息处理等概念，了解信息技术的发展变化及其对工作和社会的影响；知道计算机是信息处理的重要工具，了解计算机发展简史和计算机的特点，了解计算机系统的基本组成；初步了解计算机信息安全的基本概念和计算机病毒及其防治的基本知识；了解信息技术相关的文化、道德和法律问题。

第二模块——操作系统简介："操作系统简介"以提高学生操作计算机的能力为核心，让学生掌握操作系统的基本知识和基本技能。通过本模块的学习，使学生具有独立操作计算机的能力，培养学生利用帮助系统获取信息。内容包括：了解操作系统的主要功能；了解桌面信息的意义及"我的电脑""开始按钮"和"任务栏"的含义、功能和使用方法；了解文件、文件夹的意义和文件标识符的组成及意义，文件通配符的表示含义。初步理解文件目录结构与路径的概念，知道操作系统用"目录树"的结构组织和管理文件的特点；了解查找文件和查看文件的区别和方法。

第三模块——文字处理的基本方法："文字处理的基本方法"以培养学生信息加工与表达的能力为核心，让学生能够根据任务需求，用文字处理软件加工信息、表达意图。内容包括：了解文字处理软件的主要功能特点和基本应用知识；掌握使用文字处理软件进行文稿编辑的方法和技巧；了解表格的概念，初步掌握表格制作的基本方法；了解文字处理软件中常用模板格式的含义及创建的方法；初步掌握页面设置与文档打印的方法。

第四模块——网络基础及其应用：理解网络的基本概念，通过使用互联网，了解互联网服务的基本类型、特点与应用领域；了解互联网服务组织的类型、提供的服务与服务特点；初步了解互联网信息检索工具的特点；初步掌握互联网信息检索工具的使用方法；能够根据实际需求选择恰当的方式方法，利用互联网获取所需信息，实现信息交流；知道上网要自觉遵守我国有关互联网络管理安全法规，明确学习使用互联网的目的。了解电子邮件地址的结构及其含意并能够利用电子邮件实现信息交流；了解网页制作的过程，学习使用常用的网页制作软件制作静态网页。（选修）

第五模块——计算机系统的硬件与软件：了解计算机的基本构成及其在信息社会中的作用和地位；了解二进制与十进制的转换和二进制基本运算；初步理解计算机的基本工作原理；知道计算机软件的作用与软件之间的关系；知道计算机安全使用的方法，以及防治计算机病毒的方法。

选修模块一——用计算机处理数据：主要介绍电子表格的简单应用。通过本模块的学习，学生应该掌握数据处理的基础知识和数据处理的简单方法，体验并认识数据处理对学习、生活的重要影响。内容包括：了解电子表格的基本功能与使用方法；了解电子表格的概念，知道行与列、单元格和区域的含义；理解数据处理的概念，掌握数据录入、修改、插入、移动、复制、删除，表格列宽的调整，表格格式的处理，公式与函数的输入，以及表格复制的方法；了解 Excel 的数据管理功能。初步掌握数据的排序、分类、汇总、筛选、查询的方法；了解数据图表的建立与编辑的方法；初步掌握借助 Excel 作研究报告的基本步骤和方法。

选修模块二——用计算机制作多媒体作品：通过本模块的学习，学生在亲身体验的过程中认识多媒体技术对人类生活、社会发展的影响；初步了解多媒体信息采集、加工的原理，初步掌握应用多媒体技术促进交流并解决实际问题的思想与方法。本模块教学要密切结合学生学习与生活的实际，注重利用多媒体表现创意、表达思想，实现直观有效的交流。内容包括：了解常见的多媒体信息的含义，了解多媒体技术的现状与发展趋势；通过浏览网页、使用多媒体软件或阅读相关资料，体验和认识利用多媒体技术呈现信息、交流思想的生动性和有效性；能根据信息呈现需求，选择适当的工具和方法，对文字等信息进行适当的处理；通过评价与鉴赏他人的多媒体作品，体验其创作思想，明了其中所蕴含的意义。

(二)课程特色

盲校信息技术课程不同于语文、数学等认知类的文化课程，也不同于定向行走、音乐等特殊课程和表达类课程，它着重对盲生进行初步的信息意识、信息素养和信息技能的培养，集知识性和技能性于一体，体现出如下几个特点：基础性、工具性、实践性、发展性、整合性、趣味性。

1. 基础性

视力障碍学生信息技术课程的基础性表现在，它是信息技术在各个学科中应用乃至全部活动的基础，是学生在今后工作与生活中有效解决问题的基础，是学生在未来学习型社会中自我发展、持续发展的基础。

2. 工具性

盲校信息技术课程中，首先培养学生运用信息技术工具(尤其是计算机)处理信息的能力，灵活掌握收集信息、处理信息及运用信息工具的方法，能够充分利用信息技术工具进行数学、语文、英语、物理、化学等学科知识以及其他科学知识的学习和研究，并使其成为自己今后进一步学习和工作的工具。

3. 实践性

信息技术课的教学环境是人手一机，即教学上要求学生手脑并用，注重操作训练；上机操作实践是提高视障生信息素养、培养学生操作技能的主要途径，也是发展学生非智力因素的一个重要环节。

4. 发展性

以计算机技术、网络通信技术为核心的信息技术发展迅猛，特别是近年来信息无障碍技术的研发使得适合于盲人的计算机硬件和软件不断开发出新的产品，在该领域不断出现的新技术、新设备、新理论，使得盲校信息技术课程的内容具有明显的时代特点，需要不断更新现有的教学内容、方法和手段。

5. 整合性

盲校信息技术课程与其他学科课程相比较，具有较强的整合性。学生通过信息技术课程掌握基本的信息技术应用，在语文、数学、英语等各学科学习中利用信息技术提高学习效率，同时也反馈信息技术的学习水平。

6. 趣味性

盲校信息技术课程是一门趣味性很强的学科。学生学习的主要动机来源于他们强烈的求知欲和对所学内容的兴趣。兴趣越高，学习的动力越大，学习的效果也越好。因此，无论是教学内容还是教学形式都应该重视挖掘和体现信息技术课程的趣味性，重视激发、培养和引导学生对信息技术的学习兴趣，让"趣味"贯穿整个教学过程。

三、盲校信息技术课程教学方法及评价

（一）教学方法

信息技术课程由计算机课程发展而来，但发生了质的飞跃，已经由单纯的技能训练上升为全面的信息素养的培养。因此，信息技术课程的教学面临着从内在理念到外在方法的全面转型。要完成这一转型，一方面，要借鉴普通中小学信息技术课程的教学经验；另一方面，需要每位信息技术教师在认真研究课程特点的基础上，研究盲生的生理心理特点，根据信息技术无障碍的新进展和教学理论的新成果，探索行之有效的教学方法和教学模式。

1. 培养兴趣，创设学生主动学习的氛围

建构主义认为学习是学习者对知识意义的自主建构过程，强调以学为主，学生在一定的学习情境下，通过协商、会话等活动自主建构知识。信息技术的教学应灵活运用这种教育思想。如果教学只是呆板地讲授软硬件使用方法，学生就会失去兴趣。尤其对于低年级视障生来说，他们缺乏生活经验，缺乏对信息技术课程的感性认识，这个年龄阶段的学生对新鲜有趣的活动比较感兴趣，对未知的世界充满好奇，比较关心实际生活中的事情。教师应牢牢把握住这一点，通过建构新奇有趣的教学情境，调动学生的学习兴趣。

首先，教师应努力创造条件，给学生营造好学习信息技术的大环境。一方面，要尽可能给视力障碍学生提供学习所需的物质条件，大到校园的整体规划，小到图书馆、机房和教室的建设，都要考虑到信息环境的营造；另一方面，要以改善学生的学习方式、激发学生的探究欲望为出发点，设计与学生的学习、生活相适应的信息文化环境。

其次，要营造好视力障碍学生课堂学习的小环境。教师应在引导学生把握知识体系的基础上，适当放手，让学生通过自主探索，掌握技术工具的操作方法与应用技巧，在过程中认识和理解相关概念和原理，陶冶心性，形成健康人格；教师要做好指导和调控，有计划地让每个学生亲历与体验需求分析、方案设计以及方案实施等问题解决的完整过程，鼓励学生在过程中积极思考、大胆想象、勇于创新。

2. 注重教学设计，合理选用并探索新的教学方法与教学模式

信息技术课程要从教学实际出发，根据不同的教学目标、内容、对象和条件等，灵活、恰当地选用教学方法，并善于将各种方法有机地结合起来。任何一种方法和模式的选择与使用，都应该建立在深入理解其内涵的基础上。信息技术课程要借鉴其他科目的成功经验，根据教学需要恰当地采用讲解、观察、讨论、参观、实验等方法，要坚持科学、适度、适当的原则，避免滥用和泛化；要注意任务的情境性、有意义性和可操作性；任务大小要适当，要求应具体，各任务之间还应相互联系，形成循序渐进的梯度，组成一个任务链，以便学生踏着任务的阶梯去建构知识。

3. 设计问题情境，让学生在解决问题中学会处理应用信息

通过问题解决进行学习是信息技术教学的主要途径之一。一方面，通过问题解决活动学习信息技术，可以激发学生的学习动机，发展学生的思维能力、想象力以及自我反思与监控的能力；另一方面，也可以促使学生把信息技术应用到日常的学习和生活实际。教师要根据教学需要，尽量将信息技术课安排在计算机房等与教学内容相关的实践场所；教师要引导学生在探索过程中解决问题；教师不仅要结合实际，为视力残疾学生安排可以在课堂上完成的任务，也要注意把一些"课外"的实际问题交给学生去处理，如校园网的建设与管理、学习资源的建设等。

教师可以在教学过程中让学生自己发现问题并提出解决问题的方案；要合理安排教学，让学生亲身经历处理信息和合作解决问题的过程，引导学生通过交流，评价和反思问题解决的各环节及效果，在"做中学""学中做"的过程中提升他们的信息素养。

需要注意的是，用于问题解决的综合性项目不宜过多，且大小要与学习的阶段性进展相适应；组织形式也要灵活多样，要合理安排好个人工作、小组合作、班级交流等活动形式。

4. 关注差异，在差异化教学中发展个性

学生在信息技术学习的过程中往往分化很快，再加上生理差异大，起点水平参差不齐，会给教学带来诸多不便。教师应该在教学中充分了解视力残疾学生的视力状况，关注学生的学习特点、个性发展需求等方面的差异，灵活设计与组织教学活动，最大限度地满足各类学生的需要。

教师可以通过设立多级学习目标和多样的学习方式，让不同的学生都能根据自己的实际需要选择到合适的内容；教师可以根据学生的生理差异、能力差异、水平差异，有针对性地实施分类教学；对于基础较差的学生，可以采用补课的方法为其奠定必要的基础，消除他们对信息技术的神秘感或恐惧感，增强其学习的信心；也可以采用异质分组的方法，变学生的个体差异为资源，让学生在参与合作中互相学习并充分发挥自己的长处，协同完成学习任务；对于少数冒尖的学生，给予专门辅导，使其吃饱吃好，成为信息技术高手。

5. 注重上机实践，让学生在触摸感知中学习

信息技术学科是实践性很强的学科，要学好信息技术必须有充足的上机实践的时间和机会，它是信息技术教育学科教学的一大优势，通过上机操作，学生可以手脑并用，从理论到实践，在直观形象的实践操作中不断加深对事物规律性的认识，易于形成生动活泼的学习氛围。所以信息技术课要更加注重学生的上机实践操作，让学生每堂课必有所学、有所获。

对计算机硬件的学习而言，通过让全盲学生触摸感知主机、鼠标、键盘、各种接口、串口等以及打印机、扫描仪等外接设备，能够更系统地、直观地理解计算机各硬件间的相互连接工作，对于计算机的工作原理和系统软件的学习也有很好地促进理解的作用，因为硬件是软件的基础，软件是硬件功能的扩充和完善，相互渗透、相互促进。当然这里面要注意加强对盲生触摸感知时的指导，因为有些硬件是容易碰损的。

比如，指导盲生学习 Windows 视窗系列的操作系统、文字的编辑、Web页面的浏览等。在这种实践过程中可培养学生的观察能力、分析问题和解决问题的能力，使学生素质得到全面的提高。

再比如，盲校信息技术课程在教学过程中盲人输入法的教学方法：一是要有正确的姿势。盲生进行键盘操作的时候应该特别注意击键姿势，如果姿势不当，就会影响击键速度和准确性，也容易疲劳。盲生手指的空间记忆依赖于其在键盘上的正确位置，只有位置正确了，在盲生头脑中形成的表象才能正确。二是循序渐进地击键练习。开始练习击键时，要一根手指一根手指地练习，必须让学生养成适当用力击键的习惯，强化手指与其对应键的关联，手指与键盘相对运动在学生脑中留下记忆，形成代偿作用。三是注意降低出错率。初练习击键时，应尽量做到准确无误。速度可以慢些，切不可图快而错误百出，反而影响了键位的准确记忆及总体的输入效率。

6. 实施任务驱动，提高学生学习效率

任务驱动就是以学生为中心，以任务为驱动的教学方式，属于探究式教学模式的一种。其显著表现是：教师的教学与学生的学习都围绕着一个目标，在强烈的问题动机驱动下，通过对学习资源的积极主动运用，进行自主探索和互动协作学习，并在完成任务的同时，产生新任务的一种学习实践活动。它适合于培养学生的自主学习能力和相对独立的分析问题、解决问题的能力，尤其适用于计算机课程的教学。任务驱动教学符合信息技术课程的层次性和实用性。学生可以由浅入深，由表及里，逐步学习计算机的知识和技能。例如，盲生在学习 Excel 表格的时候，可让学生联系自己的学习、生活实际，对全班同学期末成绩或者是每个人每周的消费情况进行统计，让他们带着这样的任务去学习，去协作，去探究，学习的主动性、积极性应该是可想而知的。

7. 运用形象比喻法教学，提高视障学生理解力

信息技术学科中有些教学内容比较抽象，不容易被盲生接受和理解，作为老师应有能力化繁为简，将深奥的理论讲得通俗易懂，这需要老师多钻研教材教法。在教学中巧用生活中的实例，形象的比喻最容易被学生接受。

例如，在介绍文件名的知识时，学生往往不明白文件名为何要由文件主名和扩展名两部分组成，可以用这样一个比喻进行讲解：文件的名字就像人的名字，是由姓氏和名字组成的，文件主名就像人的名，扩展名就像文件的姓，用来区分各种类型的文件。这样一讲，学生就容易明白了，类似的比喻方法还有很多。

8. 注重制作使用教具，补偿学生缺陷

初学电脑的盲生，往往会用过大的力量敲击键盘，甚至会长时间地按住键，还喜欢习惯性地摸索键盘，造成手指带键，为了帮助他们顺利地度过键盘这一难关，可以制作一些简单的教具，如制作键盘盖帮助他们学习。

(二)教学注意事项

1. 既重视实践教学，又重视用先进教育理论指导教学实践

信息技术教师要改变"一张嘴，只需敲击键盘、点击鼠标"就能完成教学任务的观念。在信息爆炸的今天，教师要树立终身学习的观念。教师应由单纯的知识传授者转变为学生"信息内化"过程的指导者和促进者。在教育部颁发的《中小学教师信息技术培训指导意见》中指出，通过信息技术培训既要使中小学教师建立科学的、基于信息技术的现代教育思想和观念，还要逐步提高教师的信息素养和应用信息的能力。

信息技术教学离不开教育理论的指导，同时也促进了教育理论的发展。教育的现代化首先是人的现代化，只有掌握了先进的教育理论，才能对教育的实践过程作出正确的决策和评价，才能保证教育改革的正确方向。

2. 既重视软件教学，又重视硬件教学

硬件的教学虽说在信息技术学科教学中比重不大，但它确是计算机系统的一个主要的分支，而且在日常教学中，好多教师往往考虑到易损坏硬件、用处不大、比较繁琐等因素淡化了这方面的教学，导致许多盲生上了几年的信息技术课，主版、CPU、内存等常见的硬件都描述不出来。教学中软、硬件的教学应该并重，不失教学内容的均衡性。

3. 既重视技能操作，又重视基础理论知识讲解和科学精神的培养

有的教师在教学中，误以为单一技能学习是信息技术教学的最终目标，设立信息技术这门课程的目的是培养视障学生的信息能力、提高视障学生的信息素养，培养视障学生对信息技术的兴趣，培养视障学生科学的精神，它的学习范畴远大于信息技术学科的内涵。在信息技术教学中，对视障学生的计算机及其软件的操作能力的培养应归于信息的收集、处理，因此在教学中不仅要让视障学生掌握计算机和网络的基本知识、基本原理、基本操作等，更要培养视障学生获取信息的能力和信息素养，即能够快捷有效地获取信息，熟练地、批判性地评价信息，准确地处理信息，创造性地使用信息。使他们具备终身学习的意识和利用信息技术处理生活、学习问题的能力。

4. 既激发学生学习兴趣，又避免把电脑课上成娱乐课

学生的好奇心、善于表现欲、彰显个性等特点，是信息技术学科应该充分利用的。特别是网络方面的特点，他们喜欢标新立异、别出心裁，也正是他们创新的好机会。学校应该创造一定的实验条件，设立各种比赛和激励机制，比如组织打字比赛、电脑作文比赛、博客大赛、电脑制作比赛等竞赛活动，激励学生在活动中提高信息技术应用水平，如何发挥他们的特点。从他们学习、生活实际的需要考虑，避免上课就随便上网、聊天、游戏等，成了不折不扣的"娱乐课"。

5. 既重视本学科教学，又重视信息技术教育与其他学科的整合

信息技术具有优化教育教学过程的特性，集中体现在能充分发挥学生的主动性与创造性上，从而为学生创新能力和信息素养的培养营造最理想的教学环境，这样的环境正是创建新型教学方式必不可少的。而信息技术与其他学科的整合，能够有效地提高各学科教学效率，使信息技术的运用成为学习过程的有机组成部分，在预习、课堂教学、作业、辅导、学习拓展等环节充分运用信息技术，提高学生学习效率，从而提高学生信息的收集、检索、分析、评价、转发和利用的技能；也在信息技术与学科整合中，真正检验了信息技术学科教学。

（三）课程评价

评价是信息技术教学的有机组成部分，对信息技术的学习具有较强的导向作用。应围绕信息技术课程标准规定的培养目标评价教与学，保证信息技术课程目标的达成。应通过评价的合理实施，不断提高信息技术教师的教学水平，激发学生学习、应用信息技术的兴趣，帮助学生逐步提高信息素养。

1. 评价要发挥对教学的激励、诊断和促进作用

在信息技术教学过程中，应通过灵活多样的评价方式激励和引导学生学习，促进学生信息素养的全面发展。教师应注意观察学生实际的技术操作过程及活动过程，分析学生的典型信息技术作品，全面考查学生信息技术操作的熟练程度和利用信息技术解决问题的能力。教师在向学生呈现评价结果时应多采用评价报告、学习建议等方式，多采用鼓励性的语言；要慎用定量评价，呈现评价结果时要尽量避免给学生贴标签或排名次，减轻评价对学生造成的压力。教师在了解学生的学习和发展状况的同时，也要利用评价结果反思和改善自己的教学过程，发挥评价与教学的相互促进作用。

2. 评价要发挥教师的主导作用

教师应注意发挥在信息技术评价中的主导作用，同时充分发掘学生自身的评价能力，适时引导学生通过自我反思和自我评价了解自己的优势和不足，以评价促进学习；组织学生开展互评，在互评中相互学习、相互促进，共同提高。评价结束后，教师应及时收集评价信息，统计、归纳评价结果，并尽快反馈给学生和参与评价的有关人员。

3. 评价要关注学生的个别差异

视力障碍学生学习和应用信息技术的能力水平、学习风格和发展需求等方面的差异很大，信息技术课程的评价要正视这种个别差异。同时，视力障碍学生个性特征分化更为明显，利用信息技术获取知识的欲望也更为强烈，评价时要充分尊重学生的个性和创造性。信息技术课程的评价标准和评价方式的确定和选用，要在保证达到最低教学要求的基础上，允许学生通过不同的方式展示自己。

4. 评价要注重过程性，全面考查学生信息素养的养成过程

信息技术课在进行过程性评价时，应针对不同的评价内容和相应的课程目标，适当选择和灵活运用评价方式，以视力障碍学生在信息技术操作或运用信息技术解决实际问题过程中的表现和成果作为评价依据，全面评估学生信息技术的操作能力、运用信息技术解决实际问题的能力以及相关的情感态度与价值观。

要正确理解过程性评价的特点，切实发挥过程性评价的功能。一是根据教学目标制定科学的评价标准和评价量表。在制定评价标准或评价量表时，首先要根据评价目的划分出能客观反映有关学习过程和结果的重要维度或重要方面；其次为每个方面制定不同水平的评价等级。评价量表的指标要全面、精练、可行。二是在信息技术课的过程性评价中，可以通过现场观察、档案袋或成长记录袋的方式，系统客观地观察和记录学生在自然情景中的真实表现。考查学生综合的信息素养应密切联系学生的学习、生活实际。

5. 评价要与教学过程结合，关注学生情感态度和价值观

学生对待信息技术的态度、使用信息技术的习惯以及在信息活动中表现出的社会责任感和价值观，是在学习和使用信息技术的活动中逐渐形成的。教师应结合具体的教学过程，通过适当的过程性评价方式随时把握、及时引导。可以向学生呈现蕴含人文、道德、社会冲突的案例或问题情境，如"信息技术的使用与知识产权"专题，让学生对这些案例或情境进行讨论、分析，再根据学生表达的观点把握他们的情感、态度以及对有关问题的认识和理解。要注意观察学生在教学过程和各种信息活动中的实际行为表现，考查学生是否真正将有关的法律、法规、道德规范等内化为自己的行为准则并自觉指导自己的实践。对情感、态度、价值观的评价，最终要落实为教师对学生的适时预防、关怀或引导，要避免对学生的情感、态度和价值观进行简单量化或脱离实际的单纯打分。

6. 评价方式要纸笔测验和上机测验相结合，注重评价效果

应正确认识期末考试等总结性评价的作用和功能。期末考试的主要功能是考查学生所学模块基础知识的掌握情况、实际操作技能和利用信息技术解决实际问题的能力，诊断本学期教学存在的问题，帮助教师和学生改进随后的教与学。

在组织期末考试等总结性评价时，要根据课程标准的要求和具体考试内容选择合适的题型和考试方式，综合运用纸笔测验、上机测验等多种评价方法；要创造条件全面考查学生信息素养的协调发展，避免只重视知识记忆和计算机操作，忽视学生利用信息技术解决实际问题能力的倾向；要注意结合学生平时学习表现和过程性评价结果，改变单纯以一次测验或考试为依据，评定学生一学期或整个学段学习情况的局面，适度加大过程性评价在期末成绩评定中的比重。

7. 评价要体现针对性和效益性

学校、教师在分析有关评价方法的优劣、选用具体的评价方式时，既要考虑评价方式是否适合具体的教学目标、评价内容、评价主体和客体的具体特点；又要讲究效益，充分考虑各种评价方式对学校的信息基础设施、设备以及对教师、学生的时间和精力等方面的要求。在此基础上，结合班级规模、时间和经费及其他现有条件，选择有针对性、高效益的评价方式。如果采用成本较低、省时、省力的评价方式就能达到相同的评价目的，则不要选用高成本的评价方式。要注意综合运用多种评价方式，相互补充。

四、课程资源与管理

(一)课程资源

丰富实用的课程资源是课程有效实施的重要保障。课程资源建设是从盲生的身心特点出发，按照学科要求和学生发展需要不断开发应用的过程。盲校信息技术课程资源应包括：教材资源、教师资源、教具资源、数字化资源、电脑系统软硬件资源(含盲用软硬件)、网络环境资源、学具用具制作资源等。

对于信息技术课程而言，必要的基础设施、基本设备是课程实施的物质基础。一是通用的资源。要配备能满足教学需要的计算机房、多媒体教室等设施；配备数量足够、配置合理的计算机和相应的外部设备(打印机、投影仪、扫描仪等)；具备较好的网络环境。二是配备盲校专用资源。主要有盲文点显器、盲用读书机、盲文刻印机、低视力学生用扩视机、盲用屏幕朗读软件、汉盲翻译转换排版软件等硬软件。可以在多媒体教室、弱视教育室、电子阅览室等相互配合使用。

1. 盲文点显器

盲文点显器能够将电脑上的信息用盲文同步显示，便于盲人摸读。盲生可以用手触摸盲文单元上变化的盲文点字来获取电脑屏幕上显示的信息。盲文点显器对于盲生学习十分重要，由于在使用电脑时引入触觉，可以极大加深盲生学习效果，加深对学习内容的记忆。同时摸读速度大于听读速度，有利于盲生更高效地掌握所学内容。每台盲人电脑上都可以配备一台盲文点显器，方便盲生使用。

2. 盲用屏幕朗读软件

盲用屏幕朗读软件有多个版本，目前主要以中国盲文出版社开发的"阳光读屏"软件使用最多。该软件根据盲人的操作习惯，充分利用盲人的听觉，在现有的 Windows 系统环境下，针对特定的使用要求专门开发的应用软件。它也利用语音提示，适合盲人独立操作，方便灵活。

3. 盲用读书机

盲用读书机，又称盲人读书机，它可以将书面文字直接转换成语音，适合于盲人"听"读。这套系统是由一个台式扫描器和电脑相连，有相应汉字识别软件，对扫描的文字进行识别，将识别结果存入编辑器中再读出声来。

还有一种"盲人听书郎"，相当于一台便携式收音机。

4. 盲文刻印机

盲文刻印机能够将计算机上的文件在纸上刻印成凸起的盲文文件。

5. 助视机

针对低视力学生的助视机由图像扫描器和高清晰度电子显示屏组成，可以放大纸张、书本甚至是立体物体上的图像和文字，可以用彩色、黑白等多种对比度方式、多种放大倍数显示，方便不同眼睛敏感度的低视力学生使用。助视机有便携式和台式等多种产品可以选择。

6. 汉盲翻译转换排版软件

该系统适应当今计算机主流操作系统，能将汉字文章直接翻译为盲文，将电子版的汉文翻译为盲文。可以输出纯盲文文本或盲汉对照文本两种版式，提供盲汉对照文本的同步编辑修改功能，辅助盲文教师编写教案，为不懂盲文的人士提供编印盲文的条件，为学习盲文的人提供学习条件。

(二)课程资源的开发

盲校应以教育资源的数字化、标准化、共享化为目标，确立了"分步建设、共享使用、应用优先"的指导思想，建设自己的"校本教学资源库"。具体措施为：

1. 坚持自主开发和协作引进相结合

在自主开发方面，针对不同年级、学科、课程的具体要求，明确资源开发的技术规范，对资源的建设范围、类型、质量指标、应具备的功能、评价标准都有明确要求。要集中学校对教学资源开发有浓厚兴趣的教师，加强教研组范围内的合作和交流，协同开发具有针对性的符合教与学需要的教育资源。

2. 要兼顾全盲和低视力两类学生特点

盲校教育对象的差异性要求我们在教学和资源库建设中必须关注全盲和低视力学生的不同需要，在进行教学设计方面尤其要体现这一点。注重开发、选用丰富的音频素材对全盲的学生非常重要，结构清晰色彩对比鲜明的图形图像材料则非常有益于低视力学生的学习需要。

3. 要从教师教学方式的改变入手，体现新课程理念

信息技术的发展应用与新课程改革是相辅相成的，二者都着眼于改变教学理念，改革教学模式，从关注教师"教"转向关注学生"学"，教师"教"的目的是引导学生主动的"学"。在开发资源库的过程中，从教学设计、开发多媒体课件、汇集音视频、图形图像素材、相关网站等诸环节都充分考虑了激发学生学习主动性，为学生自主学习探究提供帮助，使学生成为选择、支配大量信息的主人。

4. 开发实用有效的校园网资源

建立校园网，学校所有终端全部与互联网和校园网相连。在校园网建设中，要为教师教学和学生学习提供平台；要注重校园网页的无障性，框架结构和页面设计，都要突出学科特色，并方便盲生用读屏软件阅读；要建立适合学生学习的资源平台，教师教学平台要向学生开放。校园网站要开设学生博客、有声图书馆、班级主页、学生会主页、音乐欣赏主页、影视欣赏主页等，这些都有利于拓宽学生的视野，促进学生的自主学习。同时还应重视信息技术课程教学相关网站的开发、应用与管理，为信息技术的学习创设丰富、健康、安全的网络环境。

5. 重视盲校教学资源中心建设

教学资源中心是盲校学生学习资源的生产地，主要包括点字读物制作、有声读物制作、大字课本制作、直观教具制作、其他学具及生活辅具制作、音视频制作等，建立资源中心管理制度，专人管理考核，做到科学有效使用。

在管理和使用学校信息化已有设施和设备时，应坚持"面向教学"的原则，为各学科教师提供有效服务；注意提高学校现有设施、设备的利用率，学校的电脑教室、图书室或电子阅览室等要尽可能向师生开放；采取有效措施，加强学校与家庭、社区之间信息设备和信息资源的共享；充分发掘和利用当地图书馆、科技馆、博物馆、电视台、展览馆、信息中心以及其他可供利用的校外资源。

要根据教学要求，做好有关设备的维护，充分利用周末等时间进行机房维护，保证设备的正常运行和教学活动的顺利开展。要结合本校的实际情况，做好必要的设备更新。

6. 信息技术教师的专业化

专业化的信息技术教师是实现信息技术教学目标的关键性资源。由于信息技术知识更新快，必须强化专任教师培训，鼓励和组织教师参加国家和地方的教师培训，规划和开展持续的校本培训；要通过案例培训、参与性培训等多种多样的教师培训模式，持续提高信息技术教师的信息素养和信息技术教学能力；要鼓励教师积极参与各级各类信息技术教研活动，不断提高教学研究能力和自我发展能力。

五、教案举例

《快捷方式的使用》教学设计[①]

教材出处	淄博盲校信息技术校本教材四年级上学期
教学主题	快捷方式的使用
教学对象	淄博盲校四年级学生

---

① 本教案作者：山东淄博盲校蔡兵

学生分析	视障学生虽说存在视力障碍，但对信息技术课却是非常喜欢，究其原因，一方面，信息技术课本身内容具有很强的趣味性，视障学生乐于学；另一方面，信息技术课具有极强的操作性和互动性，视障学生不仅能最大限度地得到动手的机会，而且可以依靠信息技术手段来获取大量的课堂外的知识，拓宽了与外界交流的途径，能够体会到成功的欢乐，产生成就感。所以教师在设计教学过程时，充分注意学生对课程的兴趣，加强内容的趣味性、操作性，让视障学生多想，多动，引导他们自己探究。 　　本课的内容对学生来说相对简单，能力强的视障学生完全有能力自己解决，教师就要充分培养、发挥学生的自学能力，以全盲和低视学生的自学、互助为主。
设计思想	有效的信息技术课不能单纯地依赖模仿和记忆，任务驱动、动手实践、自主探索、合作交流是学生学习信息技术的重要方式。本节课就紧紧围绕这一理念，创设教学情境，通过任务驱动，引导学生观察思考，发现问题，提出问题。充分发挥学生的主动参与意识，尊重学生的自我发现和与众不同的方法，鼓励创新思维，用恰当的评价为学生树立学好信息技术课的信心，促进学生生动活泼、全面和谐地发展。
教学目标	知识：使视障学生了解快捷方式的含义； 　　能力：让视障学生能够自己创建快捷方式，能力强的学生可以尝试设置热键； 　　情感：通过师生间的交流，给视障学生以方法、以胆量、以鼓励、以成功，让视障学生享受成就感，树立自信心。
教学重点	学会创建快捷方式
教学难点	设置快捷方式的热键
教学课时	1课时（40分）
教学方法	观察体验学习、合作讨论学习、自主探究学习、启发引导学习
教学准备	阳光读屏软件（5.2版本）、电子教室、台式计算机
教学过程	一、竞赛设疑，激发兴趣 　　师：同学们，我们先来搞个小竞赛，你能用几种方法打开Word，你觉得哪种方式更快速、方便？ 　　学生自己操作，通过三种方式（方式一：开始—程序；方式二：打开桌面的Word快捷方式；方式三：Win＋R打开运行窗口，输入Word程序路径打开）的操作比较，可以感觉到打开桌面的Word快捷方式最为快速、方便。

同学们都感觉到打开桌面的 Word 最为快速、方便，这种方式就是文件（程序）的快捷方式，它是怎么创建的呢，今天我们就来学习一下快捷方式的创建和使用。

二、学习新知，掌握方法

1. 启发引导，初步感知

快捷方式本质上是一种文件，它可以出现在一般文件可以出现的任意地方，如文件夹或桌面上。对于快捷方式这种文件形式，只需用光标键找到它后回车就可以快速启动它，所以，如果某个文件使用频率比较高，用户最好为其创建一个快捷方式。

2. 观察体验，学会创建

教师启动阳光读屏，进行快捷方式的创建，学生观察体验。

第一，确定创建位置：如我们要在 D 盘根目录创建一个 riji. txt 文件的快捷方式，首先进入到 D 盘，然后按 Alt 键切换到菜单栏，在"文件"菜单中按上下光标找到"新建"回车，再按上下光标找到"快捷方式"回车，弹出一个"创建快捷方式"的对话框。

第二，输入文件（程序）路径：在"请键入项目的位置(T)"处输入所要创建快捷方式的文件的路径名称，即 d:\me\riji. txt。也可以按 Tab 键切换到"浏览按下按钮"后按空格键确认，就会进入"浏览"对话框，选择相应的文件或者程序即可。

第三，确定名称：按 Tab 键切换到"下一步按下按钮"按空格确认，会进入"选择程序的标题"对话框，这时可听到"选择快捷方式名称可编辑文字"的语音提示，一般默认的是要创建快捷方式的文件名，在这里默认的是"riji. txt"，也可以给确定一个新的名称。再按 Tab 键切换到"完成"按下按钮，按空格确认。这时，创建快捷方式的操作就完成了。回到 D 盘根目录，会发现多了一个名为 riji. txt 的快捷方式。

同学们，这个时候我们就可以在 D 盘根目录直接找到 riji. txt 快捷方式就可以打开这个文件了，而不必再进入 me 文件夹。

3. 任务驱动，合作讨论

好，同学们，我们已经明白了创建快捷方式的方法，在这里，有两个问题需要大家讨论一下（低视和全盲结合分组）。

任务一：除了老师讲授的方法，还有没有别的创建快捷方式的方法？

在某个盘符根目录下或者直接选中某个文件（程序）按 Application 键（在键盘右 Windows 键的右侧，右 Ctrl 键的左侧）弹出上下文菜单，在弹出的菜单中按上下光标选择"新建"命令中的"快捷方式"选项回车，弹出设置对话框，然后进行刚才老师讲过的设置就可以创建了，后面的设置方法相同。

（左栏：教学过程）

续表

教学过程	任务二：创建快捷方式的目的就是让我们快速运行某个文件（程序），你认为快捷方式创建在什么地方最方便？ 　　把快捷方式建在文件夹里显得不够方便，用这种方法把快捷方式建在桌面上，操作起来更加方便。 4. 注重个体，能力拓展 　　任务三：同学们，快捷方式虽然创建在桌面上是非常方便，但是我们可以做得更好，让快捷方式快速方便的启动，能力强的同学可以尝试一下应该怎么做呢？ 　　选中某个快捷方式，按 Application 键，在弹出菜单中选择"属性"菜单，在"属性"的快捷方式选项卡中，用"Tab"键将焦点切换到快捷键输入框中，按下为此快捷方式而设置的热键，最后确定完成。 5. 巩固练习 　　在 E 盘创建一个 Word 文件，在桌面创建其快捷方式，设置快速启动热键（能力强的学生）。 三、回顾总结 　　师：今天大家和老师一起学习了给文件（程序）创建快捷方式，有些同学还能够给快捷方式设置启动热键，让快捷方式变得更快更方便了，但是热键设置多了容易混乱和冲突，大家要注意。在设置快捷键时要灵活处理，可以给大家操作电脑时带来很大的方便。

思考题：

1. 简述盲校信息技术课程有什么特色？
2. 盲校信息技术课程有哪些教学注意事项？
3. 盲校可以配哪些专业信息技术课程设备？

（本章作者：山东省淄博市盲人学校路荣喜、蔡兵，北京市盲人学校杨世峰，甘肃省平凉四中曹旭斌；广东中山市特殊教育学校马天宇，广西南宁特殊教育学校农志学参与整理）

第二十一章 盲校综合实践课程与教学

盲校综合实践活动是基于是视力残疾学生的直接经验，密切联系视力残疾学生自身生活和社会生活，体现盲生对知识综合运用的一种课程形态。它是一种以视力残疾学生的经验与生活为核心的实践性课程，并与学科课程相辅相成，是实施全面素质教育、开发潜能和补偿缺陷的重要途径，是《全国盲校义务教育课程方案》规定的一门全新的必修课程。在新的基础教育课程体系中的盲校综合实践活动不是其他课程的辅助与附庸，它具有自己独特的功能和价值。

一、盲校综合实践课程目标

盲校综合实践活动课程是基于盲生学习的需要、动机和兴趣，以活动为载体，为盲生打开一个开放的学习环境，强调学生的亲身经历，在活动的情景中获得积极的体验和丰富的对象，从而促进视力残疾学生的认知行为、情感和缺陷的补偿的协调统一发展。养成从事探究活动所必备的精神和品格，形成亲近社会的态度和热爱社会的情感，养成合作、分享、积极、进取等良好的个性品质，逐渐形成合作与分享的意识。最终形成社会发展和生活变革所需要的基本品质。

(一)获得亲身参与实践的积极体验和丰富经验

盲校综合实践活动课程的实施，是以学生的学习、生活需要为基础，以动机和兴趣为切入点，以活动为载体的，为盲生打开一个开放的学习环境，强调以盲生已有的生活经验为基础，以学生的亲身参与和经历为重点，在活动情景中获得积极的感知和体验，培养视力残疾学生美好的生活态度和积极向上的生活情趣。

(二)形成对自然、社会、自我之内在联系的整体认识，发展对自然的关爱之情和对社会、对自我的责任感

盲生的特殊性造成盲生对于自然、社会、自我的认识具有一定的局限性，为帮助视力残疾学生对自然、社会、自我有一个正确的认识，树立社会责任

感，盲校综合实践活动必须从盲生已有的生活世界出发，通过综合实践活动，在活动中实践、体验和反思，从而获得对自然、社会和自我实践的内在联系的整体认识，形成亲近自然、关爱自然、关心社会以及自我发展的责任感，最终形成社会发展和生活方式变革所要求的基本品质。

（三）形成从自己的生活中主动地发现问题并独立地解决问题的态度和能力

"提出问题、解决问题"是盲校综合实践活动的目标要素之一。盲校综合实践活动课程的实施，强调学生在自己的生活、学习中善于发现问题、提出解决问题的方法，在活动的实践中解决问题，以此锻炼、发展盲生的认知能力、动手能力，养成探究学习的态度和习惯。

（四）发展实践能力、对知识的综合运用能力和创新能力

盲校综合实践活动课程的实施，为引领盲生走向现实的社会生活和实现个性的发展提供了空间，掌握跨学科知识的综合运用的方法，实现知识、方法和能力的相互迁移与协调发展。为扩大盲生与健全人的沟通交往、提升盲生的精神境界、道德意识和生活自理能力，促进盲生回归主流，增强社会责任感、完善其人格提供了良好的平台。

二、盲校综合实践课程内容及特色

（一）课程内容

盲校综合实践活动密切学生与生活的联系，推进学生对自然、社会和自我之内在联系的整体认识与体验，发展学生的创新能力、实践能力以及良好的个性品质，教学内容的基本要素或组织线索，即综合实践活动应当立足于学生的生活世界，以学生的全面发展为最终的落脚点，围绕"学生与自然的关系""学生与社会的关系""学生与自我的关系"三大线索来组织课程内容与框架。

1. 学生与自然的关系

人是从自然界发展而来，自然是我们赖以存在的家园，古人用"天人合一"思想概述了人与自然之间密不可分的联系。然而，随着人类工业化的深度推进，人与自然的关系日益恶化。在 21 世纪里，重新审视人与自然的关系，帮助年青一代树立正确的"自然观"，促进人与自然和谐发展是学校教育的重要任务之一，需要指出的是，尽管地理、化学等学科课程也研究自然，也传授关于自然界的各种知识，但它们更多是把自然当作客观的对象物加以对待，而且研究的目的也是发现现象背后的规律，获取确定、客观的知识，因此，这些学科课程的教学主要是侧重于学生的认知和理解，也以自然知识的习得为要务。

而综合实践活动更多是希望通过学生的自主探究，亲身体验自然界的无穷奥秘，感受人类生活与自然环境之间的深刻关联。因此，综合实践活动不仅仅是激发学生深刻地认识和探究自然，更重要的是在认识和探究的活动中，让学生生发热爱自然的情感，萌生保护自然的意识。

2. 学生与社会的关系

正如马克思所言："人的本质是一切社会关系的总和。"关注个人发展与社会进步的关系，增进学生对自己生活于其中的世界的认识和理解，是促使他们从知识世界走向生活世界的重要渠道之一。综合实践活动改变过去课程设置中漠视学生生活实践的局面，激发学生走出"象牙塔"，积极主动地参与丰富多彩的社会生活，感受历史进步和社会发展的缤纷画卷，从而在实践中形成对他人、对社会、对国家的正确认识，增强关爱他人、服务社会、热爱国家的真挚情感，切实提高自身的社会责任感和社会实践能力。

3. 学生与自我的关系

促使学生形成正确的自我认识，也是盲校中小学教育的重要内容。综合实践活动的开设，是一个良好的契机。盲生可以在与自然和社会的亲密接触中，尤其是与他人的交往中，正确认识和对待自己的缺陷，发现自我的存在价值和人生意义，发现自我与置身于其中的世界的内在关系。学生自我认识的过程，就是学生在为人处世和为学求知方面不断反省或反思的过程。古希腊哲人苏格拉底曾说，未经反省的生活是不值得过的。因此，有必要帮助学生在反省或反思的过程中不断地提升自我，为未来的美好生活做好准备。

组织综合实践活动的三条线索之间，不是彼此分立的，而是内在关联的。因为学生所生活的世界本是一个完整的整体，在实践中很难在自然、社会与自我之间划出明确的界限。综合实践活动所展开的某个主题，往往是将三条线索都统摄其中。实际上，综合实践活动课程的开发，可以立足于学生发展需要，从任何一条线索出发，兼及其余。

盲校综合实践活动课程的内容范围包括：

一是研究性学习。指学生基于自身兴趣，在教师指导下，从自然、社会和学生自身生活中选择和确定研究专题，主动地获取知识、应用知识、解决问题的学习活动。研究性学习强调学生通过实践，增强探究和创新意识，学习科学研究的方法，发展综合运用知识的能力。学生通过研究性学习活动，形成一种积极的、生动的、自主合作探究的学习方式。各种富有时代感的主题（如环境教育、国际理解教育、价值观教育等）都可以不断渗透于研究性学习活动之中。

二是社区服务与社会实践。是学生在教师指导下，走出教室，参与社区和社会实践活动，以获取直接经验、发展实践能力、增强社会责任感为主旨的学习领域。通过该学习领域，可以增进学校与社会的密切联系，不断提升学生的精神境界、道德意识和能力，使学生人格不断臻于完善。

三是劳动与技术教育。这是以学生获得积极劳动体验、形成良好技术素养为主的多方面发展为目标，且以操作性学习为特征的学习领域。这是一个开放性的学习领域，它强调学生通过人与物的作用、人与人的互动来从事操作性学习，强调学生动手与动脑相结合，并倡导以项目为载体从事学习活动。该领域要加强信息技术教育，培养学生具有利用信息技术的意识和能力。通过该领域要使学生了解必要的通用技术和职业分工，形成初步的技术意识和技术实践能力，为视力残疾学生继续升学或就业打下良好基础。

研究性学习、社区服务与社会实践和劳动与技术教育是国家为了帮助学校更好地落实综合实践活动而特别指定的几个领域，而非综合实践活动内容的全部。三大指定领域在逻辑上不是并列的关系，也不是相互割裂的关系，而是相互联系、相互渗透的关系。一方面，研究性学习作为综合实践活动的基础，倡导探究的学习方式，这一方式渗透于综合实践活动的全部内容之中；另一方面，社区服务与社会实践和劳动与技术教育则是研究性学习探究的重要内容。所以，在实践过程中，三大指定领域是以融合的形态呈现的。

除上述指定领域外，综合实践活动还包括大量非指定领域，如班团队活动、校传统活动（艺术节、运动会等）、学生同伴间的交往活动、学生个人或群体的心理健康活动等。这些内容是地方和学校根据本地区或本校的课程资源和实施条件以及学生的个性差异来加以确定的，因而具有很大本土性和开放性。在开展过程中，它们可以与综合实践活动的指定领域相结合，也可以单独开设，但课程目标的指向都必须是一致的。指定领域与非指定领域互为补充，共同构成内容丰富、形式多样的综合实践活动。

生活学习是与学生生活能力、适应能力相关联的实践性学习。国外中小学课程设计与实施中，生活学习的领域已包括生活技能的训练活动，如美国小学中低年级的生活学习中就有食品制作、缝纫、简单手工等活动；5～9年级学生的生活学习涉及家政管理等领域的内容，如家庭理财、家庭投资、家庭生活文化设计等活动，以及生活环境适应活动，如野外生存，还包括生活科技与创造活动等。

（二）课程特色

综合实践活动课程主要特点表现在不确定性、丰富性、情景性等 6 个方面。

1. 不确定性

综合实践活动课程没有国家确定的课本，课程教学内容生成也没有严格的"章法"。来自大自然、学生生活、社会生活、科技活动中的许多人、事、物都可以成为综合实践活动课程的教学内容。甚至，无论是学科课程所涉及的经验领域，还是未涉及或难以涉及的经验领域，都可以是综合实践活动课程教学的直接经验领域。综合实践活动课程内容的不确定性使学生的活动学习具有不确定性。建构主义学习理论认为，不确定、选择、建构和发展之间存在着不可分割的关系。正是由于不确定性的存在，才导致选择的发生；通过选择，才能建构；而通过建构所带来的变化，才最终导致学生的发展。由此可见，不确定性为学生活动学习与建构提供了必要条件。

2. 丰富性

综合实践活动课程教学内容空间宏大。世界即教室，大自然包含着丰富的内容；社会即课堂，社会中的人和事都可以成为教学内容；网络也可以成为课堂，虚拟的内容也可以供学生学习。这些内容不分先后学科逻辑，不分年代远近，不分课内课外，更不分知识呈现的先后顺序，围绕学生的主题活动过程，逐渐出现，逐渐被发现、被体验、被感悟。使综合实践活动课程教学过程成为一个知识运用、建构和发现的丰富的过程。

3. 情景性

综合实践活动课程教学内容总是具有一定情景的内容，它产生于情景，并在一定情景中被学生所接纳。

4. 开放性

综合实践活动面向每一个学生的个性发展，尊重每一个学生发展的特殊需要，其课程目标具有开放性。综合实践活动面向学生的整个生活世界，它随着学生生活的变化而变化，其课程内容具有开放性。综合实践活动关注学生在活动过程中所产生的丰富多彩的学习体验和个性化的创造性表现，其评价标准具有多样性，因而其活动过程与结果均具有开放性。

5. 生成性

由于综合实践活动是过程取向的，它强调学习者与具体情境的交互作用，因此，尽管要对活动内容进行预先规划与设计，但更强调随着活动过程的展开和活动情境的需要不断生成新的目标、新的主题。学生在与教育情境的交互作用过程中会产生自己的目标，同时随着问题的解决和兴趣的满足，学生还将产生出新的问题、新的价值观和新的对结果的设计，而这些目标和主题并不是预先设定的。所以有效实施综合实践活动要求教师首先要认识到这些目标与主题产生的必然性，并肯定其存在价值。综合实践活动应特别强调在活动具体展开过程中产生的生成性目标与生成性主题的核心地位。

6. 补偿性

综合实践活动具有实践性、开放性、自主性和生成性，这四大特性为视力残疾学生提供了广泛接触社会、学习交流与合作的机会；提供了运用多种感觉途径和方法认识世界的机会；盲校综合实践活动有利于视觉残疾学生在实践中加强对事物的感触与感知，具有补偿特性；成为视力残疾学生开发潜能、补偿缺陷的重要途径。

三、盲校综合实践活动课程教学方法及评价

（一）教学方法

综合实践活动课开展得成功与否关键在于是否运用了好的教学方法。在盲校综合实践活动课中，常用的教学方法有：文献收集法、调查访问法、问卷法、分析讨论法、模拟创造法、实践操作法，活动评价反馈法。指导教师要恰当、综合地运用这些方法组织教学，在活动中注重对盲生综合能力的培养，关注盲生情感态度与价值观的培养，形成健康积极向上的生活态度和良好的心理品质。因此，综合实践活动在开展中，教师应重视教学方法的综合使用。教无定法，但教有妙法。盲校综合实践活动课程坚持以"活动促发展"为指导思想，其目的是创造出盲生的真实活动，让盲生作为主体去活动，在活动中实现主动发展。所以，盲校综合实践活动课程中的教学方法也必须以"活动促发展"为立足点，针对综合实践活动的特点来使用。

在综合实践活动中，文献查阅法是盲生搜集资料的主要方法，文献是指记录知识的一切载体，包括图书、报刊、网络、磁盘、光盘及各种音像视听资料、微缩胶卷、胶片等。文献查阅法是指根据一定的研究目的或课题需要，通过查阅文献来获得相关资料，全面地、正确地了解所要研究的问题，找出事物的本质属性，从中发现问题的一种研究方法。它可以帮助我们了解有关问题的历史和现状，从而为我们确定课题提供参考。在确定课题前，先就相关问题查阅大量资料，对该问题研究的历史、现状、前景有一个全面的了解，从中发现存在的问题或不足，进而确定自己的研究课题。这样就等于站在了巨人的肩膀上，课题研究才会少走弯路。

调查访问法是访问者与被访问者通过面对面的接触、有目的谈话，以寻求研究资料的方法。调查法具有在自然状态下进行，随时进行，调查的范围可大可小等特点。因此在运用此法进行综合实践活动时要求突出一个"实"字。

问卷法是搜集资料的一种研究方法，是指研究者将其所要研究的事项，制成问题或表式，给有关的人员，请其照式填答返回的一种形式，称为问卷法。

模拟创造法是科学教学常用的重要方法，它能通过模拟创造的全过程激发盲生的学习热情和学习积极性，培养、锻炼和提高他们的思维能力、想象能力、动手操作能力和创造能力，因此教师在综合实践课程教学活动中恰当运用具有重要意义。

实践操作法是在综合实践活动中让盲生运用工具、材料进行制作、拼装或改造，在活动中动手动脑，亲历实践，让盲生真正尝试参与或实际操作的方法，即在做中学，通过实践产生经验，形成知识与技能，提高他们的动手能力和思维能力。

通过实践证明，合理使用教学方法会有助于盲校综合实践活动的开展，然而，在使用教学方法的同时，我们还应考虑到其他教育因素的使用。结合教学方法的使用，综合实践活动可以以小组活动和个人活动为主要组织方式，同时通过观察访问、个案研究、角色扮演、项目设计、报告、实验、专题设计、游戏、实地考察等多种活动形式来进行。合理开发教学方法，正确、灵活地使用教学方法是开启盲校综合实践活动大门的一把金钥匙，它更是让综合实践活动"动"起来的有效途径。盲校综合实践活动的教学方法来源于学生学习的实践，恰当运用教学方法引导盲生开展综合实践活动，对于盲生科学意识、科学精神、科学态度、科学自然观的培养，对盲生科学方法、科学能力的培养和基础知识的积累是具有重要意义的。

综合实践活动的生成性对教师的教学提出了更高的要求。教师的"教"不再是简单地灌输，而是积极地指导。可以说，教师的有效指导是综合实践活动成功实施的基本条件。从指导内容而言，综合实践活动的指导在根本上是创设学生发现问题的情境，引导学生从问题情境中选择适合自己的探究课题，帮助学生找到适合自己的学习方式和探究方式，与学生共同展开探究过程。从指导方式而言，综合实践活动倡导团体指导与协同教学。不能把综合实践活动的指导权只赋予某一学科的教师或班主任，或专门从事综合实践活动指导的教师，而应通过有效的方式将所有教师的智慧集中起来，对综合实践活动进行协同指导。这是综合实践活动的整体性的内在要求。从指导力度而言，不同学段甚至是同一学段的不同年级之间，指导的力度应不同。年级越低，指导的力度越大。总之，教师既不能"教"综合实践活动，也不能推卸指导的责任，放任学生，而应把自己的有效指导与鼓励学生自主选择、主动探究有机结合起来。只有这样，才能对综合实践活动内容的变化做出积极的应对。

（二）教学注意事项

一般而论，综合实践活动课程教学过程由活动定向、展开、总结三个环节组成，在教学过程中更应注意这三个环节的相互衔接的问题。

1. 注意选题内容的合理性

确定综合实践活动的内容需要遵循尊重个性原则（即尊重每个视障学生的兴趣、爱好和特长）、地域特色原则（即体现每所学校的特色及学校所在地区的特色）、立足实际原则（即善于引导视障学生从日常生活中选取探究性课题或问题）。具体内容应根据地方和各学校实际情况确定。而在教学过程中，教师的指导策略尤为重要。综合实践活动教师指导内容主要包括以下方面。

（1）指导学生发现主题

指导学生生成主题和培养学生问题意识，要求教师切实转变对自己、对学生的看法，教师要充分尊重学生生活经验、兴趣、爱好及发展需要，保护学生质疑的精神，相信学生对事物的看法具有一定的合理性，真正将自身的角色锁定在活动的组织者、引导者和参与者，给学生思考的自由，学生的问题意识才能够得到释放，学生发现的问题才可能成为活动主题。要引导学生关注身边的社会现象，聚焦热点、难点、焦点问题，引发思考；关注自身成长中的困惑，将困惑与环境等因素联系起来思考；关注日常生活，包括家庭生活、学校生活中值得注意的事件，质疑这些事件背后的意义，让学生带着"问题"思考现实、理解现象，多问"为什么"，就会发现有意义的主题。

教师可以引导学生反思在学科学习活动中产生的问题，发现学科学习过程中需要延展的"方面"或"领域"。或者，将综合实践活动与学科学习活动进行整合，利用综合实践活动课程时空及资源，实行跨学科综合性学习，让学生自主探索、自主体验。教师需要关注学校的各类传统活动，发现活动中值得探索的问题，并把这些问题串联起来，形成值得探索的活动主题。因此，教师在日常教学活动中，不仅要细致观察，深入地分析，还需要有统整思维，善于在学科学习活动、学校传统活动与综合实践活动之间寻找连接点，并指导和帮助学生建立这样的连接。必要时，教师也可以提供活动主题供学生参考。但是这些主题并非教师随意规定，应是通过对学生生活的深度观察，或者广泛倾听学生的声音后，及时升华而成的。

此外，教师在指导学生发现主题的过程中，可以编制一些启发性问题，让学生在回答问题的过程中发现有价值的主题。或者提示相关要求，让学生主动申报主题。

（2）指导学生进行主题论证

活动主题之于学生的意义，一方面表现为活动主题对学生的发展是否有促进作用；另一方面则表现为学生对活动主题是否感兴趣，或者说活动主题对学生是否有吸引力，是否有趣味性。

活动主题是否能够对学生产生价值，一方面要看学生能否操作；另一方面，课程资源及其相关条件能够为学生操作提供支持，如知识经验、信息资料、实验设备、合作对象、活动时间、财力物力、活动场所等。前者与学生的经验、能力有联系，而后者则与活动环境有关系。凡是学生力所不能及的活动主题，都不适合学生；反之，学生能力与经验远远超越主题活动所能够提供的范围，也不适合学生。因此，判定活动主题是否可行，关键要在学生能力、经验与教师教育要求之间寻求平衡。

总体来说，真实、可行、丰富、意义，是活动主题价值判断的一般标准。活动主题内容直接产生于或反映了学生生活为"真实"，其对立面是"虚假"；学生在教师指导下能自主解决谓之"可行"，其对立面是"抽象"；学生在活动中以多元直接体验为主而非以间接资料查阅为主称为"丰富"，其对立面是"单调"；活动结果/成果能对学生生活与学习方式产生影响谓之"意义"，其对立面为"无效"。

（3）指导学生表述主题

准确恰当地表述活动主题，既能够对学生产生一定的吸引力，又是综合实践活动课程建设的规范化要求的具体体现。教师在指导学生表述主题时，要注意以下四方面。

①具体性。要求准确反映活动主题的内容、范围以及深度。如"餐桌边的浪费"就比"学校午餐"更为具体。

②恰当性。追求"小题大做"。切口小，挖掘深，可探索空间比较大。教师指导学生在选题时不要好高骛远，活动内容和范围应与学生的知识经验相适应。

③生动性。富有情趣，学生喜欢。"学校探秘"比"爱校教育"更显具体、恰当和生动。"秘"字，即可引起学生的好奇和猜想，引起探索了解的欲望；"探"字，即向学生展示自主活动的空间，暗示了学习途径和方法。

④体验性。预示学生将通过丰富多样的活动方式，绝非仅仅局限于文献研究，资料查阅。如"节水行动"就比"水污染知多少"更富有体验意味。

活动主题表述本身就是一个活动过程，教师需要把主题表述作为学生活动的重要组成部分，引导学生讨论交流，逐步发现学生满意的术语。

（4）指导学生设计活动目标

教师在指导学生设计活动目标的过程中，需要依据课程目标，参考教学目标，站在学生角度，建议可操作性活动目标。

第一，教师需要认真研究综合实践活动课程总目标、各指定领域及分段目标，围绕活动主题，设计"教学"层面的活动目标，以此作为指导学生设计活动目标的依据。

第二，从《综合实践活动指导纲要》对课程目标的总体规定出发，围绕主题，指导学生在活动中"应该"达到哪些目标。

第三，从教学角度，针对活动主题，指导学生设计可能达到的目标。

第四，按照知识、能力、情感三维目标分类，细化活动目标。

第五，按照主题活动过程所包括的主要环节，设计各环节的活动目标。

第六，从"内容"上，活动目标需要包括体验性、行为性、表现性和生成性维度的具体目标。

无论从何种角度指导学生设计活动目标，均需要引领学生分析课程教学资源提供的可能性、分析学生个体身心发展特点和知识经验基础、分析活动主题内容的性质、分析课程纲要总的目标要求。由于综合实践活动课程注重"过程性"，活动目标设计也不能过于精细，较为具体的目标在活动过程中逐渐建构，预设目标也可能在活动过程中得到调整。

（5）指导学生制订活动计划或活动方案

活动计划/方案是活动展开的蓝图，规定着活动展开的基本秩序。教师要指导学生制定合理可行的活动方案，以保证活动顺利实施。

活动方案一般包括活动名称、活动背景、活动参与者、活动指导团队、时间及场所、组织形式、活动目标、活动实施步骤、活动总结评价等。教师在指导学生设计活动方案时，需要指导学生系统分析活动资源，包括人力、物力、财力、时间、安全等各个方面，评估资源带给学生的优势和劣势，分析活动实施的主、客观因素，从而发现行之有效的活动规划。教师也可以根据学生的优势、兴趣，建议各自的活动方向或任务，并建议学生访谈一些与活动有关的学科教师、社会人士、学生家长，请他们提出好的建议。

指导教师在指导学生制订活动方案的同时，应针对学生活动主题的展开过程及其需要，设计教师指导方案。教师指导方案应包括学生活动主题的具体目标、学生活动步骤与具体方法的指导、活动辅导者的引导与协调、物质和资讯供给、小组协同活动的促进、活动成果交流与评价等。制定教师指导方案，有利于教师明确指导任务，落实具体的指导行为。

2. 注重活动过程的体验性

综合实践活动是针对长期以来单一的学科教育或知识教育的局限性而设计的一门面向视障学生生活的经验型课程，它的独特性就在于通过经历来获得体验，包括对生活中遭遇的各种情景和问题体验。它强调盲生经验的发展价值。反对把书本知识作为现存的结论或定论直接告诉学生，而是通过经验获得、经验的重新组合，使盲生获得成长的意义。其基本出发点是视障学生在教育中的主体地位。它为视障学生的自主发展提供了一种以问题为中心的发展环境。面向视障学生的生活情景、面向视障学生的生活经历和生活领域，在生活情境中发现问题、明确问题，通过自主探究和实践，形成问题解决的能力和生存的能力。综合实践活动课的基本特征就是超越单一的"书本世界"，回归盲生自我的"生活世界"。从课题实施的过程看，综合实践活动更强调盲生的亲身经历。盲生亲身经历亲近自然、接触社会、反思自我的过程，就是盲生不断地获得新的经验、重整人生经验的过程。

活动展开环节是主题活动的主要环节，学生采用探究、实验、调查、考察、服务、社会宣传、公益劳动、设计与制作、技术实践与劳动实践、信息实践、总结与交流、展示与答辩、汇报与表演等多种活动方式，体验"做中学"的意义。教师在该环节的指导直接影响着活动的有效开展和深度推进。就目前综合实践活动课程教学现状而论，以下四方面的指导很有必要。

一是指导学生收集资料。

教师在活动展开环节对学生资料收集的指导大致包括两方面的内容，一是文献资料的阅读与收集，二是活动过程中有价值的第一手材料的发现与采集。

对于文献资料，教师可以对学生就如何有效收集资料的方法做些指导，主要包括文献基本分类、文摘、索引以及工具书的使用，网络资源的有效查阅、追踪查找、倒查文献等。通过教师现场示范、学生查阅文献资料典型问题剖析、分析学生成功查阅文献的经验等策略，对于学生快速且有效查阅文献有实在的影响。

对于活动过程中的第一手资料，学生需要借助教师的提示，或借助开发的工具，灵活收集。教师可以根据学生喜好，灵活运用多种形式，指导学生利用日记、绘画、录音、摄影等方式，及时记录活动中发生的典型事件、解决策略、体验和感悟。为方便学生记录，教师需要结合实际需要，鼓励学生想办法，合作开发一些活动卡、资料记录卡、活动日志等，一次印制，多次使用，既可以带来资料收集的便利，也可以节约时间、经济等成本。

二是指导学生学会交往与合作。

教师引导学生取得活动对象的支持与合作，共同参与学生活动过程非常必要。教师可以设计一些特别的体现团队精神的活动，领悟和感受"别人的存在就是自己的存在"，也可以选择一些体现或注重凝聚力的成功企业、团体，分享他们成功的经验，感受成功背后合作的力量。

在活动交往与合作过程中，教师需要引导交往与合作的技术。比如，引导学生恰当地进行信息发布、求助、分享、互助；引导学生注重交往礼仪，学会在访谈中积极倾听和有效表达，学会等待和期待；也要引导学生书写规范的信函，如拜访信、感谢信等，做到格式规范、要求明确、表达清晰；能够熟练地电话预约，以及活动结束时表达真诚感谢。

学生对自己负责、对小组负责，也是有效交往与合作的关键。"当学生负责地参加学习过程时，就会促进学习"，教师指导，既不是放手，也不是束手，而是留给学生足够的"责任田"，让他/她自主耕耘。

在活动中，教师还要善于发现学生交往与合作的典范，选择恰当时机，给予肯定和表扬，启示学生有效交往与合作的方向。

三是指导学生克服困难、解决问题，防止浅尝辄止。

四是指导学生有效利用社会和家庭资源。

3. 注重活动过程的资料积累和教学反思

综合实践活动课指导教师应将盲生在每一次的综合实践活动中收集、整理、学习和盲生的活动心得等有关活动的各种文字、视频、图像、实物等资料做好积累工作，尽早形成具有本地区、本学校特色的综合活动课程体系。同时要注重综合实践课的教学反思，指导教师要反思自己在教育教学过程中的理念和行为，超越以往种种狭隘的课程观，确立整合的、生成的、实践的课程观，并用它们来指导教学实践，教师反思的目的是指导控制教学实践，影响教学实践，提升教师的专业水平。各学校综合实践活动资料的积累与指导教师的教学反思为各学校今后的综合实践活动开展提供了资源帮助和实践指导，也为形成独具特色的校本课程提供了依据，具有十分重要的作用和意义。

4. 注重创新能力的培养

"创新是一个民族进步的灵魂，是国家兴旺发达的不竭动力。""一个没有创新能力的民族，是难以屹立于世界民族之林的。"这两句话道破了教育活动的真谛。教育是有目的培养人、发展人的能力的综合性工程，而培养学生创新精神和实践能力则是全面实施素质教育的核心所在。

综合实践活动课，旨在培养学生的创新精神和技术素养，培养学生"会动手、能设计、能创新"，使他们成为 21 世纪具有创新精神和创造能力的新人。通过活动的体验探究与实践，同学们的思想观念、道德意识及能力水平得到了提升，这为同学们今后更好地开展活动提供帮助。因此在综合实践活动教学中指导教师必须重视将培养盲生的实践、创新能力与"动手""设计""劳动"等综合实践活动课教学内容结合起来，与"问题情景""探究设计""自主实践""及时评价"等教学模式的合理运用结合起来激发视障学生的创新意识，发展学生的创新精神。

(三)课程评价

盲校综合实践活动要求新的评价理念与评价方式，它反对通过量化手段对视力残疾学生进行分等划类的评价方式，主张采用"自我参照"标准，引导视障学生对自己在综合实践活动中的各种表现进行"自我反思性评价"，强调师生之间、学生同伴之间对彼此的个性化的表现进行评定、进行鉴赏。其目的就是关注盲生在参与过程中的情绪情感、参与程度、努力程度，了解盲生的发展状况及发展中的需求，建立促进盲生全面发展的评价体系；发现和发展盲生多方面的潜能，帮助盲生认识自我、建立自信，促进盲生在原有的水平上发展、整体素质的提高；建立以学生自评为主，教师、学生、家长共同参与的评价体系；转变教师角色，重视发展教师的个性和个人价值及专业发展，提高教师素养，建立促进教师不断提高的评价体系。评价的内容主要体现在学生在活动过程中的行为能力及其发展状况和态度、情感上。

1. 活动过程中行为能力及其发展状况

这主要指活动主题或活动项目的选择和确定的状况。要评价学生活动主题或活动项目的意义、学生在主题或项目选择和确定中的作用。它包括 5 个方面的内容。

①提出问题的能力。综合实践活动通常围绕一个需要解决的实际问题展开。因此，要对盲生在活动过程中自主发现问题和提出问题，以及质疑和探究能力进行评价。

②活动方案的制订状况。要评价盲生制订活动方案的能力、活动方案本身的合理性程度、活动方案的具体化程度等。

③活动过程的具体行为方式。要评价盲生在活动过程中的具体行为，如行为的合理性、行为方式的多样性、具体的操作方式、参与实际情境的深度、文献资料、具体事实材料的搜集与加工情况等。

④创新精神和实践能力的发展情况。要评价盲生是否独立思考，标新立异，大胆提出自己的新观点、新思路、新方法，并积极主动地去探索，要评价

盲生从提出问题到解决问题的全过程所显示的探究精神和能力。

⑤活动的总结情况。要评价学生的活动报告、成果或产品等情况以及在总结、汇报、交流阶段的综合表达能力。

2. 活动过程中学生的态度、情感发展

这主要涉及行为所反映的情感、态度和价值观的发展状况。包括 3 个方面的内容。

①盲生参与活动的主动性、积极性和创造性状况。对活动的专注程度、喜欢程度，对周围环境中重要事情、现象的关注程度、主动参与程度，是否爱发表意见、爱出主意，是否有自己的看法，是否能用学过的知识解决一定的问题，是否能想出各种获取信息或解决问题的途径等，都应该进行评价。

②盲生在活动中的合作精神。如评价盲生是否认真参加活动，努力完成自己所承担的任务，能否与他人合作，采纳他人意见和学会分享共同成果等。

③盲生各种良好思想意识的发展状况。如环境保护意识、社会责任感、服务意识、安全意识、效率意识等。

(四)评价注意事项

盲校综合实践活动课程目标既要注重知识和技能，也要注重盲生的态度和能力。所以评价时，不应该过于看重盲生所获得的知识的多少及作品的优劣，而应特别关注盲生参与的态度、解决问题的能力和创造性，关注学习的过程和方法，关注交流与合作，关注动手实践以及所获得的经验与教训。因此课程的评价应注意采用多种方式，如对书面材料的评价与对学生的口头报告、活动、展示的评价相结合；教师评价与学生的自评、互评相结合；小组的评价与组内个人的评价相结合的多种评价形式。采用形成性评价的方式进行，重视对过程的评价和在过程中的评价，使评价成为盲生学会实践和反思、发现自我、欣赏别人的过程。

①学生自我评价：综合实践活动课评价应以盲生的自我评价为主。每一个主题活动结束后，鼓励学生用描述性语言的方法对自己在活动中的表现进行一次自评。由于是让学生自我评价，其压力较小，学生可以充分地畅谈自己参与活动的体验、经验和教训，自由地交换意见。同时，这种集体和个人的自我评价也可以使学生享受到健康的民主风气的熏陶和教育。

②小组评价：每一个主题活动结束后，小组成员集体讨论，由组长执笔，用描述性评价方法针对小组成员合作情况、解决问题能力及改进方面等内容进行评价。小组评价应尽可能采用集体讨论和交流的形式，鼓励小组成员相互之间充分发表意见和评论，这样的评论不仅可以使学生吸收他人的有益经验，而

且还可以促使学生加深对问题的认识，有助于培养学生敢于和善于发现问题并发表个人见解的优良品质。

③指导教师评价：指导教师根据每位盲生在综合实践活动过程中的行为、情绪情感、参与程度、努力程度等表现进行评价，着重评价学生发现问题、提出问题和设想解决问题的意识和能力以及学生研究计划实施情况，参与态度、研究的方法、能力以及和同伴合作的精神，并提出努力方向。对指导教师的评价的标准主要表现在对教育、教学目标的理解和贯彻的统一性；尊重个性与面向全体的一致性；实践活动主题设计的创造性；指导评价的即时性；展示学生学习成果的充分性五个方面。

对各学校落实综合实践活动情况的评价主要集中于学校具体保障措施的实行，包括对教师安排、课时安排、场地安排、设备配套及相关管理制度的制定等方面的评价。

总而言之，盲校综合实践按活动课程对盲生的评价要求建立多元的评价体系，评价的目的不再仅仅是甄别和选拔学生，而应该是促进盲生的全面发展，促进盲生的潜能、个性、创造性的发挥，即使最后结果按计划来说是失败的，也应该从视力残疾学生获得了宝贵经验的角度视之为重要成果，肯定其活动的价值，营造其体验成功的情景，培养每个盲生的生活自理能力和积极的生活态度，树立自信心和可持续发展的能力，为将来走向社会、走入生活奠定良好的基础。

四、盲校综合实践活动课程资源

(一)课程资源

综合实践活动课程资源的开发在充分发掘学校课程资源的同时，要研究和分析地方和社区的背景和条件，充分挖掘地方自然条件、社区经济文化状况、民族文化传统等方面的课程资源，体现课程资源的地方特色，体现视力残疾学生适应社会生活的需要。具体来说综合实践活动的课程资源有：

①地方和社区的自然因素及其状况，如水土、气候、植被，以及综合环境。这些因素都与学生进行的关于自然问题的探究有关，如水资源状况的调查研究、水土保持研究等。

②地方和社区的社会因素及其历史与现实状况，如工农业生产、交通、文化遗产、社区经济生活、社区文化生活、政府与社会机构等。学校可结合这些课程资源，开展多样化的社会问题探究、社会考察等活动。

③地方和社区民族文化传统、学校传统。综合实践活动的设计与实施，应

充分开发和利用这些文化传统资源，使学生通过对文化传统的体验，获得民族文化传统的熏陶。

④可供主题活动利用的知识方面的资源——网络、报刊书籍、电视等提供的资源。

⑤可供学生去实践和体验的资源——调查、访问、观察、实验、操作的对象等。

⑥为学生提供实践和学习方法的资源——教师、专业技术人员和专家等。

(二)课程资源应用及管理

综合实践活动课程资源也具有广域性、动态性、开放性和生成性特点。因此在综合化实践活动课中要充分利用促进学生全面发展的所有资源。首先要开发利用校内资源和校外资源，让这两种资源统一起来，统筹安排，最大限度地利用校内资源，努力把蕴藏于师生中的疏散性的资源转化为校本课程资源，为我们的教学服务，促进学生更好地发展。其次，重视实践基地的建设，要发挥家长与社区资源的作用，积极开展与劳动基地、学军基地、科普基地、德育基地等校外机构的合作，积极鼓励学生充分利用网上资源进行主题的研究与探索开展社区调查，了解社区状况，包括自然和人文环境。自然环境如水土、气候、植被等，人文环境如工农业生产、交通、文化遗产、社区经济生活、社区政治生活、社区文化生活等。通过对自然和人文环境的调查和了解，可以收集和挖掘更加丰富的课程资源；关注学生的实际生活，充分挖掘和利用符合中学生年龄特点和能力水平的研究课题，引导学生从生活实际出发，善于发现和提出问题。从自然现象到社会生活，从身边小事到国家大事，从现实世界到历史和未来，都是综合实践活动重要的课程资源。

在综合实践活动课中要处理好校内资源与校外资源的关系，校内资源占主要地位，校外资源占辅助地位。这是因为校内资源有经常性、便捷性、集中性特点，是促进学生发现的最基本的资源。校外资源相应有分散性、非时长的特点，没有校内资源的充分利用，校外资源是很难起到作用的，校内资源的核心元素是教师，以及学生的经验是起主导作用的资源，人的因素在教育中占主导地位。

综合实践活动课程资源的科学、合理管理，对于提高资源利用率，促进课程资源的进一步开发，提高教师的有效指导，具有十分积极的意义。

五、教案举例

《新疆民族特色饮食》①

[设计思路]

"民以食为天"——饮食是人类物质生活最基本的内容之一。新疆是一个多民族聚居的地方，长期在这块土地上生活的有维吾尔族、哈萨克族、回族、蒙古族、汉族等13个民族，由于各民族所处的社会、历史条件和自然环境不同，所形成的风俗习惯各不相同，也形成了独具特色的饮食文化。在综合实践活动课中设计"新疆民族特色饮食"这一主题活动，目的在于使学生在了解新疆的物产、文化、风光的基础上了解新疆的民族饮食，为宣传新疆，维护民族团结做出自己的努力。此活动分为"了解民族的美食""学做大盘鸡"两个部分。

[活动目的]

在盲校高段学生中开展新疆"民族特色饮食"活动，激发学生的探究兴趣和创新意识；通过讨论与实践操作等方法培养学生解决问题和动手操作能力的锻炼；以活动为载体在活动中培养学生热爱生活、自立自强的生活作风，教育学生做好民族团结工作，维护祖国统一。

[重点难点]

实践操作是本活动的重点和难点。

[课时]

10课时。

[活动计划]

"新疆民族特色饮食"活动计划

一、了解新疆民族的美食

(一)设计活动问题

(1)新疆共有多少个少数民族，每个民族的特色美食有哪些？

(2)新疆少数民族的饮食禁忌有哪些？

(3)新疆少数民族的风俗习惯有哪些？

(4)你会做哪些新疆的美食？

方法：采用资料查找(网络、书刊、报纸等获得)和咨询调查(向身边的老师同学咨询)的方法收集解决。

---

① 教案作者：乌鲁木齐市盲人学校买秀瑛

（二）学习讨论资料

将学生查找、咨询收集到的资料进行学习和讨论。

通过资料的学习和讨论，提高学生对新疆民族饮食的认识和了解，使学生更加清楚新疆少数民族的风俗习惯和禁忌，认识到尊重民族饮食风俗习惯是我们做好民族团结工作的基础，教育学生努力为民族团结工作作出自己的努力。

（三）整理资料

将经过学习讨论后的资料整理在表格中。

（四）调查

带学生到学校附近的饭馆、餐厅调查了解新疆民族特色饮食的发展和经营状况及价格。

二、学做大盘鸡

（一）认识大盘鸡

设计活动问题

(1)大盘鸡的起源、发展。

(2)大盘鸡的种类有哪些？

(3)大盘鸡的制作方法有哪些？

（二）制作准备

准备制作大盘鸡所需要的工具、食材等材料。

（三）操作要求

(1)电磁炉、煤气灶等用具的安全操作要求。

(2)刀具操作的安全要求。

（四）自己动手学做大盘鸡

原料准备：整鸡一只（约2公斤），洗净并剁成同样大小的小块；土豆3～4个，去皮切成块，用清水洗掉表面的淀粉；青椒5～6个，切成大小均匀的斜块，红朝天干辣椒一把，生姜一整块并切成片状，大蒜7～8瓣并拍烂，大葱切成段，花椒、大料、盐、味精、白糖、啤酒备用。

[制作过程]把油倒进锅中，将白糖下锅炒出糖色，将鸡块倒进锅内，大火翻炒至上色，加入朝天椒、葱段、姜片、蒜、花椒、大料、盐等翻炒，加水和啤酒漫过原料，用中火长时间炖至入味，然后将土豆倒入锅中，等土豆炖软时，放入葱段、青椒、大蒜和味精，即可出锅装盘了。

特点：色泽红亮、鸡肉鲜美香辣。

（五）成果展示

全体参与活动的学生品尝自己制作的大盘鸡。

（六）反思与评价

①新疆大盘鸡口味独特，香辣可口，可是鸡的脖子上有很多淋巴结，食用后对人体健康是否有影响呢？

②在制作大盘鸡过程中，有哪些操作过程自己做得好？还存在哪些不足？

（七）评价与生成

1. 总结评价

活动结束后要求学生将自己在活动中的各种体会与收获和自己在整个活动中的表现作一总结。本主题活动的总结评价采用自己评价、小组评价、指导教师评价三方面相结合的方式进行，教师要注意观察学生在活动中的表现和活动后的变化，并给予激励和发展性评价，最后将最终的评价成绩填在课题研究成绩评定表中。

2. 扩展、延伸

了解新疆其他菜肴的制作方法，并练习操作。

思考题：

1. 简述盲校综合实践课程的内容。

2. 盲校综合实践课程有什么特色？

3. 如何指导学生搜集资料？

（本章作者：新疆乌鲁木齐盲校刘家君、谷永丽、买秀瑛、薛瑛，北京市盲人学校单纬华，贵州省贵阳市金阳新区第一小学邹立贵；湖南长沙特殊教育学校雷云飞参与整理）

第二十二章　盲校社会适应课程与教学

　　社会适应是综合运用生活技能、社会知识、定向技能、行走技巧，对自身、家庭、学校、社区、家乡、国家和世界的认识和探索，对各种社会活动和社会事件的认知与评判，培养各种社会技能，促进其展现自我、融入群体、适应发展、挖掘潜能、规划生涯，更好地了解社会、参与社会、适应社会。

　　它是体现以人为本、满足需求、促进发展、开发潜能、补偿缺陷的新世纪视障教育目标的一门重要的新课程。

一、盲校社会适应课程目标

　　社会适应课程旨在使视力残疾学生从了解自身开始，了解社会各种现象、事件、变迁和发展，在人的社会化进程中不断了解各种社会知识、学习各种社会技能，并不断促进身心健康，调整自我认知，主动适应社会变化，妥善规划生涯，具有正确、理性的职业意识。

　　社会适应课程目标体现为视力残疾学生的知识、技能、行为、情感、态度、习惯、信念，参与社会活动的过程与结果，最终具有主动参与、适应、应变和融合于社会的能力。因此，社会适应课程总目标可以分解为四个方面的分目标。

(一)情感与态度

　　1. 爱护身体，热爱生命，正确认识和悦纳个体与群体；热爱生活，积极进取，乐观开朗，不畏艰难，遇到挫折，善于分析，积极寻找解决对策。

　　2. 主动学习，善于探究，求真求美，有强烈的好奇心和求知欲，胸襟开阔，乐观奋发，能与他人、小组、集体互动合作、和谐共处、分享成果。

　　3. 为人真诚坦率，态度温和，情感真挚，有强烈的社会责任感和荣辱感，支持社会正义事业，意志坚定、情操高尚，树立正向人生观与价值观。

(二)行为与习惯

　　1. 具有良好的生活习惯，能自理生活，讲究卫生、体现文明、倡导新风尚。

2. 待人接物文明大方，举止行为合乎礼仪规范，个性开朗、乐观，做事认真、仔细、严谨。

3. 提倡公德、遵纪守法，了解社会历史，关心社会发展，积极参与班级、学校、家乡和国家组织的各项社会活动，在实践中培养对班级、学校、家乡和国家的热爱之情，真切感受到社会主义制度的优越性。

(三)知识与技能

1. 了解学校、家庭、家乡和国家的社会功能，学习生活技能和学业技能，培养学习、生活、休闲能力。

2. 学习基本的安全知识，学会保护自己，减少安全隐患，避免安全事故，学会敬重生命、理解他人、感恩社会，成为悦纳自己、关心他人、关注社会的合格公民。

3. 了解学校、家庭、家乡和国家的环境变迁，了解国家政治、经济、文化、教育和科技等变革，感受自然环境和社会环境的巨大变化。

4. 了解个体在班级、学校、家庭、家乡和国家的地位和作用，正确对待个人与集体的社会关系，培养独立评判能力、自控能力、终身学习能力、运用信息技术能力。

5. 了解班级、学校、家庭、家乡和国家各类规矩、规则、规定、法规和法律，具有自我保护意识，维护个体与集体的合法权利。

6. 了解社会各种职业类型和要求，初步规划职业生涯，学习职业道德与职业素养，为今后就业、敬业和乐业奠定基础。

(四)过程与方法

1. 积极、主动、愉快地参与各类社会实践活动，注重参与，强调过程，突出观察、体验、探究和分享。

2. 创设和充分利用各种有利于视力残疾学生社会化的教育资源、支持体系和社会环境。

二、盲校社会适应课程内容

(一)课程内容

课程内容编排采用集合式主题，从大到小、逐一细化，形式有教学内容、教学标准和教学建议。其中教学内容分为主题、纲目、内容和要点。这些内容根据各地学校情况，选择使用。

第一学段(四至六年级)安排了五个主题八个纲目，分别是认识自己，我的生活、我的学习，我的家庭、我的学校，我的家乡、我的国家，世界真奇妙。

内容和要点分别为 34 项 132 个，具体如下。

1. 认识自己(个体与群体)(3 项 8 个)

身体(认识生命、认识身体)，器官(认识器官、认识眼睛)，认识残疾(认识视力障碍、认识残疾与障碍、认识残疾人、认识视力障碍)。

2. 我的生活、我的学习(8 项 34 个)

基本生活常识(衣食住行、生活自理、生活用品与设施、食物制作、食物营养、生活与健康、安全生活、行走方便、休闲与娱乐、时间安排)，社交沟通(学会分享、学会表达、学会交流)，情绪与情感(情绪的多样性、情感的流露)，自我意识(认识自我、自我评价、他人评价、自我调适、自我反省)，集体生活(个人生活、集体生活、和睦相处、共同生活、独立与帮助)，学习态度(主动学习、自主学习)，学习方法(学习方法、学习策略、有效学习)，学习途径(个人学习、合作学习、集体学习、辅助学习)。

3. 我的家庭、我的学校(9 项 40 个)

家庭成员(家庭组建、父母与子女、家人相处、残疾治疗史)，家庭活动(家庭成员分工与合作、家庭生活安排)，

家庭生活(家长工作、家务劳动、尊敬家长、和睦家庭、邻居相处)，班级(自己座位、教室方位、特殊课桌、老师与同学)，了解学校(上课与下课、学校方位、学校建筑与设施、学校校长、学校组织结构、学校日常活动)，学校生活(学校生活意义、待人接物规范、学校生活安排)，学校学生(班干部的产生、班干部的职责、班级组成)，人际关系(关爱他人、礼貌用语、交谈礼节、人与人的和谐关系、正常的人际关系)，社交礼仪(仪容整洁、适当服饰、良好姿势、守时守信、餐饮礼仪、做客、接客、结交朋友)。

4. 我的家乡、我的国家(11 项 43 个)

社区环境(生活区域、城市与农村、城乡环境、城市街道与社区、农村乡镇与村庄、农村的发展)，家乡特点(家乡自然环境、家乡社会环境)，自然资源(自然资源种类、自然资源开发、资源回收与利用)，社会变化(社会发展背景、社会发展变化、各种社会设施、各种社会组织)，社会经济(各种社会生产活动、家庭经济状况、个人在经济活动中的角色、各种交通设施、各种交通工具)，社会风俗(对待社会风俗、残疾与习俗、习俗中所理解的视力残疾、参与习俗民俗)，我国地理环境(我国的方位、疆域、地形、气候、人口、社会制度，地理环境与人口分布，地理环境与经济活动)，我国政治(国家的建立，人民、领袖与国家，我国的政治制度，我国的社会机构，残疾人组织与机构)，

生活规范(社会规范:伦理、道德与宗教,法律规范,法律功能,法律制定遵法与守法),民族(我国民族分布、我国民族名称、我国民族文化、我国民族建设),文化(我国艺术:建筑、戏剧、音乐、绘画,我国体育,我国文学:诗词曲、散文、小说,我国科技)。

5. 世界真奇妙(3 项 7 个)

世界地理环境(水陆分布,地形地貌,气候类型,地形、气候与生活方式的关系),经济,文化交流(我国与世界各国经济交流、我国与世界各国文化交流)。

第二学段(七至九年级)安排了五个主题九个纲目,分别是认识自我,生活、学习,家庭、学校,家乡、国家,生涯、人类与生活。

内容和要点分别为 36 类 169 个,具体如下。

1. 认识自己(个体与集体)(3 项 13 个)

残疾与障碍(生理残疾、个体残疾、身残志坚、生活无障碍、认识视力残疾人、残疾与障碍),差异(创造无障碍,残疾有不同、是差异),青春期(青春期的生理变化、青春期的心理变化、性生理与性心理、保护身体、快乐成长)

2. 生活、学习(6 项 29 个)

基本生活常识(衣食住行、自理生活、生活用品与设施、食物制作、食物营养、生活与健康、安全生活、行走方便、休闲与娱乐、分配时间、金钱使用),情绪与情感(情感表达、审美情趣、荣誉与耻辱),自我意识(自我形象、自我体验与评价、自我归因、自我独立、自尊与自信、自我控制),学习态度(主动学习、自主学习),学习方法(学习方式、学习策略、有效学习),学习途径(个人学习、合作学习、集体学习、运用信息技术辅助学习)。

3. 我的家庭、我的学校(7 项 28 个)

家庭结构(婚姻与家庭、家庭成员角色、残疾子女对家长的影响、视力残疾子女家长的心路历程、单亲家庭、孤儿),家庭活动(家庭亲情、家庭关系、家庭活动),家庭生活(家庭伦理,家庭经济,正确对待金钱,金钱、人情、亲情),家庭功能(赡养老人、繁衍子女、抚育子女),学校学生(班级管理、班级社团、学校社团),社交礼仪(仪容整洁、适当服饰、良好姿势、守时守信、餐饮礼仪、做客和待客、结交朋友),社交会话(适当用语、会话礼节)。

4. 家乡、国家(13 项 56 个)

社区环境(城市与乡村的功能、环境与人们活动、城乡和谐发展),家乡特点(家乡的民俗民风,环境、风俗与生活),自然资源(资源开发对生活影响、资源开发各种问题和解决办法),经济发展(经济发展特色,经济发展策略,经济发展的问题如环保、土地、公共建设、与水的利用)，社会人员(公务人员、服务人员、公共设施、对服务人员的态度、为他人服务)，社会变化(适应社会变化、社会对残疾人态度与行动、残疾人对社会的态度与行动、残疾人融合于社会)，社会经济活动(建设与经济发展，投资与经济发展，个人经济与家庭经济、家庭经济与社会经济，个人、家庭与社会的经济发展)，社会风俗(生活习俗与社会风俗、认识各地习俗风俗、对习俗风俗的态度)，我国地理环境(疆域、地形与经济发展，疆域、地形与社会发展，人口与经济发展，经济活动与社会和谐发展)，我国政治(我国的政治原则、我国的政权建设、国家权力、人民的义务与权力、国家管理体系)，生活规范(道德规范、宗教信仰、法律规范、法律功能、法律制定、遵法与守法、法律制裁、我国政法机构)，民族(民族平等与团结，民族地区经济、社会、文化、教育建设，民族与政治，民族与信仰，我国民族政策，中华民族的融合)，文化(中国文化思想：人文、人本，中国艺术：建筑、戏剧、音乐、绘画，中国体育；中国文学：诗词曲、散文、小说，中国科技，传统文化与现代文化)。

5. 生涯(4 项 19 个)

文明与生活(世界文明起源与发展、农业发展与生活、工业发展与生活、信息技术发展与生活、残疾人与信息技术)，职业(各种职业类别、各种职业要求、各种职业关系、职业道德)，规划(知识、技能与职业准备、职业意识、职业价值)，生涯(个体生涯、职业生涯、就业与择业、敬业乐业、生活质量、个体人生价值、个体对社会贡献)

6. 人类与生活(3 项 24 个)

社会生活(多元化生活现象、多元化生活原因、适应多元化生活、世界各国残疾人、残疾人参与社会生活、生产力、生产关系、生产力与生产关系的矛盾、人类社会发展、网络与社会、邪教、毒品、性伦理、性与婚姻以及家庭)，人类资源(人类环境问题、人类可持续发展、宇宙与空间、世界灾难、世界战争、世界和平、大同世界)，经济文化交流(我国与世界各国经济、文化、教育和科技的交流，经济文化交流的互相影响，我国与世界各国交往的原则)。

(二)课程特色

在整个盲校课程设置方案中，社会适应是一门实践与体验、活动与训练相结合的特殊课程，同时和品德与生活、品德与社会、思想品德、历史与社会(历史、地理分科)、康复(低年级开设综合康复)、综合实践活动等待课程密切配合，共同培养视力残疾学生的社会能力，为他们今后幸福美好生活奠定基础。

本课程内容设计以视力残疾学生社会化过程为主轴，以个体与社会接触、熟悉、了解和实践不同生态环境，以个体生活技能、学业成就、身心发展、行为支持和职业生涯为二个辅线，构架出视力残疾学生社会适应课程内容三维体系。

本课程具有以下几个基本特色。

1. 实践性

以视力残疾学生的身心发展为起点，从个体自我出发，逐步延伸到周围的人群、环境，积极参与社会各项有益活动，在教师、家长以及关心残疾人的社会各界人士的帮助下，熟悉社会、不断学习、自我顺应，在实践中提高自己的适应能力。

2. 活动性

在教师指导下，视力残疾学生主动观察、调查、研究社会现象、社会组织，明辨是非、分清善恶、识别美丑，通过听取介绍、参观访问、亲身经历、亲自参与、协作探究、合作调查等多种活动形式，熟悉周边、了解环境、关注社会，逐步建立正确的人生观与价值观。

3. 功能性

社会适应是一门功能性课程，强调实用与实际，从视力残疾学生个体生活自理、生活技能到了解他人、关心班级、关注学校，主动参与学校各类活动，学习生活技能、学习关心他人、了解社会新事物和新风尚。

4. 参与性

视力残疾学生参加班级活动、参与学校活动、投身到日益变化的社会实践中，逐渐成为有能力、有尊严、有价值，促进残健互动、积极融合，体现文明社会新风尚。

5. 发展性

本课程与视力残疾学生身心发展同步，循序渐进、螺旋上升，为职业生涯发展而准备。

6. 差异性

尊重视力残疾学生个别差异，设计不同层次的活动目标，鼓励他们运用残余视觉、触觉、听觉、嗅觉、味觉和运动觉等多种感官感知周围，熟悉环境，了解社会，满足每一个视力残疾学生的独特需求。学校应制订个别化社会活动计划，在班级指导、小组合作、个别引导中体现，鼓励他们主动体验、合作探究、互相分享、展示成果，增进社会实践的愉悦与成长。

三、盲校社会适应课程教学方法及评价

(一)教学方法及教学过程中应注意的问题

1. 教学方法及教学过程

在盲校社会适应课程是一门较开放灵活的课程，所以在教学方法上也体现这些特点，讲授法、讨论法、谈话法、演示法、观察法、参观法、实验法、练习法等方法，这些是在教学过程中综合运用的方法。

2. 教学方法的选择及教学中应注意的问题

(1)培养视力残疾学生的社会适应能力，开发潜能、补偿缺陷

视力残疾学生的社会适应性发展是一个循序渐进的过程，在现实生活中，视力残疾学生已经形成了一定的行为习惯，积累了一些适应社会生活的经验与技能，但是由于视力残疾的影响，使得他们经验范围相对有限，因此，在教学时要善于调动和利用视力残疾学生已有的经验，结合视力残疾学生在社会适应中存在的实际问题，努力创设适宜的活动情景，培养和发展视力残疾学生的社会适应能力，同时要注重潜能开发、缺陷补偿，使视力残疾学生在获得内心体验的过程中，提高社会适应能力。

(2)重视发挥视力残疾学生的自主性和创造性

视力残疾学生是学习的主体，社会适应课程教学应激发儿童参与活动和实践的兴趣，注重培养视力残疾学生自主学习的意识和习惯，尊重视力残疾学生个体差异，鼓励他们选择适合自己的学习方式。要引导视力残疾学生从自己的世界出发，在活动中探究，在探究中发现和解决问题，要及时鼓励视力残疾学生的各种有意义的尝试和有创造性的思考，引导他们在实践中学会学习，提高社会适应能力。

3. 努力体现社会适应课程的实践性、活动性和区域性

教学中要着重培养视力残疾学生的社会适应的实践能力，载体是各种各样的活动、体验和探究。教学中，要面向视力残疾学生的生活实际，加强课程内容与视力残疾学生生活实际的密切联系，沟通课堂内外，充分利用学校、家庭、地方(社区)等教育资源，以满足视力残疾学生不同学习方式的需要，拓宽儿童的学习空间，增加视力残疾学生参与社会实践的机会。在活动中经验，逐步认识社会、参与社会、适应社会。

4. 注重学科整合，拓展教学空间

视力残疾学生社会适应能力的提高与发展，是在各种各样的活动中通过自身与外界的相互作用来实现的，目的在于通过活动来提高能力。本课程的教学

内容要注重与学科教学内容的紧密结合，以及与其他学科的整合，注重与视力残疾学生生活和社会的联系，要把静态的教学内容和视力残疾学生的现实生活联系起来。教学内容应从教科书扩展到视力残疾学生的整个生活空间，及时丰富、充实课程内容，加强课程内容的现实性和亲近感。

(二)评价及评价过程中应注意的问题

1. 评价目的与功能

本课程评价的根本目的不仅为了考察视力残疾学生社会适应能力目标的达成度，更是为了获得信息反馈，帮助教师改进教学，提高儿童的社会适应能力，以保证课程目标的实现。激励每位视力残疾学生的发展，应该从每个视力残疾学生原有基础出发，尊重视力残疾学生的个性特点，强调以鼓励为主的发展性评价。

本课程评价功能是诊断与调节、强化与教育。通过评价了解课程实施的情况，判断视力残疾学生学习的质量与水平，了解学习与成就、问题与需要，并对课程下一步的实施进行有针对性的调整。评价本身具有教育性，是人与人互动与交流的过程。利用评价肯定视力残疾学生的学习成就，对于不足，提出改进建议。

2. 评价内容

本课程主要对视力残疾学生在学习过程中各方面的表现及教师教学方法、教学手段、教学效果等进行综合性评价。

(1)学生方面

学习态度：包括视力残疾学生在学习过程中主动参与性和完成学习任务的态度，以及在社会适应过程中的行为表现、情绪表现、信心和意志表现等。

学习能力和方法：包括学习中观察、探究、思考、表达的能力；搜集、整理、分析资料的能力；与人合作完成学习任务的能力，以及社会适应技巧的运用能力等。

学习结果：完成学习任务的质量和掌握社会适应技能程度等。

(2)教师方面

教学方法：教学方法是否符合教学规律，是否符合学生学习兴趣、学习的接受能力等。

教学手段：学生是否恰当掌握。

教学效果：通过对学生学习效果的评价反思教师教学效果，扬长避短。

3. 评价方式和方法

本课程采用多主体、开放性的评价，教师可根据具体情况，选用或综合运用教师评价、视力残疾学生自我评价、视力残疾学生相互评价与家长、社会参与评价等方式进行评价。

本课程所倡导的评价方法有问卷调查、教师观察记录、描述性评语、学生自评、学生互评、作品评价、个案分析、成长资料袋评价等。

（1）教师观察记录

教师对视力残疾学生在日常生活中表现出的情感、态度、能力、行为进行观察，并做记录。

（2）描述性评语

在与视力残疾学生进行充分交流的基础上，教师对视力残疾学生在一段时间内学习本课程的学习态度、表现等以描述性的语言写成评语，鼓励视力残疾学生巩固进步，修正不足，继续努力。

（3）学生自评

教师引导和帮助视力残疾学生对自己在学习中的表现与成果进行自我评价，以提高自我认识、自我调控的能力。

（4）学生互评

视力残疾学生依据一定的标准互相评价，这种评价可以帮助视力残疾学生逐步养成尊重、理解、欣赏他人的态度，相互促进。

（5）作品评价

将视力残疾学生调查、访问、收集资料等活动产生的作品进行展示和交流，师生共同进行评析。

（6）个案分析

教师针对某一视力残疾学生学习的特殊状况进行跟踪评价，它有助于教师因材施教和个别化教学。

（7）成长资料袋评价

教师为儿童建立综合、动态的成长资料袋或记录手册，收集视力残疾学生成长过程中的各种资料，这是评价视力残疾学生社会适应能力养成比较有效的一种方法。

教学评价的方式方法不是固定的，每一种评价方法都有自己适用的范围，教师应根据具体情况灵活地使用以上方式、方法，并在教学改革中探索创新，使其不断完善。

4. 评价过程中应注意的问题

建立科学完善的评价体系是高质量地实施课程方案的重要保障。目前盲校在评价上存在着评价指导思想不够明确、评价标准不够科学、评价方法单一、评价激励性不强等问题。特别是对于社会适应课程，是一门新课程，经验方面有明显的不足，在评价方式上需要进行不断探索，评价过程也需严谨，从教师评价与学生评价两方面提出以下方面。

（1）在教师评价方面，积极探索与新课程理念相适应的评价方案

①转变评价理念，突出发展性目标

主要是注重评价的"发展性"，不仅注重教师的现实表现，更加注重教师的未来发展，以促进教师自身的专业成长；注重评价的"人本性"，要善于发现教师身上的闪光点和不同点进行激励，关注教师个性特长的发展，为教师营造一个宽松发展的工作环境。注重评价的"动态性"，建立了"教师成长档案袋"把形成性评价与终结性评价结合起来，注重教师的发展与变化；注重教师评价的"激励性"，通过评价建立激励机制，让教师有足够的发展空间，激励教师学习研究创新，体会到成长的快乐。

②建立科学的评价体系，体现评价的多元化

建议学校尽量实施"三级管理双向考评一级保证"的管理评估体制。学校按照部门制定考评办法，特别是针对岗位特点，做到统一规范与个别要求相结合、原则性内容与灵活性要求相结合、定性评价与定量评价相结合、过程性评价与终结性评价相结合、主观评价与客观评价相结合、常规性评价与阶段性评价相结合，实现了评价主体的多元化、评价内容的多元化和评价方法的多元化。

③突出教师评价主体

教师评价方案中，第一大项就是教职工的自我评价。教师自我评价的内容主要有：一是教学反思评价，即教师对个人的教学理念的实践、教学内容的选择、教学过程的设计、学生学习成果、校本课程开发、教学资源建设等进行定期和不定期的反思，并形成反思日志；二是教学业务成长评价，即教师个人专业发展计划的完成情况。

④建立激励机制

学校通过制定《学校教育科研制度》《学科带头人和教学能手评选办法》《骨干教师评选制度》《青年教师培养计划》等制度，鼓励教师成长。并让名师骨干在绩效工资和职称聘任上给予奖励。通过激励机制促进教师的学习与发展，从而推动学习型组织的建立与发展。

（2）在学生评价方面，积极探索与新课程理念相适应的评价方案。

通过评价检验课程目标在视障学生身上的实现情况、发现学生个体差异、运用反馈信息矫正特殊教育对策。

①评价内容的整体性

在评价内容上应体现以下思想：注重基本知识和技能，强调视障学生的社会适应能力和实践操作技能，正视学生先天缺陷和后天教育所形成的学生个体间素质的差异。着重从六方面进行评估：思想品德、社会适应能力（人际交往、自理能力、定向行走等）、心理素质、文化素质与学习能力、职业生存技能、身体素质。

②评价功能的发展性

对视力残疾学生的素质评价应从实际出发，不搞形式主义，考核内容、形式、时间都服从于对提高他们的实际本领的效用标准。评价结果的激励性，它体现了教师的教学观、学生观。盲校教师应注意在考核中以表扬肯定为主，对其不足和缺陷应以鼓励性语言告之。

③评价过程的可操作性

评价体系是否科学、评价内容是否符合实际、评价主体和客体是否都主动参与、评价功能是否完善，都依赖于评价结果的检验。而评价结果是否客观、准确、全面又依赖于评价体系是否可操作。因此评价体系要易于操作。

④评价主体的多元性

评价主体具有广泛性。既包括班主任、科任教师、生活教师、学校行政和教学管理人员，也包括残疾学生和家长。因此学校要动员评价主体，积极主动参与评价体系的构建和实施。

四、盲校社会适应课程资源

(一)课程资源

本课程内容具有很大的选择性，为学校、教师创造性地开展教学提供了可能。各地可以根据视力残疾学生的特点、学校实际开发符合各校的课程资源，经过几年的积累和探索，形成一套比较完整的教材体系，并在以后的实践中，不断加以补充和完善。课程资源的开发与利用，可以从以下几方面着手。

1. 人力资源

学校（包括盲校）教育活动的直接参与者是教师和视力残疾学生，在社会适应课程实施过程中，除了任课教师外，还应注意开发和利用班主任、生活老师和学校其他教职工等人力资源，充分发挥他们的作用。此外，应充分调动视力残疾学生的主动性和积极性，发挥由社会适应能力强的视力残疾学生的带头作用，例如请他们作示范和讲解等。

在校外还可发挥社会义工的作用，请他们辅导视力残疾学生进行社会适应能力训练。在家庭，应充分发挥家长对视力残疾学生的社会适应能力的培养、督促和指导的作用。

2. 实践活动资源

实践活动的场地、设施是加强素质教育，提高视力残疾学生社会适应能力的物质保证。各地学校（盲校）应根据本校实际，争取有计划、有步骤地进行配备，并在原有基础上逐步改善，对现有资源和设施充分发挥其应有的作用，同时努力开发它的潜能。如配备家政教室、图书馆、电脑教室、心理活动室、种植基地、职业训练基地等，让视力残疾学生的各方面能力得到发展。

各校应当根据本校和周边环境，合理规划、充分利用本校资源，使视力残疾学生能进行安全、有效的社会适应能力训练。学校要加强场地、设施和周边环境的协调、管理工作，安全地、最大限度地提高场地设施的使用率，同时要加强场地设施的保养工作，合理地使用有限的财力、物力，尽量使每一件设施都能起到尽可能大的作用。

3. 课程内容资源

各地盲校和教师应根据视力残疾学生的年龄和身心发展情况，根据视力残疾学生的实际能力，结合课程标准中所提出的几个领域和要点，有目的、有计划地设计视力残疾学生的课程，使视力残疾学生的社会适应能力得到提高，能融入社会，真正成为一个自食其力的社会成员。

各地要注意社会适应课程资源的开发、积累和更新，可以模拟场景、实地训练、现场操作、参与实践，提供反复练习的机会，让视力残疾学生有效训练的过程中融会贯通，逐渐提高社会适应能力。

4. 课外和校外课程资源的开发

课外和校外社会适应课程资源丰富多样，包括家政活动室、图书馆、电脑教室、心理活动室、种植基地、职业训练基地、医院、商店、青少年活动中心、社会联盟、义工团体、各类学校，广播、电视、报刊、网络等等。加强与社会各界的沟通与联系，寻求多种支持，合理开发利用校外地理课程资源。让视力残疾学生的各方面能力得到发展。

鼓励视力残疾学生参与家庭服务、走进社区，积极承担家务劳动，参与社会实践，开展参观、调查、服务、联谊活动等，邀请有关人员演讲、座谈交流，拓展视力残疾学生的视野，满足视力残疾学生社会适应需求。

社会适应课程是将学校、家庭、社区教育融合起来的一条重要途径。社会适应课程要打破学校、教室的框束，把校内课程与校外课程整合起来，把正规教育与非正规教育连接起来，积极鼓励视力残疾学生利用双休日、节假日等多方位、多渠道进行社会适应能力的训练，从而更好地参与社会、了解社会，成为积极、乐观、团结、奋进的社会成员。

(二)本课程资源应用及管理

课程的实施涉及校内外的联系、学校课程的安排等多方面的问题，需要教育行政部门、教研部门、学校、教师、家长、社区等各方面的相互配合，并建立相应的课程管理机制。

1. 教育行政部门的管理

各级教育行政部门要树立新的课程管理思想，认真贯彻三级课程管理政策，明确自己的职责，在经费投入、条件创设方面做出相应的安排，同时给学校实施课程赋予相应的责任和权利。运用符合本课程标准精神的督导评价机制，调动学校和教师实施本课程的积极性，形成良性导向，推动课程落实，并促进教师成长。本课程的实施需要各方面机构、部门的配合，因此，教育行政部门的协调、支持十分重要。

2. 教研部门的管理

为了本课程的顺利实施，教研部门要配备专职或兼职的合格的特教教研员，以正确的教育观念进行教学管理和指导。特教教研员应针对课程实施中出现的各种问题，与教师一起开展讨论研究，让教研活动、评价活动有效地帮助教师正确理解本课程标准，提高教学质量。

3. 学校的管理

学校的管理和教师的有效参与是本课程实施的关键。

学校管理者要明确实施本课程的重要意义，准确全面地把握本课程的理念、性质、目标和内容，按本课程的教学规律推进课程实施，指导和评价教师工作。建立民主与开放的学校管理机制。学校要努力营造积极的工作氛围与和谐的人际关系，其教学管理要为教师个性化、创造性地进行工作提供支持。

学校要选拔优秀教师担任教学工作。因为"社会适应"是一门新课程，关系到视力残疾学生能否顺利融入社会，与教师熟悉的学科课程差异很大，因此对教师的素质要求较高。学校要合理安排教师的工作量，并通过激励机制和有效的校本培训促进教师不断成长。

学校要计划管理、统筹安排。帮助教师做好本课程的学期(学年)整体计划安排；加强各门课程教师之间的合作；把该课程的活动与学校有关活动结合起来；在发挥地方课程、学校课程优势的同时，保证课程内容的均衡，全面落实课程目标。

五、教案举例

多元化生活方式

教学课程：社会适应

学校与班级：盲校九年级

教学内容：多元化生活方式

教学目的：

1. 了解本地固有的和国外传入的生活内容；

2. 比较以前与现在生活，了解国外事物对我们生活的影响；

3. 多元化生活方式是现代社会的基本特征。

课时：3

教材分析：

城市对外来事物的接受度比较高，不管是饮食、服装、文化等等，我们处处可见外来文化的冲击。本单元内容是"多元化生活"，让学生了解到外来文化对我们生活方式的影响，并让他们能够认识并体谅其他不同文化的差异性。学生也能够体会到本土文化与外来文化的不同之处，并培养对本土文化的应有的态度，不过分崇洋，而丧失本土文化。多元化生活方式是现代社会的基本特征。

教材过程。

第一课时

1. 引起动机：老师举例子让同学回答是哪些国家的特色。

如：寿司→日本，比萨饼→意大利，北京烤鸭→中国

2. 深入教学

由话题中"我们到麦当劳吃汉堡"，让学生讨论：汉堡、可乐是国外的东西吗？为什么它们是国外的东西呢？（因为是国外引进的饮食方式，只是在国内制作。让学生了解在我们日常生活中已经接受外来文化的影响。）

再举一个例子，如现在我们城市人们所居住的各种新房子（高层、多层、别墅）

对国外的事物下定义：中国以前没有的这种东西，而是最近才从国外引进的东西，就称为国外的事物。

利用课本所提供的图片，来让学生了解我们的生活有些已经融入国外文化，了解它们对我们生活所带来的影响。

让学生提出国外文化还有哪些影响？

3．综合活动

(1)请学生举出几种从国外传入的东西；

(2)将那些东西归纳几点(可由食衣住行等方面)，并记录。

小结

4．作业：下节课每一个人带一个东西(属于国外的事物)来展示(价值不要超过 20 元)

第二课时

1．展示活动

(1)延续上一节的讨论，让学生将自己所记录和归纳的要点，上台发表。

(2)请同学点评后，教师总结。

(3)让学生将自己带来的东西，向同桌说明所带来的东西的用处是什么？

2．分组讨论

(1)除了上面的讨论之外，还有哪些是属于国外的事物(如音乐、节庆、艺术等)

(2)在我们的生活中，哪里可以买到或看到国外的事物？

(3)在生活中，如果少了这些事物，你会怎样？

(4)这些东西在我们生活中有什么意义？

3．书写"麦当劳"店里的食品名词以及内含的营养、热量。

4．小结

第三课时

参观"麦当劳"店的陈设以及品尝"麦当劳"食品，作为午餐，感受洋食品对中国人生活的影响，体验多元化生活方式。

1．强调外出安全；

2．观察"麦当劳"店：接待、陈设、气氛、顾客、店员、食品制作、环境卫生、食品种类和价格；

3．点餐、付款；

4．享用；

5．讨论：多元化饮食方式。

6．作业：随笔"多元化生活方式"。

(本章作者：宁波盲童学校袁东、合肥特殊教育中心李雪琴)

附　录

盲校义务教育课程
设置实验方案

教育部　教基司函【2002】88 号，2007 年 2 月 2 日

根据《中华人民共和国义务教育法》《国务院关于基础教育改革与发展的决定》《基础教育课程改革纲要（试行）》"构建符合素质教育要求的新的特殊教育课程体系"的要求，参照普通学校《义务教育课程设置实验方案》，结合视力残疾儿童身心发展特点，设置盲校课程。

课程设置从视力残疾儿童的身心发展规律出发，坚持以人为本，努力构建有中国特色、充满活力的视力残疾儿童义务教育课程体系，为造就高素质劳动者、专门人才和拔尖创新人才奠定基础。

一、培养目标

全面贯彻党的教育方针，促进视力残疾学生全面发展，尊重个性发展，开发各种潜能，补偿视觉缺陷，克服残疾带来的种种困难，适应现代生活需要。

使学生具有爱国主义、集体主义精神和民族精神，热爱社会主义，继承和发扬中华民族的优秀传统和革命传统；具有社会主义民主法制意识，遵守国家法律和社会公德，依法维权；逐步形成正确的世界观、人生观、价值观；正确地认识和对待残疾，具有乐观进取、自尊、自信、自强、自立、立志成才的精神、顽强的意志以及平等参与的公民意识；具有社会责任感，努力为人民服务；具有初步的创新精神、实践能力、科学和人文素养以及环境意识；具有适应终身学习的基础知识、基本技能和方法；身体健康、具有良好的心理素质，养成健康的审美情趣和生活方式，学会交流与合作，初步具有独立生活能力、社会适应能力和人生规划意识，成为有理想、有道德、有文化、有纪律的一代新人。

二、课程设置的原则

为实现上述目标，视力残疾儿童义务教育课程除应遵循普通义务教育课程设置的原则外，还应遵循：

(一)普遍性与特殊性相结合的原则

贯彻国家基础教育课程改革精神,坚持视力残疾儿童教育与普通儿童教育共性的同时,从视力残疾儿童身心发展的特点出发,注重学生的潜能开发和缺陷补偿,调整教育内容、课时数,以达到与普通学校相应的目标,促进视力残疾儿童全面发展。

(二)继承、借鉴与发展相结合的原则

结合国情、总结并继承我国各地视力残疾儿童教育的成功经验,立足全面发展、注重潜能开发和补偿缺陷、加强劳动教育、强调适应社会;借鉴与吸收国外视力残疾儿童教育的有益经验,力求教育与医疗、教育与康复、教育与训练、教育与心理辅导等相结合,让学生学会学习、学会做事、学会共处、学会做人。

(三)面向全体与照顾差异相结合的原则

从多数视力残疾儿童的教育需要出发,合理均衡地设置课程,同时针对视力残疾儿童个体间差异,根据地方和学校的实际以及学生的特殊需要,进行适度调整,力求面向全体、因材施教。

(四)综合课程与分科课程相结合的原则

依据视力残疾学生身心发展的特点和学科知识的内在逻辑,整体设置义务教育阶段课程;重视学科知识、社会生活和学生经验的整合;课程门类由低年级到高年级逐渐增加,低年级以综合课程为主,高年级以分科课程为主,同时做好各年级课程之间的衔接与过渡。

三、课程设置

(一)课程结构

整体设置九年一贯的视力残疾儿童义务教育课程,包括国家安排课程和地方与学校安排课程两部分,以国家安排课程为主,地方、学校安排课程为辅;既开设普通学校的一般性课程,也设置必要的特殊性课程。课程内容涉及:人文与社会、语言与文学、体育与健康、数学、科学、艺术、技术、康复、综合实践活动九个学习领域。

(二)课程设置

低、中年级阶段以综合课程为主,高年级阶段设置分科与综合相结合的课程,开设思想品德(低年级开设品德与生活、中年级开设品德与社会、高年级开设思想品德)、语文、数学、外语(三年级开始)、体育与健康、艺术(或分科选择音乐、美工)、科学(高年级或分科选择生物、物理、化学)、历史与社会(或分科选择历史、地理)、康复(低年级开设综合康复,低、中年级开设定向行走，中、高年级开设社会适应）、信息技术应用、综合实践活动等课程。盲校义务教育课程设置表说明：带＊的课程为积极倡导选择的综合课程，条件不足的也可选择分科课程。

国家将通过制定各科目课程标准来规定各科目课程的具体内容和要求。

视力残疾儿童义务教育课程设置表

课程门类	课程		一	二	三	四	五	六	七	八	九	％
课程门类	品德与生活		2	2								6.3
	品德与社会				2	2	2	2				
	思想品德								2	2	2	
	历史与社会＊	历史							2	2	2	3.5
		地理							2	2		
	科学＊	科学			2	2	2	2				7.8
		生物							2	2		
		物理								3	3	
		化学									4	
	语文		7	7	6	6	6	5	5	5	5	18.3
	数学		5	5	5	5	5	5	6	6	6	16.9
	外语				2	2	2	4	4	4	4	7.8
	体育与健康		2	2	2	2	2	2	2	2	2	6.3
	艺术＊	美工	2	2	2	2	2	2	1	1	1	10.6
		音乐	2	2	2	2	2	2	1	1	1	
	康复	综合康复	3	2	1							7.4
		定向行走	1	1	1	2	2	2				
		社会适应			1	1	1	1	1	1	1	
	信息技术应用		1	1	1	1	1	1	1	1	1	
	综合实践活动		1	2	2	3	3	3	2	1	1	15.1
	学校课程		2	2	2	2	2	2	2	1	1	
周总课数（节）			28	28	30	32	32	33	33	34	34	284
学年总时（节）			980	980	1050	1120	1120	1155	1155	1190	1122	9872

四、课程设置的有关说明

(一)关于课程的实施

1. 本课程方案所规定的课程门类、教学内容、教学要求、课时分配，体现了国家对全日制盲校义务教育的基本要求，是各级教育部门和盲校组织、安排教学活动的依据，制定各科课程标准、编写教材的依据和督导、评估盲校教学工作的依据。在本方案的指导下，各省、自治区、直辖市教育厅(教委)可结合本地区的实际情况进行适当调整，并对地方安排课程的设置、课时分配等做出明确规定。调整后的课程方案下发当地盲校严格执行，并报教育部备案。

2. 盲校学制为九年一贯制。

入学年龄一般与当地普通小学相同，在特殊情况下可适当放宽。

盲校每班班额以 8～12 人为宜，如有视力残疾兼多重残疾学生，班级人数可适当降低。

每学年上课时间 35 周。学校机动时间 2 周，由学校视具体情况自行安排，如学校传统活动、文化节、运动会、远足等。复习考试时间 2 周(九年级的第二学期毕业复习考试时间增加 2 周)。

低年级每天安排 6 节课，中高年级每天安排 7 节课。每天安排广播操 20 分钟；对低视力学生应安排眼保健操，上下午各一次。统筹安排体育课和体育活动，保证学生每天有 1 小时体育锻炼时间。

每节课时原则上为 45 分钟；低年级阶段，应当在每节课的中间安排 5 分钟的休息或活动。

3. 盲校对盲生和低视力学生应当实行分类教学。为低视力学生举办低视力班，对于人数不足以编班的低视力学生，可以和盲生混合编班，但应积极创造条件同班分类教学。

盲校应创建低视力无障碍环境，为低视生配置助视器械、大字课本、适宜灯具等有关设备，学习和使用普通印刷文字，注意并鼓励低视生利用其剩余视力，并传授有效使用和保护剩余视力的技巧，提高其运用视觉的能力。

低视力班的教学安排，可参照普通学校课程设置方案，进行适当调整。普通学校可参照本方案对随班就读的视力残疾学生实施特殊教育。

对于有其他障碍的视力残疾学生，也应采取相应的措施给予专门指导。

4. 各门课程均应结合本学科特点，有机地进行思想、道德、环境、心理健康、国防、安全等教育，进行无神论和破除封建迷信的教育以及转变旧习俗、树立新风尚的教育。

各门课程均应结合本学科的特点，注重调动盲生多重感官参与学习。

高年级阶段可继续进行定向行走训练。定向行走课程教学应结合盲校寄宿制的特点，安排在学校集体教学之余进行，并注意课上与课外相结合、集中指导与个别矫正相结合。

盲校应对有个别矫正需要的学生实施个别矫正。

5. 根据学生的学习成绩、特长和志愿，高年级时学校可实行分流教学：对于不准备升学的学生，可安排较多的时间进行社会生活和劳动技术教育；对于准备升学的学生，可安排较多的时间学习文化课。在最后一年，应安排必要的时间对学生进行升学、就业的教育和指导。

(二)关于课程的评价

1. 实行学生学业成绩与成长记录相结合的综合评价方式。学校应根据目标多元、方式多样、注重过程的评价原则，综合运用观察、交流、测验、实际操作、作品展示、自评与互评等多种方式，为学生建立综合、动态的成长记录手册，全面反映学生的成长历程。

2. 学期、学年和毕业的终结性考察、考试是对学生合格水平的考核。要在教育教学的全过程中采用多样的、开放式的评价方法(如行为观察、情景测验、学生成长记录等)了解每个学生的优点、潜能、不足以及发展的需要。

考试是评价的主要方式之一，考试应与其他评价方式相结合；要根据考试的目的、性质、内容和对象，选择相应的考试方法；通过考试促进每个学生的进步。

每学期、学年结束时学校要对每个学生进行阶段性的评价。评价内容应包括各学科的学业状况和教师的评语。评语应在教师对搜集到的学生资料进行分析，并与同学、家长交流、沟通的基础上产生。评语应多采用激励性的语言，客观描述学生的进步、潜能及不足。同时要制订明确、简要的促进学生发展的改进计划，帮助学生认识自我，树立自信。

3. 考试、考查采用闭卷、开卷、口试、操作等多种方式，学习成绩评定应采用等级制或评语制，不得将学生成绩排队、公布。

4. 考核要全面，通过对学科知识和能力的考核，促进学生整体素质的提高和特长的发展。

初中毕业、升学考试命题必须依据国家课程标准，杜绝设置偏题、怪题，要采用形式多样的考试方式，使学生在考试中有展示特长和潜能的机会。

参加当地初中毕业、升学统一考试时，考试时间为普通考试时间的 1.5 倍，对视力残疾学生不可感知或超出视力残疾学生能力的题，原则上按得分题的比例折算弥补追加。

5. 参加当地教育主管部门确定考试科目和命题考试合格即准予毕业。

参考文献

1. Bill Honig. Program Guidelines for Visually Impaired Individuals, 1987 Revised Edition, CA state Department of Education, 1987.
2. Fraiburg, S.. Insights from the Blind: Comparative Studies of Blind and Sighted Infants, New York: Basic, 1977.
3. Geraldine Scholl. Foundations of Education for Blind and Visually Handicapped Children and Youth: Theory and Practice, AFB, 1986.
4. Jacbson. The Art and Science of Teaching Orientation & Mobility, AFB, 1993.
5. Jack Hazekamp & Katheen M. Huebner. Program Planning and Evaluation for Blind & Visual Impaired Students-(American) National Guide Lines, AFB, 1989.
6. Welsh & Blasch. Foundations of Orientation and Mobility, AFB, 1980.
7. 爱德基金会赠阅(国际克里斯朵夫防盲协会资助). 特殊儿童的个别化教学及随班就读. 出版单位不详, 出版时间不详.
8. 板俊荣等. 音乐教学论. 南京: 江苏人民出版社, 2007.
9. 才欣. 新课程背景下的教学评价改进问题. 现代教学, 2010(1~2).
10. 曹理. 普通学校音乐教育学. 上海: 上海教育出版社, 1993.
11. 曹正礼, 赵鹏. 谈谈盲童的康复与训练. 特殊儿童与师资研究, 1994(2).
12. 陈澄. 新编地理教学论. 上海: 华东师范大学出版社, 2007.
13. 陈娟, 廖瑞端, 冯涓涓, 林轩先, 陈咏冲, 周建华. 助视器选择对提高低视力阅读能力的影响. 中国康复医学杂志, 2010, 25(12).
14. 陈梁, 悦明. 视障教育培训教程. 北京: 中国盲文出版社, 1999.
15. 陈艳丽. 论教学方法、教学手段与教学评价. 文教资料, 2010(8).
16. 陈云英. 中国特殊教育学基础. 北京: 教育科学出版社, 2004.
17. 成有信. 教育学原理. 郑州: 河南教育出版社, 1993.
18. 崔鸿. 新理念·生物教学技能训练. 北京: 北京大学出版社, 2010.
19. 党妥利. 改进教学方法, 引导学生主动参与. 德阳教育学院学报, 2004(3).
20. 邓敏带. 浅谈盲校语文对话教学. 广西教育, 2010(4).
21. 邓小红. 盲校语文教学与心理健康教育. 中国特殊教育, 2006(4): 42.
22. 段雪莲. 以评价促发展——新课程背景下对生物教学评价的思考. 教育改革, 2008(3).
23. 费季菊. 盲校数学要突出生活化主题. 现代特殊教育, 2005 (7).
24. 关文信. 新课程理念·初中生物课程实施. 北京: 首都师范大学出版社, 2003.
25. 郭成芹. 让"自主、探究、合作"走进盲校数学课堂. 现代特殊教育, 2005 (5).

26. 郭戈. 信息技术与视障教学整合的探索. 中国特殊教育，2003(4).

27. 郭谨星，钱志亮，宋春秋. 盲校新课程方案的评价要求. 现代特殊教育，2007(5).

28. 郭利静. 巧用多媒体开展盲校语文情境教学. 山西教育，2009(9).

29. 韩建军. 信息技术课教学方式探究. 才智，2010(8).

30. 韩永新. 浅谈如何提高小学科学课教学的有效性. 教育革新，2011(11).

31. [美]柯克，加拉赫. 特殊儿童的心理与教育. 汤盛钦，银春铭，译. 天津：天津教育出版社，1987.

32. 何东亮，丁瑜. 教育原理. 上海：上海交通大学出版社，1998.

33. 何键. 盲校语文教学的直观性. 中国残疾人，2005(12).

34. 何键. 谈盲校语文教学中的审美教育. 现代特殊教育，2005(4).

35. 贺世民，朴永馨. 盲校新课程方案的定制原则，现代特殊教育，2007(5).

36. 胡田庚. 新理念思想政治(品德)教学论. 北京：北京师范大学出版社，2009.

37. 华国栋. 随班就读教学. 北京：华夏出版社，2000.

38. 黄汝倩，田光华，王瑛. 盲校新课程方案的实施建议. 现代特殊教育，2007(5).

39. 黄素芬. 浅谈盲生的心理健康教育. 现代特殊教育，2004(9).

40. 黄志阳. 盲校数学探究性教学的误区及其对策. 现代特殊教育，2008(7).

41. 季浏，汪晓赞. 高中体育与健康新课程教学法. 北京：高等教育出版社，2005.

42. 蒋心萍. 体育与健康课程教学论. 桂林：广西师范大学出版社，2005.

43. 赖燕萍. 浅谈数学教具在盲校计算教学中的有效运用. 现代特殊教育，2011(10).

44. 赖燕萍. 浅谈新课程下盲校数学的估算教学. 现代特殊教育，2010(2).

45. 李炳俐，李善军. 盲校美工创新教学初探. 现代特殊教育，2003(2).

46. 李臣之. 综合实践课程教学论. 广州：广东高等教育出版社，2007.

47. 李春燕. 改进方法、提高盲生思想品德教育成效. 现代特殊教育，2001(7).

48. 李德高. 特殊儿童教育. 台北：五南图书出版公司，1992.

49. 李家清. 地理课程与教学论. 武汉：华中师范大学出版社，2010.

50. 李牧子. 盲童教育概论. 北京：北京盲文出版社，1981.

51. 李牧子. 试论视力残疾儿童的感知觉在教育中的作用//上海市盲童学校，上海市低视力学校. 庆祝上海市盲童学校建校80周年——教育经验文选. 内部资料，1992.

52. 李维村. 略谈盲校思想品德课教学. 龙岩师专学报，1998(8)增刊.

53. 李伟儿. 盲校数学课堂操作活动中存在的问题及对策. 现代特殊教育，2010(7).

54. 李泽慧. 盲校语文教师教学口语的特点和要求. 现代特殊教育，1999(7).

55. 李稚勇. 品德与生活品德与社会课程与教学. 北京：高等教育出版社，2006.

56. 林双红. 也谈盲校数学教学中的探究性学习. 现代特殊教育，2004(11).

57. 刘传进. 小学体育与健康教材教法. 北京：高等教育出版社，2010.

58. 刘德华. 小学科学与教学. 北京：中国人民大学出版社，2009.

59. 刘光尧. 初中生物全方位多元化谐润教学评价方法初探. 生命世界，2010(5)：95～97.

60. 刘慧芳. 浅谈盲生地理课堂教学. 课外阅读，2011(2).

61. 刘家君，黄汝倩，徐世宏，张玉华，黄海平，官红霞，余腾文，李君平等. 全日制盲校义务教育综合实践活动指导纲要. 全国盲校课标起草组，2012 年送审稿.

62. 刘明，等. 课程改革呼唤新的教学评价体系. 雅安教育学院学报，2002(4).

63. 刘全礼，安俊英. 盲校新课程方案的新亮点. 现代特殊教育，2007(5).

64. 路荣喜. 课程资源建设：盲校课程实施的有效手段. 现代特殊教育，2008(4).

65. 吕静. 儿童行为矫正. 杭州：浙江教育出版社，1992.

66. 栾小珍. 生物教学中探究性学习方法初探. 宁夏教育科研，2006(4).

67. 罗观怀. 盲童教育康复的基本内容、原则及策略. 现代特殊教育，2007(5).

68. 罗观怀. 重视盲童的教育康复，促进盲童的身心健康发展. 第三届全国儿童康复学术会第十届全国小儿脑瘫学术研讨会论文汇编，2008.

69. 马玉贵，张宁生，孙淑君. 特殊教育的教学理论与实践. 沈阳：沈阳出版社，1996.

70. 毛雪琴，池红梅. 中学数学课堂三维课程目标实践的探究和若干建议. 科教文汇，2008(20).

71. 苗建华. 古琴美学思想研究. 上海：上海音乐学院出版社，2006.

72. 朴永馨，张宁生，银春铭，魏华忠. 缺陷儿童心理. 北京：科学出版社，1987.

73. 朴永馨. 特殊教育概论. 北京：华夏出版社，1998.

74. 朴永馨. 特殊教育学. 福州：福建教育出版社，1995.

75. 祁立刚. 盲人定向行走. 长春：东北师范大学出版社，1992.

76. 祁寿东. 在盲校语文教学中如何培养盲生的语感. 现代特殊教育，2009(5).

77. 钱志亮. 当今中国特殊教育组织形式之分析. 中国特殊教育，1997(2).

78. 钱志亮. 盲人定向行走的科学与艺术. 北京：中国盲文出版社，2000.

79. 钱志亮. 盲人定向行走的理论基础，特殊教育研究，2000(1).

80. 钱志亮. 盲校定向行走课程教学. 特殊教育研究，1994(1).

81. 钱志亮. 努力建构有中国特色的视力残疾儿童义务教育课程体系. 现代特殊教育，2007(5).

82. 钱志亮. 视力残疾儿童心理与教育. 大连：辽宁师范大学出版社，2004.

83. 钱志亮. 谈定向. 特殊教育研究，1997(3).

84. 钱志亮. 谈盲校课程设置的理论基础——兼探索我国特殊教育学科的理论基础. 中国特殊教育，1999(1).

85. 钱志亮. 谈盲校课程设置的依据. 中国特殊教育，1998(3).

86. 钱志亮. 谈视力残疾儿童的特殊需要与盲校相应特殊课程的设置. 课程·教材·教法，1995(1).

87. 钱志亮. 谈我国盲校改革趋势//中国残疾人联合会教育就业部，全国特殊教育研究会. 盲校教学文萃. 北京：中国盲文书社，1997.

88. 钱志亮. 谈行走. 特殊教育研究，1998(1).

89. 曲桂平. 点击盲校语文课堂设计. 现代特殊教育，2004(4).

90. 任涛. 凸图——提高盲校数学教学质量的有效载体. 现代特殊教育，2012(4).

91. 沈家英，等. 视力障碍儿童的心理与教育. 北京：华夏出版社，1993.

92. 沈剑辉. 谈盲生的体育课教学. 现代特殊教育，2003(9).

93. 盛永进. 充分发挥音响在盲校语文教学中的作用. 现代特殊教育，2004(3).

94. 宋春秋. 视功能训练. 南京：江苏教育出版社，2008.

95. 宋祖建，丁心镜. 小学思想品德课程教学论. 郑州：郑州大学出版社，2007.

96. 孙书香. 盲校语文教学的直观性. 中国残疾人，2005(12).

97. 田慧生、李密. 教学论. 石家庄：河北教育出版社，1996.

98. 汪忠，刘恩山. 生物课程标准解读. 北京：北京师范大学出版社，2002.

99. 王德深. 全日制盲校定向行走课程教师用书. 北京：人民教育出版社，2000.

100. 王明泽. 盲校教育学. 长春：吉林教育出版社，1990.

101. 王清平. 放眼生命的成长：品德与生活、品德与社会教学新视野. 广州：广东教育出版社，2005.

102. 王艳. 现代信息技术与盲校语文教学整合的研究与实践. 曲阜：曲阜师范大学，2008.

103. 吴芳. 抓好低视生的康复训练. 现代特殊教育，2005(7).

104. 吴军其. 信息技术教学论. 北京：北京大学出版社，2010.

105. 吴晓燕. 盲校数学教学生活化的探索与实践. 现代特殊教育，2010 (3).

106. 吴晓燕. 盲校数学教学系列实践活动的研究与尝试. 现代特殊教育，2004(7).

107. 吴晓燕. 让盲生积极参与让教学随机生成. 现代特殊教育，2005 (11).

108. 吴学新. 在教学中培养盲生的创新能力. 江西教育，2009(12).

109. [美]威廉·休厄德. 特殊需要儿童教育导论. 肖非，等译. 北京：中国轻工业出版社，2007.

110. 谢树平，李宏亮，胡文瑞. 新编思想政治（品德）教学论. 上海：华东师范大学出版社，2006.

111. 徐白仑. 视障儿童随班就读教学指导. 北京：华夏出版社，1992.

112. 徐飞. 盲校语文课堂提问策略之我见. 南京特教学院学报，2006(4).

113. 徐仁静. 中学生物创新教法. 北京：学苑出版社，1999.

114. 杨书圣. 在数学教学活动中如何体现新课程理念. 新课程研究：基础教育，2010(3).

115. 杨玉香. 培养观察能力提高生物实验技能. 中小学电教，2009(2).

116. 姚伟. 关于失明者定向行走训练的价值. 现代特殊教育，1994(1).

117. 叶林华. 浅议中学生物实验操作技能的培养. 新课程研究，2009(6).

118. 尹笑繁. 盲用电脑键盘的介绍与教学. 现代特殊教育，2002(11).

119. 余自强. 生物课程论. 北京：教育科学出版社，2006.

120. 袁东. 视障儿童个别矫正与康复. 北京：中国盲文出版社，2005.

121. 翟海珍. 视觉障碍儿童教学法. 天津：天津教育出版社，2007.

122. 翟晓东. 新教材新尝试新体会——谈盲校新编数学实验教材的使用. 现代特殊教育，2006(9).

123. 翟晓东. 新教材新理念新实践——盲校新编数学实验教材试教体会. 现代特殊教育，2006 (2).

124. 张芳华. 新课程下如何提高信息技术课堂教学的有效性. 新课程（下），2011(1).

125. 张红霞. 小学科学课程与教学. 北京：高等教育出版社，2004.

126. 张建军. 生命科学教学中直观教学方法的应用. 西北职教，2008(7).

127. 张洁菲. 如何让学生的"临近思维的发展区"都得到发展——四分一合教学法. 理论界，2009（8）.

128. 张蕾. 盲校触觉地图的制作和应用. 山东特教，1996(4).

129. 张蕾. 盲校乡土地理教育初探. 现代特殊教育，1999(1).

130. 张明慧. 浅谈新课程下怎样上好地理课. 新课程，2010(7).

131. 张素兰，李景龙. 合学教育：打造教学"动车组". 北京：中国林业出版社，2008.

132. 张新. 地理课教法依学生而变化. 现代教学，2011(1～2).

133. 张兴华. 盲校数学教学的几点思考. 中国残疾人，2007(4).

134. 赵鹏，曹正礼. 盲校教学的特点任务及管理要求//陈梁悦明. 视障教育培训教程. 北京：中国盲文出版社，1999.

135. 赵鹏，曹正礼. 试论盲校在普及盲童教育中的作用//中国残疾人联合会教育就业部，全国特殊教育研究会. 盲校教学文萃. 北京：中国盲文出版社，1997.

136. 赵书铎. 特殊教育课程与教学法. 北京：华夏出版社，1994.

137. 郑东阳. 探索盲校数学直观教学资源. 现代特殊教育，2006(11).

138. 郑东阳. 引导盲生自主学习. 现代特殊教育，2004（2）.

139. 郑厚成. 体育与健康(教师用书). 北京：高等教育出版社，2002.

140. 中国残疾人联合会教育就业部，全国特殊教育研究会. 盲校教学文萃. 北京：中国盲文出版社，1997.

141. 中国《全日制盲校课程计划》起草组. 《全日制盲校课程计划》的编写说明. 特殊教育研究，1994(1).

142. 中华人民共和国教育部. 盲校信息技术课程标准. 2012 年送审稿.

143. 中华人民共和国教育部. 盲校义务教育课程设置实验方案. 2007.

144. 中华人民共和国教育部. 全日制义务教育品德与生活课程标准. 2012 年送审稿.

145. 钟经华，韩萍. 以视力残疾学生发展为本的培养目标. 现代特殊教育，2007(5).

146. 钟经华. 视力残疾儿童的心理与教育. 天津：天津教育出版社，2007.

147. 钟经华. 视力残疾儿童教育学. 北京：华夏出版社，2006.

148. 钟经华. 中心盲校应设随班就读指导中心//中国残疾人联合会教育就业部，全国特殊教育研究会. 盲校教学文萃. 北京：中国盲文出版社，2007.

149. 钟启泉. 课程与教学论. 上海：华东师范大学出版社，2008.

150. 钟启泉. 课程论. 北京：教育科学出版社，2007.

151. 周静. 初中生物. 北京：北京师范大学出版社，2009.

152. 周青. 科学课程教学论. 北京：科学出版社，2007.

153. 朱玲会，于松海. 浅谈盲校美工课程的教育功能及教学建议. 现代特殊教育，2011(2).

154. 朱世珍. 创设数学活动课轻松愉快学数学. 现代特殊教育，2004(5).

155. 祝怀新. 小学科学教育理论与实践. 北京：中国环境科学出版社，2005.

156. 祝智庭，李文昊. 新编信息技术教学论. 上海：华东师范大学出版社，2008.